국어 오답의 모든것

독서편

꿈구두

이 책의 구성과 특징

이 책의 특징

BEST! 킬러 문항 엄선

최근 5개년의 학평, 모평, 수능에 기출된 문제들 중 오답률 50% 이상의 문제를 뽑아, 학생들이 자주 틀리는 문제 유형으로 다시 정리하였습니다.

UP! 워크북을 통한 독해력 향상

그동안 지문을 분석하는 방법을 몰라서 못했다고요? 워크북의 글의 핵심어 파악, 단락별 내용 정리, 표지어 확인하며 읽기, 메모하며 읽기, 구조도 그려보기 등을 연습하며 수능 국어의 핵심인 독해력을 키울 수 있습니다.

FAST! 10일 단기 완성

초 압축된 문제 풀이 방법으로 현직 교사 샘들이 제시하는 STEP 1,2,3를 따라오다 보면 짧은 시간 동안 실력을 향상시킬 수 있습니다.

이 책의 구성

킬러 문항에 맞서는 열쇠 10개

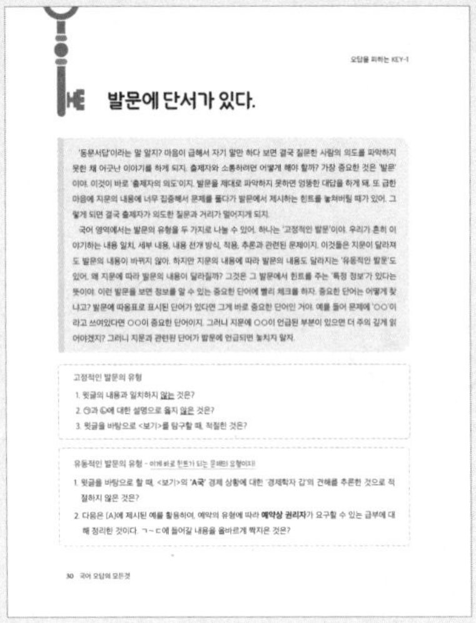

오답률이 높은 문항을 10가지로 분류하여 문제를 해결하는 방법을 알려줍니다. 진단 평가 부분에서는 문제에 접근했던 자신의 사고 과정을 점검해본 후 선생님의 친절한 STEP1,2,3를 잘 따라와 보세요. 연습 문제에서 같은 STEP을 적용해보며 한번 더 다지면 국어 경험치가 쑥쑥 올라가요!

지문 분석 워크북

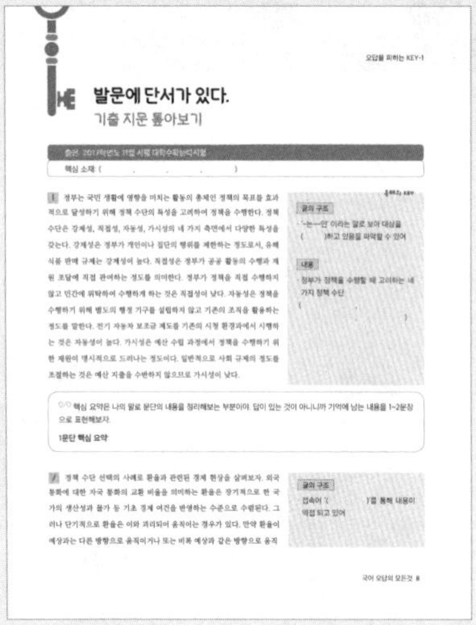

지문을 깊이 있게 읽어야 한다고는 들었는데, 지문 분석법은 잘 모르셨죠? 현직 선생님들이 제시하는 독서의 전략을 워크북에 녹였습니다. 워크북에 있는 빈칸을 채우다 보면 글이란 이렇게 읽는 것이구나!를 알게 돼요!

정답으로 가는 실전 문제 3세트

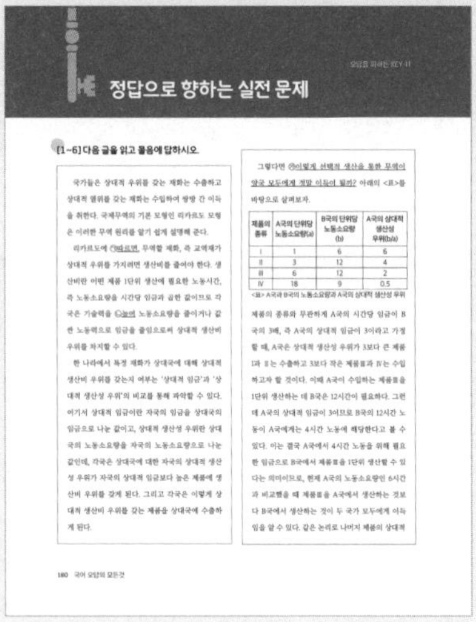

세미 모의고사 단원을 통해서 그동안 배운 열쇠 10가지를 적용해보세요. 실전 문제도 오답률이 높은 기출 문제로 엄선하였습니다. 이제 어떤 지문이 나와도 흔들리지 말아요!

세부 구성

…본책…

수능 독서의 핵심 10유형을 오답률 높은 문항으로 완전 정복!

설명은 과외샘처럼!-문제 풀이 방법에 대한 친절한 안내

해당 문제 문항을 접근하는 과정 설명

독서 비법을 쌤의 꿀팁으로 전수!

매력적인 오답에 빠진 것일까? 대표 문항의 선지별 선택 비율 소개

간략한 지문 요약으로 핵심 내용을 파악했는지 점검해보기

STEP1,2,3가 어떻게 해당 문제 유형에 접목되었는지 확인!

STEP1,2,3가 어떻게 해당 문제 유형에 접목되었는지 확인!

…워크북…

핵심 소재를 찾으며 중요 단어를 파악해볼 수 있어요!

글의 구조와 내용을 자세히 살펴보면서 독해의 기술을 마스터할 수 있어요!

전개 방식 한눈에 보기와 내용 한눈에 보기로 나누어져 있어서 글을 전체적으로 조망해 볼 수 있어요!

혹시 헷갈리는 어휘인데 그냥 지나갔나요? 현직 교사샘들이 골라 담은 어휘와 그 뜻을 연결해보며 이번에 확실히 정리해봐요!

지문에서 다룬 내용을 확장시켜 해당 분야에 대해 폭넓게 이해할 수 있어요!

전체 목차 한눈에 보기

오답을 피하는

key

Ⅰ. 독서 영역을 대하는 종합 안내서

독서 영역은 어떻게 공부해야 할까요?

독서 과목(비문학)은 문학과 달리 공부해야 할 개념이 분명하지 않고 작품이나 제재를 특정해서 공부할 수도 없어. 게다가 배경지식 없이는 이해하기 힘든 난이도의 지문이 늘어나고 있지. 그래서 비문학을 어떻게 공부해야 할지 막막함을 느끼게 돼. 게다가 비문학을 타고난 '감'으로 풀어야 한다는 말, 마땅한 공부 방법이 없다는 말이 우리의 힘을 쭉 빼놓기도 하지. 그런데, 정말 그럴까?

우리의 목표는 '글을 얼마나 잘 이해했느냐'가 아닌, **'문제를 얼마나 잘 풀 수 있느냐'**야. 그래서 우리에겐 빠르고 정확하게 문제를 풀어내기 위한 '기술'이 필요해. 지문을 바탕으로 문제와 선지를 읽어 내 정답에 쉽게 도달하고 문제 유형별 접근 방법을 연습하며 길러내는 기술 말이야. 이 책에서는 바로 그 기술을 알려주려고 해.

하지만 토대가 없다면 기술이 소용없겠지? 독서 과목(비문학)에서 그 토대는 바로 독해력이야. 비문학 문제를 풀기 위해서는 독해력이 필요하다는 건 모두가 알고 있을 거야. 독해력을 키우는 건 너무 오랜 시간이 걸리지 않느냐고? 물론 쉽지 않지. 하지만 우리는 ①분량과 난이도가 변화의 폭이 크지 않은 글들을, ②예상 범주 내에서 유형화가 가능한 문제들을 통해 ③독해하고 문제를 해결해 내는 '수능형 독해력'이 필요한 것이기 때문에 공부 방법을 알고 있다면 충분히 비문학 점수 향상을 위한 독해력을 향상 시킬 수 있어.

그래서 여기에서는 먼저 지문을 독해하는 방법을 알려주려고 해. 지문을 빠르게 읽고 어느 정도의 이해에 도달할 수 있는 독해력을 가진 친구들이라면, 다음 장의 내용인 '문제를 잘 풀어내는 방법'에 좀 더 집중해도 좋아. 하지만 지문을 읽고 내용을 이해하는 속도가 더딘 학생이라면, 여기서 설명하는 지문 분석 방법을 꼭 연습 해보기를 추천해. 독해력과 문제 풀이 공부는 함께 가야 하거든.

그럼 지문 분석은 어떻게 하는 걸까? 지문 분석이란, 하나의 비문학 지문을 쪼개서 작은 단위부터 큰 단위까지 이해해 가는 과정이야. 물론 우리는 문제를 풀 수 있는 만큼만 독해하면 되기 때문에 모든 내용을 세세하게 분석해 이해할 필요는 없어. 다만, 문장이 모여 문단이 되고, 문단이 모여 한 편의 글이 된다는 걸 기억하고, 문장과 문장의 관계, 문단과 문단의 관계를 중심으로 지문을 해석해 나가는 연습을 한다면, 문제 풀이를 위한 근거가 되는 지문의 내용들을 잘 이해할 수 있겠지. 지금부터 지문을 어떻게 분석하는지 기출문제와 함께 알아보자.

영역	인문	난이도	중
출처	2021학년도 시행 3월 모의고사 5~10번		

민법에서 법률 행위는 의사 표시를 필수적 요소로 하여 법률 효과를 발생시키는 행위로 유언이나 계약 등이 이에 해당한다. 의사 표시는 일정한 법률 효과의 발생을 목적으로 하는 의사를 표시하는 것인데, 표시 행위에는 말이나 글뿐만 아니라 머리를 끄덕이거나 손을 드는 것과 같은 동작이나 침묵 등도 포함된다. 법률 행위에서 의사를 표시한 사람인 표의자의 진의와 표시된 의사가 명백하게 일치하여 이론의 여지가 없을 경우는 문제가 되지 않는다. 하지만 표의자의 의사가 불분명한 경우나 의사 표시를 받아들이는 상대방인 표시 수령자가 표의자의 의사 표시를 표의자의 진의와 다르게 받아들이게 되는 경우 등이 발생하면 법률 행위의 해석이 필요하다. 법률 행위의 해석은 법률 행위의 내용을 확정하는 것으로, 법률 행위의 성립과 유효성 여부를 판단하는 데 있어 중요한 역할을 한다.

법률 행위의 해석은 일정한 기준에 따라 합리적으로 이루어져야 한다. 당사자가 법률 행위로 달성하려고 하는 목적 및 법률 행위 당시의 제반 사정은 우선적으로 고려되는 기준이다. 그리고 법률 행위의 내용은 대체로 그 분야의 관습을 토대로 이루어지는 것이 일반적이라는 점에서, 이를 해석의 기준으로 삼을 수 있다. 관습에 대한 당사자의 의사 표시가 없거나 명확하지 않은 경우에는 관습에 따르지만, 당사자의 의사와 상관없이 강제적으로 적용되는 규범인 강행 규정을 위반하는 관습은 효력이 인정되지 않는다. 한편 법률 행위와 관련된 관습이 없고, 당사자가 임의 규정과 다른 의사를 표시하지 않은 경우에는 임의 규정을 법률 행위의 해석 기준으로 삼을 수 있다. 그리고 권리의 행사와 의무의 이행은 신의를 좇아 성실히 하여야 한다는 신의 성실의 원칙도 법률 행위의 해석 기준이 될 수 있다.

법률 행위의 해석 방법에는 ㉠자연적 해석, ㉡규범적 해석, 보충적 해석 등이 있다. 자연적 해석이란 표의자의 진의를 ⓐ밝히는 해석으로, 계약서상의 문구와 같은 표시 행위에 얽매이지 않고 제반 사정을 종합하여 표의자의 진의를 밝히는 해석이다. 계약의 경우 표의자의 진의와 다른 의사 표시가 있었다 하더라도 표의자와 표시 수령자 간에 의사의 합치가 있다고 한다면, 표시 행위 본래의 목적이 달성된 것으로 보고 표의자의 진의대로 법률 행위의 내용을 확정하는 것은

자연적 해석에 해당한다. 이 경우에는 진의와 다른 의사 표시는 표의자의 의사를 해하지 않는다는 의미의 '오표시 무해의 원칙'이 적용된다. 그리고 유언자의 진의를 바탕으로 유언의 의미가 무엇인지 명확하게 밝히는 것도 자연적 해석에 해당한다.

규범적 해석은 표시 행위의 객관적 의미를 탐구하는 해석이다. 이 해석은 표의자의 표시 행위를 그대로 신뢰한 표시 수령자를 보호하기 위해 행해질 수 있다. 규범적 해석에서는 표시 수령자가 실제로 표시 행위를 어떻게 이해했느냐만을 가지고 법률 행위를 해석하지는 않고, 제반 사정을 고려하여 적절한 주의를 기울인 합리적인 사람이라면 표시 행위를 어떻게 이해했어야 하느냐를 중시하여 법률 행위를 해석한다. 어떤 계약에서 계약서의 내용과 일치하는 주장을 하는 표시 수령자가 계약서의 내용과 다른 주장을 하는 표의자의 진의를 알지 못했던 경우에 표시 수령자의 주장을 인정하는 것은 규범적 해석에 해당한다. 그런데 표시 수령자가 표의자의 진의를 알았거나, 또는 알지 못했다 하더라도 표시 수령자의 과실로 표의자의 진의를 알지 못했을 경우에는 표의자의 의사를 인정하는 해석이 이루어질 수도 있다. 규범적 해석의 결과로 도출된 법률 행위의 내용이 표의자의 진의와 다를 경우에는 표의자의 법익이 침해될 수 있다. 이때 표의자는 법률 행위의 중요한 의사 표시에 착오가 있었다는 것을 입증함으로써 해당 의사 표시를 취소할 수 있지만, 표의자의 중대한 과실로 인한 의사 표시는 취소할 수 없다.

보충적 해석은 자연적 해석 또는 규범적 해석에 따라 법률 행위의 성립이 인정된 후에 고려되는 것으로 ㉮<u>흠결이 있는 법률 행위</u>의 보충을 의미한다. 보충적 해석은 모든 법률 행위에서 할 수 있으나 주로 계약에서 행해진다. 어떤 계약에서 계약 체결 당시에는 미처 생각하지 못했던 상황이 계약 체결 이후 발생하여 문제가 되었을 때, 이러한 상황을 계약 당시 알았다면 양 당사자가 어떻게 계약했을 것인가를 고려하여 법률 행위를 해석하는 것은 보충적 해석에 해당한다고 볼 수 있다. 이때 계약 당시 미처 생각하지 못했던 상황이 법률 행위의 흠결이 되는 것이다.

[A] 가령, 서로 다른 곳에서 병원을 운영하고 있는 의사 갑과 을이 서로의 병원을 교환하기로 계약을 맺고 병원을 옮겼다. 그 후에 을이 그 교환 계약이 무효라고 주장하면서 종전의 병원으로 다시 돌아가겠다는 의사를 표시하였고, 갑이 교환 계약의 유효 확인을 청구하면서 을이 종전의 병원이나 그 부근에서 개원하는 것을 금지하는 내용을 청구한 사안이 있다고 하자. 이 사안에 대해 법원에서는, 갑과 을이 교환 계약 당시 상대방이 종전에 운영하던

[A]

병원으로 곧 돌아올 가능성을 염두에 두지 않아서 그에 대해 아무런 약정을 하지 않은 것이 분쟁의 원인이라고 판단했고, 계약 당사자의 일방이 곧바로 종전의 병원으로 돌아간다면 이는 전체 계약의 목적을 위협하는 것으로 보았다. 그래서 법원에서 만약 당사자들이 교환 계약 이행 완료 후 2~3년 내에 상대방이 종전의 병원으로 돌아올 것을 예상했다면 그 기간 동안의 복귀 금지에 합의하였을 것으로 판단하여 갑의 청구를 받아들인다는 판결을 내렸다. 그렇다면 이 판결은 보충적 해석을 토대로 이루어진 것으로 볼 수 있다.

5 윗글에 대한 설명으로 가장 적절한 것은?

① 법률 행위의 해석의 필요성과 그 의의를 밝히고, 해석 기준과 해석 방법을 설명하고 있다.

② 법률 행위의 해석 방법들을 제시하고, 각 방법의 장단점을 평가하여 종합적 결론을 도출하고 있다.

③ 법률 행위와 관련된 특정한 사례를 소개하고, 그 사례에 적용한 해석 방법의 타당성을 검토하고 있다.

④ 법률 행위의 해석이 필요한 이유를 밝히고, 해석 방법이 사회에 미친 영향을 인과적으로 서술하고 있다.

⑤ 법률 행위의 해석에 필요한 기준을 서술하고, 그 해석 기준이 발전해 온 과정을 통시적으로 서술하고 있다.

6 윗글의 내용과 일치하지 않는 것은?

① 민법에서의 법률 행위는 의사 표시를 반드시 필요로 한다.

② 보충적 해석은 법률 행위의 성립이 인정된 후에 고려되는 해석 방법이다.

③ 언어적 표현 없이 몸짓만으로도 법률 효과를 지니는 의사가 표시될 수 있다.

④ 법률 행위의 해석은 법률 행위의 성립과 유효성 여부를 판단하는 데 중요한 역할을 한다.

⑤ 자연적 해석에서 적용되는 오표시 무해의 원칙은 표의자의 진의보다 표시 행위를 중시한다.

7 일정한 기준에 대해 이해한 내용으로 적절하지 <u>않은</u> 것은?

① 강행 규정에 어긋나는 관습은 기준이 될 수 없다.

② 법률 행위를 통해 달성하려고 하는 당사자의 목적은 기준이 될 수 있다.

③ 권리의 행사와 의무의 이행과 관련된 신의 성실의 원칙은 기준이 될 수 있다.

④ 관련된 관습이 없고 당사자가 임의 규정과 다른 의사를 표시하지 않으면 그 임의 규정은 기준이 될 수 있다.

⑤ 법률 행위와 관련된 관습이 있을 때 당사자가 그 관습을 따르겠다는 의사 표시가 있어야 기준이 될 수 있다.의사가 표시될 수 있다.

8 ㉠, ㉡을 바탕으로 <보기>에 대해 반응한 내용으로 적절하지 <u>않은</u> 것은? [3점]

> **보기**
>
> (가)A가 B에게 자두나무를 판매하기로 하여 B는 이를 수락하였다. 그런데 계약서를 작성하는 과정에서 A가 착각하여 계약서에 매매 대상을 앵두나무로 잘못 표기하였다. A와 B는 계약서의 내용대로 계약을 체결하였다.
> (나)C는 금 100g을 판매하려고 하였으나, D와 매매 계약을 체결할 당시 100g의 판매 금액에 해당하는 가격에 100돈(1돈=3.75g)을 판매하겠다고 잘못 말하였다. C와 D는 C의 말대로 계약을 체결하였다.
> *(가)와 (나)에서 판매자는 표의자, 구매자는 표시 수령자이다.

① ㉠의 경우, (가)의 A가 매매 대상을 자두나무라고 주장하고 B가 이를 받아들인다면 A의 진의대로 법률 행위가 성립한다고 보겠군.

② ㉠의 경우, (가)의 앵두나무라는 문구나 (나)의 100돈을 판매하겠다는 C의 말에 얽매이지 않고 제반 사정을 종합하여 표의자의 진의를 밝혀야 한다고 보겠군.

③ ㉡의 경우, (가)의 A와 (나)의 C가 의사 표시의 착오로 인해 법익이 침해되었다고 입증하면 A와 C에게 중대한 과실이 있더라도 계약은 취소할 수 있다고 보겠군.

④ ㉡의 경우, (나)의 C가 적정한 값이 아닌 가격에 100돈의 금을 판매하기로 한 말에 중대한 과실이 있다면 해당 의사 표시를 취소할 수 없다고 보겠군.

⑤ ㉡의 경우, (나)의 C가 계약 내용이 잘못되었다고 주장하고 D가 과실로 C의 진의를 알지 못했다면 C의 진의를 인정하는 해석이 이루어질 수도 있다고 보겠군.

9 [A]에서 ㉮에 해당하는 내용으로 가장 적절한 것은?

① 을이 종전의 병원으로 다시 돌아가겠다는 의사를 표시한 계약

② 갑과 을이 일정 기간 후에 서로 다시 종전의 병원으로 돌아가기로 한 합의

③ 갑이 종전의 병원이나 그 부근에서 개원하는 것을 금지하는 내용을 담은 을의 청구

④ 상대방이 종전의 병원으로 돌아올 것을 예상하고 일정 기간 복귀하지 않기로 한 합의

⑤ 계약 당시 상대방이 곧 종전의 병원으로 돌아올 수도 있는 상황을 염두에 두지 않은 계약

10 문맥상 ⓐ의 의미와 가장 유사한 것은?

① 갑자기 정전이 되어 우리는 촛불을 밝혀 놓았다.

② 어젯밤을 꼬박 밝혀 회의를 했지만 진전이 없었다.

③ 어둠 속에서 길을 찾기 위해 눈을 밝혀 살펴보았다.

④ 그 사건의 전모를 밝혀 억울한 사람이 없게 해야 한다.

⑤ 내 동생은 단 음식을 너무 밝혀 건강을 해칠까봐 걱정이다.

실전 풀이 타임라인

문제 확인	44초
1문단 읽기	36초
2문단 읽기	40초
7번 풀기	20초
3문단 읽고 10번 풀기	51초
4문단 읽기	64초
5문단 읽기	18초
6문단 읽기	23초
9번 풀기	14초
5번 풀기	13초
6번 풀기	30초
8번 <보기> 내용 파악	51초
8번 풀기	88초
총 풀이 시간	8분 12초

Q1 지문과 문제 중 어떤 것을 먼저 읽어야 할까요?

문제부터 확인하며 지문에 대한 접근 방법을 생각해보자.

우선 문제를 훑어보면서 지문의 어느 부분에 집중해서, 그리고 어느 수준까지 이해해야 할지 감을 잡아야 해. 쌤 역시 문제를 훑어보면서 집중해야 할 부분에 간단하게 표시했어. 문제 5번은 '윗글에 대한 설명'을 묻고 있지만, 구체적으로 선지를 확인하니 글 전체가 큰 흐름에서 어떻게 전개되고 있는지를 묻고 있어. 따라서 글 전체를 읽고 큰 흐름을 파악해서 문제를 풀어야겠다는 정도만 파악하면 돼. 문제 6번은 세부 내용을 파악하는 일치 문제지? 뒤에서 이런 문제 유형을 푸는 방법을 자세히 설명하겠지만, 선지를 훑어보며 전체적인 화제 정도만 파악하고 빠르게 넘어가자. '법률 행위'와 '해석'이라는 말들이 반복되고 있고, 낯선 개념인 '보충적 해석', '오표시 무해의 원칙' 정도만 쓱 읽고 지나가면서 '이런 개념에 대해 설명하겠군.' 정도로 파악하는 거지. 문제 7번도 마찬가지로 세부 내용 파악 문제인데, '일정한 기준'이 나오면 좀 더 꼼꼼히 읽어야겠다는 정도로 짚고 넘어가자. 문제 8번과 9번은 적용 문제인데, 해당 기호가 나오면 그때 돌아와 문제를 풀어야겠다는 전략만 세우면 돼. 특히 8번의 경우 ㉠과 ㉡을 비교하고 있기 때문에 이 둘이 어떻게 다른지 유의하겠다는 전략을 세우면 좋겠지? 이런 식으로 지문을 본격적으로 읽기 전에 문제와 선지를 확인하며 지문을 어떻게 접근할지 전략을 미리 세워두고 읽으면 돼.

Q2 지문은 어떻게 읽어야 할까요?

나만의 방법으로 표시하면서, 큰 흐름 위주로 파악하며 읽자.

지문의 첫 문장부터 꼼꼼히 읽으면서 모든 내용을 완벽히 이해할 필요가 없어. 첫 문단부터 읽어 내려가면서 전체적인 형식과 설명하고자 하는 대상(혹은 원리), 그것에 대한 중요 정보 위주로 캐치해 나가면 돼. 이때 중요한 것은, 나만의 표식으로 시각적으로 흐름을 파악해 두라는 거야. 특히, 어려운 지문에서 생소한 개념이 하나도 아니고 네댓 개가 나와 정신을 혼미하게 할 때가 많지? 이럴 때는 주요 핵심 개념에서 파생되는 개념이거나 하위 개념의 경우에는 따로 표시하고 핵심 개념에 대해 상반되는 개념들이 나와도 역시 표시하는 거야. 경제나 과학 지문의 경우 상관관계를 설명하는 내용이 많아. 복잡하게 상관관계로 엮인 개념들을 나만의 표시 방법으로 표시하면서 머릿속에 도식을 그리고 구조화하는 거야. 그럼 차근차근 방법을 알려줄게.

민법에서 법률 행위는 의사 표시를 필수적 요소로 하여 법률 효과를 발생시키는 행위로 (유언이나 계약) 등이 이에 해당한다. 의사 표시는 일정한 법률 효과의 발생을 목적으로 하는 의사를 표시하는 것인데, 표시 행위에는 말이나 글뿐만 아니라 머리를 끄덕이거나 손을 드는 것과 같은 동작이나 침묵 등도 포함된다. 법률 행위에서 의사를 표시한 사람인 표의자의 진의와 표시된 의사가 명백하게 일치하여 이론의 여지가 없을 경우는 문제가 되지 않는다. 하지만 [표의자의 의사가 불분명한 경우나 의사 표시를 받아들이는 상대방인 표시 수령자가 표의자의 의사 표시를 표의자의 진의와 다르게 받아들이게 되는 경우] 등이 발생하면 법률 행위의 해석이 필요하다. 법률 행위의 해석은 법률 행위의 내용을 확정하는 것으로, 법률 행위의 성립과 유효성 여부를 판단하는 데 있어 중요한 역할을 한다.

✣ 큰 흐름을 파악하면서 읽기 위해서는 글의 화제어를 파악해야 돼. '무엇'에 대해 설명하고 있는지를 먼저 파악하는 거지. 첫 문단에서 계속 반복되는 단어나, '~는', '~란'과 같이 어떤 단어를 정의하거나 의미를 설명하고 있는 단어는 중요한 단어일 확률이 높아. 첫 문단의 핵심어가 되는 거지. 여기서 첫 문단의 핵심어는 글 전체의 화제어가 되는 경우가 많아. 위 지문의 (1)문단에서 보면 '법률 행위'의 개념을 설명하고 있고 뒤에도 계속 반복되고 있지? '법률 행위'가 중요도가 높은 어구라는 걸 알 수 있고, 글 전체에서 설명하고자 하는 대상, 즉 화제어라는 걸 눈치챌 수 있어. 핵심어에는 동그라미와 같은 표시를 해놓자. 시각적으로 표시해두면 머릿속에서도 중요 정보로 저장되거든.

✣ 문장을 읽으면서 중요하다고 생각되는 문장이나 문제와 관련된 정보를 담고 있는 문장에는 밑줄을 치자. 많은 학생이 이 방법을 모르는 건 아니야. 다만 어떤 정보에 밑줄을 쳐야 할지 막막해할 뿐이지. 중요한 정보란 뭘까? 어떤 정보가 중요 정보인지 파악하며 읽는 독해 방법을 '중요도 평정'이라고 하는데, 일반적으로 화제어의 개념, 반복해서 부연 설명을 하거나 예시를 활용해 이해시키려고 하는 내용, 그런 부연 설명이나 예시를 포괄하는 큰 범위의 내용, 표지어를 통해 강조되고 있는 내용이 중요한 정보일 확률이 높아. 또 우리는 문제를 풀기 위한 독해를 하기 때문에, 문제나 선지와 관련된 정보를 담고 있는 문장도 중요한 문장이 되지. 중요한 문장에는 밑줄을 쳐서 표시하고 중요하지 않은 문장, 즉 부연 설명이나 사례는 괄호를 쳐서 묶어 두어도 좋아. 문장의 중요도를 따져 표시해야 문제를 풀기 위해 글을 다시 읽을 때 중요한 내용을 찾아갈 수 있어.

✣ 먼저 (1)문단에서 화제어인 '법률 행위'와 '법률 행위 해석'의 개념을 설명하고 있으니 중요한 정보로 표시해두면 좋아. 또 중요한 점! 표지어를 잘 살펴보는 것도 방법이 될 수 있어. 표지어란 내용 간의 관계를 드러내기 위해 사용된 보조적 언어 요소를 총칭하는 말로, 글의 의미구조를 파악하는 데 중요한 역할을 해. 일반적으로 '그러나, 하지만'과 같은 역접의 표지어, '그래서, 그러므로'와 같은 결과를 나타내는 표지어 뒤에 나오는 문장, '이와 달리', '반면에'처럼 대조가 나타나는 문장은 중요한 문장일 확률이 높으니 유의 깊게 살펴보는 게 좋아. 이때 이런 표지어들에 위의 지문처럼 표시해두면, 문제를 풀 때 근거를 찾기 수월하겠지? (1)문단에서 '표의자 진의'와 '표시된 의사'가 같으면 문제되지 않는다고 하면서, '하지만'이라는 표지어 뒤에 이 둘이 다르게 받아들일 경우, '해석'이 필요하다고 하고 있지? 이때 중요한 정보는 문제가 되지 않는 경우가 아니라, '해석'이 필요한 경우겠지. 이렇게 표지어 뒤에 중요한 문장이 나온다는 걸 기억해.

✣ 이렇게 **표지어에 유의해서 읽으면 문장과 문장의 관계를 파악할 수 있어**. 특히 문장과 문장이 원인과 결과 관계를 나타낼 경우, 화살을 표시하는 것이 좋아. 문장과 문장의 관계(원인과 결과, 설명과 부연, 설명과 예시, 병렬 관계)를 잘 파악을 해두면 문단을 큰 흐름에서 이해할 수 있어. 또 '그리고', '또한', '한편'과 같이 연결되어 나열되어 있으면 동등한 위치에 있는 정보들이고, 이 나열된 정보를 포괄하는 문장을 찾아 문장 간 관계를 파악할 수 있어. 이번에는 (2)문단을 살펴보자.

> 법률 행위의 해석은 일정한 기준에 따라 합리적으로 이루어져야 한다. ① 당사자가 법률 행위로 달성하려고 하는 목적 및 법률 행위 당시의 제반 사정은 우선적으로 고려되는 기준이다. 그리고 법률 행위의 내용은 대체로 ② 그 분야의 관습을 토대로 이루어지는 것이 일반적이라는 점에서, 이를 해석의 기준으로 삼을 수 있다. (적용되는 경우) (관습에 대한 당사자의 의사 표시가 없거나 명확하지 않은 경우에는 관습에 따르지만, 당사자의 의사와 상관없이 강제적으로 적용되는 규범인 강행 규정을 위반하는 관습은 효력이 인정되지 않는다.) 한편 법률 행위와 관련된 관습이 없고, 당사자가 임의 규정과 다른 의사를 표시하지 않은 경우에는 ③ 임의 규정을 법률 행위의 해석 기준으로 삼을 수 있다. 그리고 [권리의 행사와 의무의 이행은 신의를 좇아 성실히 하여야 한다]는 ④ 신의 성실의 원칙도 법률 행위의 해석 기준이 될 수 있다.

✣ 법률 행위 해석에는 '일정한 기준'이 필요하다고 하면서, 그 기준에 해당될 만한 정보들이 죽 나열되고 있어. '당사자가 법률 행위로 달성하려고 하는 목적 및 법률 행위 당시의 제반 사정' 다음에 '그리고'라고 하면서 '그 분야의 관습'을 제시하고 있고, 관습에 대한 부연설명 후에 '한편'이라는 표지어 뒤에 '임의 규정'이라는 기준을, '그리고' 뒤에 '신의 성실의 원칙'이라는 기준을 들고 있지. 이렇게 나열된 정보에는 위와 같이 번호를 붙여두면 법률 행위의 네 가지 기준에 대해 잘 정리가 되겠지? 또 이 네 가지 기준을 포괄하는 맨 앞의 '법률 행위의 해석'의 '일정한 기준'이 중요 정보이니 표시를 해두어야 하고.

✣ **'내 말로 바꾸어 보기' 전략**도 지문을 이해하는 좋은 방법이야. 그러니까 문장의 내용을 세세한 수준까지 이해하는 게 아니라 큰 흐름에서 이 정도의 내용이겠구나, 하고 내 말로 바꾸어 보는 거지. 예를 들어, (2)문단에서 '그 분야의 관습'이라는 기준을 제시하면서 그 뒤에 다소 복잡한 부연 설명이 나오는데, 머릿속으로 '이럴 땐 적용되고 이럴 땐 적용되지 않는다는 거구나'정도로만 이해하고 넘어가라는 거야. 꼭 위에처럼 '적용되는 경우'라고 실제로 쓰면서 읽으라는 게 아니야. 머릿속에서 그렇게 내 말로 바꾸어가며 적당히 이해하고 넘어가라는 거지. 또 관습을 부연 설명하는 정보라는 걸 표시하기 위해 괄호와 화살표를 활용하면 좋아.

법률 행위의 해석 방법에는 ①㉠자연적 해석, ②㉡규범적 해석, ③보충적 해석 등이 있다. 자연적 해석이란 표의자의 진의를 ⓐ밝히는 해석으로, 계약서상의 문구와 같은 표시 행위에 얽매이지 않고 제반 사정을 종합하여 표의자의 진의를 밝히는 해석이다. 계약의 경우 표의자의 진의와 다른 의사 표시가 있었다 하더라도 표의자와 표시 수령자 간에 의사의 합치가 있다고 한다면, 표시 행위 본래의 목적이 달성된 것으로 보고 표의자의 진의대로 법률 행위의 내용을 확정하는 것은 자연적 해석에 해당한다. 이 경우에는 진의와 다른 의사 표시는 표의자의 의사를 해하지 않는다는 의미의 '오표시 무해의 원칙'이 적용된다. 그리고 유언자의 진의를 바탕으로 유언의 의미가 무엇인지 명확하게 밝히는 것도 자연적 해석에 해당한다.

∴ (3)문단에서도 마찬가지야. '법률 행위의 해석 방법'이라는 화제를 발견해 표시를 하고, 그 방법에 해당하는 세 가지에 번호를 달아주면 좋겠지. 그리고 '자연적 해석이란'이라고 개념을 밝히고 있으니 (3)문단은 법률 행위의 해석 방법 중에서 '자연적 해석'에 관해 설명하고 있다는 것을 파악할 수 있겠지? 자, 이때도 나만의 표시를 하며 이해한 것이 보이니? '자연적 해석'을 설명하면서 '의사 표시'라는 말과 '표의자의 진의'라는 말이 반복되고 있어. 그런데 '자연적 해석'에서 중요한 건 뭐지? '의사 표시'가 있어도 '진의'대로 하는 것이 '자연적 해석'에 해당된다고 설명하고 있어. 따라서 '표시'보다 '진의'가 중요하다는 것을 이해하고 '표시'에는 엑스 표시를, '진의'에는 괄호 표시로 강조를 해 둔 거지. 뒤에 '오표시 무해의 원칙'의 개념이 나오고 있는데 결국 '표시'가 '무해'하다, 즉 표시에 엑스를 쳐 둔 우리의 이해와 크게 다르지 않기 때문에 부연 설명에 지나지 않으니까 겁먹을 필요 없어. 그러니까 3문단의 자연적 해석에서는, '표시<진의'라는 큰 흐름만 기억하면 돼. 나만의 표시를 하면서 큰 흐름으로 이해하기! 이제 잘 알겠지?

Q3 비문학 문제를 어떻게 하면 빨리 풀 수 있을까요?

많은 친구들이 비문학에서 가장 어려움을 느끼는 지점 중 하나는, 지문을 읽고 문제를 풀어내는 데 시간이 너무 많이 소요된다는 점이야. 시간이 많이 걸리다보니 못푸는 문제, 심지어는 아예 못읽는 지문이 생기기도 해. 어떻게 하면 비문학 문제를 빨리 풀 수 있을까?

∴ 근본적으로는, 독해력을 향상시키는 속도는 자연스럽게 단축돼.

비문학 문제를 푸는 데 시간이 많이 걸리는 이유가 뭘까? 물론 어려운 킬러 문항을 푸느라 시간을 많이 잡아먹을 수도 있지만, 근본적으로는 지문을 읽고 이해하는 데 시간이 많이 걸리기 때문이야. 이해가 되지 않으면 읽은 부분을 또 읽고, 문제를 풀기 위해 다시 찾아가 읽는 과정이 반복되는 거야. 그래서 비문학을 공부할 때, 단순히 문제 풀이를 위한 공부가 아니라 중요한 내용을 선별하고, 지문을 해체해서 글의 구조를 파악하고, 어휘를 꼼꼼히 살펴보는 독해 공부가 함께 이루어져야 해. 그 과정에서 글을 독해하는 능력이 향상되고 이는 문제를 푸는 속도 단축으로 이어져. 그래서 이 책에서는 부록으로 지문 독해를 위한 워크북을 준비했어. 워크북을 활용해 지문을 꼼꼼히 읽고 분석하는 연습을 한다면 지문을 읽어 내는 시간은 분명히 줄어들 거야.

⁘ 비문학 영역 문제 풀이를 위한 열 가지 팁은 시간 단축에 큰 도움이 돼.

근본적인 독해 역량을 길러서 지문을 읽는 시간을 단축해야겠지만, 문제 푸는 시간을 줄이는 방법도 있어. 결국 수능 비문학 읽기는 문제를 풀기 위한 읽기이기 때문에, 답을 빠르게 찾아내는 눈을 가진다면 속도가 많이 단축될 거야. 문제 풀이 시간을 줄이는 방법에는 무엇이 있을까? 앞서 얘기한 것처럼 문제를 먼저 파악하고 지문을 읽는 것, 큰 흐름 위주로 파악을 하고 표지를 표시해 놓는 것, 지문과 문제를 번갈아 가면서 읽고 오답을 지워 가는 것 같이 선생님이 알려주는 독해 팁들을 활용하면 정답을 더욱 빠르게 찾아낼 수 있어. 또 이 책을 통해 비문학의 오답을 줄이기 위한 열 가지 팁을 설명해 줄건데, 이 방법들은 모두 문제를 푸는 속도를 줄여 주는 방법이 될거야. 문제 유형을 이해하고, 문제 유형에 맞는 문제 풀이 팁을 익혀서 지문을 읽으면서 선지를 하나씩 지워간다면, 문제 푸는 시간을 확연하게 단축시킬 수 있어.

Q4 지문과 문제를 번갈아 보면서 푸는 건 어떻게 하나요?

문제에 따라 계획을 세우고 지문을 구조화하면서 문제를 풀자.

시간을 단축하겠다고 무작정 모든 문제와 지문을 왔다 갔다 풀면 지문도 이해를 못 하고 문제도 못 풀 수 있어. 그러니 문제에 따라 필요한 경우에 지문과 문제를 오가며 풀어야 해. 앞에서도 얘기했듯이 이러한 전략이 필요한 문제가 있는지 확인하기 위해 문제를 훑어보라고 했었지? 위의 지문에서 문제를 훑어볼 때 '5번과 6번은 다 읽고 나서 풀고 7번과 9번은 특정 기호가 포함된 문단을 읽고 풀 수 있는 문제인지 봐야겠고 8번은 어려운 적용 문제이니 해당 부분을 엉성하게 형성해놓고 문제와 지문을 함께 이해해야겠다. 10번은 ⓐ가 보이면 바로 풀어야겠군.'이라는 계획을 세웠다면 어떤 문제에서 지문과 문제를 오가야 하는지 결론이 나지? 문제를 훑어보며 나름의 문제 접근 계획을 세웠다면 이 계획에 맞게 지문을 구조화하면서 읽는 거야. 지문의 내용을 구조화해서 파악할 수 있어야 문제를 풀기 위한 정보가 어디에 있는지 쉽게 파악할 수 있거든. 내용을 구조화하면서 지문을 읽으면 문제 접근 계획에 따라 어디까지 읽고 문제를 풀지 판단할 수 있는 거지.

Q5 정보량이 많거나 이해가 어려운 지문은 어떻게 읽어야 할까요?

글의 내용보다 글의 형식(틀)을 구성한다고 생각하며 읽자.

⁘ 계속 강조하지만, 모든 정보를 처음부터 꼼꼼하게 이해하지 않아도 된다는 거야. 빠르게 큰 흐름 위주로 파악해 둔 다음 문제를 풀기 위한 부분만 자세히 이해하면 돼. 물론 글의 화제나 중심 문장 등 내용 파악 없이 글의 형식만으로 문제를 풀긴 어려워. 하지만 어느 정도 글의 화제와 중심 생각 및 전개 방식이 파악되면 아주 정보량이 많고 어려운 부분은 내용을 머릿속에 넣으려고 하기보다는 형식만 따서 기계적으로 읽는 것이 어려운 지문을 이해하는 하나의 방법이라는 거야.

규범적 해석은 표시 행위의 객관적 의미를 탐구하는 해석이다. 이 해석은 표의자의 표시 행위를 그대로 신뢰한 표시 수령자를 보호하기 위해 행해질 수 있다. 규범적 해석에서는 표시 수령자가 실제로 표시 행위를 어떻게 이해했느냐만을 가지고 법률 행위를 해석하지는 않고, 제반 사정을 고려하여 적절한 주의를 기울인 합리적인 사람이라면 표시 행위를 어떻게 이해했어야 하느냐를 중시하여 법률 행위를 해석한다. 어떤 계약에서 계약서의 내용과 일치하는 주장을 하는 표시 수령자가 계약서의 내용과 다른 주장을 하는 표의자의 진의를 알지 못했던 경우에 표시 수령자의 주장을 인정하는 것은 규범적 해석에 해당한다. 그런데 표시 수령자가 표의자의 진의를 알았거나, 또는 알지 못했다 하더라도 표시 수령자의 과실로 표의자의 진의를 알지 못했을 경우에는 표의자의 의사를 인정하는 해석이 이루어질 수도 있다. 규범적 해석의 결과로 도출된 법률 행위의 내용이 표의자의 진의와 다를 경우에는 표의자의 법익이 침해될 수 있다. 이때 표의자는 법률 행위의 중요한 의사 표시에 착오가 있었다는 것을 입증함으로써 해당 의사 표시를 취소할 수 있지만, 표의자의 중대한 과실로 인한 의사 표시는 취소할 수 없다.

보충적 해석은 자연적 해석 또는 규범적 해석에 따라 법률 행위의 성립이 인정된 후에 고려되는 것으로 ㉮흠결이 있는 법률 행위의 보충을 의미한다. 보충적 해석은 모든 법률 행위에서 할 수 있으나 주로 계약에서 행해진다. 어떤 계약에서 계약 체결 당시에는 미처 생각하지 못했던 상황이 계약 체결 이후 발생하여 문제가 되었을 때, 이러한 상황을 계약 당시 알았다면 양 당사자가 어떻게 계약했을 것인가를 고려하여 법률 행위를 해석하는 것은 보충적 해석에 해당한다고 볼 수 있다. 이때 계약 당시 미처 생각하지 못했던 상황이 법률 행위의 흠결이 되는 것이다.

⁘ (3)~(5)문단에서는 각각 법률 행위 해석의 세 가지 방법인 '자연적 해석' '규범적 해석', '보충적 해석'에 대해 설명하고 있지? 각각의 해석 방법을 모두 정교하게 이해할 필요 없어. 문단 간 관계를 큰 흐름에서 파악해서, (3), (4), (5)문단이 같은 층위에서 각각의 해석 방법을 설명하고 있다는 것만 파악했다면, '자연적 해석' '규범적 해석', '보충적 해석' 각각의 개념 정도만 체크하고 넘어가자.

⁘ 물론, 이 지문의 경우 '자연적 해석'과 '규범적 해석'에 ㉠, ㉡이라는 기호가 붙어 있고, 각각에 대한 이해를 바탕으로 하는 문제가 있기 때문에 정교한 이해가 필요해. 하지만 그걸 처음부터 읽는 게 아니라, 큰 흐름 파악 뒤에 ㉠, ㉡과 관련된 문제인 8번 문제로 가서, 문제를 파악한 후에 돌아와서 그때 자세히 읽으면 돼.

[A] 가령, 서로 다른 곳에서 병원을 운영하고 있는 의사 갑과 을이 서로의 병원을 교환하기로 계약을 맺고 병원을 옮겼다. 그 후에 을이 그 교환 계약이 무효라고 주장하면서 종전의 병원으로 다시 돌아가겠다는 의사를 표시하였고, 갑이 교환 계약의 유효 확인을 청구하면서 을이 종전의 병원이나 그 부근에서 개원하는 것을 금지하는 내용을 청구한 사안이 있다고 하자. 이 사안에 대해 법원에서는, 갑과 을이 교환 계약 당시 상대방이 종전에 운영하던 병원으로 곧 돌아올 가능성을 염두에 두지 않아서 그에 대해 아무런 약정을 하지 않은 것이 분쟁의 원인이라고 판단했고, 계약 당사자의 일방이 곧바로 종전의 병원으로 돌아간다면 이는 전체 계약의 목적을 위협하는 것으로 보았다. 그래서 법원에서 만약 당사자들이 교환 계약 이행 완료 후 2~3년 내에 상대방이 종전의 병원으로 돌아올 것을 예상했다면 그 기간 동안의 복귀 금지에 합의하였을 것으로 판단하여 갑의 청구를 받아들인다는 판결을 내렸다. 그렇다면 이 판결은 보충적 해석을 토대로 이루어진 것으로 볼 수 있다.

마지막 6문단에서도 마찬가지야. '가령'이라는 표지어로 시작하고 있고, 마지막에 이 판결에 '보충적 해석'에 해당한다고 하고 있으니까, '보충적 해석'의 예시라는 것만 파악하고 넘어가도 좋아. 그리고 [A]에 해당하는 문제인 9번을 보고 와서 읽으면, 핵심을 더 쉽게 파악할 수 있어.

Q6 어려운 적용 문제는 어떻게 풀어야 할까요?

적용 문제는 문제에 제시된 정보와 지문을 통해 정보를 상호보완적으로 구성하며 풀자.

8번 문제 역시 어려웠지만 <보기>와 지문의 내용을 잘 연결하면 생각보다 쉽게 풀 수 있는 문제였어. 적용 문제의 <보기> 내용이 복잡하거나 길수록 <보기>의 내용이 중요한데 이러한 문제를 풀 때 필요한 지문 내용 역시 어려운 경우가 많아. 굉장히 정보량이 많고 복잡해서 한 번 읽어서 바로 이해하기 힘들 거야. 그럴 때는 처음 지문을 읽을 때 정확하게 이해하려고 노력하기보다는 <보기>의 내용을 바탕으로 다시 그 내용에 접근할 계획을 세우는 거야. 처음 읽을 때 전체 내용 틀에서 ㉠, ㉡ 부분을 엉성하게 형성해놓고 문제를 풀 때 다시 그 부분을 보면서 <보기>와 연결해서 엉성하게 형성해놓은 내용을 촘촘하게 메꾸는 거지. 이렇게 적용 문제에서는 <보기>의 내용이 너무나 중요하기 때문에 <보기>의 내용을 꼼꼼하게 살펴야 하고 지문의 내용이 덜 이해되었다면 <보기>의 내용을 바탕으로 지문의 내용을 재구성할 수 있어야 해. <보기>의 사례를 바탕으로 '이런 식으로 표시 행위와 표의자의 진의가 다를 수 있구나.', '규범적 해석에서 다양하게 해석이 가능한 경우가 이런 사례구나.'라고 생각하며 지문과 <보기>를 활용하여 정보를 상호보완적으로 구성했어야 해.

Q7 어려운 문제를 풀 때 너무 많은 시간이 걸려요.

글 전체를 읽는 시간은 줄이되 적용 문제를 풀 핵심 문장은 꼼꼼하게 살펴보자.

이 글은 적용 문제에 필요한 부분을 제외하면 읽는 시간을 확 줄일 수 있는 쉬운 수준이었어. 그리고 글 전체 파악 시간을 꼭 줄였어야 하는 이유는 8번 문제 때문이었어. 8번 문제를 보면 <보기>에 제시된 많은 정보를 파악해야 하는, 시간을 많이 써야 하는 문제였지. 8번 문제를 풀기 위해 지문에서 꼼꼼하게 살펴야 했던 부분은 바로 '어떤 계약에서 계약서의 내용과 일치하는 주장을 하는 표시 수령자가 계약서의 내용과 다른 주장을 하는 표의자의 진의를 알지 못했던 경우에 표시 수령자의 주장을 인정하는 것은 규범적 해석에 해당한다. ~ 이때 표의자는 법률 행위의 중요한 의사 표시에 착오가 있었다는 것을 입증함으로써 해당 의사 표시를 취소할 수 있지만, 표의자의 중대한 과실로 인한 의사 표시는 취소할 수 없다.'였어. 이 내용이 '표의자'와 '표시 수령자'라는 말로 복잡하게 제시되어 있어 한 번 읽고는 내용을 바로 파악하기 어려웠을 거야. 여기에서 핵심 문장을 꼼꼼하게 살펴보라는 의미는 <보기>의 내용과 연결을 꼼꼼하게 해주라는 의미이지, 모든 어휘의 의미를 정확하게 이해하라는 것이 아니야. <보기>에서 판매자와 구매자를 표의자와 표시 수령자로 다시 풀이해준 이유는 지문의 해당 부분에 그대로 넣어서 선지를 판단해보라는 의미야. A, B, C, D를 판매자와 구매자로 구분하고 표의자와 표시 수령자로 구분해서 관계를 기계적으로 선지에 적용해서 문제를 풀면 됐는데 오히려 사례 내용을 이해하려고 하면 헷갈리고 스텝이 꼬였을 거야. 이처럼 이 전략에서 핵심 문장을 꼼꼼하게 살펴보라는 의미는 문제를 풀기 위한 수치 간 관계 파악, 도식 파악을 정확하게 하라는 것이지, 그 이론이나 사례를 완전히 이해하라는 것이 아니야. 어려운 문제일수록 명심해야 하는 것이 그 원리를 완전히 이해하려고 시간을 뺏기지 말아야 한다는 거야. 명심해, 지금 네가 풀고 있는 것은 국어 영역이지, 과탐, 사탐 영역이 아니야. 더불어 선지의 진위에 대한 확실한 근거를 지문에서 찾았다면 바로 다음 문제로 넘어가는 것도 시간을 단축하는 방법이야. 시간 관리에 대한 실제적인 접근은 위의 '실전 풀이 타임라인'을 참고하면서 빨리 풀기 위해 어떻게 문제를 풀어나갔는지 인지적 전략을 그대로 한번 따라가 보면 더 쉽게 이해될 거야.

Q8 어휘는 어떻게 대비해야 하나요?

어휘는 그때그때 정리하자.

어휘는 독해의 기본이야. 어휘를 모르면 지문에서 설명하는 개념을 잘 이해할 수 없고 문단, 글 이해까지 나아가기 어려울 수 있어. 하지만 비문학을 위해서 따로 어휘를 대비하는 것은 자칫 잘못하면 시간만 많이 소요되고 체감되는 성과는 없어서 힘이 빠질 수 있어. 그리고 어려운 어휘가 나와도 지문에서 설명하고 있는 내용과 맥락을 바탕으로 어느 정도 파악할 수 있기 때문에 자신감을 가지고 전체적인 의미를 파악하는 데 집중해야겠지.

그렇다고 어휘를 공부하지 않을 수는 없어. 어휘력은 독해력을 키우는 중요한 바탕이 되는 데다가 어휘 문제도 꾸준히 출제되기 때문이지. 단, 어휘는 따로 공부하는 것이 아니라 비문학 지문 분석을 하면서 함께 공부해야 해. 지문을 공부하다가 의미를 정확히 모르는 어휘가 나오면 사전에 검색해보면서 의미를 익혀두는 것이 좋아. 따로 어휘 책을 사서 풀지 않고 그때그때 정리하는 것만으로도 충분해. 그리고 어려웠던 단어들을 따로 정리해 보는 습관도 도움이 돼. 지문 아래에 간단히 정리해도 좋고, 영어 단어장처럼 나만의 어휘 단어장을 만들어 보는 것도 좋아. 수시로 어휘를 찾아보고 정리하는 습관을 들인다면 어휘력이 점점 탄탄해지는 걸 느낄 수 있을 거야.

위 지문에서는 첫 단락을 읽을 때, '표시된 의사', '표의자의 진의'라는 어휘들이 어렵게 느껴졌을 거야. 하지만 '의사 표시는 일정한 법률 효과의 발생을 목적으로 하는 의사를 표시하는 것'이라는 설명, '의사를 표시한 사람인 표의자'라는 설명들을 바탕으로 충분히 이해할 수 있었어. 또 다음 단락의 '제반', '효력' 같은 어휘들이 낯설게 느껴질 수도 있는데, 지문을 읽을 때는 역시 맥락으로만 이해하고 넘어가야겠지. 예를 들어 '제반'은 '당시'라는 말과 '사정'이라는 말 사이에 있는데 의미를 잘 몰라도 '당시의 사정', '당시의 여러 가지 사정' 정도로 이해하고 넘어가는 거지. 그리고 이 지문을 모두 읽고 공부한 후에, 다음처럼 어휘의 뜻을 사전에서 찾아 정리해 두자. 이때 단어의 뜻만 쓰는 것보다는, 그 단어가 어떻게 활용되어 쓰이는지까지 적어두면 어휘를 더 완전히 내 것으로 만들 수 있어.

* 제반 : 어떤 것과 관련된 모든 것. 예) 제반의 문제

* 효력 : 법률이나 규칙 따위의 작용. 예) 효력 정지

* 합치 : 의견이나 주장 따위가 서로 맞아 알치함. 예) 우리는 그 결론으로 합치를 보았다.

* 흠결 : 일정한 수효에서 부족함이 생김. 또는 그런 부족.

Q9 오답 풀이는 어떻게 해야 할까요?

지문에서 선지의 근거를 찾는 것을 중심으로 오답을 정리하자.

문학이나 문법의 경우에는 기출문제의 개념이나 지식이 중요하기 때문에 오답 풀이와 오답 노트 형식의 정리가 도움이 될 수 있지만, 비문학은 달리 접근해야 해. 지문에서 근거를 찾아 오답 '분석'을 해야 하지. 그러니까 지문의 내용을 정리하는 것이 아니라 선지가 왜 맞고 틀렸는지, 그리고 왜 내가 이 오답을 선택했는지 문제 푸는 과정에서의 인지적 오류를 찾는 방식으로 오답 풀이를 해야 해. 여기에서 '인지적 오류를 찾는 방식'이란 아래의 예시처럼 오답인 3번을 고를 때 어떤 사고 과정으로 오답을 골랐는지, 착각하거나 실수한 지점을 생각해보자는 의미야. 이 부분을 계속 연습할 수 있는 부분이 다음 장의 '선지 클리닉'이니 그 부분을 참고하여 오답 풀이를 해보자. 더불어 나만의 표시 방법으로 지문에서 근거를 찾아 표시하거나, 지문과 문제의 어휘 치환이 어떻게 이루어졌는지 정도를 파악해 정리해 두면 좋겠지?

예를 들면 5번 문제를 다음과 같이 정리해 보자.

5 윗글에 대한 설명으로 가장 적절한 것은?

① 법률 행위의 해석의 필요성과 그 의의를 밝히고, 해석 기준과 해석 방법을 설명하고 있다.(정답)

1문단 3문단 4,5,6 문단

② 법률 행위의 해석 방법들을 제시하고, 각 방법의 ~~장단점을 평가~~하여 ~~종합적 결론~~을 도출하고 있다.

4,5,6 문단

③ 법률 행위와 관련된 특정한 사례를 소개하고, 그 사례에 적용한 ~~해석 방법의 타당성~~을 검토하고 있다.(오답)

6문단

인지적 오류 선지의 일부 어휘만 보고 선택함. 지문의 구체적인 근거가 아닌 느낌을 바탕으로 선지를 고름. '검토'라는 단어를 끝까지 잘 살펴보지 않고 해석 방법의 '타당성 검토'의 의미를 '법률 행위의 해석의 의의'의 의미로 착각함.
→ 지문에서 근거를 찾아 선지를 선택하고 선지의 의미 파악을 정확하게 하자.

④ 법률 행위의 해석이 필요한 이유를 밝히고, 해석 방법이 ~~사회에 미친 영향~~을 인과적으로 서술하고 있다.

1문단

⑤ 법률 행위의 해석에 필요한 기준을 서술하고, 그 ~~해석 기준이 발전해 온 과정을 통시적으로 서술~~하고 있다.

3문단

Q10 지문에 대한 배경지식이 도움이 되나요?

배경지식이 없어도 문제를 풀 수 있지만 어휘 차원에서 기본 상식을 갖추려는 노력을 하자.

배경지식이 있으면 도움이 되는 건 분명하지만, 꼭 배경지식이 있어야만 문제를 잘 풀 수 있는 것은 아니야. 모든 문제의 답은 지문에 있어. 따라서 배경지식이 없어도 지문에서 답을 찾아낼 수 있으면 돼. 독해력이 향상되고, 국어 지문의 일반적인 구조와 문제 유형에 익숙해지면 어떤 주제의 지문이 나오든 잘 풀 수 있다는 거지. 하지만 자주 나오는 어려운 분야에서 어휘 차원의 기본 상식을 갖춰 놓으면 내용을 받아들이는 데 시간을 단축할 수 있겠지. 위의 지문에서 '법률 행위, 신의 성실의 원칙, 관습, 법익, 과실' 등등의 단어를 알고 있었다면 해당 내용을 빨리 받아들일 수 있었겠지? 이처럼 '해당 분야의 관련 용어를 얼마나 빨리 받아들이냐'의 차이이지, '배경지식에 따라 이해하냐, 못 하냐'의 차이가 아니야.

Q11 어려운 지문부터 푸나요, 쉬운 지문부터 푸나요?

충분히 실력자라면 순서대로, 문제를 하나라도 더 챙겨야 한다면 쉬운 지문부터 풀자.

고민하는 친구들의 상황에 따라서 다르게 조언을 해줄 수 있어. 아직 충분히 공부하고 훈련할 시간이 남아 있는 학생은 그냥 순서대로 풀어도 돼. 국어 영역 자체에서는 실력이 갖춰지고, 훈련만 된다면 문제 순서는 크게 점수에 영향을 미치지 않아. 어차피 마주해야 하는 문제를 순서대로 격파한다는 마음가짐으로 접근하면 괜히 특정 영역을 징크스처럼 설정하여 멀리하는 심리적 불안감도 사라질 수 있어. 반면, 시험까지 시간이 얼마 남지 않은 상황에서 문제 푸는 시간이 빠듯한 친구들에게는 쉬운 지문부터 먼저 풀고 넘어가라고 조언을 하고 싶어. 결국, 시험은 시간을 어떻게 효율적으로 사용하면서 문제를 효과적으로 푸냐의 싸움이기 때문에, 전략적으로 접근하는 것도 좋아. 특히, 요즘 추세로는 비문학 지문에 똑같은 시간을 안배하는 것보다 가장 높은 난도의 지문에 시간을 더 들여야 하는 것이 사실이야. 1등급과 2등급을 가르기 위한 문제를 붙잡고 있다가 충분히 풀 수 있는 문제들을 놓치면 큰 손해겠지?

Q12 메모하며 읽으면 도움이 될까요?

복잡한 내용을 기호로 표시하는 메모를 하자.

비문학 영역에서 메모란 '수험생 자신이 알아볼 수 있는 정도로 최대한 압축 정리하여 표시하는 것'이라고 재정의할 수 있어. 즉, 우리가 수업을 들을 때의 메모처럼 자세하게 쓰지 않는다는 거야. 여기에서 말하는 메모란 기호 표시야. 도형, 화살표, 밑줄 등으로 비례, 반비례 등 수치의 상관관계, 의미 관계를 쉽게 다시 상기할 수 있도록 정리하는 것이 중요해. 특히, 세부 정보가 많고 기억하기 어려울수록 기호를 표시하며 읽는 게 좋아. 예를 들어 'A를 줄일수록 B가 커진다. 반대로 C를 줄일수록 D는 작아진다.'와 같은 내용이 나왔을 때 이 정보가 문제에서 필요한 정보라고 하면, 화살표(↑, ↓) 등을 활용하여 메모하는 게 문제를 빠르게 푸는 데 도움이 되겠지. 다음 지문을 보면 무슨 말인지 이해될 거야. 이와 같이 화살표나 부등호로 표시하면 좋을 만한 정보는 메모하는 게 도움이 돼. 이밖에도 계산이 필요하거나 도표를 그리는 게 문제를 푸는 데 도움이 될 경우, 흐름에 따라 개념을 분류해 나가야 할 경우에 간단하게 메모를 하면 좋아. 글은 눈으로 읽지만, 어려운 문제는 손도 써서 풀어야 한다는 점을 명심해. 정보량이 많으면 메모 없이 관계를 정리하는 것이 사실 불가능에 가깝거든.

그런데 단기에는 물가의 경직성으로 인해 구매력 평가설에 기초한 환율과는 다른 움직임이 나타나면서 오버슈팅이 발생할 수 있다. 가령 국내 통화량이 증가하여 유지될 경우, 물가가 경직적이어서 실질 통화량은 증가하고 이에 따라 시장 금리는 하락한다. 국가 간 자본 이동이 자유로운 상황에서, 시장 금리 하락은 투자의 기대 수익률 하락으로 이어져, 단기성 외국인 투자 자금이 해외로 빠져나가거나 신규 해외 투자 자금 유입을 위축시키는 결과를 초래한다. 이 과정에서 자국 통화의 가치는 하락하고 환율은 상승한다. 통화량의 증가로 인한 효과는 물가가 신축적인 경우에 예상되는 환율 상승에, 금리 하락에 따른 자금의 해외 유출이 유발하는 추가적인 환율 상승이 더해진 것으로 나타난다. 이러한 추가적인 상승 현상이 환율의 오버슈팅인데, 오버슈팅의 정도 및 지속성은 물가 경직성이 클수록 더 크게 나타난다. 시간이 경과함에 따라 물가가 상승하여 실질통화량이 원래 수준으로 돌아오고 해외로 유출되었던 자금이 시장 금리의 반등으로 국내로 복귀하면서, 단기에 과도하게 상승했던 환율은 장기에는 구매력 평가설에 기초한 환율로 수렴된다.

위의 기호 표시로 이해가 된다면 추가 메모가 필요 없어. 시험 상황에서 추가 메모를 한다면 "오버슈팅∝물가 경직성" 정도가 적절해.
시험 상황이 아닌 지문 공부 상황에서 기호 표시로 이해가 안 된다면 추가 메모를 다음과 같이 할 수 있어.

국내 통화량↑→실질 통화량↑

시장 금리↓→투자 자금↓→ 자국 통화 가치↓

신축적 경우 환율↑+ 추가적인 환율↑⇒ 환율의 오버슈팅∝물가 경직성

오답을 피하는

key

Ⅱ. 유형별 솔루션

발문에 단서가 있다.

'동문서답'이라는 말 알지? 마음이 급해서 자기 말만 하다 보면 결국 질문한 사람의 의도를 파악하지 못한 채 어긋난 이야기를 하게 되지. 출제자와 소통하려면 어떻게 해야 할까? 가장 중요한 것은 '발문'이야. 이것이 바로 '출제자의 의도'이지. 발문을 제대로 파악하지 못하면 엉뚱한 대답을 하게 돼. 또 급한 마음에 지문의 내용에 너무 집중해서 문제를 풀다가 발문에서 제시하는 힌트를 놓쳐버릴 때가 있어. 그렇게 되면 결국 출제자가 의도한 질문과 거리가 멀어지게 되지.

국어 영역에서는 발문의 유형을 두 가지로 나눌 수 있어. 하나는 **'고정적인 발문'**이야. 우리가 흔히 이야기하는 내용 일치, 세부 내용, 내용 전개 방식, 적용, 추론과 관련된 문제이지. 이것들은 지문이 달라져도 발문의 내용이 바뀌지 않아. 하지만 지문의 내용에 따라 발문의 내용도 달라지는 **'유동적인 발문'**도 있어. 왜 지문에 따라 발문의 내용이 달라질까? 그것은 그 발문에서 힌트를 주는 '특정 정보'가 있다는 뜻이야. 이런 발문을 보면 정보를 알 수 있는 중요한 단어에 빨리 체크를 하자. 중요한 단어는 어떻게 찾냐고? 발문에 따옴표로 표시된 단어가 있다면 그게 바로 중요한 단어인 거야. 예를 들어 문제에 '○○'이라고 쓰여있다면 ○○이 중요한 단어이지. 그러니 지문에 ○○이 언급된 부분이 있으면 더 주의 깊게 읽어야겠지? **그러니 지문과 관련된 단어가 발문에 언급되면 놓치지 말자.**

고정적인 발문의 유형

1. 윗글의 내용과 일치하지 않는 것은?
2. ㉠과 ㉡에 대한 설명으로 옳지 않은 것은?
3. 윗글을 바탕으로 <보기>를 탐구할 때, 적절한 것은?

유동적인 발문의 유형 - 이게 바로 힌트가 되는 문제의 유형이지!

1. 윗글을 바탕으로 할 때, <보기>의 **'A국'** 경제 상황에 대한 '경제학자 갑'의 견해를 추론한 것으로 적절하지 않은 것은?
2. 다음은 [A]에 제시된 예를 활용하여, 예약의 유형에 따라 **예약상 권리자**가 요구할 수 있는 급부에 대해 정리한 것이다. ㄱ ~ ㄷ에 들어갈 내용을 올바르게 짝지은 것은?

<유동적인 발문의 유형>은 <고정적인 발문의 유형>보다 정보의 양이 많지? 이렇게 발문이 길어질 때에는 따옴표가 되어 있는 단어에 주목해야 해. 'A국'에 따옴표가 표시된 것을 보니 'A국' 외의 'B국', 'C국' 등의 다른 나라가 본문에 제시될 것임을 예측할 수 있어. 그리고 나라별 차이점이 중요하다는 전략을 세우고 글을 읽을 수 있지. 더 나아가서 지문을 읽을 때는 '두 나라 사이의 공통점과 차이점을 구별하며 글을 읽어야겠다.'는 독해 전략을 세워야 하고, 출제자의 입장을 완벽히 파악한 학생이라면 선지에서는 '두 나라 사이의 특징을 뒤바꾸어서 혼란을 줄 수도 있겠다.'라는 생각도 해볼 수 있지. 발문의 의도를 파악하면 독해 전략까지 세울 수 있고, 그렇다면 더 빠르고 정확하게 읽을 수 있으니 시간 절약까지 가능하다는 점 잊지 마!

한눈에 보는 STEP 1, 2, 3

STEP 1. <고정적 발문>의 유형인지, <유동적 발문>의 유형인지 살펴본다.

STPE 2. <유동적 발문>의 유형인 경우 '따옴표가 표시되어 있는 단어'나 '무엇에 대한' 질문에 밑줄을 친다.

STEP 3. 밑줄 친 단어를 바탕으로 핵심 단어를 파악한 후 독해 전략을 세워 지문을 꼼꼼히 읽는다.

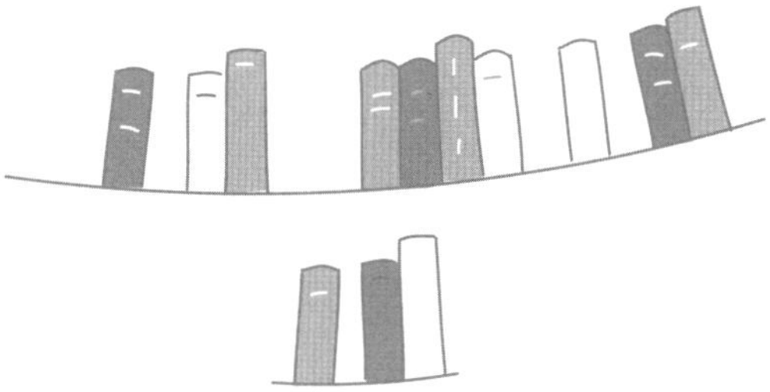

기출로 보는 진단평가

문항 유형	추론 및 구체적 상황에 적용		
영역	경제	오답률	73%
출처	2017년도 11월 시행 대학수학능력시험 19번		

정부는 국민 생활에 영향을 미치는 활동의 총체인 정책의 목표를 효과적으로 달성하기 위해 정책 수단의 특성을 고려하여 정책을 수행한다. 정책 수단은 강제성, 직접성, 자동성, 가시성의 네 가지 측면에서 다양한 특성을 갖는다. 강제성은 정부가 개인이나 집단의 행위를 제한하는 정도로서, 유해 식품 판매 규제는 강제성이 높다. 직접성은 정부가 공공 활동의 수행과 재원 조달에 직접 관여하는 정도를 의미한다. 정부가 정책을 직접 수행하지 않고 민간에 위탁하여 수행하게 하는 것은 직접성이 낮다. 자동성은 정책을 수행하기 위해 별도의 행정 기구를 설립하지 않고 기존의 조직을 활용하는 정도를 말한다. 전기 자동차 보조금 제도를 기존의 시청 환경과에서 시행하는 것은 자동성이 높다. 가시성은 예산 수립 과정에서 정책을 수행하기 위한 재원이 명시적으로 드러나는 정도이다. 일반적으로 사회 규제의 정도를 조절하는 것은 예산 지출을 수반하지 않으므로 가시성이 낮다.

정책 수단 선택의 사례로 환율과 관련된 경제 현상을 살펴보자. 외국 통화에 대한 자국 통화의 교환 비율을 의미하는 환율은 장기적으로 한 국가의 생산성과 물가 등 기초 경제 여건을 반영하는 수준으로 수렴된다. 그러나 단기적으로 환율은 이와 괴리되어 움직이는 경우가 있다. 만약 환율이 예상과는 다른 방향으로 움직이거나 또는 비록 예상과 같은 방향으로 움직이더라도 변동 폭이 예상보다 크게 나타날 경우 경제 주체들은 과도한 위험에 노출될 수 있다. 환율이나 주가 등 경제 변수가 단기에 지나치게 상승 또는 하락하는 현상을 오버슈팅(overshooting)이라고 한다. 이러한 오버슈팅은 물가 경직성 또는 금융 시장 변동에 따른 불안 심리 등에 의해 촉발되는 것으로 알려져 있다. 여기서 물가 경직성은 시장에서 가격이 조정되기 어려운 정도를 의미한다.

물가 경직성에 따른 환율의 오버슈팅을 이해하기 위해 통화를 금융 자산의 일종으로 보고 경제

충격에 대해 장기와 단기에 환율이 어떻게 조정되는지 알아보자. 경제에 충격이 발생할 때 물가나 환율은 충격을 흡수하는 조정 과정을 거치게 된다. 물가는 단기에는 장기 계약 및 공공요금 규제 등으로 인해 경직적이지만 장기에는 신축적으로 조정된다. 반면 환율은 단기에서도 신축적인 조정이 가능하다. 이러한 물가와 환율의 조정 속도 차이가 오버슈팅을 초래한다. 물가와 환율이 모두 신축적으로 조정되는 장기에서의 환율은 구매력 평가설에 의해 설명되는데, 이에 의하면 장기의 환율은 자국 물가 수준을 외국 물가 수준으로 나눈 비율로 나타나며, 이를 균형 환율로 본다. 가령 국내 통화량이 증가하여 유지될 경우 장기에서는 자국 물가도 높아져 장기의 환율은 상승한다. 이때 통화량을 물가로 나눈 실질 통화량은 변하지 않는다. 그런데 단기에는 물가의 경직성으로 인해 구매력 평가설에 기초한 환율과는 다른 움직임이 나타나면서 오버슈팅이 발생할 수 있다. 가령 국내 통화량이 증가하여 유지될 경우, 물가가 경직적이어서 실질 통화량은 증가하고 이에 따라 시장 금리는 하락한다. 국가 간 자본 이동이 자유로운 상황에서, 시장 금리 하락은 투자의 기대 수익률 하락으로 이어져, 단기성 외국인 투자 자금이 해외로 빠져 나가거나 신규 해외 투자 자금 유입을 위축시키는 결과를 초래한다. 이 과정에서 자국 통화의 가치는 하락하고 환율은 상승한다. 통화량의 증가로 인한 효과는 물가가 신축적인 경우에 예상되는 환율 상승에, 금리 하락에 따른 자금의 해외 유출이 유발하는 추가적인 환율 상승이 더해진 것으로 나타난다. 이러한 추가적인 상승 현상이 환율의 오버슈팅인데, 오버슈팅의 정도 및 지속성은 물가 경직성이 클수록 더 크게 나타난다. 시간이 경과함에 따라 물가가 상승하여 실질 통화량이 원래 수준으로 돌아오고 해외로 유출되었던 자금이 시장 금리의 반등으로 국내로 복귀하면서, 단기에 과도하게 상승했던 환율은 장기에는 구매력 평가설에 기초한 환율로 수렴된다.

단기의 환율이 기초 경제 여건과 괴리되어 과도하게 급등락하거나 균형 환율 수준으로부터 장기간 이탈하는 등의 문제가 심화되는 경우를 예방하고 이에 대처하기 위해 정부는 다양한 정책 수단을 동원한다. 오버슈팅의 원인인 물가 경직성을 완화하기 위한 정책 수단 중 강제성이 낮은 사례로는 외환의 수급 불균형 해소를 위해 관련 정보를 신속하고 정확하게 공개하거나, 불필요한 가격 규제를 축소하는 것을 들 수 있다. 한편 오버슈팅에 따른 부정적 파급 효과를 완화하기 위해 정부는 환율 변동으로 가격이 급등한 수입 필수 품목에 대한 세금을 조절함으로써 내수가 급격히 위축되는 것을 방지하려고 하기도 한다. 또한 환율 급등락으로 인한 피해에

대비하여 수출입 기업에 환율 변동 보험을 제공하거나, 외화 차입 시 지급 보증을 제공하기도 한다. 이러한 정책 수단은 직접성이 높은 특성을 가진다. 이와 같이 정부는 기초 경제 여건을 반영한 환율의 추세는 용인하되, 사전적 또는 사후적인 미세 조정 정책 수단을 활용하여 환율의 단기 급등락에 따른 위험으로부터 실물 경제와 금융 시장의 안정을 도모하는 정책을 수행한다.

문제 윗글을 바탕으로 할 때, <보기>의 'A국' 경제 상황에 대한 '경제학자 갑'의 견해를 추론한 것으로 적절하지 않은 것은?

보기

A국 경제학자 갑은 자국의 최근 경제 상황을 다음과 같이 진단했다.

금융 시장 불안의 여파로 A국의 주식, 채권 등 금융 자산의 가격 하락에 대한 우려가 확산되면서 안전 자산으로 인식되는 B국의 채권에 대한 수요가 증가하고 있다. 이로 인해 외환 시장에서는 A국에 투자되고 있던 단기성 외국인 자금이 B국으로 유출되면서 A국의 환율이 급등하고 있다.

B국에서는 해외 자금 유입에 따른 통화량 증가로 B국의 시장 금리가 변동할 것으로 예상된다. 이에 따라 A국의 환율 급등은 향후 다소 진정될 것이다. 또한 양국 간 교역 및 금융의존도가 높은 현실을 감안할 때, A국의 환율 상승은 수입품의 가격 상승 등에 따른 부작용을 초래할 것으로 예상되지만 한편으로는 수출이 증대되는 효과도 있다. 그러므로 정부는 시장 개입을 가능한 한 자제하고 환율이 시장 원리에 따라 자율적으로 균형 환율 수준으로 수렴되도록 두어야 한다.

① A국에 환율의 오버슈팅이 발생한 상황에서 B국의 시장 금리가 하락한다면 오버슈팅의 정도는 커질 것이다.

② A국에 환율의 오버슈팅이 발생하였다면 이는 금융 시장 변동에 따른 불안 심리에 의해 촉발된 것으로 볼 수 있다.

③ A국에 환율의 오버슈팅이 발생할지라도 시장의 조정을 통해 환율이 장기에는 균형 환율 수준에 도달할 수 있을 것이다.

④ A국의 환율 상승이 수출을 증대시키는 긍정적인 효과도 동반하므로 A국의 정책 당국은 외환 시장 개입에 신중해야 한다.

⑤ A국의 환율 상승은 B국으로부터 수입하는 상품의 가격을 인상시킴으로써 A국의 내수를 위축시키는 결과를 초래할 수 있다.

쌤의 꿀Tip

꿀팁 1. 경제 지문은 서술어에 주목하며 읽자. '올라가고' '내려가는' 등의 단어 옆에는 ↑ ↓처럼 화살표로 표시하자.

꿀팁 2. 경제 지문은 인과 관계를 확인하자. 무엇이 어디에 영향을 미치는지 →로 표시하면 정보의 관계를 쉽게 파악할 수 있어. '좋은 대학에 가서 공부를 열심히 했다'와 '공부를 열심히 해서 좋은 대학에 갔다'는 의미가 다르지? 인과 관계의 선후를 바꾸어서 출제하는 경우가 많기 때문에 순서 확인이 중요하다는 것, 기억하자!

꿀팁 3. 선지를 미리 훑어보면 '오버슈팅'이라는 단어가 많이 나온다는 것을 알 수 있어. 선지에도 자주 등장하는 단어는 본문의 핵심어일 가능성이 매우 커. 따라서 **선지에 자주 등장하는 단어는 지문에서 중요한 개념이니, 해당 개념을 확실히 정리하고 가자.**

문항 정보

정답	선지 선택 비율				
①	①	②	③	④	⑤
	27%	8.4%	18%	18.5%	22.8%

본문 파악하기

주제 물가와 환율의 오버슈팅과 정부의 정책 수단의 특성

지문 해설

이 글은 환율과 관련된 경제 현상을 사례로 정부의 정책 수단의 선택의 사례를 설명하고 있다. 장기적으로 봤을 때, 환율은 구매력 평가설에 기초하여 안정적인 값으로 수렴되지만, 단기적으로 예상과는 다른 방향으로 움직이거나 변동 폭이 크게 나타날 수 있는데 이를 오버슈팅이라고 한다. 오버슈팅의 원인으로는 물가 경직성과 시장 변동에 따른 불안 심리에 따라 발생하는데 물가는 경직적이고, 환율은 신축적이기 때문에 오버슈팅 현상이 초래된다. 단기적으로 발생하는 환율 급등락에 대처하기 위해 정부는 다양한 정책 수단을 동원하여 실물 경제와 금융 시장의 안정을 도모하려 한다.

유형 클리닉

STEP 1. 지문에 따라 질문의 내용이 바뀌는 <유동적 발문> 유형에 속하는 것을 확인할 수 있어.

STPE 2. 발문에서 'A국'에 대한 '경제학자 갑'의 견해에 대해 묻고 있어. 'A국'이 핵심 단어야!

STEP 3. 국어 지문에서 여러 대상이 나올 경우 대상을 바꾸며 혼란을 주는 선지가 나오므로 'B국'이랑 헷갈리면 안 되겠다는 전략을 세우고 독해를 하자.

선지 클리닉

✔ **① A국에 환율의 오버슈팅이 발생한 상황에서 B국의 시장 금리가 하락한다면 오버슈팅의 정도는 커질 것이다.**

근거는 여기! <보기> A국의 환율 급등은 향후 다소 진정될 것이다.

지문에서 환율이나 주가 등 경제 변수가 단기에 지나치게 상승 또는 하락하는 현상을 오버슈팅(overshooting)이라고 했지. '경제학자 갑'의 견해는 A국의 환율 급등이 향후 진정된다는 것이었기 때문에 A국의 오버슈팅의 정도는 향후 줄어들 것으로 추론할 수 있어. 오히려 B국이 통화량이 증가하고 있고, 금리가 하락할 것이기 때문에 향후 B국에서 오버슈팅이 발생할 것이라는 것이 추론되지. 이 정답을 고르지 못한 학생은 발문에 'A'국이라고 명시가 되어 있었는데 지문에 몰입해서 'B'국의 향후 상황을 고른 것은 아닌지 점검해보자.

② A국에 환율의 오버슈팅이 발생하였다면 이는 금융 시장 변동에 따른 불안 심리에 의해 촉발된 것으로 볼 수 있다.

근거는 여기! <보기> 금융 시장 불안의 여파로 A국의 주식, 채권 등 금융 자산의 가격 하락에 대한 우려가 확산되면서…… A국의 환율이 급등하고 있다.

이 선지를 고른 사람은 이렇게! – 어려운 단어는 그때 그때 정리를!

㉮에 의해 ㉯가 촉발되다.

㉮의 여파로 ㉯가 발생하다.

위의 문장 구조 보이지? ㉮는 원인, ㉯는 결과를 의미해. 금융 시장에 대한 불안과 금융 자산의 가격 하락에 대한 우려로 A국의 환율이 급등하였다는 문장이 <보기>에 있어. 선지에서 언급한 금융 시장 변동에 따른 불안 심리로 인해 오버슈팅이 발생하였다는 선지와 내용이 일치하므로 맞는 내용이야.

③ A국에 환율의 오버슈팅이 발생할지라도 시장의 조정을 통해 환율이 장기에는 균형 환율 수준에 도달할 수 있을 것이다.

근거는 여기! <보기> 그러므로 정부는 시장 개입을 가능한 한 자제하고 환율이 시장 원리에 따라 자율적으로 균형 환율 수준으로 수렴되도록 두어야 한다.

이 선지를 고른 사람은 이렇게! – 주관적인 해석으로 단어를 해석한 경우

선지에서 언급한 '시장의 조정'이란 인위적인 강제성을 띠는 행위만을 의미하는 것이 아니야. 정부가 시장 개입을 자제하고 시장 스스로 균형을 되찾아 가는 것도 포함되지. 이 단어를 오해했으면 함정에 빠졌을 거야. 4문단에서 '단기에 과도하게 상승했던 환율은 장기에는 구매력 평가설에 기초한 환율로 수렴된다.'는 내용을 다시 떠올려보자. 단기에 발생하는 오버슈팅의 상황이 진정되면 '시간이 경과함에 따라 물가가 상승하여 실질 통화량이 원래 수준으로 돌아오고 해외로 유출되었던 자금이 시장 금리의 반등으로 국내로 복귀하면서' 구매력 평가설에서

언급한 균형 환율에 도달할 수 있지. 따라서 시장이 저절로 조절되는 과정을 거치며 장기적으로는 환율이 안정적으로 변화할 것임을 추론할 수 있어.

④ A국의 환율 상승이 수출을 증대시키는 긍정적인 효과도 동반하므로 A국의 정책 당국은 외환 시장 개입에 신중해야 한다.

근거는 여기! <보기> A국의 환율 상승은 수입품의 가격 상승 등에 따른 부작용을 초래할 것으로 예상되지만 한편으로는 수출이 증대되는 효과도 있다. 그러므로 정부는 시장 개입을 가능한 한 자제하고 환율이 시장 원리에 따라 자율적으로 균형 환율 수준으로 수렴되도록 두어야 한다.

이 선지를 고른 사람은 이렇게! - 지문보다는 〈보기〉 우선의 문제!

발문에서 옳은 선지를 고르는 선지인지, 옳지 않은 선지를 고르는 발문인지 헷갈려서 실수하지 않도록 다시 한번 확인하자. <보기>에서 '정부는 개입에 신중해야 한다'와 선지의 '정부는 자율적으로 두어야 한다'가 의미상 같게 쓰이고 있음을 알아 두자. <보기>의 경제학자의 견해는 시장이 자율적으로 균형 환율 수준으로 안정을 찾기 때문에 시장 개입을 자제해야 한다고 했어. 본문에서 언급한 정부의 정책 수단 중 '강제성'과 '직접성'을 최소화하는 거지. 따라서 정책 당국은 외환 시장 개입에 신중해야 한다'는 선지는 <보기>의 '정부가 개입을 자제해야 한다'는 내용과 상통해.

⑤ A국의 환율 상승은 B국으로부터 수입하는 상품의 가격을 인상시킴으로써 A국의 내수를 위축시키는 결과를 초래할 수 있다.

근거는 여기! <보기> A국의 환율 상승은 수입품의 가격 상승 등에 따른 부작용을 초래할 것으로 예상되지만

이 선지를 고른 사람은 이렇게! - 헷갈리는 어휘는 그때 그때 정리를!

어려운 단어는 문제를 풀고 나서 반드시 확인하자. '내수'라는 단어는 국내에서의 수요라는 뜻으로 '내수가 위축되었다', '내수가 부진하다', '내수가 침체되다' 등의 말로 사용되지. 수입품의 가격이 상승하면 소비를 줄이게 될 것이고, 이에 따라 경기침체(내수 침체)가 일어나게 될 거야. <보기>에서 언급한 '부작용'은 바로 내수가 위축되는 것을 의미해.

기출로 보는 연습 문제

문항 유형	추론		
영역	경제	오답률	65.5%
출처	2020년도 11월 시행 대학수학능력시험 28번		

채권은 어떤 사람이 다른 사람에게 특정 행위를 요구할 수 있는 권리이다. 이 특정 행위를 급부라 하고, 특정 행위를 해 주어야 할 의무를 채무라 한다. 채무자가 채권을 가진 이에게 급부를 이행하면 채권에 대응하는 채무는 소멸한다. 급부는 재화나 서비스 제공인 경우가 많지만 그 외의 내용일 수도 있다.

민법상의 권리는 여러 가지가 있는데 계약 없이 법률로 정해진 요건의 충족으로 발생하기도 하지만 대개 계약의 효력으로 발생한다. 계약이란 권리 발생 등에 관한 당사자의 합의로서, 계약이 성립하면 합의 내용대로 권리 발생 등의 효력이 인정되는 것이 원칙이다. 당장 필요한 재화나 서비스는 그 제공을 급부로 하는 계약을 성립시켜 확보하면 되지만 미래에 필요할 수도 있는 재화나 서비스라면 계약을 성립시킬 수 있는 권리를 확보하는 것이 유리하다. 이를 위해 '예약'이 활용된다. 일상에서 예약이라고 할 때와 법적인 관점에서의 예약은 구별된다. 기차 탑승을 위해 미리 돈을 지불하고 승차권을 구입하는 것을 '기차 승차권을 예약했다'고도 하지만 이 경우는 예약에 해당하지 않는 계약이다. 법적으로 예약은 당사자들이 합의한 내용대로 권리가 발생하는 계약의 일종으로, 재화나 서비스 제공을 급부 내용으로 하는 다른 계약인 '본계약'을 성립시킬 수 있는 권리 발생을 목적으로 한다.

[A] 예약은 예약상 권리자가 가지는 권리의 법적 성질에 따라 두 가지 유형으로 나뉜다. 첫째는 채권을 발생시키는 예약이다. 이 채권의 급부 내용은 '예약상 권리자의 본계약 성립 요구에 대해 상대방이 승낙하는 것'이다. 회사의 급식 업체 공모에 따라 여러 업체가 신청한 경우 그중 한 업체가 선정되었다고 회사에서 통지하면 예약이 성립한다. 이에 따라 선정된 업체가 급식을 제공하고 대금을 받기로 하는 본계약 체결을 요청하면 회사는 이에 응할 의무를 진다. 둘째는 예약 완결권을 발생시키는 예약이다. 이 경우 예약상 권리자가

[A] 본계약을 성립시키겠다는 의사를 표시하는 것만으로 본계약이 성립한다. 가족 행사를 위해 식당을 예약한 사람이 식당에 도착하여 예약 완결권을 행사하면 곧바로 본계약이 성립하므로 식사 제공이라는 급부에 대한 계약상의 채권이 발생한다.

예약에서 예약상의 급부나 본계약상의 급부가 이행되지 않는 문제가 생길 수 있는데, 예약의 유형에 따라 발생 문제의 양상이 다르다. 일반적으로 급부가 이행되지 않아 채권자에게 손해가 발생한 경우 채무자는 자신의 고의나 과실에서 비롯된 것이 아님을 증명하지 못하는 한 채무 불이행 책임을 진다. 이로 인해 채무의 내용이 바뀌는데 원래의 급부 내용이 무엇이든 채권자의 손해를 돈으로 물어야 하는 손해 배상 채무로 바뀐다.

만약 타인이 고의나 과실로 예약상 권리자가 가진 권리 실현을 방해했다면 예약상 권리자는 그에게도 책임을 물을 수 있다. 법률에 의하면 누구든 고의나 과실에 의해 타인에게 피해를 끼치는 행위를 하고 그 행위의 위법성이 인정되면 불법행위 책임이 성립하여, 가해자는 피해자에게 손해를 돈으로 배상할 채무를 지기 때문이다. 다만 예약상 권리자에게 예약 상대방이나 방해자 중 누구라도 손해 배상을 하면 다른 한쪽의 배상 의무도 사라진다. 급부 내용이 동일하기 때문이다.

문제 윗글을 바탕으로 할 때, <보기>의 'A국' 경제 상황에 대한 '경제학자 갑'의 견해를 추론한 것으로 적절하지 않은 것은?

구분	채권을 발생시키는 예약	예약 완결권을 발생시키는 예약
예약상 급부	ㄱ	ㄴ
본계약상 급부	ㄷ	식사 제공

	ㄱ	ㄴ	ㄷ
①	급식 계약 승낙	없음	급식 대금 지급
②	급식 계약 승낙	없음	급식 제공
③	급식 계약 승낙	식사 제공 계약 체결	급식 제공
④	없음	식사 제공 계약 체결	급식 제공
⑤	없음	식사 제공 계약 체결	급식 대금 지급

쌤의 꿀Tip

꿀팁 1. 유형이 여러개로 제시될 때에는 구분을 하면서 읽자. 하나는 밑줄, 다른 하나는 물결모양 등으로 표시한다면 한눈에 차이점을 확인할 수 있을 거야.

꿀팁 2. 사례가 나올 경우에는 제시된 개념과 짝을 맺으며 이해해야 해. '채무자', '채권', '급부', '채무', '예약상 권리자'의 개념들이 어떻게 사례들과 대응되는지 연결해 보자.

문항 정보

정답	선지 선택 비율				
①	①	②	③	④	⑤
	34.5	21.8	27.7	9.0	7.0

본문 파악하기

주제 예약의 법적 성질과 급부의 미이행에 대한 손해 배상 책임

지문 해설

이 글은 법 지문으로, '예약'의 다양한 법적 성질과 급부를 이행하지 않았을 경우에 대한 손해 배상 책임을 설명하고 있다. 민법상의 계약은 대개 계약의 효력으로 발생한다. 예약은 당장 필요한 재화나 서비스 제공을 급부로 하는 계약이 아닌, 미래에 필요할 수 있는 재화와 서비스에 대해 계약을 성립시킬 수 있는 권리이다. 이것은 법적인 관점에서의 예약이며 일상의 예약과는 구별된다. 예약은 예약상 권리자가 가지는 법적 성질에 따라 채권을 발생시키는 예약과 예약 완결권을 발생시키는 예약으로 나눌 수 있다. 전자의 경우 채권의 급부 내용은 예약 권리자의 본계약 성립 요구에 대해 상대방이 승낙하는 것을 말하며 이후 본계약의 체결에 따라 본계약상의 급부가 발생한다. 후자의 경우 예약상 권리자가 본계약을 성립시키겠다는 의사를 표시하는 것만으로 본계약이 성립하여 본계약상의 급부가 발생한다.

예약에서 예약상의 급부나 본계약상의 급부가 이행되지 않는 문제가 생길 경우 예약의 유형에 따라 발생 문제의 양상이 다르다. 일반적으로 급부가 이행되지 않아 채권자에게 손해가 발생한 경우 채무자는 자신의 고의나 과실에서 비롯된 것이 아님을 증명하지 못하는 한 채무 불이행 책임을 진다. 만약 타인이 고의나 과실로 예약상의 권리자가 가진 권리 실현을 방해했다면 예약상의 권리자는 제삼자에게 손해 배상의 책임을 물을 수 있다. 다만 예약 상대방이나 방해자인 제삼자 중 누구라도 손해 배상을 하면 다른 한쪽의 배상 의무는 사라지게 된다.

유형 클리닉

다시 보는 STEP 1, 2, 3

STEP 1. <고정적 발문>의 유형인지, <유동적 발문>의 유형인지 살펴본다.

STPE 2. <유동적 발문>의 유형인 경우 '따옴표가 표시되어 있는 단어'나 '무엇에 대한' 질문에 밑줄을 친다.

STEP 3. 밑줄 친 단어를 바탕으로 핵심 단어를 파악한 후 독해 전략을 세워 지문을 꼼꼼히 읽는다.

STEP 1. 발문을 보니 지문에 내용이 들어가 있으므로 지문의 내용에 따라 발문의 내용이 바뀔 수 있는 **<유동적 발문>의 유형**임을 확인한다.

STPE 2. 예약상 권리자가 요구할 수 있는 급부에 대한 내용이므로 **'예약상 권리자'**에 밑줄을 긋는다. 또한 **'급부'**라는 단어를 알아야 문제를 풀 수 있으므로 **'급부'**에 대한 개념을 확실히 이해한다.

STEP 3. 먼저 **급부에 대한 정의를 찾고, [A] 부분에 나타난 예약상 권리자를 찾는다.** <보기>의 표에서 예약상 급부와 본계약상 급부에 따라서 내용이 각각 달라지니 **차이점에 주목하며** 글을 읽는다.

선지 클리닉

빈칸에 들어갈 적절한 내용을 고르는 문제이므로 해당 근거를 찾아보자.

근거는 여기!

1. 1문단 : 채권은 어떤 사람이 다른 사람에게 특정 행위를 요구할 수 있는 권리이다. 이 특정 행위를 급부라 하고, 특정 행위를 해 주어야 할 의무를 채무라 한다

2. 2문단 : 예약은 예약상 권리자가 가지는 권리의 법적 성질에 따라 두 가지 유형으로 나뉜다. 첫째는 채권을 발생시키는 예약이다. 이 채권의 급부 내용은 '예약상 권리자의 본계약 성립 요구에 대해 상대방이 승낙하는 것'이다. 회사의 급식 업체 공모에 따라 여러 업체가 신청한 경우 그중 한 업체가 선정되었다고 회사에서 통지하면 예약이 성립한다. 이에 따라 선정된 업체가 급식을 제공하고 대금을 받기로 하는 본계약 체결을 요청하면 회사는 이에 응할 의무를 진다. 둘째는 예약 완결권을 발생시키는 예약이다. 이 경우 예약상 권리자가 본계약을 성립시키겠다는 의사를 표시하는 것만으로 본계약이 성립한다. 가족 행사를 위해 식당을 예약한 사람이 식당에 도착하여 예약 완결권을 행사하면 곧바로 본계약이 성립하므로 식사 제공이라는 급부에 대한 계약상의 채권이 발생한다.

1문단에서는 '급부'의 개념을 알 수 있어. 채권은 어떤 사람이 다른 사람에게 특정 행위를 요구할 수 있는 권리이며 이 특정 행위를 급부라고 한다고 했으니 급부는 채권자가 요구할 수 있는 권리야.

2문단에서는 ① '예약상 권리자'를 찾고, ② '예약상 권리자가 요구할 내용(=급부)'을 찾으면 돼. 첫 번째 예(채권을 발생시키는 예)에서 예약상 권리자는 '선정된 급식 업체'야. 선정된 급식 업체는 예약시 회사에 급식 계약 승낙을 요구하고, 본 계약시 급식 대금 지급을 요구할 수 있지. '선정된 업체'가 예약상 권리자라면, 회사는 이에 응할 의무(급부)를 가지게 되지. 결국, 회사가 '선정된 업체'에 해주어야 할 의무를 찾으면 돼. 주체를 헷갈리지 말자!

두 번째 예(예약 완결권을 발생시키는 예약)에서의 '예약상 권리자'는 '식당을 예약한 사람'이야. 식당을 예약한 사람은 식당에 도착한 것만으로(별 다른 행위 없이)예약이 되고, 식사 제공을 요구할 수 있지. 따라서 예약 완결권을 발생시키는 예약에서 예약상 급부는 없고, 본계약상 급부는 식사 제공이 되지. 따라서 이 문제는 '예약상 권리자'를 찾고, 이들이 무엇을 요구할지를 찾으면 의외로 간단하게 풀 수 있어. 이러한 유형에 대비하기 위해서는 평소 비문학 지문을 꼼꼼히 읽으며 스스로 내용을 정리하며 표를 만들어보는 훈련을 하는 것이 도움이 돼.

내용 전개 방식을 알면 글의 내용이 보인다!

우리가 그림을 그릴 때 먼저 대상의 선을 그리고 선의 구분에 따라 채색을 하는 순서로 그리지? 글의 내용을 파악할 때 이 선을 먼저 그리는 것이 바로 내용 전개 방식 파악이야. 내용 전개 방식과 글의 구조를 파악한 다음에 구체적인 내용 파악이라는 채색이 이루어지는 거지. 우리가 글을 읽을 때 글의 표지에 따라 내용의 선을 그리고 그 선 안을 채우고 있는 거야. 내용 전개 방식을 잘 파악하면 그 안의 내용을 채우는 것 역시 빠르게 이루어지기 때문에 다른 문제를 풀기 위해서라도 내용 전개 방식 파악은 매우 중요하다고 할 수 있어. 내용 전개 방식 파악 문제는 매번 나오지만 오답률이 높지는 않아. 대부분 챙겨서 가는 문제, 나만 틀리면 억울하겠지? 속독의 핵심적인 관문, 내용 전개 방식 파악을 알아보자!

내용 전개 방식 파악에서 중요한 것은 일부분만 보고 판단하지 않는 거야. 글의 전체적인 흐름을 알아야 선지의 내용을 판단할 수 있기 때문에 지문 전체를 읽지 않고 판단하면 오히려 내용 전개 방식을 파악하기 더 어려워. 먼저 글의 흐름을 파악하기 위해서는 글에 나만의 표시를 많이 하면서 읽어야 해. **글의 틀과 형식을 확인할 수 있는 나만의 표시가 있어야** 내용 전개 방식 파악 문제뿐만 아니라 적용 문제에서 다시 살펴봐야 할 부분이 어디인지도 알 수 있거든. 그럼 나만의 표시를 구체적으로 어떻게 할지 생각해보자.

미학은 예술과 미적 경험에 관한 개념과 이론에 대해 논의하는 철학의 한 분야로서, 미학의 문제들 가운데 하나가 바로 <u>예술의 정의에 대한 문제</u>이다. 예술이 자연에 대한 모방이라는 아리스토텔레스의 말에서 비롯된 모방론은, 대상과 그 대상의 재현이 닮은꼴이어야 한다는 재현의 투명성 이론을 전제한다. 그러나 예술가의 독창적인 감정 표현을 중시하는 한편 외부 세계에 대한 왜곡된 표현을 허용하는 낭만주의 사조가 18세기 말에 등장하면서, 모방론은 많이 쇠퇴했다. 이제 모방을 필수 조건으로 삼지 않는 <u>낭만주의 예술가의 작품을 예술로 인정해 줄 수 있는 새로운 이론이 필요</u>했다.

처음에는 글에 다양한 표시를 하는 것이 오히려 신경이 쓰이고 시간이 걸린다고 생각할 수 있을 거야. 하지만 독해를 반복하다 보면 나만의 표시 기준이 생기고 안정감이 생겨. 그러면 문제를 훨씬 빨리 풀 수 있어. 일단 글의 화제에 '○' 표시를 하고 학자의 이름까지 거론되는 중요한 이론에는 '□'를 표시했어. 그리고 '□'에 대한 설명 중 중요하다고 생각하는 부분에 밑줄을 쳤지. 이 정도는 보편적으로 많이 하는 표시일 거야. 이 첫 문단에서 '새로운 이론이 필요'하다고 했으니 뒤에 새로운 이론이 제시되겠지? 그 이론에 '□'를 표시해야 한다는 생각으로 이 글을 읽고 있다면 벌써 내용 전개 방식 파악의 반은 성공한 거야.

자, 반만 성공하면 안 되겠지? 나머지 섬세한 부분까지 파악해보자. 이론의 흐름을 파악했다면, 다음은 내용이 이어지는 방식을 파악해야 할 거야. 이 부분을 파악하려면 문단들이, 문장들이 어떤 표지어로 연결되고 있는지를 살펴봐야 해. 다음의 표지어에 주목해서 표시하자.

문제-해결: 그러나 or 하지만 + (문제점) - (해결방안)으로 이 문제를 해결하였다.

열거: 그러한 방법으로는 (1), (2), (3)이 있다.
- (1)은~ - (2)는~ - (3)은~

비교·대조: 한편~, 이와 달리~, 반면에~

원인-결과: 그 결과~, ~결과로 인식되었다.

정의: (개념)은 (의미)이다.

예시: 가령~, 예컨대~

이제 선지에 제시된 단어와 지문의 내용 전개 방식이 일치하는지 생각해보자. 특히 선지에서 반복되는 단어는 우리가 '○'나 '□'로 표시한 단어니까 그 부분을 중심으로 선지를 판단하면 시간을 더 절약할 수 있어. 선지를 대충 파악하면 지문의 전개 방식을 어설프게 나타내는 단어에 빠져 오답을 고르기 쉬워. 특히 지문의 전개 방식을 그럴듯한 단어로 설명하되 인과 관계를 비튼 경우를 조심하자. 중요한 것은 선지 내에 있는 '키워드'이지, 선지에 대한 느낌이 아니니까 말이야!

선지 예시1

화제에 대한 이론들을 평가하여 종합적 결론을 도출하고 있다.

화제가 사회에 미치는 영향들을 분석하여 서로 간의 차이를 밝히고 있다. → 인과 관계 주의!

화제와 관련된 관점의 문제점을 제시하고 대안적 관점을 소개하고 있다.

화제와 관련된 하나의 사례를 중심으로 다양한 이론을 시대순으로 나열하고 있다. → 섣부른 판단 주의!

선지 예시2

'인과'에 대한 **특정 이론**이 등장하게 된 배경을 철학자들의 인식 변화와 관련지어 제시하였음.

'인과'와 연관된 **특정 이론**의 배경 사상과 중심 내용을 제시하였음.

'인과'에 대한 **특정 이론**을 정의한 뒤 구체적인 사례와 관련지어 그 이론의 한계와 전망을 제시하였음.

'인과'와 연관된 **특정 이론**을 제시하고 그 이론이 변용되는 양상을 시대의 흐름에 따라 제시하였음.

'인과'와 관련하여 동서양의 **특정 이론**들에 나타나는 관점을 비교해 보도록 하였음.

한눈에 보는 STEP 1, 2, 3

STEP 1. 핵심 화제와 핵심 이론에 표시하며 읽는다.

STPE 2. 이론 간의 관계와 흐름을 나타내는 표지어에 표시하며 읽는다.

STEP 3. 선지의 단어와 지문의 전개 방식을 대응시켜 본다.

기출로 보는 진단 평가

문항 유형	내용 전개 방식 파악		
영역	철학	오답률	58.3%
출처	2020년 9월 시행 모의평가 20번		

(가)

미학은 예술과 미적 경험에 관한 개념과 이론에 대해 논의하는 철학의 한 분야로서, 미학의 문제들 가운데 하나가 바로 예술의 정의에 대한 문제이다. 예술이 자연에 대한 모방이라는 아리스토텔레스의 말에서 비롯된 모방론은, 대상과 그 대상의 재현이 닮은꼴이어야 한다는 재현의 투명성 이론을 전제한다. 그러나 예술가의 독창적인 감정 표현을 중시하는 한편 외부 세계에 대한 왜곡된 표현을 허용하는 낭만주의 사조가 18세기 말에 등장하면서, 모방론은 많이 쇠퇴했다. 이제 모방을 필수 조건으로 삼지 않는 낭만주의 예술가의 작품을 예술로 인정해 줄 수 있는 새로운 이론이 필요했다.

20세기 초에 콜링우드는 진지한 관념이나 감정과 같은 예술가의 마음을 예술의 조건으로 규정하는 표현론을 제시하여 이 문제를 해결하였다. 그에 따르면, 진정한 예술 작품은 물리적 소재를 통해 구성될 필요가 없는 정신적 대상이다. 또한 이와 비슷한 시기에 외부 세계나 작가의 내면보다 작품 자체의 고유 형식을 중시하는 형식론도 발전했다. 벨의 형식론은 예술 감각이 있는 비평가들만이 직관적으로 식별할 수 있고 정의는 불가능한 어떤 성질을 일컫는 '의미 있는 형식'을 통해 그 비평가들에게 미적 정서를 유발하는 작품을 예술 작품이라고 보았다.

20세기 중반에, 뒤샹이 변기를 가져다 전시한 「샘」이라는 작품은 예술 작품으로 인정되지만 그것과 형식적인 면에서 차이가 없는 일반적인 변기는 예술 작품으로 인정되지 않는 이유를 설명하지 못하게 되자 두 가지 대응 이론이 나타났다. 하나는 우리가 흔히 예술 작품으로 분류하는 미술, 연극, 문학, 음악 등이 서로 이질적이어서 그것들 전체를 아울러 예술이라 정의할 수 있는 공통된 요소를 갖지 않는다는 웨이츠의 예술 정의 불가론이다. 그의 이론은 예술의 정의에

대한 기존의 이론들이 겉보기에는 명제의 형태를 취하고 있으나 사실은 참과 거짓을 판정할 수 없는 사이비 명제이므로, 예술의 정의에 대한 논의 자체가 불필요하다는 견해를 대변한다.

다른 하나는 예술계라는 어떤 사회 제도에 속하는 한 사람 또는 여러 사람에 의해 감상의 후보 자격을 수여받은 인공물을 예술 작품으로 규정하는 디키의 제도론이다. 하나의 작품이 어떤 특정한 기준에서 훌륭하므로 예술 작품이라고 부를 수 있다는 평가적 이론들과 달리, 디키의 견해는 일정한 절차와 관례를 거치기만 하면 모두 예술 작품으로 볼 수 있다는 분류적 이론이다. 예술의 정의와 관련된 이 논의들은 예술로 분류할 수 있는 작품들의 공통된 본질을 찾는 시도이자 예술의 필요충분조건을 찾는 시도이다.

(나)

예술 작품을 어떻게 감상하고 비평해야 하는지에 대해 다양한 논의들이 있다. 예술 작품의 의미와 가치에 대한 해석과 판단은 작품을 비평하는 목적과 태도에 따라 달라진다. 예술 작품에 대한 주요 비평 방법으로는 맥락주의 비평, 형식주의 비평, 인상주의 비평이 있다.

맥락주의 비평은 주로 예술 작품이 창작된 사회적·역사적 배경에 관심을 갖는다. 비평가 텐은 예술 작품이 창작된 당시 예술가가 살던 시대의 환경, 정치·경제·문화적 상황, 작품이 사회에 미치는 효과 등을 예술 작품 비평의 중요한 근거로 삼는다. 그 이유는 예술 작품이 예술가가 속해 있는 문화의 상징과 믿음을 구체화하며, 예술가가 속한 사회의 특성들을 반영한다고 보기 때문이다. 또한 맥락주의 비평에서는 작품이 창작된 시대적 상황 외에 작가의 심리적 상태와 이념을 포함하여 가급적 많은 자료를 바탕으로 작품을 분석하고 해석한다.

그러나 객관적 자료를 중심으로 작품을 비평하려는 맥락주의는 자칫 작품 외적인 요소에 치중하여 작품의 핵심적 본질을 훼손할 우려가 있다는 비판을 받는다. 이러한 맥락주의 비평의 문제점을 극복하기 위한 방법으로는 형식주의 비평과 인상주의 비평이 있다. 형식주의 비평은 예술 작품의 외적 요인 대신 작품의 형식적 요소와 그 요소들 간 구조적 유기성의 분석을 중요하게 생각한다. 프리드와 같은 형식주의 비평가들은 작품 속에 표현된 사물, 인간, 풍경 같은

내용보다는 선, 색, 형태 등의 조형 요소와 비례, 율동, 강조 등과 같은 조형 원리를 예술 작품의 우수성을 판단하는 기준이라고 주장한다.

인상주의 비평은 모든 분석적 비평에 대해 회의적인 시각을 가지고 있어 예술을 어떤 규칙이나 객관적 자료로 판단할 수 없다고 본다. "훌륭한 비평가는 대작들과 자기 자신의 영혼의 모험들을 관련시킨다."라는 비평가 프랑스의 말처럼, 인상주의 비평은 비평가가 다른 저명한 비평가의 관점과 상관없이 자신의 생각과 느낌에 대하여 자율성과 창의성을 가지고 비평하는 것이다. 즉, 인상주의 비평가는 작가의 의도나 그 밖의 외적인 요인들을 고려할 필요 없이 비평가의 자유 의지로 무한대의 상상력을 가지고 작품을 해석하고 판단한다.

문제 (가)와 (나)의 공통적인 내용 전개 방식으로 가장 적절한 것은?

① 대립되는 관점들이 수렴되어 가는 역사적 과정을 밝히고 있다.

② 화제에 대한 이론들을 평가하여 종합적 결론을 도출하고 있다.

③ 화제가 사회에 미치는 영향들을 분석하여 서로 간의 차이를 밝히고 있다.

④ 화제와 관련된 관점의 문제점을 제시하고 대안적 관점을 소개하고 있다.

⑤ 화제와 관련된 하나의 사례를 중심으로 다양한 이론을 시대순으로 나열하고 있다.

쌤의 꿀Tip

꿀팁 1. 처음부터 문제의 선지와 지문을 왔다 갔다 판단하면서 문제를 풀지 말고 '내용 전개 방식'을 묻는 문제가 있다는 것만 확인하고 지문을 다 읽은 다음에 문제를 풀자.

꿀팁 2. 전체 지문을 읽은 다음에 문제의 선지에서 해당 없는 키워드는 과감하게 가위표로 표시하자.

꿀팁 3. 전체 지문을 읽으면서 떠올랐던 내용 전개 방식과 가장 가까운 어휘의 선지를 읽고 지문의 전개 방식을 표현하기에 적합한지 확인한 후 정답을 고르자.

문항 정보

정답	선지 선택 비율				
	①	②	③	④	⑤
①	6.3%	8.6%	16.6%	41.7%	26.7%

본문 파악하기

(가)의 주제 예술의 정의를 시도한 다양한 미학 이론들

지문 해설

이 글은 철학 지문으로, 미학의 논의 중에서도 예술의 정의를 시도한 여러 이론을 소개하고 있다. 아리스토텔레스의 모방론이 낭만주의 사조로 쇠퇴하자 새로운 이론들이 등장한다. 그중에서 콜링우드의 표현론은 예술가의 감정을 중시하였으며 벨의 형식론에서는 '의미 있는 형식'을 중시하였다. 그러다 20세기 중반에, 뒤샹의 「샘」이라는 작품을 기존의 이론으로 설명하지 못하자 두 가지 대응 이론이 등장한다. 하나는 예술은 정의가 불가하다는 웨이츠의 예술 정의 불가론과 다른 하나는 예술계가 부여하는 인정을 중시하는 디키의 제도론이다.

(나)의 주제 예술 작품에 대한 주요 비평 방법

지문 해설

이 글은 철학 지문으로, 맥락주의 비평은 예술 작품이 창작된 사회적, 역사적 배경에 관심을 가지는 비평 방법이지만 작품의 외적 요소에 집중한 나머지 작품의 본질에서 벗어난다는 비판을 받았다. 이를 극복하기 위한 방법으로 형식주의 비평과 인상주의 비평이 있다. 형식주의 비평은 예술 작품의 내적 요인을 중시하여 작품의 형식적 요소를 중시한다. 인상주의 비평은 비평가의 자율성과 창의성을 중시하는 방법이다.

유형 클리닉

STEP 1. (가)는 '모방론, 표현론, 형식론, 예술 정의 불가론, 제도론'에, (나)는 '맥락주의 비평, 형식주의 비평, 인상주의 비평'에 표시하자.

STPE 2. (가)는 '그러나, 이 문제를 해결하였다. ~설명하지 못하게 되자 두 가지 대응 이론이 나타났다.', (나)는 '그러나, 회의적인 시각' 등에 표시하자.

STEP 3. 선지에서 공통으로 제시된 '화제'는 (가)는 '예술에 대한 정의', (나)는 '비평 방법'이다. 선지를 훑어보고 '문제점 제시'와 '대안적 관점 소개'가 지문의 전개 방식을 표현하기에 적합한지 판단하자.

선지 클리닉

① 대립되는 관점들이 수렴되어 가는 역사적 과정을 밝히고 있다.

이 선지를 고른 사람은 이렇게! – 지문의 전개 방식을 그럴듯한 단어로 포장한 것에 속지 말 것

이론들이 한 가지 방향으로 수렴되는 것은 아니기 때문에 '수렴'에 과감히 가위표! '수렴'이라는 단어의 의미를 빠르게 파악한 사람은 과감히 이 선지를 정답에서 제외할 수 있었어. 이 선지에서는 '대립', '수렴', '역사적 과정'이라는 핵심 단어가 있지만 '수렴'에서 너무나 명확하게 아니기 때문에 다른 단어에 대한 고민을 할 필요가 없어. 다른 단어까지 고민한다면 시간이 너무 오래 걸렸을 것이고 '역사적 과정'이라는 단어만 봤다면 계속 시간의 흐름에 따라 새로운 이론이 등장했으니까 이 지문의 내용 전개 방식을 나타내는 적합한 표현 방식이라고 오해했을 수 있어. 이 선지를 고른 학생은 지문에 제시된 핵심 이론의 관계를 파악하는 연습이 더 필요해.

② 화제에 대한 이론들을 평가하여 종합적 결론을 도출하고 있다.

근거는 여기! 예술의 정의와 관련된 이 논의들은 예술로 분류할 수 있는 작품들의 공통된 본질을 찾는 시도이자 예술의 필요충분조건을 찾는 시도이다.

▶앞서 제시된 논의들의 의의를 제시한 것이지, '예술의 정의를 어떻게 해야 한다' 결론을 낸 것은 아니야.

이 선지를 고른 사람은 이렇게! – 선지 단어의 의미를 곰곰이 생각해볼 것

'평가'와 '종합적 결론'이 핵심 단어인 선지야. 두 단어를 연결해서 고민해야 한다는 점에서 1번 선지보다는 조금 어려웠어. '이론들을 평가하여 종합적 결론을 도출'한다는 것은 '마지막 부분에 앞에 제시된 이론들을 각각 평가하고 그 평가를 바탕으로 종합적 결론을 도출한다.'는 의미로 해석해야 해. 이 선지가 정답이려면 '모방론에는 어떤 문제가 있고, 표현론은 어떤 문제가 있고~' 이런 식으로 각각의 이론을 평가하고 '그래서 예술의 정의는 이렇게 해야 한다.'는 결론을 내야겠지. 하지만 (가)와 (나) 모두 그렇게 전개되지 않았고 공통점을 찾는 문제니까 하나만 해당하지 않아도 우리는 과감하게 가위표를 할 수 있지. 사실 (나)에서 너무나 명확하게 각각의 비평 이론을 소개하고 끝났기 때문에 오래 고민할 필요가 없었어!

③ 화제가 사회에 미치는 영향들을 분석하여 서로 간의 차이를 밝히고 있다.

근거는 여기! 그러나 예술가의 독창적인 감정 표현을 중시하는 한편 외부 세계에 대한 왜곡된 표현을 허용하는 낭만주의 사조가 18세기 말에 등장하면서, 모방론은 많이 쇠퇴했다. 이제 모방을 필수 조건으로 삼지 않는 낭만주의 예술가의 작품을 예술로 인정해 줄 수 있는 새로운 이론이 필요했다.

▶예술을 정의하는 이론들이 사회에 미치는 영향들이 제시된 것이 아니라 오히려 사회의 변화가 이론의 등장에 영향을 미치고 있어. 인과 관계를 헷갈리게 해서 오답을 유도하는 선지야.

근거는 여기! 20세기 중반에, 뒤샹이 변기를 가져다 전시한 「샘」이라는 작품은 예술 작품으로 인정되지만 그것과 형식적인 면에서 차이가 없는 일반적인 변기는 예술 작품으로 인정되지 않는 이유를 설명하지 못하게 되자 두 가지 대응 이론이 나타났다.

▶ 어떤 예술 작품의 등장으로 새로운 이론이 등장하게 된 배경의 제시된 것이지, 이론들이 사회에 미치는 영향이 제시된 것은 아니야.

근거는 여기! 맥락주의 비평은 주로 예술 작품이 창작된 사회적·역사적 배경에 관심을 갖는다. 비평가 텐은 예술 작품이 창작된 당시 예술가가 살던 시대의 환경, 정치·경제·문화적 상황, 작품이 사회에 미치는 효과 등을 예술 작품 비평의 중요한 근거로 삼는다.

▶ 선지와 비슷한 어휘가 본문에 제시되지만 전체 글의 구조로 보면 화제는 '비평 이론'이고 '맥락주의 비평'이 사회에 미치는 영향을 제시한 것이 아니라 맥락주의 비평에서 중시되는 것을 설명하면서 비슷한 어휘가 사용된 것을 알 수 있어.

이 선지를 고른 사람은 이렇게! – 선지의 인과 관계를 잘 생각해볼 것

의미 파악이 어려운 선지였어. 오히려 핵심적인 단어가 없고 인과 관계를 비틀어서 그럴듯하게 꾸며놓아 나름대로 매력적인 선지였어. 하지만 우리는 공통점을 찾는 문제를 풀고 있었다는 점! 지문의 내용에서 인과 관계를 바꿔놓아서 (가)는 헷갈릴 수 있겠지만 (나)는 너무나도 명확하게 각각의 비평 이론의 특성만 설명하고 있기 때문에 (나)를 기준으로 판단하면 이 선지도 정답에서 빠르게 제외할 수 있었어.

✔ **④ 화제와 관련된 관점의 문제점을 제시하고 대안적 관점을 소개하고 있다.**

근거는 여기! 그러나 예술가의 독창적인 감정 표현을 중시하는 한편 외부 세계에 대한 왜곡된 표현을 허용하는 낭만주의 사조가 18세기 말에 등장하면서, 모방론은 많이 쇠퇴했다. 이제 모방을 필수 조건으로 삼지 않는 낭만주의 예술가의 작품을 예술로 인정해 줄 수 있는 새로운 이론이 필요했다.

▶ '그러나' 표지가 문제점이 나올 것임을 강력하게 예고하고 있어. 국어에서도 영어에서도 역접의 표지(그러나, 하지만)는 매우 중요하다는 점!

근거는 여기! 20세기 중반에, 뒤샹이 변기를 가져다 전시한 「샘」이라는 작품은 예술 작품으로 인정되지만 그것과 형식적인 면에서 차이가 없는 일반적인 변기는 예술 작품으로 인정되지 않는 이유를 설명하지 못하게 되자 두 가지 대응 이론이 나타났다.

▶ '설명하지 못하게 되자'에서 명확하게 문제점을 제시하고 있지!

근거는 여기! 그러나 객관적 자료를 중심으로 작품을 비평하려는 맥락주의는 자칫 작품 외적인 요소에 치중하여 작품의 핵심적 본질을 훼손할 우려가 있다는 비판을 받는다. 이러한 맥락주의 비평의 문제점을 극복하기 위한 방법으로는 형식주의 비평과 인상주의 비평이 있다.

▶ '근거1'과 마찬가지!

이미 지문을 읽으면서 이론 간의 관계와 반복되는 구조를 파악한 학생이라면 선지를 훑어 읽다가 이 선지에서 딱 멈춰서 지문을 나타내기에 적합한 표현들인지 꼼꼼하게 분석하고 과감히 이 정답을 골랐을 거야. 이론에 표시하고 '이론-문제점-새로운 이론'의 반복이라는 것을 파악한 학생이라면 어렵지 않게 선지를 고를 수 있었어.

⑤ 화제와 관련된 하나의 사례를 중심으로 다양한 이론을 시대순으로 나열하고 있다.

근거는 여기! 20세기 중반에, 뒤샹이 변기를 가져다 전시한 「샘」이라는 작품은 예술 작품으로 인정되지만 그것과 형식적인 면에서 차이가 없는 일반적인 변기는 예술 작품으로 인정되지 않는 이유를 설명하지 못하게 되자 두 가지 대응 이론이 나타났다. 하나는~ (중략) 다른 하나는~

▶ 두 가지 대응 이론이 제시되었지만 시대순으로 나열한 것은 아니야!

이 선지를 고른 사람은 이렇게! - 지문 전체를 포괄할 수 있는 선지인지 살펴볼 것

이 선지 역시 (나)에 너무나 명확하게 해당하지 않기 때문에 정답에서 제외했어야 해. (가)와 (나) 모두에서 구체적 사례는 뒤샹의 작품밖에 없는데 (가)는 뒤샹의 작품을 중심으로 두 가지 이론이 제시되었지만 그 앞의 내용을 포괄할 수 있는 전개 방식이 아니며 '두 가지~나타났다.'의 표현으로 볼 때 뒤에 설명하는 이론들을 시대순으로 나열했다고 보기도 어려워. (나)는 '비평 이론'이라는 화제에 연결된 '하나의 사례'가 없어.

기출로 보는 연습 문제

문항 유형	내용 전개 방식 파악		
영역	철학	오답률	42.8%
출처	2021년 6월 시행 모의평가 4번		

(가)

근대 이후 서양의 철학자들은 과학적 세계관이 대두하면서 이전과는 달리 인과를 물리적 작용 사이의 관계로 국한하려는 경향을 보였다. 문제는 흄이 지적했듯이 인과 관계 그 자체는 직접 관찰할 수 없다는 것이다. 원인과 결과에 해당하는 사건만을 관찰할 수 있을 뿐이다. 가령 “추위 때문에 강물이 얼었다.”는 직접 관찰한 물리적 사실을 진술한 것이 아니다. 그래서 인과가 과학적 개념인지에 대한 의심이 철학자들 사이에 제기되었다. 이에 인과를 과학적 세계관에 입각하여 이해하려는 시도가 새먼의 과정 이론이다.

야구공을 던지면 땅 위의 공 그림자도 따라 움직인다. 공이 움직여서 그림자가 움직인 것이지 그림자 자체가 움직여서 그림자의 위치가 변한 것은 아니다. 과정 이론은 이 차이를 다음과 같이 설명한다. 과정은 대상의 시공간적 궤적이다. 날아가는 야구공은 물론이고 땅에 멈추어 있는 공도 시간은 흘러가고 있기에 시공간적 궤적을 그리고 있다. 공이 멈추어 있는 상태도 과정인 것이다. 그런데 모든 과정이 인과적 과정은 아니다. 어떤 과정은 다른 과정과 한 시공간적 지점에서 만난다. 즉, 두 과정이 교차한다. 만약 교차에서 표지, 즉 대상의 변화된 물리적 속성이 도입되면 이후의 모든 지점에서 그 표지를 전달할 수 있는 과정이 인과적 과정이다.

가령 바나나가 a 지점에서 b 지점까지 이동하는 과정을 과정 1이라고 하자. a와 b의 중간 지점에서 바나나를 한 입 베어 내는 과정 2가 과정 1과 교차했다. 이 교차로 표지가 과정 1에 도입되었고 이 표지는 b까지 전달될 수 있다. 즉, 바나나는 베어 낸 만큼이 없어진 채로 줄곧 b까지 이동할 수 있다. 따라서 과정 1은 인과적 과정이다. 바나나가 이동한 것이 바나나가 b에 위치한 결과의 원인인 것이다. 한편, 바나나의 그림자가 스크린에 생긴다고 하자. 바나나의 그림자가

스크린상의 a′ 지점에서 b′ 지점까지 움직이는 과정을 과정 3이라 하자. 과정 1과 과정 2의 교차 이후 스크린상의 그림자 역시 변한다. 그런데 a′과 b′ 사이의 스크린 표면의 한 지점에 울퉁불퉁한 스티로폼이 부착되는 과정 4가 과정 3과 교차했다고 하자. 그림자가 그 지점과 겹치면서 일그러짐이라는 표지가 과정 3에 도입되지만, 그 지점을 지나가면 그림자는 다시 원래대로 돌아오고 스티로폼은 그대로이다. 이처럼 과정 3은 다른 과정과의 교차로 도입된 표지를 전달할 수 없다.

과정 이론은 규범이나 마음과 같은, 물리적 세계 바깥의 측면을 해명하기 어렵다는 한계를 지닌다. 예컨대 내가 사회 규범을 어긴 것과 내가 벌을 받아야 하는 것 사이에는 인과 관계가 있지만 과정 이론은 이를 잘 다루지 못한다.

(나)

자연 현상과 인간사를 인과 관계로 설명하는 동아시아의 대표적 논의는 재이론(災異論)이다. 한대(漢代)의 동중서는 하늘이 덕을 잃은 군주에게 재이를 내려 견책한다는 천견설과, 인간과 하늘에 공통된 음양의 기(氣)를 통해 하늘과 인간이 서로 감응한다는 천인감응론을 결합하여 재이론을 체계화하였다. 그에 따르면, 군주가 실정(失政)을 저지르면 그로 말미암아 변화된 음양의 기를 통해 감응한 하늘이 가뭄과 홍수, 일식과 월식 등 재이를 통해 경고를 내린다. 이때 재이는 군주권이 하늘로부터 비롯된 것임을 입증하는 것이자 군주의 실정에 대한 경고였다.

양면적 성격의 재이론은 신하가 정치적 논의에 참여할 수 있는 명분을 제공하였고, 재이가 발생하면 군주가 직언을 구하고 신하가 이에 응하는 전통으로 구체화되었다. 하지만 동중서 이후, 원인으로서의 인간사와 결과로서의 재이를 일대일로 대응시켜 설명하는 개별적 대응 방식은 억지가 심하다는 평가를 받았다. 이 방식은 오히려 예언화 경향으로 이어져 재이를 인간사의 징조로, 인간사를 재이의 결과로 대응시키는 풍조를 낳기도 하였고, 요망한 말로 백성을 미혹시켰다는 이유로 군주가 직언을 하는 신하를 탄압하는 빌미가 되기도 하였다.

이후 재이에 대한 예언적 해석은 비판의 대상이 되었고, 천인감응론 또한 부정되기도 하였다. 하지만 재이론은 여전히 정치 현장에서 사라지지 않았다. 송대(宋代)에 이르러, 주희는 천문학의

발달로 예측 가능하게 된 일월식을 재이로 간주하지 않는 경향을 수용하였고, 재이를 근본적으로 이치에 의해 설명되기 어려운 자연 현상으로 간주하였다. 하지만 당시까지도 재이에 대해 군주의 적극적인 대응을 유도하며 안전한 언론 활동의 기회를 제공했던 재이론이 폐기되는 것은, 신하의 입장에서 유용한 정치적 기제를 잃는 것이었다. 이 때문에 그는 군주를 경계하는 적절한 방법을 찾고자 재이론을 고수하였다. 그는 재이에 대한 개별적 대응 대신 군주에게 허물과 잘못이 쌓이면 이에 하늘이 감응하여 변칙적인 자연 현상이 일어날 것이라는 전반적 대응설을 제시하고, 재이를 군주의 심성 수양 문제로 귀결시키며 재이론의 역사적 수명을 연장하였다.

문제 다음은 (가)와 (나)를 읽은 학생이 작성한 학습 활동지의 일부이다. ㄱ ~ ㅁ에 들어갈 내용으로 적절하지 않은 것은?

학습 항목	학습 내용	
	(가)	(나)
도입 문단의 내용 제시 방식 파악하기	ㄱ	ㄴ
⋮	⋮	⋮
글의 내용 전개 방식 이해하기	ㄷ	ㄹ
특징 개념과 관련하여 두 글을 통합적으로 이해하기	ㅁ	

① ㄱ : '인과'에 대한 특정 이론이 등장하게 된 배경을 철학자들의 인식 변화와 관련지어 제시하였음.

② ㄴ : '인과'와 연관된 특정 이론의 배경 사상과 중심 내용을 제시하였음.

③ ㄷ : '인과'에 대한 특정 이론을 정의한 뒤 구체적인 사례와 관련지어 그 이론의 한계와 전망을 제시하였음.

④ ㄹ : '인과'와 연관된 특정 이론을 제시하고 그 이론이 변용되는 양상을 시대의 흐름에 따라 제시하였음.

⑤ ㅁ : '인과'와 관련하여 동서양의 특정 이론들에 나타나는 관점을 비교해 보도록 하였음.

쌤의 꿀Tip

꿀팁 1. 첫 문단의 내용이 너무 어렵다면 두 번째, 세 번째 문단을 읽으면서 내용 구성을 보강하자. 전체 지문 중 첫 문단의 내용이 가장 어려웠는데 이 문단의 의미를 정확하게 파악하느라 시간을 다 쓰면 다른 문제들, 다른 지문들을 놓칠 수 있어!

꿀팁 2. 새로운 문제 유형도 겁먹지 말자. 형식만 조금 바꿨을 뿐, 결국 물어보는 것은 같아. 표 자체를 인식하는 것에 시간이 더 걸렸겠지만 사실 보기의 적절함과 적절하지 않음만 판단하면 되는 문제였어. 순간적으로 다른 유형의 문제에 당황할 수도 있겠지만 결국에 묻는 것은 같다는 점을 생각하면서 문제 파악에 시간을 오래 쓰지 말자.

꿀팁 3. 첫 문단이 어려울수록, 문제 형식이 까다로울수록 정답 고르기는 쉽게 해놨다는 점. 정답을 고르는 지점에서의 판단은 오히려 어이없을 정도로 간단한 수준이었어. 결국 이 문제의 핵심은 새로 제시된 문제 형식에 대한 파악에서 벗어나 선지에 접근을 빨리하는 것이었어.

문항 정보

정답	선지 선택 비율				
	①	②	③	④	⑤
①	5.2%	6.1%	57.1%	15.6%	15.9%

본문 파악하기

(가)의 주제 '인과'를 과학적 세계관에 입각하여 설명하기 위한 새먼의 과정 이론

지문 해설

이 글은 철학 지문으로, 인과적 과정을 '두 과정이 교차하는 지점에서 표지를 전달할 수 있는 과정'이라고 정의한다. 더불어 바나나가 이동하는 과정에서 바나나를 베어 냈을 때의 스크린에 나타난 그림자의 변화와 스크린의 재질 변화에서의 그림자 변화의 차이로 인과적 과정을 구체적 예시를 들어 설명하고 있다.

(나)의 주제 자연과 인간사를 인과 관계로 설명하는 동아시아의 재이론

지문 해설

이 글은 철학 지문으로, 한대의 동중서가 천견설과 천인감응론을 결합하여 체계화한 재이론을 설명하고 있다. 동중서 이후, 재이론은 개별적 대응 방식이 억지가 심하다며 비판을 받지만 신하의 정치적 명분을 위해 전반적 대응설로 그 명맥을 유지하였다.

유형 클리닉

다시 보는 STEP 1, 2, 3

STEP 1. 핵심 화제와 핵심 이론에 표시하며 읽는다.

STEP 2. 이론 간의 관계와 흐름을 나타내는 표지어에 표시하며 읽는다.

STEP 3. 선지의 단어와 지문의 전개 방식을 대응시켜 본다.

STEP 1. 이론을 중점으로 내용을 파악하고 선지 역시 '이론'을 중점으로 설명되어 있기 때문에 (가)에서는 '새먼의 과정 이론'에, (나)에서는 '재이론'에 표시한다.

STEP 2. (가)에서 '그런데', '가령', '예컨대' 연결 표현에 표시한다. (나)에서 '하지만', '이후' 연결 표현에 표시한다.

STEP 3. (가)의 특정 이론은 '과정 이론', (나)의 특정 이론은 '재이론'이다. 이 이론들을 중심으로 선지의 단어와 지문을 대응시켜 본다. 과정 이론의 '전망'은 제시되지 않았다.

선지 클리닉

근거는 여기!

과정 이론은 규범이나 마음과 같은, 물리적 세계 바깥의 측면을 해명하기 어렵다는 한계를 지닌다. 예컨대 내가 사회 규범을 어긴 것과 내가 벌을 받아야 하는 것 사이에는 인과 관계가 있지만 과정 이론은 이를 잘 다루지 못한다.

아무리 찾아봐도 과정 이론의 '전망'은 없지? '전망'이라는 단어를 모르더라도 '한계'의 내용밖에 없다는 점이 명확하지! 지문의 난도와 문제의 난도에 비하여 정답은 아주 쉽게 고를 수 있도록 만든 문제라는 점. 문제도 겉모습만 보고 판단하지 말자.

중심 내용 찾기는 숨은그림찾기이다.

중심 내용 찾기 문제는 지문을 전체적으로 잘 이해했는지 확인하는 문제야. 이 문제는 응용문제는 아니기 때문에, 반드시 지문 속에서 답을 찾을 수 있어. 마치 우리가 **숨은그림찾기**를 하듯이 말이야. 보통은 문단별로 중요한 내용을 선지에서 하나씩 물어보는 경우가 많아. 따라서 문단이 구별되어 있다면 허투루 보지 말고, 왜 문단이 구별되었나 생각해보는 것이 좋아. **문단이 구별되었다는 것은 중심내용이 바뀌었다는 것**이야. 그리고 이러한 문단의 중심내용은 주로 첫 문장이나 끝 문장에 있는 경우가 많지.

각 문단에는 중심 문장뿐 아니라, 정답의 힌트가 되는 중요 단어들이 있어. 이것을 쌤은 핵심어라고 불러볼까 해. 핵심어는 그 문단을 요약한다고 가정했을 때, 반드시 남아야 하는 단어야. 그만큼 글에 없어서는 안 될 존재이지. 이러한 핵심어는 중요한 만큼 반복되는 경우가 많아. 글에서 **반복되는 단어**가 있다면 밑줄 치고, 별표 쳐두자. 중심 내용 찾기 문제에서 반드시 물어볼 거야. 또 핵심어임을 알려 주는 고마운 부호들이 있어. 자, 따라 해볼까? **작은따옴표, 큰따옴표, 물음표, 느낌표**. 이 부호들이 사용되었다면 이 안에 반드시 핵심어가 있어. 또, **-성, -적, -화와 같은 추상적인 단어**들도 핵심어로 사용되는 경우가 많이 있으니 기억해두자. 이 핵심어들이 숨은그림찾기에서의 숨어 있는 그림이라고 볼 수 있지.

우리는 문제와 선지를 읽으면서 미리 찾아놓은 핵심어들을 대입하고 지워나가면서 풀면 되는 거야. 즉, 지문에서 찾은 핵심어와 문제의 선지 속 핵심어, 이렇게 두 핵심어를 비교하면서 선지 속에 지문의 핵심어가 있다면 지우면 되는 거야. 왜 게임 중에 그런 것 있잖아. 같은 것끼리 부딪치면 사라지는 것. 중심내용 찾기도 그런 게임이라고 생각하면 돼.

그런데 간혹 요즘에는 글 전체의 이해를 묻는 문제에서 특정 정보에 대한 이해를 묻는 문제로 바꿔서 출제하기도 해. 그런 경우에는 문단 전체보다는 그 정보를 묻는 문제의 앞뒤 문장, 조금 더 크게 보자면 앞뒤 문단 속에 답이 있는 경우가 많아. 오히려 더 쉽게 답을 찾을 수 있으니 걱정하지 마. 물론, 글 전체를 봐야 하는 때도 있어. 이런 경우에는 글 전체에서 다루고 있는 개념들의 변화가 있다면 무엇이 변했고, 무엇이 변하지 않았는지, **공통점과 차이점을 메모**해두면 좋아. 그 문제는 반드시 나온다고 쌤이 지금 강조할게.

추가로 이 점은 꼭 기억해줬으면 좋겠어. 간혹 우리를 헷갈리게 하는 선지들이 등장하는 경우가 있어. 선지를 두 부분으로 나눌 때, 앞에는 맞고, 뒤에는 틀리는 경우, 혹은 앞은 틀리고 뒤는 맞는 경우, 혹은 앞뒤 둘 다 지문에서 찾을 수 있는데, 연결 짝이 안 맞는 경우. 이런 경우를 대비해서 국어는 전부 확신

할 수 있을 때만 답으로 체크하는 것이 좋아. 쌤은 그래서 이런 표시를 해. 확실하게 찾을 수 있으면 지우고, 조금 헷갈리면 '?' 1개를 붙이고, 좀 더 헷갈리면 2개를 붙이고 해서 결국에는 물음표가 가장 붙어 있는 것을 답으로 쓰지.

자, 그러면 이제 실전 문제를 보면서 같이 한 번 내용을 적용해 보자.

한눈에 보는 STEP 1, 2, 3

STEP 1. 문제를 먼저 읽는다. 문제에서 요구하는 숨은그림이 무엇인지 기억한다.

STEP 2. 문단을 구별하고, 읽어가면서 문단에서 찾은 핵심어와 문제의 선지 속의 핵심어를 비교하면서 읽는다.

STEP 3. 본문에서 찾은 핵심어가 선지 속에 있다면 과감하게 삭제하면서 답을 찾는다.

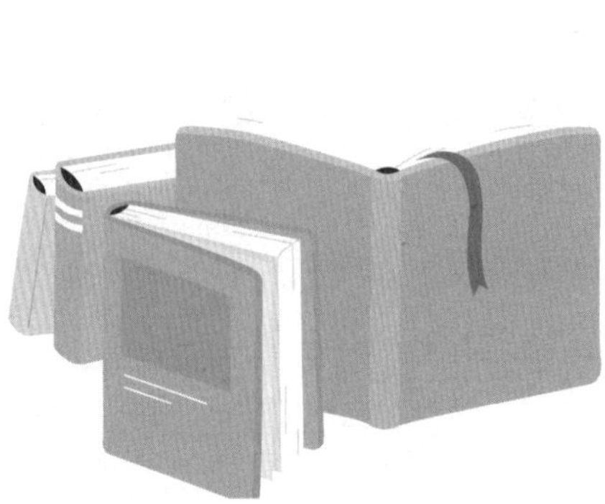

기출로 보는 진단 평가

문항 유형	세부 정보, 핵심 정보 파악		
영역	융합(법, 경제)	오답률	53.5%
출처	2019년 11월 시행 대학수학능력시험 39번		

[1] 국제법에서 일반적으로 조약은 국가나 국제기구들이 그들 사이에 지켜야 할 구체적인 권리와 의무를 명시적으로 합의하여 창출하는 규범이며, 국제 관습법은 조약 체결과 관계없이 국제 사회 일반이 받아들여 지키고 있는 보편적인 규범이다. 반면에 경제 관련 국제기구에서 어떤 결정을 하였을 경우, 이 결정 사항 자체는 권고적 효력만 있을 뿐 법적 구속력은 없는 것이 일반적이다. 그런데 국제결제은행 산하의 바젤위원회가 결정한 BIS비율 규제와 같은 것들이 비회원의 국가에서도 엄격히 준수되는 모습을 종종 보게 된다. 이처럼 일종의 규범적 성격이 나타나는 현실을 어떻게 이해할지에 대한 논의가 있다. 이는 위반에 대한 제재를 통해 국제법의 효력을 확보하는 데 주안점을 두는 일반적 경향을 되돌아보게 한다. 곧 신뢰가 형성하는 구속력에 주목하는 것이다.

[2] [BIS 비율]은 은행의 재무 건전성을 유지하는 데 필요한 최소한의 자기자본 비율을 설정하여 궁극적으로 예금자와 금융 시스템을 보호하기 위해 바젤위원회에서 도입한 것이다. 바젤위원회에서는 BIS 비율이 적어도 규제 비율인 8%는 되어야 한다는 기준을 제시하였다. 이에 대한 식은 다음과 같다.

$$\text{BIS비율}(\%) = \frac{\text{자기자본}}{\text{위험가중자산}} \times 100 \geq 8(\%)$$

여기서 자기자본은 은행의 기본자본, 보완자본 및 단기후순위 채무의 합으로, 위험가중자산은 보유 자산에 각 자산의 신용 위험에 대한 위험 가중치를 곱한 값들의 합으로 구하였다. 위험가중치는 자산 유형별 신용 위험을 반영하는 것인데, OECD국가의 국채는 0%, 회사채는 100%가 획일적으로 부여되었다. 이후 금융 자산의 가격 변동에 따른 시장 위험도 반영해야 한다는 요구가 커지자, 바젤위원회는 위험가중자산을 신용 위험에 따른 부분과 시장 위험에 따른 부분의 합으로 새로 정의하여 BIS 비율을 산출하도록 하였다. 신용 위험의 경우와 달리 시장 위험의

경우와 달리 시장 위험의 측정 방식은 감독 기관의 승인하에 은행의 선택에 따라 사용할 수 있게 하여 '바젤 I' 협약이 1996년에 완성되었다.

3 금융 혁신의 진전으로 '바젤 I' 협약의 한계가 드러나자 2004년에 '바젤 II' 협약이 도입되었다. 여기에서 BIS 비율의 위험가중자산은 신용 위험에 대한 위험 가중치에 자산의 유형과 신용도를 모두 고려하도록 수정되었다. 신용 위험의 측정 방식은 표준 모형이나 내부 모형 가운데 하나를 은행이 이용할 수 있게 되었다. 표준 모형에서는 OECD 국가의 국채는 0%에서 150%까지, 회사채는 20%에서 150%까지 위험 가중치를 구분하여 신용도가 높을수록 낮게 부과한다. 예를 들어 실제 보유한 회사채가 100억 원인데 신용위험 가중치가 20%라면 위험가중자산에서 그 회사채는 20억 원으로 계산된다. 내부 모형은 은행이 선택한 위험 측정 방식을감독 기관의 승인하에 그 은행이 사용할 수 있도록 하는 것이다. 또한 감독 기관은 필요시 위험가중자산에 대한 자기자본의 최저 비율이 규제 비율을 초과하도록 자국 은행에 요구할 수 있게 함으로써 자기자본의 경직된 기준을 보완하고자 했다.

4 최근에는 '바젤 III' 협약이 발표되면서 자기자본에서 단기후순위 채무가 제외되었다. 또한 위험가중자산에 대한 기본자본의 비율이 최소 6%가 되게 보완하여 자기자본의 손실 복원력을 강화하였다. 이처럼 새롭게 발표되는 바젤 협약은 이전 협약에 들어 있는 관련 기준을 개정하는 효과가 있다.

5 바젤 협약은 우리나라를 비롯한 수많은 국가에서 채택하여 제도화하고 있다. 현재 바젤위원회에는 28개국의 금융 당국들이 회원으로 가입되어 있으며, 우리 금융 당국은 2009년에 가입 하였다. 하지만 우리나라는 가입하기 훨씬 전부터 BIS 비율을 도입하여 시행하였으며, 현행 법제에도 이것이 반영되어 있다. 바젤 기준을 따름으로써 은행이 믿을 만하다는 징표를 국제 금융시장에 보여 주어야 했던 것이다. 재무 건전성을 의심받는 은행은 국제 금융 시장에 자리를 잡지 못하거나, 심하면 아예 발을 들이지 못할 수도 있다.

6 바젤위원회에서는 은행 감독 기준을 협의하여 제정한다. 그 헌장에서는 회원들에게 바젤 기준을 자국에 도입할 의무를 부과한다. 하지만 바젤위원회가 초국가적 감독 권한이 없으며 그의 결정도 법적 구속력이 없다는 것 또한 밝히고 있다. 바젤 기준은 100개가 넘는 국가가 채택이는 국제기구의 결정에 형식적으로 구속을 받지 않는 국가에서까지 자발적으로 받아들여

시행하고 있다는 것인데, 이런 현실을 말랑말랑한 법(softlaw)의 모습이라 설명하기도 한다. 이때 조약이나 국제 관습법은 그에 대비하여 딱딱한 법(hard law)이라 부르게 된다. 바젤 기준도 장래에 딱딱하게 응고될지 모른다.

문제 BIS 비율에 대한 이해로 가장 적절한 것은?

① 바젤 I 협약에 따르면, 보유하고 있는 회사채의 신용도가 낮아질 경우 BIS 비율은 낮아지는 경향이 있다.

② 바젤 II 협약에 따르면, 각국의 은행들이 준수해야 하는 위험 가중자산 대비 자기자본의 최저 비율은 동일하다.

③ 바젤 II 협약에 따르면, 보유하고 있는 OECD 국가의 국채를 매각한 뒤 이를 회사채에 투자한다면 BIS 비율은 항상 높아진다.

④ 바젤 II 협약에 따르면, 시장 위험의 경우와 마찬가지로 감독 기관의 승인하에 은행이 선택하여 사용할 수 있는 신용 위험의 측정 방식이 있다.

⑤ 바젤 III 협약에 따르면, 위험가중자산 대비 보완자본이 최소 2%는 되어야 보완된 BIS 비율 규제를 은행이 준수할 수 있다.

쌤의 꿀Tip

꿀팁 1. 경제 지문에서 식이 나오면 반드시 **그 식을 적용하는 문제**가 나오기 마련이야. 그리고 읽어가면서 각 개념에 대한 적용 방법들이 나오면 꼭 기억해두자.

꿀팁 2. 비교와 대조를 기억하자. 경제 지문에서 어떤 개념에 대한 변화양상이 나오면 반드시 개념 간의 공통점과 차이점을 물어보는 문제가 반드시 나오지. 이는 꼭 메모해두자.

꿀팁 3. 경제 지문의 계산 문제는 어렵지 않아. 이해할 수 있는 차원에서의 단순계산 문제만 나온다. 또 경제 지문에서 표가 나오지. 표가 주는 정보들이 많아. 지문에서 언급하는 개념들이 표에서 정리되어 나왔을 가능성이 커. **표가 나오면 어렵다고 생각하지 말고, 오히려 어려운 지문을 정리해주는 고마운 존재**라고 생각을 바꿔보자.

문항 정보

정답	선지 선택 비율				
①	①	②	③	④	⑤
	10.0%	16.7%	14.0%	46.5%	12.2%

본문 파악하기

주제 BIS 비율 규제와 관련한 바젤 협약의 변천과 국제 사회에 작용하는 국제적 기준의 규범성

지문 해설

지문은 국제법과 달리 규범적 성격은 없고 권고적 효력만 있는 경제 관련 국제기구 결정 사례로 BIS 비율과 규제를 설명하고 있다. BIS 비율은 예금자와 금융 시스템을 보호하기 위해 바젤위원회에서 도입한 것으로 이 비율은 적어도 8% 이상은 되어야 한다는 기준을 제시하였다. 식은 ' $\text{BIS비율(\%)} = \frac{\text{자기자본}}{\text{위험가중자산}} \times 100 \geq 8(\%)$ '다. 이때, 분모인 위험가중자산은 보유자산에 위험가중치를 곱한 것으로, 신용 위험에 따른 위험가중자산인 국채, 회사채와 시장 위험에 따른 위험가중자산이 있다. 분자인 자기자본은 기본자본, 보완자본, 단기후순위 채무를 합한 것이다.

바젤 I 에서는 분모를 구하는 위험가중자산에서 신용 위험에 따른 위험가중자산인 국채에는 0%, 회사채에는 100%의 위험가중치를 획일적으로 부여하였으며, 시장위험에 따른 위험가중자산은 감독 기관의 승인하에 은행의 선택에 따라 사용할 수 있게 정하였다.

바젤 II에서는 위험가중자산을 구할 때, 신용 위험의 측정방식에 표준모형이나 내부 모형 중 하나를 선택하게 하였는데, 표준모형에서는 OECD 국가의 국채는 0~150%, 회사채는 20~150% 범위 내에서 신용도가 높을수록 낮게 부여하였다. 내부 모형은 바젤 I 의 시장위험에 따른 위험가중자산을 구할 때와 마찬가지로 감독 기관의 승인하에 은행이 선택한 위험 측정방식을 사용하게 하는 것인데, 위험가중자산에 대한 자기자본의 최저 비율을 규제 비율인 8%를 초과하도록 감독 기관은 자국 은행에 요구할 수 있다.

바젤III에서는 BIS 값을 구하는 식의 분자를 구하는 방법이 바뀐다. 하지만 분모를 구하는 방법은 변하지 않았다. 분자인 자기자본이 그동안 3가지(기본자본, 보완자본, 단기후순위 채무)의 합이었다면, 이제는 단기후순위 채무가 빠진 기본자본과 보완자본 이렇게 2가지의 합으로 바뀌었다. 또한 위험가중자산에 대한 기본자본의 비율이 최소 6%가 되게 보완하였다.

바젤위원회의 결정은 법적 구속력은 없지만, 재무 건전성에 따른 신뢰를 국제금융시장에서 보여 주어야 할 필요성 때문에 국제기구의 결정에 형식적으로 구속을 받지 않는 국가(회원이 아닌 국가)들도 바젤 기준을 자발적으로 받아들여 시행하고 있다.

유형 클리닉

STEP 1. 문제 읽었니? 문제에서 요구하는 숨은그림은 BIS 비율에 대한 것이구나. 앞뒤 문장이나 문단을 살펴보면서 시동 한번 걸어보자.

STEP 2. 문단 구별했지? 지금 보니까 문단이 바뀌면서 바젤 I ~III까지의 특징이 쓰여있네. 그렇다는 얘기는 이 글에서는 반드시 이들의 공통점이나 차이점을 묻겠구나. 읽어가면서 공통점이나 차이점을 비교해 보자. 또 핵심어를 중심으로 표시하면서 읽어야 해.

STEP 3. 본문에서 선지에 해당하는 숨은그림 찾았으면 지워야지. 그러면서 문제 풀자. 그런데 풀다가 가장 헷갈리는 것은 바젤 I 에 관해서 물으면서 바젤III에 해당하는 내용을 끼워 넣는 것이야. 수험생들은 분명히 지문에서 언급된 것이 있으니, 맞는 말이라고 착각하기 쉬워. 쌤이 한 말 기억하지? 숨은그림(지문)에서 찾을 수 없으면 답이 아니다.

선지 클리닉

① 바젤 I 협약은 회사채의 위험가중치를 100%를 획일적으로 부여하도록 하고 있다. 신용도는 바젤 I 협약에서 BIS비율과 직접적인 관련이 없다.

근거는 여기! 2문단에 보면 '위험가중치는 자산 유형별 신용 위험을 반영하는 것인데, OECD 국가의 국채는 0%, 회사채는 100%가 획일적으로 부여되었다.'라는 표현이 있다.

이 선지를 고른 사람은 이렇게! - 바젤 I 협약에서 회사채의 신용도를 고려하지 않는다는 부분을 반드시 체크할 것.

2문단에서 숨은그림 찾았니? 이 선지 많이 헷갈리고 어려웠을 것이야. 경제 지문은 특히 그래. 그래서 읽다가 방법에 해당하는 부분이 나오면 반드시 메모를 해둬야 해. 바젤 I 에서는 신용 위험을 반영하기 위해서 획일적으로 회사채에 100%를 반영하고 있어. 바젤 I 에 따르면, 회사의 신용도가 갑자기 떨어져도, BIS 비율에는 변화가 없겠지. 이러한 획일적인 반영은 당연히 문제가 되었을 것이고, 그래서 이를 보완하기 위해 바젤 II가 나온 것이 아닐까?

② 바젤 II 협약은 감독 기관이 필요시 위험가중자산에 대한 자기자본의 최저 비율이 규제 비율을 초과하도록 자국 은행에 요구할 수 있게 함으로써 자기자본의 경직된 기준을 보완하고자 했다.

근거는 여기! 3문단에 보면 '감독 기관은 필요시 위험가중자산에 대한 자기자본의 최저 비율이 규제 비율을 초과하도록 자국 은행에 요구할 수 있게 함으로써 자기자본의 경직된 기준을 보완하고자 했다.'라는 표현이 있다.

이 선지를 고른 사람은 이렇게! - 3문단을 꼼꼼하게 볼 것. 또한 2문단에서 바젤 I 에서 나온 획일적이라는 말에 속지 말 것.

자, 3문단에서 숨은그림 찾았지? 바젤 II가 나왔다는 얘기는 바젤 I 에서 보완할 점이 발견되었으니, 나왔다고 볼 수 있겠지. 바젤 I 과 II의 차이점 찾았니? 가장 큰 차이점은 신용 위험의 측정방식을 표준모형이나 내부 모형 중 하나를 선택할 수 있게 한 것이야. 자, 이 문제에서는 내부 모형을 조금 더 봐야 해. 왜냐면 선지에 '각국의 은행들이 준수해야 하는'이라는 표현이 있어. 은행과 관련된 말은 3문단에 바젤 II의 내부 모형에 대한 설명에 나오고 있지. 여기에 보면 내부 모형은 '은행이 선택한 위험 측정 방식을 감독 기관의 승인하에 그 은행이 사용할 수 있도록 하는 것'이라는 표현이 있어. 그다음 문장을 이어서 살펴보면 감독 기관이 필요시, 규제 비율인 BIS의 8%가 넘도록 위험가중자산 대비 자기자본의 비율을 자국 은행에 요구할 수 있게 하여 자기자본의 경직된 기준을 보완하고자 했다는 표현이 있어. 그러니까 감독 기관에 따라서 A 국가는 10%를 요구할 수 있을 것이고, B 국가는 9%를 요구할 수도 있지. 따라서 각국 은행이 준수해야 하는 최저 비율(8%)이 동일하다는 표현은 틀린다고 볼 수 있지.

③ 바젤 II 협약의 표준모형에 따르면 OECD 국가의 국채 위험 가중치는 0~150%이고 회사채는 20~150%이다. BIS 비율이 높아진다는 것은 위험가중자산이 낮아진다는 것인데, 예를 들어 10%인 국채를 20%인 회사채로 바꾸어도, 분모인 위험가중자산이 커진다. 분모가 커진다는 것은 BIS비율이 낮아진다는 것이다.

근거는 여기! 3문단에 보면 '표준 모형에서는 OECD 국가의 국채는 0%에서 150%까지, 회사채는 20%에서 150%까지 위험 가중치를 구분하여 신용도가 높을수록 낮게 부과한다.'라는 표현이 있다.

이 선지를 고른 사람은 이렇게! - '항상'이라는 말을 주목할 것. 또는 가능성이 있는 몇 가지를 가지고 일반화하지 말 것.

3문단에서 어렵지만, 숨은그림이 나왔어. 그런데 숨은그림 난도가 높다. 조금 생각해야 하네. 3문단을 한 번 보면 바젤 II 협약의 표준모형에 대해 잘 나와 있어. 우리가 알다시피 바젤 II는 표준모형과 내부 모형 중 하나만 선택하면 되잖아. 여기서는 표준모형을 선택했다고 해보자. 국채는 0%에서 150%까지, 회사채는 20%에서 150%까지 위험가중치를 구분한다는 표현이 있는데, 여기서 끝인 150은 같으니까 시작점을 보자. 국체는 0이고, 회사채는 20이구나. 자. 10%인 국채를 위험가중자산으로 가지고 있는 사람이 있다고 가정해볼게. 이를 기준으로 산출해보니 10억이 나왔다고 해볼게. 자, 그러면 산출 전에는 얼마일까? 10억이 10%이니 100억이라고 볼 수 있겠지. 이것을 전부 20%인 회사채로 바꾸었다고 가정해볼게. 그러면 산출하고 나면 얼마가 될까? 100억의 20%이니 20억이 되겠네. 그러면 이제 BIS비율을 구해보자. 위험가중자산이 이전에는 분모로 10억만 하면 되었는데, 이제는 20억을 분모로 잡아야겠구나. 아이고. 분모가 커졌네. 자. 분모가 커지게 되면 나온 값은 이전 값과 비교해 커질까? 작아질까? 쉽게 $\frac{1}{4}$과 $\frac{1}{5}$을 비교해보자. 어때? $\frac{1}{5}$이 작은 수라는 것을 알겠지. 마찬가지로 회사채로 바꾸는 순간 값이 작아지니 BIS비율은 떨어진다고 볼 수 있지. 그러면 선지에 있는 항상 높아진다는 말은 당연히 틀린 말이겠지? 물론 30%였던 국채를 갖고 있던 사람이 20%인 회사채로 바꾸었다면 이 때는 반대로 BIS비율이 높아지겠지. 하지만 선지에 있는 항상이라는 말을 우린 늘 주목해야 해. 국어에서는 항

상이라는 말이 있다면 오답일 가능성이 커. 항상 그런 경우는 드물거든.

✔ **④ 감독 기관의 승인하에 은행이 선택한다는 말은 2번 나온다. 바젤 I 협약에서 시장위험의 측정방식이 감독 기관의 승인하에 은행의 선택에 따라 사용할 수 있게 한다는 표현이 있다. 이는 바젤 II 협약에서 시장위험에 대한 위험방식을 구하는 방법이 바뀌었다는 표현이 없으므로, 그대로 유지된다고도 볼 수 있다. 두 번째는 바젤 II 협약에서 신용 위험에 따른 측정방식 중 내부 모형의 측정방식이 감독 기관의 승인하에 은행이 사용할 수 있도록 한다고 되어 있다. 따라서 이 둘을 언급한 ④번 선지가 정답이다.**

근거는 여기! 2문단의 '신용 위험의 경우와 달리 시장 위험의 측정방식은 감독 기관의 승인하에 은행의 선택에 따라 사용할 수 있게 하여 '바젤 I' 협약이 1996년에 완성되었다.'라는 표현과 3문단의 '감독 기관은 필요시 위험 가중자산에 대한 자기자본의 최저 비율이 규제 비율을 초과하도록 자국 은행에 요구할 수 있게 함으로써 자기자본의 경직된 기준을 보완하고자 했다.'라는 표현을 통해 알 수 있다.

2문단과 3문단에서 숨은그림 찾았니? 이 선지를 고르지 못했다면, '시장위험의 경우와 마찬가지로'라는 말의 근거를 찾지 못했을 가능성이 크겠구나. 이 선지는 2가지 경우를 다 고려해서 둘 다 충족해야지만, 정답으로 고를 수가 있어. 우선 시장위험에서도 은행이 선택하는 신용 위험의 측정방식이 있느냐이고. 바젤 II 협약에도 이런 측정방식이 있느냐이지. 우선 시장위험에서 이런 방식이 있는지는 바젤 I 협약에 대한 설명이 있는 2문단에서 그 근거를 찾을 수 있어. 그리고 바젤 II에 이런 방식이 있는지는 3문단에서 찾을 수 있었지. 그리고 바젤 II에 대한 이런 방식은 우리 ②번 선지를 올바르게 풀었다면 이미 알고 있는 정보겠지? 제대로 푼 친구라면 시장위험의 측정방식만 찾았어야 해. 물론 쉽지는 않을 거야. 그리고 읽어가면서 이 둘의 공통점은 미리 정리가 되어 있었다면 좋았을 거야.

자, 쌤이 이런 중심내용 찾기 문제는 숨은그림찾기라고 했잖아. 눈을 크게 뜨고 이 내용을 미리 찾아 밑줄을 그었어야 해. 어떻게 예측하느냐고? 이 문제는 처음에 바젤 I ~III까지 안내가 되어 있으니, 미리미리 공통점과 차이점을 찾아서 밑줄을 긋거나 정리를 해두었으면 되지. 이 지문을 수능에 실으면서 이런 공통점이나 차이점 문제를 내지 않는다면, 출제자가 이 지문을 가져올 이유가 없다고까지 쌤은 말할 수 있겠어.

⑤ 바젤 III에서는 위험가중자산에 대한 기본자본의 비율이 최소 6%가 되게 보완하였다. 위험가중자산에 대한 보완자본 비율이 2%가 되지 않아도 BIS비율 8% 이상이 되는 경우를 가정해보면, 보완자본 비율이 1%라고 하였을 때, 기본자본 비율이 7%만 넘어도 총합이 8% 이상이 되므로, 바젤 III을 충족한다고 볼 수 있다.

근거는 여기! 4문단에 보면 '바젤 III 협약이 발표되면서 자기자본에서 단기후순위 채무가 제외되었다. 또한 위험가중자산에 대한 기본자본의 비율이 최소 6%가 되게 보완하여 자기자본의 손실 복원력을 강화하였다.'는 표현을 통해 유추할 수 있다.

이 선지를 고른 사람은 이렇게! - 바젤 III에서 바뀐 식을 만들고 계산할 때는 본문을 따라서 차근차근해볼 것.

4문단에서 숨은그림 찾았니? 계산을 해야 하니 조금 어려웠을 것으로 생각해. 자. 쌤이랑 차근차근해보자. BIS 비율을 구하는 식을 다시 한번 떠올려 볼까? 경제 지문에서 식이 나오면 반드시 이를 활용하는 문제가 나올 수밖에 없어. ' $\text{BIS비율(\%)} = \frac{\text{자기자본}}{\text{위험가중자산}} \times 100 \geq 8(\%)$ '이야. 기억나지? 이것을 말로 풀어보면 위험가중자산을 자기자본으로 나눈 것이라고 볼 수 있어. 그렇지? 위험가중자산은 무엇으로 이뤄져 있지? 보유자산에 위험가중치를 곱한 것이야. 자 그러면 보유자산에는 무엇이 있지? 신용 위험에 따른 위험가중자산인 국채, 회사채가 있고 시장위험에 따른 위험가중자산이 있지. 이것을 합해서 분모가 되는 것이야. 이번에는 분자가 되는 자기자본을 알아볼까? 여기에는 무엇이 있지? 기본자본, 보완자본, 단기후순위 채무가 있는데, 이를 합해서 자기자본이라고 하였지. 그런데 분모는 바젤 III까지 변했다는 말이 없는데, 분자인 자기자본은 바젤 III에서 식이 바뀌었네. 자기자본이 그동안 3가지의 합이었다면, 이제는 단기후순위 채무가 빠진 기본자본과 보완자본 이렇게 2가지의 합으로 말이야. 식이 바뀌었으니, 이를 활용하는 문제가 나올 것이라고 예상했다면 좋았을 거야. 바로 이 문제처럼 말이야. 그리고 쌤이 앞에서 언급했던 것처럼 두 개념 간의 차이점이니 이 문제 반드시 나올 수밖에 없는 상황인 거지.

그런데 재미있는 것이 바젤 III에서는 자기자본의 비율이 최소 6%는 넘어야 한다는 것이야. 물론 최소인 6%만 갖고 있다면 당연히 2%는 무엇에서 채워야 BIS비율이 8%가 넘을까? 그렇지 선지에도 있는 보완자본에서 2% 이상을 채워야지. 이렇게만 보면 ⑤번 선지가 맞는 것처럼 보이겠다. 그런데 우리는 최소라는 말에 주목해야 해. 최소 6%는 BIS비율을 채우기 위한 최소한의 조건이지. 이를 넘길 수도 있다고 볼 수 있지. 그러면 자기자본의 비율이 7%라고 가정해보자. 그러면 보완자본은 얼마면 BIS비율의 최소 8%를 넘길 수 있을까? 그렇지 1%야. 그러면 선지에서 말한 최소 2%는 넘어야 한다는 말은 틀렸다고 볼 수 있겠다.

기출로 보는 연습 문제

문항 유형	중심 내용 파악		
영역	기술	오답률	50.1%
출처	2020년 6월 시행 모의평가 26번		

일반 사용자가 디지털 카메라를 들고 촬영하면 손의 미세한 떨림으로 인해 영상이 번져 흐려지고, 걷거나 뛰면서 촬영하면 식별하기 힘들 정도로 영상이 흔들리게 된다. 흔들림에 의한 영향을 최소화하는 기술이 영상 안정화 기술이다.

영상 안정화 기술에는 빛을 이용하는 광학적 기술과 소프트웨어를 이용하는 디지털 기술 등이 있다. 광학 영상 안정화(OIS) 기술을 사용하는 카메라 모듈은 렌즈 모듈, 이미지 센서, 자이로 센서, 제어 장치, 렌즈를 움직이는 장치로 구성되어 있다. 렌즈 모듈은 보정용 렌즈들을 포함한 여러 개의 렌즈들로 구성된다. 일반적으로 카메라는 렌즈를 통해 들어온 빛이 이미지 센서에 닿아 피사체의 상이 맺히고, 피사체의 한 점에 해당하는 위치인 화소마다 빛의 세기에 비례하여 발생한 전기 신호가 저장 매체에 영상으로 저장된다. 그런데 카메라가 흔들리면 이미지 센서 각각의 화소에 닿는 빛의 세기가 변한다. 이때 OIS 기술이 작동되면 자이로 센서가 카메라의 움직임을 감지하여 방향과 속도를 제어 장치에 전달한다. 제어 장치가 렌즈를 이동시키면 피사체의 상이 유지되면서 영상이 안정된다.

렌즈를 움직이는 방법 중에는 보이스코일 모터를 이용하는 방법이 많이 쓰인다. 보이스코일 모터를 포함한 카메라 모듈은 중앙에 위치한 렌즈 주위에 코일과 자석이 배치되어 있다. 카메라가 흔들리면 제어 장치에 의해 코일에 전류가 흘러서 자기장과 전류의 직각 방향으로 전류의 크기에 비례하는 힘이 발생한다. 이 힘이 렌즈를 이동시켜 흔들림에 의한 영향이 상쇄되고 피사체의 상이 유지된다. 이외에도 카메라가 흔들릴 때 이미지 센서를 움직여 흔들림을 감쇄하는 방식도 이용된다.

OIS 기술이 손 떨림을 훌륭하게 보정해 줄 수는 있지만 렌즈의 이동 범위에 한계가 있어 보정할 수 있는 움직임의 폭이 좁다. 디지털 영상 안정화(DIS) 기술은 촬영 후에 소프트웨어를

사용해 흔들림을 보정하는 기술로 역동적인 상황에서 촬영한 동영상에 적용할 때 좋은 결과를 얻을 수 있다. 이 기술은 촬영된 동영상을 프레임 단위로 나눈 후 연속된 프레임 간 피사체의 움직임을 추정한다. 움직임을 추정하는 한 방법은 특징점을 이용하는 것이다. 특징점으로는 피사체의 모서리처럼 주위와 밝기가 뚜렷이 구별되며 영상이 이동하거나 회전해도 그 밝기 차이가 유지되는 부분이 선택된다.

먼저 k 번째 프레임에서 특징점들을 찾고, 다음 k+1 번째 프레임에서 같은 특징점들을 찾는다. 이 두 프레임 사이에서 같은 특징점이 얼마나 이동하였는지 계산하여 영상의 움직임을 추정한다. 그리고 흔들림이 발생한 곳으로 추정되는 프레임에서 위치 차이만큼 보정하여 흔들림의 영향을 줄이면 보정된 동영상은 움직임이 부드러워진다. 그러나 특징점의 수가 늘어날수록 연산이 더 오래 걸린다. 한편 영상을 보정하는 과정에서 영상을 회전하면 프레임에서 비어 있는 공간이 나타난다. 비어 있는 부분이 없도록 잘라 내면 프레임들의 크기가 작아지는데, 원래의 프레임 크기를 유지하려면 화질은 떨어진다.

문제 윗글의 'OIS 기술'에 대한 설명으로 적절하지 <u>않은</u> 것은?

① 보이스코일 모터는 카메라 모듈에 포함되는 장치이다.

② 자이로 센서는 이미지 센서에 맺히는 영상을 제어 장치로 전달한다.

③ 보이스코일 모터에 흐르는 전류에 의해 발생한 힘으로 렌즈의 위치를 조정한다.

④ 자이로 센서가 카메라 움직임을 정확히 알려도 렌즈 이동의 범위에는 한계가 있다.

⑤ 흔들림에 의해 피사체의 상이 이동하면 원래의 위치로 돌아오도록 렌즈나 이미지 센서를 이동시킨다.

쌤의 꿀Tip

꿀팁 1. 기술 지문은 처음 보는 낯선 용어들이 많이 나온다. 특히 한 **용어의 구성요소들을 잘 묶어두자.**

꿀팁 2. 비교와 대조를 기억하자. 기술 지문에서 사용된 용어는 두 개념 간의 공통점이나 차이점을 묻는 경우가 많다. 두 용어 사이의 공통점과 차이점을 꼭 기억하자.

꿀팁 3. 기술 지문은 반드시 기술을 적용해보는 문제가 나온다. 기술 지문에서 사용된 개념들이 현실에서 어떤 식으로 적용될지 잘 기억하자.

문항 정보

정답	선지 선택 비율				
	①	②	③	④	⑤
①	5.3%	50.1%	9.0%	13.3%	22.3%

본문 파악하기

주제 광학 영상 안정화(OIS) 기술과 디지털 영상 안정화(DIS) 기술

지문 해설

이 글은 디지털카메라 영상 촬영 시, 카메라의 흔들림이 영상에 미치는 영향을 최소화하는 기술인 영상 안정화 기술에 대한 글이다. 광학 영상 안정화 기술(OIS)과 디지털 영상 안정화(DIS) 기술 두 가지를 설명하고 있고, OIS는 촬영 중에 적용되는 방법이라면, DIS는 촬영 후 흔들림을 보정하는 기술이라고 볼 수 있다.

OIS 기술은 이미지 센서에 닿는 빛의 세기 변화를 자이로 센서가 감지하여, 카메라의 움직임의 방향과 속도를 제어 장치에 전달하고, 제어 장치가 렌즈나 이미지 센서를 이동시켜 영상을 안정화하는 기술이다, 렌즈를 움직이는 방법 중 많이 쓰인 것은 보이스코일 모터를 이용하는 것인데, 중앙에 있는 렌즈 주위에 코일과 자석이 배치되어 있어, 카메라가 흔들리면 제어 장치에 의해 코일에 전류가 흘러서 렌즈를 움직이는 방법이다. 이외에도 이미지 센서를 움직이는 방법도 있다. 그런데 OIS 기술은 촬영 중 손 떨림에 대한 보정은 가능하나, 렌즈의 이동 범위의 한계로 인해 보정할 수 있는 움직임의 폭이 작다는 단점이 있다.

DIS 기술은 영상 촬영 후 소프트웨어를 통해 흔들림을 보정하는 기술이다. 이 기술은 연속되는 프레임들 사이에서 특징점의 위치 차이를 계산한다. 특징점은 피사체의 모서리처럼 주위와 밝기가 뚜렷이 구별되는 부분이 선택된다. 프레임 간의 피사체의 움직임을 추정하고, 흔들림이 발생한 곳으로 추정되는 프레임에서 특징점의 위치 차이만큼을 보정하여, 흔들림의 영향을 줄이는 방식을 말한다. 한편 DIS 기술은 역동적인 상황에서 촬영한 영상에 적용하면 좋은 결과를 얻을 수 있다는 장점이 있으나, 특징점의 수가 늘어날수록 연산 시간이 길어지고 보정과정에서 영상을 회전한 경우에는 프레임에서 비어 있는 공간이 나타나 프레임의 크기가 작아져서, 이를 원래의 크기로 유지하는 과정에서 화질이 떨어질 수 있다는 단점이 있다.

유형 클리닉

다시 보는 STEP 1, 2, 3

STEP 1. 문제를 먼저 읽는다. 문제에서 요구하는 숨은그림이 무엇인지 기억한다.

STEP 2. 문단을 구별하고, 읽어가면서 문단에서 찾은 핵심어와 문제의 선지 속의 핵심어를 비교하면서 읽는다.

STEP 3. 본문에서 찾은 핵심어가 선지 속에 있다면 과감하게 삭제하면서 답을 찾는다.

STEP 1. 문제 읽었니? 문제에서 요구하는 숨은그림은 OIS 기술에 대한 것이구나. 앞뒤 문장이나 문단을 살펴보면서 시동 한번 걸어보자.

STEP 2. 문단 구별했지? 지금 보니까 OIS 기술과 DIS 특징이 쓰여있네. 그렇다는 얘기는 이 글에서는 반드시 이들의 공통점이나 차이점을 묻겠구나. 읽어가면서 공통점이나 차이점을 비교해 보자. 또 핵심어를 중심으로 표시하면서 읽어야 해.

STEP 3. 본문에서 선지에 해당하는 숨은그림 찾았으면 지워야지. 그러면서 문제 풀자. 숨은그림(지문)에서 찾을 수 없으면 답이 아니야.

선지 클리닉

① OIS 기술을 사용하는 카메라 모듈의 구성요소에는 렌즈를 움직이는 장치가 있다. 그리고 이러한 렌즈를 움직이는 방법의 하나로 보이스코일 모터가 있다.

근거는 여기! 3문단에서 보이스코일 모터를 포함한 카메라 모듈이라는 말을 통해 알 수 있다. 더불어서 2문단에서 OIS 기술을 사용하는 카메라 모듈은 렌즈 모듈, 이미지 센서, 자이로 센서, 제어 장치, 렌즈를 움직이는 장치가 있다고 하였다. 3문단에서 렌즈를 움직이는 방법 중에 보이스코일 모터를 이용하는 방법이 많이 쓰인다고 언급하였다.

이 선지를 고른 사람은 이렇게! – 본문의 핵심어에 밑줄 치면서 풀 것.

2문단과 3문단에서 숨은그림 찾았니? 2문단에서 카메라 모듈의 구성요소에 관해 설명하였지. 여기에서 우리는 렌즈를 움직이는 장치를 볼 수 있어. 더불어서 3문단에서 이런 장치 중 하나로 보이스코일 모터를 언급하였지. 가장 중요한 것은 3문단에서 보이스코일 모터를 포함한 카메라 모듈이라는 말을 언급하였다는 것이야.

✔ ② **자이로 센서는 이미지 센서 각각의 화소에서 빛의 세기 변화를 통해 카메라의 움직임을 감지하고, 움직임의 방향과 속도를 제어 장치에 전달한다.**

근거는 여기! 2문단에서 자이로 센서가 카메라의 움직임을 감지하여 방향과 속도를 제어 장치에 전달한다고 언급하였다.

2문단에서 숨은그림 찾았니? 자이로 센서는 이미지 센서 각각의 화소에서 빛의 세기 변화를 통해 카메라의 움직임을 감지하고, 움직임의 방향과 속도를 제어 장치에 전달하는 역할을 해. 자이로 센서는 제어 장치에 이미지를 전달한다는 말을 틀리지. 자이로 센서는 영상이 아닌 카메라의 움직임의 방향과 속도를 전달하지. 이미지 센서에 영상이 맺힌다는 말도 틀려. 이미지 센서에 피사체의 상이 맺히면, 피사체의 한 점에 해당하는 위치인 화소마다 빛의 세기에 비례하여 발생한 전기 신호가 저장 매체에 전기 신호로 저장된다고 하였어. 따라서 영상 자체가 맺힌다는 말도 틀리지.

③ **보이스코일 모터에 흐르는 전류는 렌즈의 위치를 조정한다.**

근거는 여기! 3문단에서 보이스코일 모터를 포함한 카메라 모듈이 중앙에 있는 렌즈 주위에 코일과 자석이 배치되어 있다고 하였고, 흔들리면 전류가 흘러서 이 힘이 렌즈를 이동시킨다고 하였다.

이 선지를 고른 사람은 이렇게! – 본문의 핵심어에 밑줄 치면서 풀 것.

3문단에서 숨은그림 찾았니? 보이스코일 모터를 포함한 카메라 모듈은 렌즈 주위에 코일과 자석이 배치되어 있고, 카메라가 흔들리면 제어 장치 때문에 코일에 전류가 흘러서 발생한 힘이 렌즈를 이동시켜 피사체의 상이 유지된다고 하였어. 따라서 맞는 말이지.

④ **OIS 기술은 렌즈의 이동 범위에 한계가 있어서 보정할 수 있는 움직임의 폭이 좁다.**

근거는 여기! 4문단에서 OIS 기술은 렌즈의 이동 범위에 한계가 있어 보정할 수 있는 움직임의 폭이 좁다고 했으므로 적절한 진술이다.

이 선지를 고른 사람은 이렇게! – 한계라는 말을 '좁다'라는 것과 연결 지어볼 것.

4문단에서 숨은그림 찾았니? 4문단에서 OIS 기술은 렌즈의 이동 범위에 한계가 있어 보정할 수 있는 움직임의 폭이 좁다고 하였어. 여기에 한계가 있다는 말이 좁다고 볼 수가 있지. 왜냐면 이동 범위가 넓은 것은 좋은 것이고 이를 한계라고 하지 않을 거야.

⑤ **코일에서 발생한 힘이 렌즈를 이동시켜 흔들림에 의한 영향이 상쇄되는 방법과 이외에도 이미지 센서를 움직여 흔들림을 상쇄하는 방식을 설명하고 있으므로 적절한 진술이다.**

근거는 여기! 3문단에서 코일에서 발생한 힘이 렌즈를 이동시켜 흔들림에 의한 영향이 상쇄되는 방법과 이외에도 이미지 센서를 움직여 흔들림을 상쇄하는 방식을 설명하고 있으므로 적절한 진술이다.

이 선지를 고른 사람은 이렇게! - 3문단에서 이미지 센서를 움직이는 방식도 있다는 부연 설명을 잘 살펴볼 것.

3문단에서 숨은그림 찾았니? 3문단을 보면 전체적으로 보이스코일 모터를 이용해 렌즈를 이동시키는 방법을 설명하고 있지. 그래서 이미지 센서에 대한 선지를 보는 순간 하나는 맞고 하나는 틀린다고 생각하고 이 답을 골랐을 거야. 그런데 3문단 마지막에 보면 부연 설명으로 이외에도 이미지 센서를 움직여 흔들림을 감쇄하는 방법이 있다고 되어 있어. 글을 꼼꼼하게 읽지 않고 넘어가면 이렇게 실수할 수도 있어.

공통점과 차이점은 출제 1순위다.

공통점, 차이점과 같이 **내용 간의 의미 관계를 파악**하는 유형은 거의 모든 시험에서 출제되고 있어. 주로 지문에 나오는 소재나 내용을 비교, 대조하여 문제를 구성하지. 발문은 '㉠~㉢을 비교한 내용으로 가장 적절한 것은?', '㉠과 ㉡에 대한 이해로 가장 적절한 것은?'과 같이 제시되고 있어. 그리고 '㉠은 ㉡과 **달리**~', '㉠과 ㉡은 **모두**~'와 같은 진술로 선지가 구성되는 경우가 많아. ㉠과 ㉡을 중심으로 내용을 파악하고, 공통점과 차이점을 체크하면서 읽는다면 쉽게 실력이 향상되는 유형이야.

한눈에 보는 STEP 1, 2, 3

STEP 1. 내용을 구분하여 표시하면서 읽자.

㉠과 ㉡의 내용을 구분하여 표시하며 읽는 것이 중요해. 시험 중에는 시간이 부족하므로 구분하여 표시하는 것이 쉽지 않지만, 연습을 할 때에는 각각의 내용을 연결지어 가며 읽고 표시할 필요가 있어.

STEP 2. 내용에 명확한 차이가 있는 부분은 반드시 표시하자.

읽는 중에 명확한 차이가 있는 부분이 발견되면 반드시 표시해야 해. 문제와 직접 연결되는 경우가 많기 때문이지. 비교하거나 대조해서 특징이 뚜렷이 구분된다면 머릿속에 딱 기억하기!

STEP 3. 해당 내용이 있는 문단을 읽으면서 선지를 지워가자.

보통 ㉠과 ㉡을 포함하는 문단과 근처의 문단들이 이에 대한 설명일 가능성이 높아. 그러므로 ㉠, ㉡이 있는 문단의 내용을 읽으면서 선지를 바로 지워 나간다면 시간을 단축할 수 있지. 물론 다른 문단에 정보가 숨어있기도 하니까 없다고 선지를 지우지 말고, 혹시 다른 문단에 정보가 있는지 샅샅이 뒤져보자.

기출로 보는 진단 평가

문항 유형	내용 간의 의미관계 파악		
영역	과학	오답률	69.3%
출처	2019년 11월 시행 대학수학능력시험 29번		

신체의 세포, 조직, 장기가 손상되어 더 이상 제 기능을 하지 못할 때에 이를 대체하기 위해 이식을 실시한다. 이때 이식으로 옮겨 붙이는 세포, 조직, 장기를 이식편이라 한다. 자신이나 일란성 쌍둥이의 이식편을 이용할 수 없다면 다른 사람의 이식편으로 '동종 이식'을 실시한다. 그런데 우리의 몸은 자신의 것이 아닌 물질이 체내로 유입될 경우 면역 반응을 일으키므로, 유전적으로 동일하지 않은 이식편에 대해 항상 거부 반응을 일으킨다. 면역적 거부 반응은 면역 세포가 표면에 발현하는 주조직적합복합체(MHC) 분자의 차이에 의해 유발된다. 개체마다 MHC에 차이가 있는데 서로 간의 유전적 거리가 멀수록 MHC에 차이가 커져 거부 반응이 강해진다. 이를 막기 위해 면역 억제제를 사용하는데, 이는 면역 반응을 억제하여 질병 감염의 위험성을 높인다.

이식에는 많은 비용이 소요될 뿐만 아니라 이식이 가능한 동종 이식편의 수가 매우 부족하기 때문에 이를 대체하는 방법이 개발되고 있다. 우선 인공 심장과 같은 '전자 기기 인공 장기'를 이용하는 방법이 있다. 하지만 이는 장기의 기능을 일시적으로 대체하는 데 사용되며, 추가 전력 공급 및 정기적 부품 교체 등이 요구되는 단점이 있고, 아직 인간의 장기를 완전히 대체할 만큼 정교한 단계에 이르지는 못했다.

다음으로는 사람의 조직 및 장기와 유사한 다른 동물의 이식편을 인간에게 이식하는 '이종 이식'이 있다. 그런데 이종 이식은 동종이식보다 거부 반응이 훨씬 심하게 일어난다. 특히 사람이 가진 자연 항체는 다른 종의 세포에서 발현되는 항원에 반응하는데, 이로 인해 이종 이식편에 대해서 초급성 거부 반응 및 급성 혈관성 거부 반응이 일어난다. 이런 거부 반응을 일으키는 유전자를 제거한 형질 전환 미니돼지에서 얻은 이식편을 이식하는 실험이 성공한 바 있다. 미니돼지는 장기의 크기가 사람의 것과 유사하고 번식력이 높아 단시간에 많은 개체를 생산할 수 있다는 장점이 있어, 이를 이용한 이종 이식편을 개발하기 위한 연구가 진행되고 있다.

이종 이식의 또 다른 문제는 ㉠내인성 레트로바이러스이다. 내인성 레트로바이러스는 생명체의 DNA의 일부분으로, 레트로바이러스로부터 유래된 것으로 여겨지는 부위들이다. 이는 바이러스의 활성을 가지지 않으며 사람을 포함한 모든 포유류에 존재한다. ㉡레트로바이러스는 자신의 유전 정보를 RNA에 담고 있고 역전사 효소를 갖고 있는 바이러스로서, 특정한 종류의 세포를 감염시킨다. 유전 정보가 담긴 DNA로부터 RNA가 생성되는 전사 과정만 일어날 수 있는 다른 생명체와는 달리, 레트로바이러스는 다른 생명체의 세포에 들어간 후 역전사 과정을 통해 자신의 RNA를 DNA로 바꾸고 그 세포의 DNA에 끼어들어 감염시킨다. 이후에는 다른 바이러스와 마찬가지로 자신이 속해 있는 생명체를 숙주로 삼아 숙주 세포의 시스템을 이용하여 복제, 증식하고 일정한 조건이 되면 숙주 세포를 파괴한다.

그런데 정자, 난자와 같은 생식 세포가 레트로바이러스에 감염되고도 살아남는 경우가 있었다. 이런 세포로부터 유래된 자손의 모든 세포가 갖게 된 것이 내인성 레트로바이러스이다. 내인성 레트로바이러스는 세대가 지나면서 돌연변이로 인해 염기 서열의 변화가 일어나며 해당 세포 안에서는 바이러스로 활동하지 않는다. 그러나 내인성 레트로바이러스를 떼어 내어 다른 종의 세포 속에 주입하면 이는 레트로바이러스로 변환되어 그 세포를 감염시키기도 한다. 따라서 미니돼지의 DNA에 포함된 내인성 레트로바이러스를 효과적으로 제거하는 기술이 개발 중에 있다.

그동안의 대체 기술과 관련된 연구 성과를 토대로 이상적인 이식편을 개발하기 위해 많은 연구가 수행되고 있다.

문제 ㉠과 ㉡에 대한 설명으로 가장 적절한 것은?

① ㉠은 ㉡과 달리 자신이 속해 있는 생명체의 모든 세포의 DNA에 존재한다.

② ㉡은 ㉠과 달리 자신의 유전 정보를 DNA에 담을 수 없다.

③ ㉡은 ㉠과 달리 자신이 속해 있는 생명체에 면역 반응을 일으키지 않는다.

④ ㉠과 ㉡은 둘 다 자신이 속해 있는 생명체의 유전 정보를 가지고 있다.

⑤ ㉠과 ㉡은 둘 다 자신이 속해 있는 생명체의 세포를 감염시켜 파괴한다.

쌤의 꿀Tip

이 문제를 풀 때 집중해야 하는 부분은 결국 ㉠과 ㉡이 중심적으로 나오는 부분인 **4, 5문단**이야. 4, 5문단을 읽으면서 바로 선지를 지워가면 푸는 시간을 단축할 수 있어~ 이 문제에서 헷갈릴 수 있는 부분은 '㉠은 ㉡과 달리~'와 같은 내용인데, 읽으면서 '㉡과 달리~'는 생략하고 ㉠이 맞는 내용인지를 먼저 확인하면 좀 더 정확하게 선지를 지워갈 수 있지.

문항 정보

정답	선지 선택 비율				
①	①	②	③	④	⑤
	30.7%	9.6%	10.5%	38.2%	10.6%

본문 파악하기

주제 장기 이식의 종류와 문제점, 이를 해결하기 위한 연구와 기술

지문 해설

이식편은 이식을 통해 옮겨 붙이는 세포, 조직, 장기를 의미한다. 다른 사람의 이식편을 이용한 '이종 이식'은 면역적 거부 반응이 나타나며, '이종 이식'의 한계를 극복하기 위해 '전자 기기 인공 장기'를 이용하는 방법을 연구하고 있다. 반면 사람의 조직 및 장기와 유사한 다른 동물의 이식편을 인간에게 이식하는 '동종 이식'은 초급성 거부 반응 및 급성 혈관성 거부 반응이 발생할 수 있다. 이러한 거부 반응을 일으키는 유전자를 제거하는 이종 이식편 개발 연구가 진행되고 있다. 뿐만 아니라 내인성 레트로바이러스 문제도 있는데, 이는 생명체의 DNA의 일부분으로 해당 세포 안에서는 바이러스로 활동하지 않으나 이종 이식을할 경우 레트로바이러스로 변환되어 세포를 감염시키기도 한다. 이를 해결하기 위해 내인성 레트로바이러스를 제거하는 기술이 개발 중에 있다.

유형 클리닉

STEP 1. 내용을 구분하여 표시하면서 읽자.

▶ 문제는 ㉠과 ㉡을 비교하는 문제야. ㉠은 '내인성 레트로바이러스', ㉡은 '레트로바이러스'라는 것을 기억하며 구분하여 표시하면서 읽어야 해. 4문단과 5문단에서 주로 이 둘에 대한 설명이 있다는 것을 확인한 다음, 두 개념의 특징들을 구분해서 표시하자.

STEP 2. 내용에 명확한 차이가 있는 부분은 반드시 표시하자.

▶ 4문단에서는 주로 '레트로바이러스'에 대해, 5문단에서는 주로 '내인성 레트로바이러스'에 대해 이야기하고 있어. 4문단에서 '이는 바이러스의 활성을 가지지 않으며 사람을 포함한 모든 포유류에 존재한다.'라는 내인성 레트로바이러스의 특징에 표시를 하고, '레트로바이러스는 ~ 다른 바이러스와 마찬가지로 자신이 속해 있는 생명체를 숙주로

삼아 숙주 세포의 시스템을 이용하여 복제, 증식하고 일정한 조건이 되면 숙주 세포를 파괴한다.'라는 부분에 표시를 해 두자. 이 부분을 통해서 우리는 내인성 레트로바이러스는 바이러스의 활성을 가지지 않고, 레트로바이러스는 바이러스로 활동을 한다는 차이를 찾을 수 있지. 또한 내인성 레트로바이러스는 5문단에서 '정자와 난자와 같은 생식 세포가 레트로바이러스에 감염되고 살아남아, 이런 세포로부터 유래된 자손의 모든 세포가 갖게 된 것'이라는 내용과, 4문단에서 레트로바이러스는 '다른 생명체의 세포에 들어가 그 세포의 DNA에 끼어들어 감염시키고, 이후에는 자신이 속해 있는 생명체를 숙주로 삼아 숙주 세포의 시스템을 이용해 복제, 증식한다'고 하는 부분도 표시해두었다면 문제를 풀기 수월할 거야.

STEP 3. 해당 내용이 있는 문단을 읽으면서 선지를 지워가자.

▶ 이 문제의 경우 해당 내용은 거의 4,5문단에 집중되어 있어. 4,5문단을 읽으며 해당 내용들을 잘 체크한다면 문제를 풀 수 있는 시간을 줄일 수 있을거야.

선지 클리닉

✔ **① (30.7%) ㉠은 ㉡과 달리 자신이 속해 있는 생명체의 모든 세포의 DNA에 존재한다.**

근거는 여기! (4문단) 내인성 레트로 바이러스는 생명체의 DNA의 일부분으로,...
레트로바이러스는 다른 생명체의 세포에 들어간 후 역전사 과정을 통해 자신의 RNA를 DNA로 바꾸고 그 세포의 DNA에 끼어들어 감염시킨다. 이후에는 다른 바이러스와 마찬가지로 자신이 속해 있는 생명체를 숙주로 삼아 숙주 세포의 시스템을 이용하여 복제, 증식하고 일정한 조건이 되면 숙주 세포를 파괴한다.
(5문단) 정자, 난자와 같은 생식 세포가 레트로바이러스에 감염되고 살아남는 경우가 있었다. 이런 세포로부터 유래된 자손의 모든 세포가 갖게 된 것이 내인성 레트로바이러스이다.
(4문단) 레트로바이러스는~ 특정한 종류의 세포를 감염시킨다. (중략) 레트로바이러스는~ 자신의 RNA를 DNA로 바꾸고 그 세포의 DNA에 끼어들어 감염시킨다.

㉠은 '내인성 레트로바이러스', ㉡은 '레트로바이러스'를 가리켜. 4문단에서는 '㉠이 생명체의 DNA의 일부분'이라고 하고 있고, 5문단에서 '모든 세포가 갖게 된 것이 내인성 레트로바이러스'라고 언급하고 있기 때문에 내인성 레트로바이러스는 자신이 속해 있는 생명체의 모든 세포의 DNA에 존재한다고 할 수 있어.

반면 ㉡은 4문단에서 '레트로바이러스는~ 특정한 종류의 세포를 감염시킨다. (중략) 레트로바이러스는~ 자신의 RNA를 DNA로 바꾸고 그 세포의 DNA에 끼어들어 감염시킨다.'고 언급하고 있어. 즉 레트로바이러스는 특정한 종류의 세포의 DNA에 끼어들어 감염시키는 바이러스이므로 자신이 속해 있는 생명체의 모든 세포의 DNA에 존재하지 않지.

② (9.6%) ㉡은 ㉠과 달리 자신의 유전 정보를 DNA에 담을 수 없다.

근거는 여기! (4문단) 레트로바이러스는 자신의 유전 정보를 RNA에 담고 있고 역전사 효소를 갖고 있는 바이러스로서 ~ 다른 생명체의 세포에 들어간 후 역전사 과정을 통해 자신의 RNA를 DNA로 바꾸고 (중략)

(4문단) 내인성 레트로바이러스는 생명체의 DNA의 일부분으로~

유전 정보가 담긴 DNA로부터~

위의 진술은 레트로바이러스는 자신의 유전 정보를 DNA에 담을 수 없고(X), 내인성 레트로바이러스는 유전 정보를 DNA에 담을 수 있다(O)는 이야기야. 하지만 위의 본문을 통해서 레트로바이러스는 자신의 유전 정보를 DNA에 담을 수 있다는 것을 확인할 수 있지. 또한 내인성 레트로바이러스 자체가 생명체의 DNA의 일부분이며 DNA에는 유전 정보가 담긴다는 진술을 통해, 내인성 레트로바이러스는 자신의 유전 정보를 DNA에 담을 수 있다고 볼 수 있지.

③ (10.5%) ㉡은 ㉠과 달리 자신이 속해 있는 생명체에 면역 반응을 일으키지 않는다.

근거는 여기! (4문단) 내인성 레트로바이러스는 생명체의 DNA의 일부로~

(5문단) 내인성 레트로바이러스는 세대가 지나면서 돌연변이로 인해 염기 서열의 변화가 일어나며 해당 세포 안에서는 바이러스로 활동하지 않는다.

(4문단) 레트로바이러스는~바이러스로서, 특정한 종류의 세포를 감염시킨다. ~ 다른 바이러스와 마찬가지로 ~ 일정한 조건이 되면 숙주 세포를 파괴한다.

(1문단) 우리의 몸은 자신의 것이 아닌 물질이 체내로 유입될 경우 면역 반응을 일으키므로~

4, 5문단에서 내인성 레트로바이러스는 생명체의 DNA의 일부가 되어 바이러스로 활동하지 않으므로, 면역 반응을 일으키지 않는다고 할 수 있어. 그러나 4문단에서 레트로바이러스는 자신이 속한 생명체의 세포를 파괴하는 바이러스이며, 레트로바이러스는 자신의 것이 아닌 물질(바이어스)이므로 1문단에 따라 면역 반응을 일으킨다고 할 수 있어.

④ (38.2%) ㉠과 ㉡은 둘 다 자신이 속해 있는 생명체의 유전 정보를 가지고 있다.

근거는 여기! (4문단) 내인성 레트로바이러스는 생명체의 DNA의 일부분으로~

(4문단) 레트로바이러스는 다른 생명체의 세포에 들어간 후 역전사 과정을 통해 자신의 RNA를 DNA로 바꾸고 그 세포의 DNA에 끼어들어 감염시킨다.

이 선지는 **정답보다 많은 선택을 받은 매력적인 오답**이야!! 정답인 ①번이 30.7%의 선택률을 보였는데, ④번은 무려 38.2%의 선택률을 보였어. 그 이유는 레트로바이러스에 대한 부족한 정보들을 연결시켜서 새로운 정보를 파악해야 하기 때문이야. 먼저 4문단에서 내인성 레트로바이러스는 생명체의 DNA의 일부분이기 때문에 자신이 속해 있는 생명체의 유전 정보를 가지고 있다는 것을 쉽게 확인할 수 있지.

하지만 레트로바이러스가 자신이 속해 있는 생명체의 유전 정보를 가지고 있는지 파악하는 것이 어려웠을 거야. 천천히 살펴보면 4문단에서 레트로바이러스는 자신의 유전 정보를 RNA에 담고 있으며, 다른 생명체의 세포에 들어간 후 RNA를 DNA로 바꾸고 그 세포의 DNA에 끼어들어 감염을 시킨다고 했어. 그 어디에도 레트로바이러스가 침입해서 감염시킨 생명체의 유전 정보를 가지고 있다는 말이 없기도 하고, 그 세포의 DNA에 끼어들 뿐이라고 언급했으므로 레트로바이러스는 자신이 속해 있는 생명체의 유전 정보를 가지고 있지 않다고 파악할 수 있어.

⑤ (10.6%) ㉠과 ㉡은 둘 다 자신이 속해 있는 생명체의 세포를 감염시켜 파괴한다.

근거는 여기! (5문단) 내인성 레트로바이러스는 ~ 해당 세포 안에서는 바이러스로 활동하지 않는다. 그러나 내인성 레트로바이러스를 떼어 내어 다른 종의 세포 속에 주입하면 이는 레트로바이러스로 변환되어 그 세포를 감염시키기도 한다.

(4문단) 레트로바이러스는~바이러스로서, 특정한 종류의 세포를 감염시킨다.

5문단에서 내인성 레트로바이러스는 바이러스로 활동하지 않는다고 언급하고 있으며 떼어 내어 다른 종의 세포 속에 주입하면 레트로바이러스로 변환되어 바이러스로서 기능한다고 이야기하고 있지. 따라서 내인성 레트로바이러스는 자신이 속해 있는 생명체의 세포를 감염시켜 파괴한다고 볼 수 없지. 반면 레트로바이러스는 위의 4문단에서 자신이 속해 있는 생명체의 세포를 감염시킨다는 것을 알 수 있지.

기출로 보는 연습 문제

문항 유형	내용 간의 의미관계 파악		
영역	경제	오답률	경제
출처	2019년 9월 시행 모의평가 29번		

물건을 사용하고 있는 사람이 그 물건의 주인일까? 점유란 물건에 대한 사실상의 지배 상태를 뜻한다. 이에 비해 소유란 어떤 물건을 사용·수익·처분할 수 있는 권리를 가진 상태라고 정의된다. 따라서 점유자와 소유자가 항상 일치하지는 않는다.

물건을 빌려 쓰거나 보관하고 있는 것을 포함하여 물건을 물리적으로 지배하는 상태를 직접점유라고 한다. 이에 비해 어떤 물건을 빌려 쓰거나 보관하는 사람에게 그 물건의 반환을 청구할 수 있는 권리를 가진 사람도 사실상의 지배를 한다고 볼 수 있다. 이와 같이 반환청구권을 가진 상태를 간접점유라고 한다. 직접점유와 간접점유는 모두 점유에 해당한다. 점유는 소유자를 공시하는 기능도 수행한다. 공시란 물건에 대해 누가 어떤 권리를 가지고 있는지를 알려 주는 것이다. 물건 중에서 피아노, 금반지, 가방 등과 같은 대부분의 동산은 점유에 의해 소유권이 공시된다.

물건의 소유권이 양도되려면, 소유자가 양도인이 되어 양수인과 유효한 양도 계약을 하고 이에 더하여 소유권 양도를 공시해야 한다. ㉠<u>점유로 소유권이 공시되는 동산</u>의 소유권 양도는 점유를 넘겨주는 점유 인도로 공시된다. 양수인이 간접점유를 하여 소유권 이전이 공시되는 경우로서 '점유개정'과 '반환청구권 양도'가 있다. 예를 들어 A가 B에게 피아노의 소유권을 양도하기로 계약하되 사흘간 빌려 쓰는 것으로 합의한 경우, B는 A에게 피아노를 사흘 후 돌려 달라고 요구할 수 있는 반환청구권을 가지게 된다. 이처럼 양도인이 직접점유를 유지하지만, 양수인에게 점유 인도가 이루어진 것으로 간주되는 경우를 점유개정이라고 한다. 한편 C가 자신이 소유한 가방을 D에게 맡겨 두어 이에 대한 반환청구권을 가지게 되었는데, 이 가방의 소유권을 E에게 양도하는 계약을 체결하였다고 하자. 이때 C가 D에게 통지하여 가방 주인이 바뀌었으니 가방을 E에게 반환하라고 알려 주면 D가 보관 중인 가방에 대한 반환청구권은 C로부터 E에게로 넘어간다. 이 경우를 반환청구권 양도라고 한다.

양도인이 소유자가 아니더라도 양수인이 점유 인도를 받으면 소유권을 취득할 수 있을까? 점유로 공시되는 동산의 경우 양수인이 충분히 주의를 했는데도 양도인이 소유자가 아님을 알지 못한 채 양도인과 유효한 계약을 하고, 점유 인도로 공시를 했다면 양수인은 소유권을 취득한다. 이것을 '선의취득'이라 한다. 다만 간접점유에 의한 인도 방법 중 점유개정으로는 선의취득을 하지 못한다. 선의취득으로 양수인이 소유권을 취득하면 원래 소유자는 원하지 않아도 소유권을 상실하게 된다.

반면에 국가가 관리하는 공적 기록인 등기·등록으로 공시되어야 하는 물건은 아예 선의취득 대상이 아니다. ㉡법률이 등록 대상으로 규정한 자동차, 항공기 등의 동산은 등록으로 공시되는 물건이고, ㉢토지·건물과 같은 부동산은 등기로 공시되는 물건이다. 이러한 고가의 재산에 대해 선의취득을 허용하게 되면 원래 소유자의 의사에 반하는 소유권 박탈이 일어나게 된다. 이것은 거래 안전에만 치중하고 원래 소유자의 권리 보호를 경시한 것이 되어 바람직하지 않다고 볼 수 있다.

문제 ㉠~㉢을 비교한 내용으로 가장 적절한 것은?

① ㉠은 ㉢과 달리, 국가가 관리하는 공적 기록에 의해 소유권 양도가 공시될 수 있다.

② ㉡은 ㉠과 달리, 원래 소유자의 권리 보호가 거래 안전보다 중시되는 대상이다.

③ ㉢은 ㉠과 달리, 물리적 지배의 대상이 아니므로 점유로 공시될 수 없다.

④ ㉠과 ㉡은 모두 양도인이 소유자가 아니더라도 소유권 이전이 가능하다.

⑤ ㉠과 ㉢은 모두 점유개정으로 소유권 양도가 공시될 수 있다.

쌤의 꿀Tip

이 문제는 비교해야 할 개념이 세 개이므로 좀 더 집중해서 각 개념의 특징을 표시해야 해. ㉠, ㉡, ㉢이 나오는 문단은 **3, 5문단**이므로 해당 부분을 읽으면서 바로 선택지를 지우며 문제를 풀어야 해.

확실한 근거를 지문에서 찾은 선지와 근거를 찾지 못한 애매한 선지를 동등하게 두고 고민하지 말고, 지문에서 **확실한 근거를 찾았다면 바로 정답을 체크**하고 넘어가야 시간을 단축할 수 있어. 모든 문제를 푼 뒤에 시간이 남는다면 다시 돌아와 검토하고, 연습할 때는 최대한 시간을 줄이는 것이 필수!

문항 정보

정답	선지 선택 비율				
	①	②	③	④	⑤
②	5.8%	42.0%	26.3%	10.7%	10.7%

본문 파악하기

주제 물건의 소유권 양도

지문 해설

점유란 물건에 대한 사실상의 지배 상태이며, 소유란 물건을 사용, 수익, 처분할 수 있는 권리를 가진 상태이다. 물건을 물리적으로 지배하는 상태를 직접 점유라고 하며, 반환 청구권을 가진 상태를 간접 점유라고 한다. 이와 같은 점유는 소유자를 공시하는 기능을 수행한다.

물건의 소유권이 양도되려면 유효한 양도 계약을 하고 소유권 양도를 공시해야 한다. 대부분의 동산은 점유 인도를 통해 소유권 양도가 공시되고, 간접 점유를 하는 경우 점유개정, 반환청구권 양도로 소유권 이전이 공시된다. 이때 양수인이 충분히 주의를 했음에도 양도인이 소유자가 아님을 알지 못한 채 계약을 하고 점유 인도로 공시를 했다면 양수인은 소유권을 취득하며, 이를 선의취득이라 한다. 다만 간접점유에 의한 인도 방법 중 점유개정으로는 선의취득이 불가하다. 한편 국가가 관리하는 공적 기록인 등기, 등록으로 공시가 인정되는 물건의 경우 원래 소유자의 소유권 보호를 위해 선의취득이 이루어질 수 없다.

유형 클리닉

다시 보는 STEP 1, 2, 3

STEP 1. 내용을 구분하여 표시하면서 읽자.

STEP 2. 내용에 명확한 차이가 있는 부분은 반드시 표시하자.

STEP 3. 해당 내용이 있는 문단을 읽으면서 선지를 지워가자.

STEP 1. 내용을 구분하여 표시하면서 읽자.

▶ ㉠, ㉡, ㉢을 구분하여 표시하면서 읽는 것이 중요해. 두 개가 아닌 세 개를 비교하는 문제는 좀 더 집중해서 표시해보자.

STEP 2. 내용에 명확한 차이가 있는 부분은 반드시 표시하자..

▶ 선지를 보면 '양도', '소유자', '점유', '양도인', '소유권 이전', '점유개정'과 같은 내용이 나타나 있지? 해당 내용은 ㉠, ㉡, ㉢이 포함된 3, 5문단에 집중적으로 나와 있어. 3문단에서 ㉠의 특징은 2문단의 '직접점유', '간접점유'와 관련지어서 표시해두면 좋아. 소유자가 '직접점유'하는 대부분의 동산은 점유 인도로 공시되고, '간접점유'일 때 '점유개정'과 '반환 청구권 양도'로 공시된다는 특징을 표시해두는 거지. 5문단에서 ㉡, ㉢은 각각 등록, 등기로 공시되므로 '선의취득'의 대상이 아니라는 점에 표시해야 해. 그리고 그 이유는 '원래 소유자의 권리'를 보호하기 위함임도 표시해야 하지.

STEP 3. 해당 내용이 있는 문단을 읽으면서 선지를 지워가자.

▶ ㉠, ㉡, ㉢에 대한 설명은 3, 5문단에 집중되어 있어. 이 문단을 읽으면서 선택지를 하나씩 지워나가면 시간을 단축할 수 있을 거야. 개념 간 관계와 의미가 완벽하게 이해되지 않더라도 문제를 풀 수 있으려면, 정확하게 표시해두고 읽어야 해. 다시 돌아와서 찾으려면 시간이 무척 오래 걸리니까~

선지 클리닉

① (5.8%) ㉠은 ㉢과 달리, 국가가 관리하는 공적 기록에 의해 소유권 양도가 공시될 수 있다.

근거는 여기! (3문단) ㉠점유로 소유권이 공시되는 동산의 소유권 양도는 점유를 넘겨주는 점유 인도로 공시된다. (5문단) 국가가 관리하는 공적 기록인 등기, 등록으로 공시되어야 하는 물건은 아예 선의취득 대상이 아니다. ㉡법률이 등록 대상으로 규정한 자동차, 항공기 등의 동산은 등록으로 공시되는 물건이고, ㉢토지·건물과 같은 부동산은 등기로 공시되는 물건이다.

3문단에 따르면 ㉠은 '점유로 소유권이 공시되는 동산'이므로 국가가 관리하는 공적 기록에 의해 공시되지 않고 점유 인도로 공시가 돼. ㉢은 국가가 관리하는 공적 기록인 '등기'로 공시되는 물건이므로 '㉢과 달리'라는 설명은 옳지 않아.

✔ **② (42%) ㉡은 ㉠과 달리, 원래 소유자의 권리 보호가 거래 안전보다 중시되는 대상이다.**

근거는 여기! (5문단) 이러한 고가의 재산에 대해 선의취득을 허용하게 되면 원래 소유자의 의사에 반하는 소유권 박탈이 일어나게 된다. 이것은 거래 안전에만 치중하고 원래 소유자의 권리 보호를 경시한 것이 되어 바람직하지 않다고 볼 수 있다..

(3문단) ㉠점유로 소유권이 공시되는 동산의 소유권 양도는 점유를 넘겨주는 점유 인도로 공시된다.

(4문단) 점유로 공시되는 동산의 경우 양수인이 충분히 주의를 했는데도 양도인이 소유자가 아님을 알지 못한 채 양도인과 유효한 계약을 하고, 점유 인도로 공시를 했다면 양수인은 소유권을 취득한다. 이것을 '선의취득'이라 한다.

5문단에 따르면 ㉡과 같은 고가의 재산은 '거래 안전'보다 '원래 소유자의 권리 보호'를 더 중시하여 선의취득을 허용하지 않고, ㉠의 동산은 원래 '소유자의 권리 보호'보다 '거래 안전'을 더 중시하여 선의취득을 허용한다고 했어. 따라서 ㉡은 ㉠과 달리, 원래 소유자의 권리 보호가 거래 안전보다 중시되는 대상이라고 할 수 있지.

③ (26.3%) ㉢은 ㉠과 달리, 물리적 지배의 대상이 아니므로 점유로 공시될 수 없다.

근거는 여기! (2문단) 물건을 빌려 쓰거나 보관하고 있는 것을 포함하여 물건을 물리적으로 지배하는 상태를 직접점유라고 한다. (중략) 물건 중에서 피아노, 금반지, 가방 등과 같은 대부분의 동산은 점유에 의해 소유권이 공시된다.

(5문단) ㉡법률이 등록 대상으로 규정한 자동차, 항공기 등의 동산은 등록으로 공시되는 물건이고, ㉢토지·건물과 같은 부동산은 등기로 공시되는 물건이다.

2문단에 따르면 대부분의 동산은 점유에 의해 소유권이 공시되지만 5문단에 따라 ㉢은 부동산이므로 점유로 공시될 수 없어. 그런데 선지에서 ㉢이 물리적 지배의 대상이 아니기 때문에 점유로 공시될 수 없다고 했으므로 옳지 않아. 물리적 지배에 대한 설명은 2문단에서 직접점유에 대한 설명에서 언급될 뿐이고 물리적 지배와 점유로 공시되는 것과의 관계에 대한 설명은 어디에도 없어.

④ (10.7%) ㉠과 ㉡은 모두 양도인이 소유자가 아니더라도 소유권 이전이 가능하다.

근거는 여기! (4문단) 점유로 공시되는 동산의 경우 양수인이 충분히 주의를 했는데도 양도인이 소유자가 아님을 알지 못한 채 양도인과 유효한 계약을 하고, 점유 인도로 공시를 했다면 양수인은 소유권을 취득한다. 이것을 '선의취득'이라 한다.

(5문단) 반면에 국가가 관리하는 공적 기록인 등기·등록으로 공시되어야 하는 물건은 아예 선의취득 대상이 아니다.

4문단에 따르면 ㉠은 점유로 공시되는 동산이므로, 양도인이 소유자가 아니어도 소유권 이전이 될 수 있는 선의취득이 가능하다고 할 수 있어. 그러나 ㉡은 등록으로 공시되는 물건이므로 선의취득의 대상이 아니야.

⑤ (14.1%) ㉠과 ㉢은 모두 점유개정으로 소유권 양도가 공시될 수 있다.

근거는 여기! (3문단) 양수인이 간접점유를 하여 소유권 이전이 공시되는 경우로서 '점유개정'과 '반환청구권 양도'가 있다. (중략) 양도인이 직접점유를 유지하지만, 양수인에게 점유 인도가 이루어진 것으로 간주되는 경우를 점유개정이라고 한다.

(5문단) ㉡법률이 등록 대상으로 규정한 자동차, 항공기 등의 동산은 등록으로 공시되는 물건이고, ㉢토지·건물과 같은 부동산은 등기로 공시되는 물건이다.

3문단에 따르면 ㉠은 점유개정으로 소유권 양도가 공시될 수 있어. 반면 ㉢은 등기로 공시되는 물건이므로 점유개정으로 소유권 양도가 공시될 수 없지.

세부 내용은 읽으면서 빠르게 지워나가야 한다.

'윗글의 내용과 일치하지 않는 것은?'과 같은 고정발문 유형은 비문학 기출문제에서 자주 출제되는 유형이기 때문에 익숙할거야. 바로 세부 내용을 파악하는 문제 유형이지. 이 유형의 문제는 지문에서 근거만 찾는다면 고난도의 추론 없이 답을 찾을 수 있지만, 문제는 시간이지. 우리는 짧은 시간 안에 문제를 해결해야하기 때문에 세부 내용 문제를 풀 때 마음도 초조하고 근거가 잘 보이지 않잖아. 꼭 한 문제씩 있는 이런 문제에서 시간을 너무 빼앗기면 전체적으로 문제를 풀 수 있는 시간이 부족하겠지. 따라서, **세부 내용 파악 문제의 KEY는 바로 시간 단축에 있어!** 그러면 어떻게 이런 유형의 문제를 푸는 시간을 단축할 수 있을까? 최대한 빠른 시간 안에 높은 정확성을 가지고 근거를 찾아 문제를 해결하기 위해서는 **지문과 문제의 선지를 함께 읽어내려 가야 해.** 선지에 등장한 개념들을 먼저 파악하고, 근거가 보이면 그때그때 일치하는 선지(혹은 일치하지 않는 선지)를 지워나가자. 자세히 설명을 해줄게.

먼저, 지문을 읽기 전에 문제 유형을 먼저 살펴야 하는데, 이때 세부 내용을 파악하는 유형의 문제가 보이면 다섯 개의 선지를 빠르게 훑으면서 무엇에 대한 설명인지 소재를 대략적으로 파악해 두면 좋아. 이렇게 하면 지문을 읽기 전에 어떤 내용을 머릿속에 넣어야 할지 감을 잡을 수 있기 때문이야. 다음으로 지문을 읽을 때는, 전 지문을 한꺼번에 읽으면 안돼. 지문을 다 읽고 세부 내용을 하나하나 기억하기 어렵겠지? 그래서 **세부 내용은 머릿속에서 읽은 내용들이 사라지기 전에 그때 그때 해결해야 된다는 걸 기억해!** 그렇다고 한두 문장 읽고 문제랑 일일이 비교하면 흐름이 끊기겠지? 따라서 문단 단위로 읽고, 문단이 끝나면 문제로 돌아와 지울 수 있는 선지를 지워나가야 해. 정보량이 많고 이해가 어렵다면 한 문단만 읽고 문제로 돌아와 해결 가능한 선지를 해결하고, 문제로 돌아와도 좋아. 그리고 지문을 읽을 때도 무작정 읽어 내려가기보다, 세부내용 파악 문제의 선지로 나올 만한 내용을 예측하면서 읽자. 그걸 예측하냐고? 세부 내용 선지로 등장하는 내용들을 잘 살펴보면 다음과 같은 경우가 많아.

① 두 대상을 비교하거나 공통점과 차이점을 언급한 경우, ② 어떤 이론이나 현상의 예외이거나 전제 조건인 내용들이 등장한 경우, ③ 변화나 과정이 두드러진 경우, ④ 원인과 결과 관계가 드러나는 경우 같은 것들이지.

산소와 결합하지 않은 헤모글로빈이 산소와 결합한 헤모글로빈보다 이산화 탄소와 결합하기 어렵다.(비교)
과거 시험의 최종 단계까지 통과하지 못한 사람도 국가로부터 혜택을 받을 수 있었다.(예외)
대뇌변연계에 통증 신호가 전달되면 통증에 의한 행동이나 감정 반응이 일어난다. (조건)
자이로 센서는 이미지 센서에 맺히는 영상을 제어 장치로 전달한다.(과정)
바닷물을 개체라고 말하기 어려운 이유는 유기적 상호작용이 약하기 때문이다.(인과)

지문을 읽다가 이런 내용들이 나오면 조금 더 눈여겨 봐. 체크 표시(✔)를 해두어도 좋고. 그러면 문단을 다 읽고 선지로 왔을 때 체크해두었던 내용이 나오는 경우가 있을거야. 그러면 선지를 해결하는 시간을 더욱 단축할 수 있겠지? 또 특정 대상에 ㉠, ㉡과 같은 기호가 붙거나 지문의 핵심어에 네모 박스 표시가 되어서 '~에 대한 설명으로 적절한 것은?'과 같은 발문으로 된 문제도 세부 내용파악 유형이야. 다만, 이렇게 제시어를 준 경우에는 단순한 내용 일치 여부를 묻는 것에서 나아가서, 앞뒤 문맥을 파악해 추론을 요구하는 경우가 많아. 이 경우에도 문제를 먼저 읽고 제시어를 파악해 뒀다가, 제시어가 등장했을 때, 제시어의 앞뒤 정보의 관계를 잘 파악하는 것이 중요해서 선지와 비교하고, 해결할 수 있는 선지를 그때 그때 지워 나가자. 발문 유형은 조금 다르지만, 결국 빠르게 선지를 지워가며 읽는 방법은 동일하니까 추론 문제라고 해서 겁먹을 필요 없어.

물론 한두 단락을 읽고서 파악할 수 없는 내용도 있고, 중간 중간 읽으면서 해결하지 못한 선지도 있을거야. 그렇다고 하더라도 이미 많은 선지가 지워진 상태이기 때문에 까다로운 선지들만 근거를 찾아 해결하면 지문을 몇 번씩 다시 읽는 일은 많이 없을거야. 그리고 모든 선지의 세부내용을 모두 읽을 필요가 없어. 중간에 해결을 하다가 확실히 일치하거나 일치하지 않는 내용을 발견해 정답이 보인다면, 과감하게 다른 선지는 읽지 말자. 다시 한 번 강조하지만, **세부내용 일치 문제는 속도를 내는 것이 중요해!**

한눈에 보는 STEP 1, 2, 3

STEP 1. 선지를 먼저 훑어 보고 소재를 파악한다.

STEP 2. 문단 단위로 끊어 읽으면서 중간중간 세부 내용 문제로 가 해결할 수 있는 선지를 지워나간다.

STEP 3. 지문을 읽을 때 선지로 나올 만한 세부 내용이 보이면 체크를 하며 읽는다.

기출로 보는 진단 평가

문항 유형	사실 확인		
영역	과학	오답률	53.7%
출처	2020학년도 9월 시행 학력평가 35번		

[1] 질병을 유발하는 병원체에는 세균, 진균, 바이러스 등이 있다. 생명체의 기본 구조에 속하는 세포막은 지질을 주성분으로 하는 이중층이다. 세균과 진균은 일반적으로 세포막 바깥 부분에 세포벽이 있고, 바이러스의 표면은 세포막 대신 캡시드라고 부르는 단백질로 이루어져 있다. 바이러스의 종류에 따라 캡시드 외부가 지질을 주성분으로 하는 피막으로 덮인 경우도 있다. 한편 진균과 일부 세균은 다른 병원체에 비해 건조, 열, 화학 물질에 저항성이 강한 포자를 만든다.

[2] 생활 환경에서 병원체의 수를 억제하고 전염병을 예방하기 위한 목적으로 사용하는 방역용 화학 물질을 '항(抗)미생물 화학제'라 한다. 항미생물 화학제는 다양한 병원체가 공통으로 갖는 구조를 구성하는 성분들에 화학 작용을 일으키므로 광범위한 살균 효과가 있다. 그러나 병원체의 구조와 성분은 병원체의 종류에 따라 완전히 같지는 않으므로, 동일한 항미생물 화학제라도 그 살균 효과는 다를 수 있다.

[3] 항미생물 화학제 중 ㉠멸균제는 포자를 포함한 모든 병원체를 파괴한다. ㉡감염방지제는 포자를 제외한 병원체를 사멸시키는 화합물로 병원, 공공시설, 가정의 방역에 사용된다. 감염방지제 중 독성이 약해 사람의 피부나 상처 소독에도 사용이 가능한 항미생물 화학제를 ㉢소독제라 한다. 사람의 세포막도 지질 성분으로 이루어져 있어 소독제라 하더라도 사람의 세포를 죽일 수 있으므로, 눈이나 호흡기 등의 점막에 접촉하지 않도록 주의해야 한다. 따라서 항미생물 화학제는 병원체에 대한 최대의 방역 효과와 인체 및 환경에 대한 최고의 안전성을 확보할 수 있도록 종류별 사용법을 지켜야 한다.

[4] 항미생물 화학제의 작용기제는 크게 병원체의 표면을 손상시키는 방식과 병원체 내부에서 대사 기능을 저해하는 방식으로 나눌 수 있지만, 많은 경우 두 기제가 함께 작용한다. 고농도 에탄올 등의 알코올 화합물은 세포막의 기본 성분인 지질을 용해시키고 단백질을 변성시키며,

병원성 세균에서는 세포벽을 약화시킨다. 또한 알코올 화합물은 지질 피막이 없는 바이러스보다 지질 피막이 있는 병원성 바이러스에서 방역 효과가 크다. 지질 피막은 병원성 바이러스가 사람을 감염시키는 과정에서 중요한 역할을 하기 때문에, 지질을 손상시키는 기능을 가진 항미생물 화학제만으로도 병원성 바이러스에 대한 방역 효과가 있다. 지질 피막의 유무와 관계없이 다양한 바이러스의 감염 예방을 위해서는 하이포염소산 소듐 등의 산화제가 널리 사용된다. 병원성 바이러스의 방역에 사용되는 산화제는 바이러스의 공통적인 표면 구조를 이루는 캡시드를 손상시키는 기능이 있어 바이러스를 파괴하거나 바이러스의 감염력을 잃게 한다.

[5] 병원체의 표면에 생긴 약간의 손상이 병원체를 사멸시키는 데 충분하지 않더라도, 항미생물 화학제가 내부로 침투하면 살균 효과가 증가한다. 알킬화제와 산화제는 병원체의 내부로 침투하면 필수적인 물질 대사를 정지시킨다. 글루타르 알데하이드와 같은 알킬화제가 알킬 작용기를 단백질에 결합시키면 단백질을 변성시켜 기능을 상실하게 하고, 핵산의 염기에 결합시키면 핵산을 비정상 구조로 변화시켜 유전자 복제와 발현을 교란한다. 산화제인 하이포염소산 소듐은 병원체 내에서 불특정한 단백질들을 산화시켜 단백질로 이루어진 효소들의 기능을 비활성화하고 병원체를 사멸에 이르게 한다.

문제 윗글을 읽고 이해한 내용으로 적절하지 <u>않은</u> 것은?

① 고농도 에탄올은 지질 피막이 있는 바이러스에 방역 효과가 있다.

② 하이포염소산 소듐은 병원체의 내부가 아니라 표면의 단백질을 손상시킨다.

③ 진균의 포자는 바이러스에 비해서 화학 물질에 대한 저항성이 더 강하다.

④ 알킬화제는 병원체 내 핵산의 염기에 알킬 작용기를 결합시켜 유전자의 발현을 방해한다.

⑤ 산화제가 다양한 바이러스를 사멸시키는 것은 그 산화제가 바이러스의 공통적인 구조를 구성하는 성분들에 작용하기 때문이다.

쌤의 꿀Tip

꿀팁 1. 모르는 과학 개념들이 많이 등장한다고 겁먹지 말자. 오히려 설명을 많이 변형하지 않고 지문 그대로 선지에 등장하는 경우가 많기 때문에 근거만 잘 찾으면 어렵지 않아.

꿀팁 2. 첫 문장을 보면 병원체의 종류를 언급하고 있지? 이렇게 어떤 대상의 종류가 나온 경우에는, 각 개념에 해당하는 설명들이 옳게 연결되어 있는지 파악하는 것이 중요해. 선지에 있는 설명들이 어떤 개념에 해당하는 설명인지를 눈여겨 보자.

꿀팁 3. 접속사에 주목하면서 읽자! 세부 내용 일치문제로 나올 만한 내용들을 머리에 잘 기억하기 위해서는 '반면에', '그러나', '따라서'와 같은 접속사를 눈여겨 봐야해. 두 대상을 비교하거나 인과관계를 나타내는 정보들이 등장하기 때문이지.

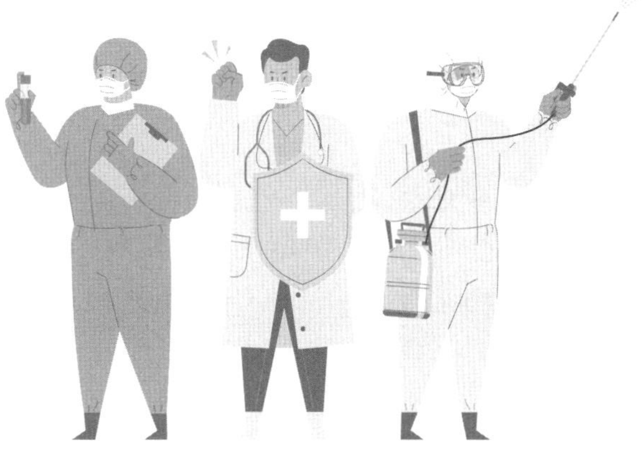

문항 정보

정답	선지 선택 비율				
	①	②	③	④	⑤
②	6.4	46.3	16.6	14.9	15.8%

본문 파악하기

주제 방역용 화학 물질인 항미생물 화학제의 종류와 항미생물 화학제의 병원체에 대한 작용 기제

지문 해설

항미생물 화학제의 종류를 제시하면서 항미생물 화학제가 병원체를 사멸시키는 작용 원리에 대해 설명하고 있는 글이다. 항미생물 화학제는 세균, 진균, 바이러스 등이 있는데 이들은 병원체의 수를 억제하고 전염병을 예방하기 위한 목적으로 사용되는 화학 물질이다. 이들은 다양한 병원체가 공통으로 갖는 구조를 구성하는 성분들에 화학 작용을 일으키므로 광범위한 살균 효과가 있어 방역에 활용된다. 항미생물 화학제는 포자의 파괴 여부에 따라 멸균제와 감염방지제로 나뉘며, 감염방지제 중 독성이 약해 인체에 사용이 가능한 것이 소독제이다. 항미생물 화학제의 작용 기제는 병원체의 표면을 손상시키는 방식과 병원체 내부에서 대사 기능을 저해하는 방식으로 나눌 수 있으며, 두 기제가 함께 작용하는 경우도 많다. 알코올 화합물은 병원체의 세포막 또는 피막의 지질을 용해시키고 단백질을 변성시키며, 병원성 세균에서는 세포벽을 약화시키는 원리로 작용한다. 산화제는 바이러스의 표면 구조를 이루는 캡시드를 손상시키는 기능이 있다. 또한 병원체의 표면에 생긴 손상이 병원체를 사멸시키는 데 충분하지 않더라도 알킬화제와 산화제는 병원체의 내부로 침투하면 필수적인 물질 대사를 정지시키므로 살균 효과가 증가한다.

유형 클리닉

STEP 1. 선지를 먼저 훑어 보고 소재를 파악한다.

STEP 2. 문단 단위로 끊어 읽으면서 중간중간 세부 내용 문제로 가 해결할 수 있는 선지를 지워나간다.

STEP 3. 지문을 읽을 때 선지로 나올 만한 세부 내용이 보이면 체크를 하며 읽는다.

선지 클리닉

이 유형은 읽어 내려가면서 선지를 지우는 것이 핵심이야! 따라서 이번에는 선지 순서가 아니라 문단 순서대로 설명할게.

③ 진균의 포자는 바이러스에 비해서 화학 물질에 대한 저항성이 더 강하다.

근거는 여기! 한편 진균과 일부 세균은 다른 병원체에 비해 건조, 열, 화학 물질에 저항성이 강한 포자를 만든다.

1문단을 읽어 보면 병원체의 종류 세 가지인 '세균, 진균, 바이러스'를 언급하고 이들의 표면 구조에 대해 설명하고 있다는 것을 파악했을거야. 특히 '한편'이라는 접속사가 나오면 그 뒤에 의미 있는 추가 정보를 제시하는 경우가 많기 때문에 좀더 주목해 읽으면 좋아. 혹시 그렇게 읽은 친구들이 있다면 아주 잘했어. 이렇게 1문단을 읽고 문제로 돌아오면 ③번 선지의 '진균'과 '바이러스', 그리고 마지막 문장에서 읽은 '저항성', '포자'라는 단어가 보였을거야. 그런데 근거가 되는 지문의 내용과 선지가 조금 다르지? 지문 근거에는 '바이러스'라는 말은 없었잖아. 그런데 1문단의 첫 문장을 보면 '병원체에는 세균, 진균, 바이러스 등이 있다.'라고 했지? 그 뒤 문장에서는 '세균과 진균'을 하나로 묶고 '바이러스'와 비교해서 설명했고. 그러니까 마지막 문장 '다른 병원체에 비해'에서 '다른 병원체'는 당연히 바이러스라는 것을 짐작할 수 있어. 따라서 우리가 찾은 이 근거 문장으로 보아, 진균의 포자가 바이러스에 비해 (건조, 열 뿐만 아니라) 화학 물질에 대한 저항성이 강하다는 ③번 선지는 적절하지.

① 고농도 에탄올은 지질 피막이 있는 바이러스에 방역 효과가 있다.

근거는 여기! 고농도 에탄올 등의 알코올 화합물은 세포막의 기본 성분인 지질을 용해시키고 단백질을 변성시키며~ 또한 알코올 화합물은 지질 피막이 없는 바이러스보다 지질 피막이 있는 병원성 바이러스에서 방역 효과가 크다.

2문단은 길이도 짧고 정보량이 많지 않았으니 3문단까지 함께 읽는 것이 좋아. 그런데 2, 3문단을 읽고 일치 문제로 돌아와 보니 선지에 있는 소재들이 2, 3문단에서 등장한 소재들과 다르지? (지문을 읽고 문제로 돌아오면 하나하나 꼼꼼히 읽지 말고, 소재 위주로 훑어 읽어야 해.) 2, 3문단에서는 해결할 수 있는 선지가 없는 것 같으니 4문단을 읽고 다시 돌아왔을거야. 4문단에는 굉장히 많은 개념들이 등장했었어. 특히 '고농도 에탄올 등의 알코올 화합물'과 '하이포염소산 소듐 등의 산화제'라는 두 가지 핵심어를 파악해 표시를 해두면 좋았어. 왜냐하면 4문단에서는 이 두 대상의 차이점이 두드러졌기 때문이야. 두 대상을 설명하면서 '지질 피막'이라는 단어가 반복되고 있는데 알코올 화합물은 지질 피막에 따라 효과가 다르지만 하이포염소산 소듐과 같은 산화제는 '지질 피막의 유무와 관계없이'라고 했잖아. 완전히 충돌하는 차이점이지? 차이를 설명한 부분을 늘 중요하기 때문에 어떤 차이점이 있는지를 파악해 체크를 해두었어야 돼. 거기에 우리가 지문을 읽기 전에 선지를 먼저 읽으며 '고농도 에탄올', '하이포염소산 소듐' 같은 단어를 보고 이를 기억했다면 아주 훌륭해.

그럼 다시 선지로 가볼까? 먼저 지문 근거에서 '고농도 에탄올 등의 알코올 화합물'이라고 한 것으로 보아 ①번 선지의 '고농도 에탄올'은 알코올 화합물의 한 종류라는 것을 알 수 있었지. 그리고 '알코올 화합물은 지질 피막이 없는 바이러스보다 지질 피막이 있는 병원성 바이러스에서 방역 효과가 크다.'에서 지질 피막이 있는 경우와 없는 경우가 비교되고 있으니 표시를 해두었다가 ①번 선지의 근거로 찾으면 ①번 선지가 적절하다는 것을 쉽게 파악할 수 있어.

⑤ 산화제가 다양한 바이러스를 사멸시키는 것은 그 산화제가 바이러스의 공통적인 구조를 구성하는 성분들에 작용하기 때문이다.

근거는 여기! 지질 피막의 유무와 관계없이 다양한 바이러스의 감염 예방을 위해서는 하이포염소산 소듐 등의 산화제가 널리 사용된다. 병원성 바이러스의 방역에 사용되는 산화제는 바이러스의 공통적인 표면 구조를 이루는 캡시드를 손상시키는 기능이 있어 바이러스를 파괴하거나 바이러스의 감염력을 잃게 한다.

4문단을 읽고 문제로 돌아와 선지로 읽으면 ⑤번 선지의 '산화제'라는 단어도 눈에 들어왔을거야. 4문단에서는 위의 근거와 같이 산화제에 대한 설명도 포함되어 있었기 때문이야. 자, 앞에서 산화제는 알코올 화합물과 어떤 차이가 있다고 했지? '지질 피막의 유무와 관계없이 다양한 바이러스를 예방'한다는 점이었지! 중요한 정보일테니 표시해두자고 했잖아. 그런데 산화제가 '다양한 바이러스'를 예방하는 이유도 그 뒤에 설명하고 있어. 바로 어디에는 있고 어디에는 없는 '지질'이 아니라, 어디에나 있는, 즉 '공통적인 표면 구조를 이루는 캡시드'를 손상시키기 때문이었지. 따라서 산화제가 다양한 바이러스를 사멸하는 이유를 설명한 ⑤번 선지는 옳지. 4문단을 읽으면서 마지막 문장의 인과관계를 파악해두었다면 ⑤번 선지가 더 잘 보였을거야.

✔ ② 하이포염소산 소듐은 병원체의 내부가 아니라 표면의 단백질을 손상시킨다.

근거는 여기! 항미생물 화학제의 작용기제는 크게 병원체의 표면을 손상시키는 방식과 병원체 내부에서 대사 기능을 저해하는 방식으로 나눌 수 있지만, 많은 경우 두 기제가 함께 작용한다.
하이포염소산 소듐 등의 산화제가 널리 사용된다. 병원성 바이러스의 방역에 사용되는 산화제는 바이러스의 공통적인 표면 구조를 이루는 캡시드를 손상시키는 기능이 있어

4문단에 '하이포염소산 소듐'에 관한 설명이 나왔으니 5문단으로 가기 전에 ②번 선지도 확인해야겠지? '항미생물 화학제의 작용기제'는 '표면' 손상과 '내부' 기능을 손상시키는 것으로 나눌 수 있다고 했잖아. (이렇게 분류되는 내용이 나오면 역시 중요하게 표시를 해둬야 해!) 그런데 4문단에서 '하이포염소산 소듐'이 표면구조를 손상시킨다고 했으니 ②번 선지도 맞는 것 같네. 그런데 ②번 선지에서 지문 근거와 다른 부분이 보이지 않니? '단백질'이라고 생각할 수 있는데, 1문단에서 '캡시드'가 '단백질'로 이루어져 있다고 했기 때문에 '표면의 단백질'을 손상시키는 건 맞아. 문제는 '내부가 아니라'라는 부분이지. 지문에서 '표면'과 '내부'에 함께 작용하기도 한다고 했는데 하이포염소산 소듐이 '표면'을 손상시킨다고 해서 '내부'는 아니라는 법은 없잖아? 그러니 ②번 선지는 일단 유보해 두고 5문단을 읽고 돌아오자.

근거는 여기! 화제인 하이포염소산 소듐은 병원체 내에서 불특정한 단백질들을 산화시켜 단백질로 이루어진 효소들의 기능을 비활성화하고 병원체를 사멸에 이르게 한다.

5문단은 항미생물 화학제가 내부로 침투하는 경우에 대해서 설명하고 있는데 위 근거와 같이 아까 봤던 하이포염소산 소듐이 또 나오네? 하이포염소산 소듐이 병원체 '내'에서 작용하는 과정을 설명하고 있는 부분에서 하이포염소산 소듐이 표면 손상도 일으키지만 내부 기능도 비활성화한다는 것을 알 수 있어. 그러니까 '내부가 아니라'라고 했던 ②번 선지는 옳지 않으므로 ②번이 정답이지. ④번 선지는 읽을 필요도 없겠지?
혹시라도 시간이 남았다면 검토를 하면서 나머지 선지를 확인해 봐도 좋아.

④ 알킬화제는 병원체 내 핵산의 염기에 알킬 작용기를 결합시켜 유전자의 발현을 방해한다.

근거는 여기! 알킬화제와 산화제는 병원체의 내부로 침투하면 필수적인 물질 대사를 정지시킨다. 글루타르 알데하이드와 같은 알킬화제가 알킬 작용기를 단백질에 결합시키면 단백질을 변성시켜 기능을 상실하게 하고, 핵산의 염기에 결합시키면 핵산을 비정상 구조로 변화시켜 유전자 복제와 발현을 교란한다.

4문단에 '하이포염소산 소듐'에 관한 설명이 나왔으니 5문단으로 가기 전에 ②번 선지도 확인해야겠지? '항미생물 화학제의 작용기제'는 '표면' 손상과 '내부' 기능을 손상시키는 것으로 나눌 수 있다고 했잖아. (이렇게 분류되는 내용이 나오면 역시 중요하게 표시를 해둬야 해!) 그런데 4문단에서 '하이포염소산 소듐'이 표면구조를 손상시킨다고 했으니 ②번 선지도 맞는 것 같네. 그런데 ②번 선지에서 지문 근거와 다른 부분이 보이지 않니? '단백질'이라고 생각할 수 있는데, 1문단에서 '캡시드'가 '단백질'로 이루어져 있다고 했기 때문에 '표면의 단백질'을 손상시키는 건 맞아. 문제는 '내부가 아니라'라는 부분이지. 지문에서 '표면'과 '내부'에 함께 작용하기도 한다고 했는데 하이포염소산 소듐이 '표면'을 손상시킨다고 해서 '내부'는 아니라는 법은 없잖아? 그러니 ②번 선지는 일단 유보해 두고 5문단을 읽고 돌아오자.

기출로 보는 연습 문제

문항 유형	사실 확인		
영역	과학	오답률	67.8
출처	2018학년도 11월 시행 수능 28번		

16세기 전반에 서양에서 태양 중심설을 지구 중심설의 대안으로 제시하며 시작된 천문학 분야의 개혁은 경험주의의 확산과 수리 과학의 발전을 통해 형이상학을 뒤바꾸는 변혁으로 이어졌다. 서양의 우주론이 전파되자 중국에서는 중국과 서양의 우주론을 회통하려는 시도가 전개되었고, 이 과정에서 자신의 지적 유산에 대한 관심이 제고되었다.

복잡한 문제를 단순화하여 푸는 수학적 전통을 이어받은 코페르니쿠스는 천체의 운행을 단순하게 기술할 방법을 찾고자 하였고, 그것이 ⓐ일으킬 형이상학적 문제에는 별 관심이 없었다. 고대의 아리스토텔레스와 프톨레마이오스는 우주의 중심에 고정되어 움직이지 않는 지구의 주위를 달, 태양, 다른 행성들의 천구들과, 항성들이 붙어 있는 항성 천구가 회전한다는 지구 중심설을 내세웠다. 그와 달리 코페르니쿠스는 태양을 우주의 중심에 고정하고 그 주위를 지구를 비롯한 행성들이 공전하며 지구가 자전하는 우주 모형을 ⓑ만들었다. 그러자 프톨레마이오스보다 훨씬 적은 수의 원으로 행성들의 가시적인 운동을 설명할 수 있었고 행성이 태양에서 멀수록 공전 주기가 길어진다는 점에서 단순성이 충족되었다. 그러나 아리스토텔레스의 형이상학을 고수하는 다수 지식인과 종교 지도자들은 그의 이론을 받아들이려 하지 않았다. 왜냐하면 그것은 지상계와 천상계를 대립시키는 아리스토텔레스의 이분법적 구도를 무너뜨리고, 신의 형상을 ⓒ지닌 인간을 한갓 행성의 거주자로 전락시키는 것으로 여겨졌기 때문이다.

16세기 후반에 브라헤는 코페르니쿠스 천문학의 장점은 인정하면서도 아리스토텔레스 형이상학과의 상충을 피하고자 우주의 중심에 지구가 고정되어 있고, 달과 태양과 항성들은 지구 주위를 공전하며, 지구 외의 행성들은 태양 주위를 공전하는 모형을 제안하였다. 그러나 케플러는 우주의 수적 질서를 신봉하는 형이상학인 신플라톤주의에 매료되었기 때문에, 태양을 우주 중심에 배치하여 단순성을 추구한 코페르니쿠스의 천문학을 받아들였다. 하지만 그는 경험

주의자였기에 브라헤의 천체 관측치를 활용하여 태양 주위를 공전하는 행성의 운동 법칙들을 수립할 수 있었다. 우주의 단순성을 새롭게 보여 주는 이 법칙들은 아리스토텔레스 형이상학을 더 이상 온존할 수 없게 만들었다.

[A] 17세기 후반에 뉴턴은 태양 중심설을 역학적으로 정당화하였다. 그는 만유인력 가설로부터 케플러의 행성 운동 법칙들을 성공적으로 연역했다. 이때 가정된 만유인력은 두 질점*이 서로 당기는 힘으로, 그 크기는 두 질점의 질량의 곱에 비례하고 거리의 제곱에 반비례한다. 지구를 포함하는 천체들이 밀도가 균질하거나 구 대칭*을 이루는 구라면 천체가 그 천체 밖 어떤 질점을 당기는 만유인력은, 그 천체를 잘게 나눈 부피 요소들 각각이 그 천체 밖 어떤 질점을 당기는 만유인력을 모두 더하여 구할 수 있다. 또한 여기에서 지구보다 질량이 큰 태양과 지구가 서로 당기는 만유인력이 서로 같음을 증명할 수 있다. 뉴턴은 이 원리를 적용하여 달의 공전 궤도와 사과의 낙하 운동 등에 관한 실측값을 연역함으로써 만유인력의 실재를 입증하였다.

16세기 말부터 중국에 본격 유입된 서양 과학은, 청 왕조가 1644년 중국의 역법(曆法)을 기반으로 서양 천문학 모델과 계산법을 수용한 시헌력을 공식 채택함에 따라 그 위상이 구체화되었다. 브라헤와 케플러의 천문 이론을 차례대로 수용하여 정확도를 높인 시헌력이 생활 리듬으로 자리 잡았지만, 중국 지식인들은 서양 과학이 중국의 지적 유산에 적절히 연결되지 않으면 아무리 효율적이더라도 불온한 요소로 ⓓ<u>여겼다</u>. 이에 따라 서양 과학에 매료된 학자들도 어떤 방식으로든 ㉠<u>서양 과학과 중국 전통 사이의 적절한 관계 맺음</u>을 통해 이 문제를 해결하고자 하였다.

17세기 웅명우와 방이지 등은 중국 고대 문헌에 수록된 우주론에 대해서는 부정적 태도를 견지하면서 성리학적 기론(氣論)에 입각하여 실증적인 서양 과학을 재해석한 독창적 이론을 제시하였다. 수성과 금성이 태양 주위를 회전한다는 그들의 태양계 학설은 브라헤의 영향이었지만, 태양의 크기에 대한 서양 천문학 이론에 의문을 제기하고 기(氣)와 빛을 결부하여 제시한 광학 이론은 그들이 창안한 것이었다.

17세기 후반 왕석천과 매문정은 서양 과학의 영향을 받아 경험적 추론과 수학적 계산을 통해 우주의 원리를 파악하고자 하였다. 그러면서 서양 과학의 우수한 면은 모두 중국 고전에 이미 ⓔ<u>갖추어져</u> 있던 것인데 웅명우 등이 이를 깨닫지 못한 채 성리학 같은 형이상학에 몰두했다고

비판했다. 매문정은 고대 문헌에 언급된, 하늘이 땅의 네 모퉁이를 가릴 수 없을 것이라는 증자의 말을 땅이 둥글다는 서양 이론과 연결하는 등 서양 과학의 중국 기원론을 뒷받침하였다.

중국 천문학을 중심으로 서양 천문학을 회통하려는 매문정의 입장은 18세기 초를 기점으로 중국의 공식 입장으로 채택되었으며, 이 입장은 중국의 역대 지식 성과물을 망라한 총서인 『사고전서』에 그대로 반영되었다. 이 총서의 편집자들은 고대부터 당시까지 쏟아진 천문 관련 문헌들을 정리하여 수록하였다. 이와 같이 고대 문헌에 담긴 우주론을 재해석하고 확인하려는 경향은 19세기 중엽까지 주를 이루었다.

*질점:크기가 없고 질량이 모여 있다고 보는 이론상의 물체.

*구 대칭:어떤 물체가 중심으로부터 모든 방향으로 같은 거리에서 같은 특성을 갖는 상태.

문제 윗글에 대한 이해로 적절하지 <u>않은</u> 것은?

① 서양과 중국에서는 모두 우주론을 정립하는 과정에서 형이상학적 사고에 대한 재검토가 이루어졌다.

② 서양 천문학의 전래는 중국에서 자국의 우주론 전통을 재인식하는 계기가 되었다.

③ 중국에 서양의 천문학적 성과가 자리 잡게 된 데에는 국가의 역할이 작용하였다.

④ 중국에서는 18세기에 자국의 고대 우주론을 긍정하는 입장이 주류가 되었다.

⑤ 서양에서는 중국과 달리 경험적 추론에 기초한 우주론이 제기되었다.

쌤의 꿀Tip

꿀팁 1. 이번 지문은 다른 지문에 비해 길이가 굉장히 길었어. 일반적으로 4~5문단으로 구성된 지문과 달리 8문단으로 구성되었지. 그런데 1~4문단까지는 서양의 우주론을, 5~8문단까지는 중국의 입장을 설명하고 있다는 것을 파악해 두 개의 글로 나누어 생각했다면 길이가 길어도 문제가 되지 않았을거야.

꿀팁 2. 28번의 선지를 보면 '서양'과 '중국'의 '우주론'에 대한 글이라는 것을 짐작할 수 있어. 특히 ①번 선지의 '모두'와 ⑤번 선지의 '달리'는 각각 공통점과 차이점을 설명한 것이고, 다른 선지를 봐도 '서양'과 '중국'의 영향 관계를 묻고 있다는 것을 알 수 있지. 이 점에 유의해서 지문을 읽어 보자.

문항 정보

정답	선지 선택 비율				
	①	②	③	④	⑤
⑤	11.3	10.7	18.2	23.6	32.2

본문 파악하기

주제 서양 우주론의 발전과 이에 영향을 받은 중국의 우주론

지문 해설

이 글은 서양 우주론의 발전 과정과 중국의 우주론의 영향 관계를 설명한 글이다. 고대의 아리스토텔레스와 프톨레마이오스는 형이상학적 관념에서 비롯된 지구 중심설을 내세웠으며 이후 코페르니쿠스가 내세운 태양 중심설이 케플러의 연구에 의해 입증되었다. 또 17세기 후반 뉴턴이 태양 중심설을 역학적으로 증명하여 만유인력의 실재를 입증한 원리르 설명하고 있다. 중국은 이러한 서양 과학의 영향을 받아 서양 과학과 중국의 지적 유산을 결합하여 우주의 원리를 파악하고자 했는데, 중국의 고대 문헌에 담긴 우주론을 서양 과학의 경험적 추론과 수학적 계산을 통해 재해석하고 확인하려는 경향이 19세기까지 주를 이루었다.

유형 클리닉

다시 보는 STEP 1, 2, 3

STEP 1. 선지를 먼저 훑어 보고 소재를 파악한다.

STEP 2. 문단 단위로 끊어 읽으면서 중간중간 세부 내용 문제로 가 해결할 수 있는 선지를 지워나간다.

STEP 3. 지문을 읽을 때 선지로 나올 만한 세부 내용이 보이면 체크를 하며 읽는다.

STEP 1. 문제의 선지를 먼저 살펴보자. 중국과 서양의 우주론의 관계를 파악해야 한다는 것을 기억하면서, 각 선지의 핵심어인 '형이상학적 사고', '우주론 전통' '국가의 역할', '고대 우주론', '경험적 추론' 등에 표시해 두면 좋겠지?

STEP 2. 한두 문단씩 읽고 선지로 돌아와서 옳고 그름을 판단해야 해. 그런데 1~4문단까지는 서양, 5~8문단까지는 중국의 이론인데, 선지는 이 둘의 공통점이나 차이점, 혹은 영향 관계를 묻고 있어서 한 두 문단을 읽어서는 어떤 선지도 파악하기

어려워 보여. 하지만 이런 경우에도 문단을 끊어 읽어야 하는 건 마찬가지야. 읽은 부분에서 어떤 선지 전체가 맞다는 걸 파악하지는 못해도, 선지의 일부분이라도 옳고 그름을 체크하면서 지문을 읽어야 해.

STEP 3. 지문을 읽으면서 접속사에 유의하자. 특히 문제의 선지를 보면 공통점과 차이점, 계기, 역할 등의 관계가 중요해 보이기 때문에, 이러한 정보를 주는 접속사에는 더 유의해야겠지?

선지 클리닉

근거는 여기! 16세기 전반에 서양에서 태양 중심설을 지구 중심설의 대안으로 제시하며 시작된 천문학 분야의 개혁은 경험주의의 확산과 수리 과학의 발전을 통해 형이상학을 뒤바꾸는 변혁으로 이어졌다.

1문단의 첫 문장에서 중요한 정보를 요약적으로 제시하고 있네. 먼저 서양의 '천문학 분야의 개혁'이 '경험주의의 확산'을 가져왔고, '형이상학을 뒤바꾸는 변혁'이 이루어졌다고 하고 있어. 선지에서 읽고 온 단어들이 보이는 것 같지?

① 서양과 중국에서는 모두 우주론을 정립하는 과정에서 형이상학적 사고에 대한 재검토가 이루어졌다.

먼저 ①번 선지를 보면 '서양과 중국'에서 '형이상학적 사고에 대한 재검토'가 이루어졌다고 했는데 '중국'의 경우는 모르겠지만 '서양'의 경우에는 천문학이 형이상학을 뒤바꾸었으니 맞다고 볼 수 있겠지. ①번의 서양은 우선 맞다고 체크하고 다음으로 넘어가자.

2문단에서는 고대의 아리스토텔레스에서 지구중심설을 주장했지만, '그와 달리' 코페르니쿠스는 지구가 자전하는 우주 모형을 만들었다고 설명하고 있어. 우리도 잘 아는 내용이라 어렵지 않았지? '그러나' 아리스토텔레스의 '형이상학'을 고수하는 자들은 코페르니쿠스의 이론을 받아들이지 않았대. '그와 달리'와 '그러나'라는 접속사에 체크를 해두었다면 내용 이해가 어렵지 않았을거야.

✔ **⑤ 서양에서는 중국과 달리 경험적 추론에 기초한 우주론이 제기되었다.**

3문단에서는 브라헤의 이론을 설명하고, 그와는 차이가 있었던 채플러의 이론을 다음과 같이 설명하고 있어.

근거는 여기! 하지만 그는 경험주의자였기에 브라헤의 천체 관측치를 활용하여 태양 주위를 공전하는 행성의 운동 법칙들을 수립할 수 있었다. 우주의 단순성을 새롭게 보여 주는 이 법칙들은 아리스토텔레스 형이상학을 더 이상 온존할 수 없게 만들었다.

여기에서 기존의 형이상학이 온전히 존재('온존')할 수 없게 되었다고 했으니, ①번의 선지 중 '서양'의 우주론을 정립하는 과정에서 형이상학적 사고에 대한 재검토가 이루어졌다는 설명이 맞다는 것을 확신할 수 있게 됐

어. 뿐만 아니라 ⑤번의 선지에서 '경험적 추론에 기초한 우주론'도 해결할 수 있어야 했지? 채플러는 경험주의자였고, 이에 기초해서 태양 주위를 공전하는 행성의 운동 법칙들을 수립할 수 있었다고 했으니까, '서양'에서 경험적 추론에 기초한 우주론이 제기되었다는 설명이 맞지. 하.지.만! '중국과 달리'는 아직 알 수 없어. ⑤번 선지가 적절하다고 생각한 친구들이 굉장히 많았는데, 바로 이 '중국과 달리'를 놓치고, 서양의 경우에서만 해석해 맞다고 넘긴 학생들이 많았을거야. 현재까지는 ⑤번 선지의 절반만 맞다고 표시를 해두고 '중국과 달리'를 해결할 수 있는 근거가 나오면 다시 돌아오자.

4문단의 내용은 어려웠지만 뉴턴의 이론을 설명하고 있다는 정도만 파악하고 넘어가도 괜찮아. 정보는 많았지만 28번 문제의 남은 선지들은 모두 중국에 관한 내용이기 때문에 해결할 수 있는 선지가 없었어.

③ 중국에 서양의 천문학적 성과가 자리 잡게 된 데에는 국가의 역할이 작용하였다.

근거는 여기! 16세기 말부터 중국에 본격 유입된 서양 과학은, 청 왕조가 1644년 중국의 역법(曆法)을 기반으로 서양 천문학 모델과 계산법을 수용한 시헌력을 공식 채택함에 따라 그 위상이 구체화되었다.

5문단부터는 서양의 영향을 받은 중국의 우주론을 설명하고 있어. 그런데 5문단에서 '청 왕조'가 서양 천문학 모델과 계산법을 공식적으로 받아들여서 그 '위상이 구체화'되었다고 했지? 말이 어렵지만 결국 서양 이론이 '자리 잡게' 되었다는 의미이고, 그렇게 된 이유는 '청 왕조'가 '공식 채택'했기 때문이었어. 따라서 국가의 역할이 작용했다는 ③번 선지는 완전히 옳아.

① 서양과 중국에서는 모두 우주론을 정립하는 과정에서 형이상학적 사고에 대한 재검토가 이루어졌다.

⑤ 서양에서는 중국과 달리 경험적 추론에 기초한 우주론이 제기되었다.

근거는 여기! 17세기 후반 왕석천과 매문정은 서양 과학의 영향을 받아 경험적 추론과 수학적 계산을 통해 우주의 원리를 파악하고자 하였다. 그러면서 서양 과학의 우수한 면은 모두 중국 고전에 이미 ⓔ<u>갖추어져</u> 있던 것인데 웅명우 등이 이를 깨닫지 못한 채 성리학 같은 형이상학에 몰두했다고 비판했다.

6문단과 7문단을 읽고 돌아오면, 앞에서 절반만 해결했던 ①번과 ⑤번을 완전히 해결할 수 있었어! 먼저 '형이상학'이라는 단어가 나왔네. 중국의 '성리학'이 바로 서양의 아리스토텔레스가 주장한 '형이상학'이었다는 걸 알 수 있고, 우주의 원리를 파악하는 과정에서 이러한 형이상학에 몰두한 것을 비판했다고 했으니, 형이상학적 사고에 대한 '재검토'가 이루어졌다고 볼 수 있어. ①번 선지에서 '서양'의 경우도 옳았는데 중국도 맞는 설명이었으니 '모두' 형이상학적 사고에 대한 재검토가 이루어졌다는 설명을 완전히 맞아.

또 왕석천과 매문정이 '경험적 추론'을 통해 우주의 원리를 파악하고자 했다는 정보가 굉장히 중요해! 왜냐하면 우리는 앞부분을 읽으면서 ⑤번 선지의 '중국과 달리'가 맞는지 파악해야 하는 과제를 남겨뒀었잖아? 따라서 중국에서 '경험적 추론' 관련 내용이 나오는지 눈여겨봤어야 했는데, 중국도 '경험적 추론'에 기초한 이론이 등

장한 걸 확인할 수 있었어. 따라서 ⑤번 선지는, 서양의 설명은 맞았지만 '중국과 달리'라는 부분이 틀렸기 때문에 옳지 않은 선지가 되는거야. 정답이 분명하게 나왔지?

④ 중국에서는 18세기에 자국의 고대 우주론을 긍정하는 입장이 주류가 되었다.

그런데 ④번을 답으로 고른 친구들이 굉장히 많았어. ④번 선지는 왜 적절한 설명인지, 왜 많은 친구들이 헷갈렸는지 마지막 8문단을 읽고 돌아와보자.

근거는 여기! 중국 천문학을 중심으로 서양 천문학을 회통하려는 매문정의 입장은 18세기 초를 기점으로 중국의 공식 입장으로 채택되었으며, 이 입장은 중국의 역대 지식 성과물을 망라한 총서인 『사고전서』에 그대로 반영되었다. 이 총서의 편집자들은 고대부터 당시까지 쏟아진 천문 관련 문헌들을 정리하여 수록하였다. 이와 같이 고대 문헌에 담긴 우주론을 재해석하고 확인하려는 경향은 19세기 중엽까지 주를 이루었다.

그 전에 7문단에서 굉장히 중요한 정보가 있었어. 매문정의 이론을 설명하면서 '서양 과학의 중국 기원론'을 설명했잖아? 5문단에서부터 '서양 과학과 중국 전통 사이의 적절한 관계 맺음'이 필요했다고 이야기했고, 그 관계 맺음의 결론이 바로 서양 과학이 중국의 전통 이론과 같으므로 서양 과학이 중국에서 왔다는 이론인거야. 8문단의 '중국 천문학을 중심으로 서양 천문학을 회통하려는 매문정의 입장'이 바로 '서양 과학의 중국 기원론'을 말하는 거고. 이해되지? 그리고 그런 이론은, 중국의 고대부터의 문헌을 정리하는 등과 같이 중국 고대 이론을 연구하는 작업으로 이어졌고 이런 흐름이 18세기부터 19세기 중엽까지 주를 이루었다고 설명하고 있어. 따라서 ④번 선지에서 '자국의 고대 우주론을 긍정하는 입장'이라는 말은, 서양 이론이 우리 중국의 고대 우주론에서 비롯되었으며, 따라서 우리의 고대 우주론을 연구해야 한다는 입장이겠지. 그러므로 ④번 선지는 옳아. ④번 선지가 틀리다고 한 친구들은 아마도 '서양 과학의 중국 기원론'을 놓쳤을거야. 중국이 서양 이론을 어떻게 받아들였는지 이해하는 데 도달하지 못하고, 중국이 서양 우주론을 받아들였다고만 이해했는데, 중국에서 18세기에 서양 이론이 아닌 자국 이론을 긍정했다고 하니까 틀린 것처럼 보였겠지. 꼼꼼한 이해가 필요한 선지였지만 ⑤번 선지가 확실히 틀리다는 걸 먼저 발견했다면, 오답으로 가지 않았을거야.

② 서양 천문학의 전래는 중국에서 자국의 우주론 전통을 재인식하는 계기가 되었다.

②번 선지는 굉장히 쉬웠지? 다만 근거가 어느 한 부분에만 있는 게 아니었어. 16세기 말에 서양 과학이 중국에 유입되었고 그 이론을 수용했다는 내용이 5문단에 나오고 있고, 그 이후 자국의 전통적 우주론인 성리학적 기론과 연결짓기도 하고, 자국의 우주론이 서양 과학 이론의 기원이 되었다는 이론에까지 나아가고 있어. 이 이론 모두가 '자국의 우주론 전통을 재인식'한 것에 해당되기 때문에 ②번 선지는 옳아.

발생 원리 및 과정의 연쇄적 고리를 추적하다.

어떠한 기구가 움직이거나 작동하는 원리를 흔히들 '메커니즘'이라고 하지? 우리에게 굉장히 익숙한 단어이기도 하면서 심리적으로는 굉장히 생소하게도 느껴지는 단어야. 메커니즘은 기계공학에서 유래한 단어인데 세상의 모든 현상을 기계적인 원리로, 즉 물질의 운동과 그 법칙으로 설명될 수 있다는 과학적인 사고방식에서 시작했어. 지금은 심리학, 경제학 등에서 어떠한 원리에 의해 유발되는 과정적인 현상들을 일컫는 말로 확장되기도 했지. 메커니즘은 특정 현상이 일어나기까지의 과정에서 연쇄적인 순서나 인과 관계를 밝혀서 원리를 정리한 것이기 때문에 이해하는 것이 굉장히 복잡할 수 있어.

그런데 이러한 메커니즘을 묻는 문제가 수능에서 심심찮게 출제되고 있다는 사실, 알고 있었니? 특히나 우리들이 굉장히 난감해하는 과학·기술 지문의 문제로 등장하는 경우가 많아서 항상 우리를 당혹시키지. 안 그래도 생소하고 이해하기 어려운 지문을 읽으며, 그 원리들의 과정을 이해하고 문제까지 정확히 풀어야 한다고 생각하니 정말 잔인한 문제라는 생각이 들어. 그렇지만 우리가 절대로 정복하지 못할 문제 유형은 아니라고 쌤은 확신해!

어떤 현상의 발생 원리나 과정을 추적하는 것은 기본적으로 과학적 사고방식이 필요하기 때문에 굉장히 어렵게 느껴질 수도 있지만, 기본적으로 우리는 현상의 원리나 과정을 밝혀 놓은 글을 읽고 이해하는 것이기 때문에 글만 정확히 읽는다면 이해하지 못할 것도 없지. 메커니즘을 정복하기 위한 첫 걸음은 연쇄적인 순서나 인과 관계들을 파악하는 거야. 예를 들면 A라는 기계가 작동하기까지 A기계의 구성 요소 a, b, c가 순차적으로 작동하는 원리를 파악하는 것이나, A라는 현상이 발생하기까지의 작은 사건들 a, b, c의 연쇄적인 인과 관계를 파악하는 것이지. 이렇게 순서나 인과 관계를 파악해서 정리하다 보면 자연스럽게 그 메커니즘(원리)가 보이게 되고, 문제는 쉽게 풀 수 있게 돼! 이때 화살표나 표를 활용하여 글에 나온 정보를 도식화하는 연습을 한다면 좀 더 쉽게 문제를 풀 수 있게 도와줄 거야!

한눈에 보는 STEP 1, 2, 3

STEP 1. 본문을 읽다가 개념의 발생 원리나 과정이 등장한다면 무엇에 대한 메커니즘을 설명하고 있는지 확인한다.

STEP 2. 원리나 과정의 연쇄적인 순서나 인과 관계에 집중하여 글을 읽고, 이를 쉽게 알아볼 수 있도록 도식화하여 정리한다.

STEP 3. 도식화한 정보와 선지에서 확인해야 할 내용을 교차적으로 점검하여 참/거짓을 판별한다.

기출로 보는 진단 평가

문항 유형	사실 확인 및 추론		
영역	과학·기술	오답률	50.2%
출처	2018년도 9월 시행 모의평가 31번		

[1] ㉠주사 터널링 현미경(STM)에서는 끝이 첨예한 금속 탐침과 도체 또는 반도체 시료 표면 간에 적당한 전압을 걸어 주고 둘 간의 거리를 좁히게 된다. 탐침과 시료의 거리가 매우 가까우면 양자 역학적 터널링 효과에 의해 둘이 접촉하지 않아도 전류가 흐른다. 이때 탐침과 시료 표면 간의 거리가 원자 단위 크기에서 변하더라도 전류의 크기는 민감하게 달라진다. 이점을 이용하면 시료 표면의 높낮이를 원자 단위에서 측정할 수 있다. 하지만 전류가 흐를 수 없는 시료의 표면 상태는 STM을 이용하여 관찰할 수 없다. 이렇게 민감한 STM도 진공 기술의 뒷받침이 있었기에 널리 사용될 수 있었다.

[2] STM은 대체로 진공 통 안에 설치되어 사용되는데 그 이유는 무엇일까? 기체 분자는 끊임없이 떠돌아다니다가 주변과 충돌한다. 이때 일부 기체 분자들은 관찰하려는 시료의 표면에 붙어 표면과 반응하거나 표면을 덮어 시료 표면의 관찰을 방해한다. 따라서 용이한 관찰을 위해 STM을 활용한 실험에서는 관찰하려고 하는 시료와 기체 분자의 접촉을 최대한 차단할 필요가 있어 진공이 요구되는 것이다. 진공이란 기체 압력이 대기압보다 낮은 상태를 통칭하며 기체 압력이 낮을수록 진공도가 높다고 한다. 진공 통 내부의 온도가 일정하고 한 종류의 기체 분자만 존재할 경우, 기체 분자의 종류와 상관없이 통 내부의 기체 압력은 단위 부피당 떠돌아다니는 기체 분자의 수에 비례한다. 따라서 기체 분자들을 진공 통에서 뽑아내거나 진공 통 내부에서 움직이지 못하게 고정하면 진공 통 내부의 기체 압력을 낮출 수 있다.

[3] STM을 활용하는 실험에서 어느 정도의 진공도가 요구되는지를 이해하기 위해서는 '단분자층형성시간'의 개념을 이해할 필요가 있다. 진공 통 내부에서 떠돌아다니던 기체 분자들이 관찰하려는 시료의 표면에 달라붙어 한 층의 막을 형성하기까지 걸리는 시간을 단분자층 형성 시간이라 한다. 이 시간은 시료의 표면과 충돌한 기체 분자들이 표면에 달라붙을 확률이 클수록,

단위 면적당 기체 분자의 충돌 빈도가 높을수록 짧다. 또한 기체 운동론에 따르면 고정된 온도에서 기체 분자의 질량이 크거나 기체의 압력이 낮을수록 단분자층 형성 시간은 길다. 가령 질소의 경우 20℃, 760토르* 대기압에서 단분자층 형성 시간은 3×10-9초이지만, 같은 온도에서 압력이 10-9토르로 낮아지면 대략 2,500초로 증가한다. 이런 이유로 STM에서는 시료의 관찰 가능 시간을 확보하기 위해 통상 10-9토르 이하의 초고진공이 요구된다.

4 초고진공을 얻기 위해서는 ㉡스퍼터 이온 펌프가 널리 쓰인다. 스퍼터 이온 펌프는 진공 통 내부의 기체 분자가 펌프 내부로 유입되도록 진공 통과 연결하여 사용한다. 스퍼터 이온 펌프는 영구 자석, 금속 재질의 속이 뚫린 원통 모양 양극, 타이타늄으로 만든 판 형태의 음극으로 구성되어 있다. 자석 때문에 생기는 자기장이 원통 모양 양극의 축 방향으로 걸려 있고, 양극과 음극 간에는 2~7kV의 고전압이 걸려 있다. 양극과 음극 간에 걸린 고전압의 영향으로 음극에서 방출된 전자는 자기장의 영향을 받아 복잡한 형태의 궤적을 그리며 양극으로 이동한다. 이 과정에서 음극에서 방출된 전자는 주변의 기체 분자와 충돌하여 기체 분자를 그것의 구성 요소인 양이온과 전자로 분리시킨다. 여기서 자기장은 전자가 양극까지 이동하는 거리를 자기장이 없을 때보다 증가시켜 주어 전자와 기체 분자와의 충돌 빈도를 높여 준다. 이 과정에서 생성된 양이온은 전기력에 의해 음극으로 당겨져 음극에 박히게 되어 이동 불가능한 상태가 된다. 이 과정이 1차 펌프 작용이다. 또한 양이온이 음극에 충돌하면 타이타늄이 떨어져 나와 충돌 지점 주변에 들러붙는다. 이렇게 들러붙은 타이타늄은 높은 화학 반응성 때문에 여러 기체 분자와 쉽게 반응하여, 떠돌아다니던 기체 분자를 흡착한다. 이는 떠돌아다니는 기체 분자의 수를 줄이는 효과가 있으므로 이를 2차 펌프 작용이라 부른다. 이렇듯 1, 2차 펌프 작용을 통해 스퍼터 이온 펌프는 초고진공 상태를 만들 수 있다.

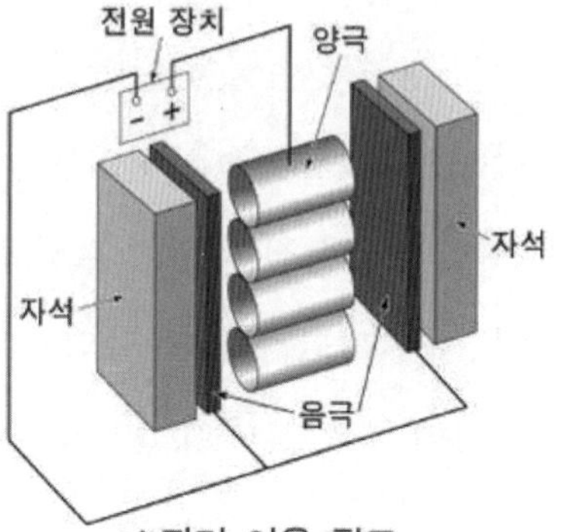

스퍼터 이온 펌프

* 토르(torr) : 기체 압력의 단위.

문제 ㉡의 '음극'에 대한 설명으로 적절하지 않은 것은?

① 전압과 전자의 상호 작용으로 자기장을 만든다.

② 떠돌아다니던 기체 분자를 흡착하는 물질을 내놓는다.

③ 기체 분자에서 분리된 양이온을 전기력으로 끌어당긴다.

④ 전자와 기체 분자의 충돌로 만들어진 양이온을 고정시킨다.

⑤ 기체 분자를 양이온과 전자로 분리시키는 전자를 방출한다.

쌤의 꿀Tip

꿀팁 1. 과학적/기술적 전문 용어에 절대 겁먹지 말자. '스퍼터 이온 펌프'와 같은 생소한 기구의 원리를 설명하는 것과 우리가 흔히 아는 선풍기의 작동 원리를 설명하는 것은 결국 설명 방식이 같을 수 밖에 없으니까 그 과정을 천천히 따라가보자.

꿀팁 2. 그림이 제시된다면 땡큐! 그림은 이해를 돕기 위한 도구로 제시된 것이니, 글을 보기 전에 눈으로 한번 훑고 글을 확인하면 훨씬 더 잘 읽히는 것을 확인할 수 있을 거야.

꿀팁 3. 발문에서 묻는 것에 집중하자. 발문에서는 '음극'에 대한 설명을 묻고 있으니까 과정 중에서 음극과 관련된 정보들은 꼭 체크하고 넘어가자.

문항 정보

정답	선지 선택 비율				
	①	②	③	④	⑤
①	49.8%	17.1%	8.5%	13.0%	9.4%

본문 파악하기

주제 주사 터널링 현미경(STM)의 원리 및 이를 위한 진공 기술의 원리

지문 해설

이 글은 주사 터널링 현미경(STM)의 특징 서두에 말하면서, 이를 활용하기 위한 필수 조건인 진공 상태를 만들기 위한 기술에 대해 설명하고 있는 글이다. STM은 금속 탐침과 도체 또는 반도체 시료 표면 간에 전압을 걸어 미묘한 전류의 변화를 측정하여 접촉 없이 시료 표면 상태를 관찰한다. 이때 기체 분자는 관찰을 방해할 수 있기 때문에 진공을 필요로 한다. 시료의 관찰 가능 시간을 확보하기 위해서는 초고진공이 요구되는데 초고진공을 위해서는 단분자층 형성 시간을 이해해야 한다. 단분자층 형성 시간은 단위 면적당 기체 분자의 충돌 빈도가 낮을수록, 충돌한 기체 분자들이 표면에 달라붙을 확률이 높을수록, 고정된 온도에서의 기체 분자 질량이 클수록, 기체의 압력이 낮을수록 짧아진다. 초고진공은 스퍼터 이온 펌프를 이용하여 얻을 수 있다. 스퍼터 이온 펌프는 1, 2차 펌프 작용을 통해 초고진공 상태를 만든다.

유형 클리닉

STEP 1. 본문을 읽다가 개념의 발생 원리나 과정이 등장한다면 무엇에 대한 메커니즘을 설명하고 있는지 확인한다.

▶ 본문에서는 [4]에서 **스퍼터 이온 펌프**가 초고진공을 얻는 메커니즘을 설명하고 있어.

STEP 2. 원리나 과정의 연쇄적인 순서나 인과 관계에 집중하여 글을 읽고, 이를 쉽게 알아볼 수 있도록 도식화하여 정리한다.

▶ 스퍼터 이온 펌프가 초고진공을 얻기 위해 그 구성 요소들이 어떤 연쇄적 작용을 하는지, 1, 2차 펌프 작용은 무엇인지 정리하며 읽어야해.

STEP 3. 도식화한 정보와 선지에서 확인해야 할 내용을 교차적으로 점검하여 참/거짓을 판별한다.

▶ 정리한 정보들과 선지의 정보들을 교차적으로 점검하며 참/거짓을 판별하면 돼.

선지 클리닉

발생 원리 및 과정에 대한 이해를 묻는 문제는 분명히 선지에서 그 과정 속의 단편적 정보들을 분리시켜 묻는 경우가 많아. 그렇기 때문에 글을 읽으며 화살표 같은 기호를 사용해 발생 원리 및 과정의 연쇄적 정보들을 간단히 여백에 정리하면 문제를 쉽게 해결할 수 있어. 발문에서 묻고 있는 ⓛ스퍼터 이온 펌프에 대한 연쇄적 정보들을 정리해볼까?

스퍼터 이온 펌프가 초고진공 상태를 만드는 과정 속 연쇄적 정보 정리

ⓐ 스퍼터 이온 펌프는 크게 자석, 양극, 음극, 전원장치로 구성됨

ⓑ 자석은 자기장을 발생시킴

ⓒ 자기장은 음극에서 양극으로 이동하는 전자의 궤도를 복잡하게 만듦

ⓓ 복잡한 궤도는 전자의 이동거리 및 충돌 빈도를 증가시킴

ⓔ 전원장치는 양극과 음극에 고전압을 걸어줌

ⓕ 고전압은 음극에서 양극으로 전자를 방출시킴

ⓖ 음극에서 방출된 전자는 주변 기체분자와 충돌함(충돌 빈도를 자기장이 높여줌)

ⓗ 충돌한 기체분자는 양이온과 전자로 분리됨

ⓘ 양이온은 전기력에 의해 음극에 충돌하고 이동 불가능한 상태가 됨 　　ⓘ까지 1차 펌프 작용

ⓙ 양이온이 음극에 충돌할 때 타이타늄이 떨어져나와 주변에 들러붙음 　　ⓙ부터 2차 펌프 작용

ⓚ 들러붙은 타이타늄은 높은 화학반응으로 기체 분자를 흡착하여 기체 분자의 수를 줄임

어떻게 모자른 시험시간에 이렇게 자세히 정리할 수 있을까 싶지? 이건 쌤이 이해를 위해 자세히 정리해 본 거고, 실제로 시험을 볼 때는 과정에서 나타나는 인과 관계를 화살표를 이용해 정리하는 것이 훨씬 더 시간도 절약되고, 직관적으로 볼 수 있어서 좋을 거야. 이렇게 말야.

자석 ≫ 자기장 ≫ 전자 궤도 복잡(이동거리, 충돌 빈도 증가)

고전압 → 음극에서 양극으로 전자 방출 ≫ 전자와 **기체 분자** 충돌

이동 불능 ≪ 전기력에 의해 음극 충돌 ≪ 양이온 　 전자

(1차 펌프 작용)

타이타늄 ≫ 주변 기체 분자 흡착 (2차 펌프 작용)

이런 식으로 과정에 대한 연쇄적 정보들을 한눈에 파악할 수 있도록 정리할 수 있어. 특히 이 문제의 경우 복잡한 설명의 이해를 돕기 위해 그림도 제시되어 있으니까 그림을 활용할 수도 있겠지. 발문에서는 '음극'에 대한 설명을 묻고 있으니까 정보들 중에서 '음극'이 포함된 정보들을 중점적으로 확인하면 돼. 쌤이 ⓐ~ⓚ에서 '음극'에 밑줄을 쳐놨으니까 선지를 보며 '음극'과 관련한 정보들을 교차 점검하고 참/거짓만 판단해 본다면 쉽게 정답을 파악할 수 있을 거야. 이제 선지를 볼까?

✔ **① 고전압과 전자의 상호 작용으로 자기장을 만든다.**

음극에 걸리는 고전압과 전자의 상호작용에 대한 정보는 본문에서 찾아볼 수 없어. 그리고 상호작용을 한다고 해도 그것이 자기장이 발생하는 것의 원인이 되지는 않아. 본문에서는 자기장이 발생하는 원인을 분명하게 제시하고 있는데, 이는 ⓑ에서 확인할 수 있듯이 자석이 그 원인이야. 따라서 ①은 적절하지 않은 설명이므로 정답! ①같은 선지는 읽으며 익숙한 단어들이지만 막상 의미를 분석하면 본문으로는 알 수 없는 정보를 묻거나, 과정 속 인과를 뒤집어 물어보는 선지야. 항상 발생 원리 및 과정을 묻는 문제에서는 연쇄적 과정들의 인과를 뒤집어 제시하는 선지들을 조심해야 해!

② 떠돌아다니던 기체 분자를 흡착하는 물질을 내놓는다.

선지 ②는 결과를 먼저 물어보고, 그 원인을 찾도록 구성되어 있어. 즉 주변 기체 분자를 흡착하는 물질을 내놓는 것이 '음극'인가 아닌가를 묻는 선지야. 이때 '타이타늄'이라는 단어가 선지에는 생략되어 있어서 이 정보를 어디서 확인하면 되는지 방황한 친구들이 있을 거야. 이 선지가 오답 중에 가장 높은 선택률을 기록한 것도 '타이타늄'이 생략되어서 순간적으로 정보를 판단하기 어려웠기 때문이라고 생각해. 하지만 연쇄적 정보들을 잘 정리해놨다면 ⓙ와 ⓚ를 통해 쉽게 확인할 수 있을 거야.

③ 기체 분자에서 분리된 양이온을 전기력으로 끌어당긴다.

본문에서는 분리된 양이온이 '전기력에 의해' 음극에 충돌한다고 정확히 제시하고 있어. 연쇄적 정보 중에 ⓘ에서 확인할 수 있지. 명확하기 때문에 가장 선택률이 낮은 선지였지만 만약 이 선지를 선택한 친구가 있다면 앞서 말했듯이 연쇄적 정보들을 정리해보는 연습을 해보도록 하자!

④ 전자와 기체 분자의 충돌로 만들어진 양이온을 고정시킨다.

㉮는 ㉯를 발생시키고, ㉯는 를 발생시킨다.
위의 문장을 보면 결국 '㉮는 를 발생시킨다.'라고 이해할 수 있어. 선지에 ㉯가 생략되었더라도 말이지. 선지④에서도 전자와 기체 분자가 충돌해서 양이온이 발생하고, 발생된 양이온은 음극에 충돌하고, 충돌된 양이온은 이동 불능(고정) 상태가 되는 과정에서 중간 부분이 생략됐을 뿐이야. 그렇다고 하더라도 전체적인 과정에 논리적인 오류는 없으니까 ④는 맞는 선지라고 할 수 있어.

⑤ 기체 분자를 양이온과 전자로 분리시키는 전자를 방출한다.

이 선지도 어렵지 않게 본문에서 확인할 수 있지. ⓕ, ⓖ, ⓗ의 내용을 확인하면 음극에서 방출되는 전자가 기체 분자와 충돌하고, 이로 인해 기체 분자가 양이온과 전자로 나뉘기 때문에 선지 ⑤는 명확히 제시되어 있지.

기출로 보는 연습 문제

문항 유형	사실 확인 및 추론		
영역	과학·기술	오답률	66%
출처	2018년도 6월 시행 모의평가 36번		

건강 상태를 진단하거나 범죄의 현장에서 혈흔을 조사하기 위해 검사용 키트가 널리 이용된다. 키트 제작에는 다양한 과학적 원리가 적용되는데, 적은 비용으로 쉽고 빠르고 정확하게 검사할 수 있는 키트를 제작하는 것이 요구된다. 이러한 필요에 따라 항원-항체 반응을 응용하여 시료에 존재하는 성분을 분석 하는 다양한 형태의 키트가 개발되고 있다. 항원-항체 반응은 항원과 그 항원에만 특이적으로 반응하는 항체가 결합하는 면역 반응을 말한다. 항체 제조 기술이 발전하면서 휴대성이 높고 분석 시간이 짧은 측면유동면역분석법(LFIA)을 이용한 다양한 종류의 키트가 개발되고 있다.

LFIA 키트를 이용하면 키트에 나타나는 선을 통해, 액상의 시료에서 검출하고자 하는 목표 성분의 유무를 간편하게 확인할 수 있다. LFIA 키트는 가로로 긴 납작한 막대모양인데, 시료 패드, 결합 패드, 반응막, 흡수 패드가 순서대로 나란히 배열된 구조로 되어 있다. 시료 패드로 흡수된 시료는 결합 패드에서 복합체와 함께 반응막을 지나 여분의 시료가 흡수되는 흡수 패드로 이동한다. 결합 패드에 있는 복합체는 금-나노 입자 또는 형광 비드 등의 표지 물질에 특정 물질이 붙어 이루어진다. 표지 물질은 발색 반응에 의해 색깔을 내는데, 이 표지 물질에 붙어 있는 특정 물질은 키트 방식에 따라 종류가 다르다. 일반적으로 한 가지 목표 성분을 검출하는 키트의 반응막에는 항체들이 띠 모양으로 두 가닥 고정되어 있는데, 그중 시료 패드와 가까운 쪽에 있는 가닥이 검사선이고 다른 가닥은 표준선이다. 표지 물질이 검사선이나 표준선에 놓이면 발색 반응에 의해 반응선이 나타난다. 검사선이 발색되어 나타나는 반응선을 통해서는 목표 성분의 유무를 판정할 수 있다. 표준선이 발색된 반응선이 나타나면 검사가 정상적으로 진행되었음을 알 수 있다.

LFIA 키트는 주로 ㉠직접 방식 또는 ㉡경쟁 방식으로 제작되는데, 방식에 따라 검사선의 발색

여부가 의미하는 바가 다르다. 직접 방식에서 복합체에 포함된 특정 물질은 목표 성분에 결합할 수 있는 항체이다. 시료에 목표 성분이 포함되어 있다면 목표 성분은 이 항체와 일차적으로 결합하고, 이후 검사선의 고정된 항체와 결합한다. 따라서 검사선이 발색되면 시료에서 목표 성분이 검출되었다고 판정한다. 한편 경쟁 방식에서 복합체에 포함된 특정 물질은 목표 성분에 대한 항체가 아니라 목표 성분 자체이다. 만약 시료에 목표 성분이 포함되어 있으면 시료의 목표 성분과 복합체의 목표 성분이 서로 검사선의 항체와 결합하려 경쟁한다. 이때 시료에 목표 성분이 충분히 많다면 시료의 목표 성분은 복합체의 목표 성분이 검사선의 항체와 결합하는 것을 방해하므로 검사선이 발색되지 않는다. 직접 방식은 세균이나 분자량이 큰 단백질 등을 검출할 때 이용하고, 경쟁 방식은 항생 물질처럼 목표 성분의 크기가 작은 경우에 이용한다.

한편, 검사용 키트는 휴대성과 신속성 외에 정확성도 중요하다. 키트의 정확성을 측정하기 위해서는 키트를 이용해 여러 번의 검사를 실시하고 그 결과를 분석한다. 키트가 시료에 목표 성분이 들어있다고 판정하면 이를 양성이라고 한다. 이때 시료에 목표 성분이 실제로 존재하면 진양성, 시료에 목표 성분이 없다면 위양성이라고 한다. 반대로 키트가 시료에 목표 성분이 들어 있지 않다고 판정하면 음성이라고 한다. 이 경우 실제로 목표 성분이 없다면 진음성, 목표 성분이 있다면 위음성이라고한다. 현실에서 위양성이나 위음성을 배제할 수 있는 키트는 없다. 여러 번의 검사 결과를 통해 키트의 정확도를 구하는데, 정확도란 시료를 분석할 때 올바른 검사 결과를 얻을 확률이다. 정확도는 민감도와 특이도로 나뉜다. 민감도는 시료에 목표 성분이 존재하는 경우에 대해 키트가 이를 양성으로 판정한 비율이다. 특이도는 시료에 목표 성분이 없는 경우에 대해 키트가 이를 음성으로 판정한 비율이다. 민감도와 특이도가 모두 높아 정확도가 높은 키트가 가장 이상적이지만 현실에서는 그렇지 않은 경우가 많아서 상황에 따라 민감도나 특이도를 고려하여 키트를 선택해야 한다.

문제 ㉠과 ㉡에 대한 이해로 가장 적절한 것은?

① ㉠은 ㉡과 달리, 시료에 들어 있는 목표 성분은 검사선에 도달하기 이전에 항체와 결합을 하겠군.

② ㉠은 ㉡과 달리, 시료에서 목표 성분을 검출했다면 검사선에서 항체와 목표 성분의 결합이 존재하지 않겠군.

③ ㉡은 ㉠과 달리, 시료가 표준선에 도달하기 이전에 검사선에 먼저 도달하겠군.

④ ㉡은 ㉠과 달리, 정상적인 검사로 시료에서 목표 성분을 검출했다면 반응막에 아무런 반응선도 나타나지 않았겠군.

⑤ ㉠과 ㉡은 모두 시료에 들어 있는 목표 성분이 표지 물질과 항원-항체 반응으로 결합하겠군.

쌤의 꿀Tip

꿀팁 1. 메커니즘의 전체적 과정을 잊지 말자. ㉠, ㉡의 정보만 정리한다면 LFIA 키트의 검사 과정의 전체적인 과정을 간과하게 되고, 둘의 공통점을 묻는 선지를 풀 수 없게 되니, 전체적인 메커니즘의 과정도 정리하자!

꿀팁 2. 비교 지점을 확인하자. 검사 도구의 종류에 따라 메커니즘도 달라질테니, 그 부분을 비교하며 읽어보자!

꿀팁 3. 비교 선지의 경우 주어를 찾자! 비교 선지는 '-달리'라는 표현을 써서 정보 판별의 혼란을 주기 때문에 우선적으로 주어에 대한 정보를 먼저 판별하고, 그 후에 비교군에 대한 정보를 판단하자!

문항 정보

정답	선지 선택 비율				
①	①	②	③	④	⑤
	34.0%	8.3%	12.5%	27.5%	14.4%

본문 파악하기

주제 측면유동면역분석법(LFIA) 키트의 원리와 종류, 검사 결과의 이해

지문 해설

이 글은 항원-항체 반응의 원리를 응용한 측면유동면역분석법(LFIA) 키트에 대해 설명하고 있다. LFIA키트의 구조는 시료 패드, 결합 패드, 반응막, 흡수 패드가 나란히 배열된 구조이다. LFIA키트는 주로 직접 방식 또는 경쟁 방식으로 제작되는데, 각 방식은 검사선의 발색 여부가 의미하는 바가 다르다. 직접 방식에서는 검사선이 발색되어야, 경쟁 방식에서는 검사선이 박색되지 않아야 목표 성분이 검출되었다고 판단한다. 두 방식에 특성상 목표 성분의 크기가 클 때는 직접 방식, 작을 때는 경쟁 방식을 이용한다. 한편 올바른 검사 결과를 얻을 확률인 키트의 정확도가 중요한데, 키트의 정확도는 시료에 목표 성분이 존재하는 경우에 대해 키트가 이를 양성으로 판정한 비율인 민감도와 시료에 목표 성분이 없는 경우에 대해 키트가 이를 음성으로 판정한 비율인 특이도로 나뉜다. 현실적으로 민감도와 특이도가 모두 높을 수가 없기 때문에 검사 상황에 따라 민감도나 특이도를 고려하여 키트를 선택해야 한다.초고진공은 스퍼터 이온 펌프를 이용하여 얻을 수 있다. 스퍼터 이온 펌프는 1, 2차 펌프 작용을 통해 초고진공 상태를 만든다.

유형 클리닉

다시 보는 STEP 1, 2, 3

STEP 1. 본문을 읽다가 개념의 발생 원리나 과정이 등장한다면 무엇에 대한 메커니즘을 설명하고 있는지 확인한다.

STEP 2. 원리나 과정의 연쇄적인 순서나 인과 관계에 집중하여 글을 읽고, 이를 쉽게 알아볼 수 있도록 도식화하여 정리한다.

STEP 3. 도식화한 정보와 선지에서 확인해야 할 내용을 교차적으로 점검하여 참/거짓을 판별한다.

STEP 1. LFIA키트의 목표 성분 진단 원리 및 과정에 대한 메커니즘을 설명하고 있다.

STEP 2. LFIA키트의 구성 요소인 시료 패드, 결합 패드, 반응막, 흡수 패드에서 어떠한 과정을 통해 목표 성분 검출을 진단하는지 판단한다. 이때 주요한 과정인 결합 패드와 반응막에서의 메커니즘을 중심으로 도식화하여 정리한다.

LFIA키트의 진단 원리 및 과정

시료 패드 (시료의 흡수) »	결합 패드 (시료와 복합체와 만남) »	반응막 (검사선과 표준선 발색) »	흡수 패드 (여분의 시료 흡수)
시료에 목표 성분이 있을 때 » ㉠직접 방식	복합체의 항체와 1차적 결합	· 검사선 고정 항체와 결합 · 검사선 발색	
시료에 목표 성분이 있을 때 » ㉡경쟁 방식	복합체의 목표 성분과 경쟁	· 복합체의 목표 성분이 검사선의 항체와 결합하는 것을 시료의 목표 성분이 방해 · 검사선 발색 x	

STEP 3. 도시화한 정보와 선지의 정보를 바탕으로 참/거짓을 판별하되, 도구의 종류에 따른 비교 지점에 유의하여 판단한다.

선지 클리닉

✔ **① ㉠은 ㉡과 달리, 시료에 들어 있는 목표 성분은 검사선에 도달하기 이전에 항체와 결합을 하겠군.**

직접 방식(㉠)은 결합 패드에서 시료에 있는 목표 서분과 복합체에 있는 항체가 결합을 하고 이것이 반응막에서 고정 항체와 결합을 해. 즉 검사선에 도달하기 전에 목표 성분이 항체와 결합한다는 것은 맞는 말이야. 반면에 경쟁 방식(㉡)은 검사선에 도달하기 전에는 목표 성분이 항체와 만날 일이 아예 없으니까 둘의 메커니즘의 차이를 잘 설명하고 있지. 바로 정답!

② ㉠은 ㉡과 달리, 시료에서 목표 성분을 검출했다면 검사선에서 항체와 목표 성분의 결합이 존재하지 않겠군.

직접 방식(㉠)은 방금 선지 ①을 판단할 때 확인했듯이 결합 패드와 검사선에서 모두 목표 성분과 항체가 결합을 하는 방식으로 작동을 하고 있어. 그렇기 때문에 검사선에서 항체와 목표 성분의 결합이 존재하지 않는다는 것은 틀린 것으로 판단할 수 있지. 직접 방식(㉠)에 대한 설명도 틀렸으니, 경쟁 방식(㉡)과의 비교는 해보지 않아도 돼!

③ ㉡은 ㉠과 달리, 시료가 표준선에 도달하기 이전에 검사선에 먼저 도달하겠군.

직접 방식(㉠)과 경쟁 방식(㉡)은 모두 시료가 표준선에 도달하기 전에 검사선에 도달해. 이는 본문에서 검사선이 시료 패드에 가깝고 표준선이 흡수 패드에 가깝다는 정보와, 시료는 시료 패드에서부터 흡수 패드로 진행된다는 정보를 통해 알 수 있어. ㉠, ㉡을 비교하는 문제여도 전체적인 메커니즘을 잊으면 안된다는 것. 명심하자!

④ ㉡은 ㉠과 달리, 정상적인 검사로 시료에서 목표 성분을 검출했다면 반응막에 아무런 반응선도 나타나지 않았겠군.

오답 중 선택률이 가장 높았던 선지야. 그만큼 헷갈릴 수 있는 선지였어. 경쟁 방식(㉡)은 목표 성분을 검출할 때 반응막에 있는 검사선에 아무런 발색이 이루어지지 않지만, 정상적인 검사가 이루어졌다면 표준선에는 발색이 돼. 이 역시 ㉠, ㉡을 비교하는 문제라고 해서 비교에만 집중했다가는 자칫 '검사선에 아무런 반응이 일어나지 않는다'는 원리를 '반응막에 아무런 반응선이 일어나지 않는다'로 오해할 수 있어. 전체적인 메커니즘을 이해했다면 표준선의 역할을 이해하고 있었을 거고, 오답을 선택하지 않았겠지? 부분적인 것을 묻는 문제여도 전체적인 메커니즘을 꼭 기억하도록 하자!

⑤ ㉠과 ㉡은 모두 시료에 들어 있는 목표 성분이 표지 물질과 항원-항체 반응으로 결합하겠군.

표지 물질은 반응막의 두 선을 발색시키는 역할로, 목표 성분과 항원-항체 반응으로 결합하지 않아. 이 역시 전체적인 메커니즘에서 ㉠과 ㉡이 공통적인 것으로, 표지 물질에 대해 이해하고 있다면 절대 고르지 않았을 선지겠지?

'단락의 연관 핵심어에 집중해서 제시어의 표 내용을 추론한다'

지문의 내용을 바탕으로 적용하는 문제를 표로 제시하는 경우의 문제는 고난도 추론문제로 대체로 정답률이 매우 낮은 문제야. 하지만 기존 기출에도 복잡한 추론을 요하는 문제는 자주 출제되었으므로 이런 문제 유형은 방법을 잘 익혀두어야 해. 특히 이런 문제는 과학이나 수학적인 배경지식이 있으면 큰 도움이 되겠지. 주로 과학이나 경제지문에서 많이 출제되기 때문이야. 하지만 과학이나 수학을 모르는 문과이고 게다가 수능특강 공부도 소홀히 해서 완전히 모르는 입장에서는 지문의 언어적인 해석을 어떻게 하는지, 정보 중에서 중요한 정보가 무엇인지, 글 전체의 구조적인 흐름에 집중을 해야겠지. 당연히 내용 전개에 집중하는 것이 기본이고.

자, 그럼 다음 예로 제시되는 지문의 내용을 가지고 각 단락의 핵심어를 찾아볼까? 이때 지문을 완벽하게 이해할 필요는 없어. 우선 1문단과 2문단만 가지고 연습을 해보기로 해. 같이 가장 중요하다고 생각하는 내용에 표시를 해보면서 읽어 보자.

[1] 1993년 노벨 화학상은 **중합 효소 연쇄 반응(PCR)**을 개발한 멀리스에게 수여된다. **염기 서열을 아는 DNA가 한 분자라도 있으면 이를 다량으로 증폭할 수 있는 길**을 열었기 때문이다. **PCR는 주형 DNA, 프라이머, DNA 중합 효소, 4종의 뉴클레오타이드가 필요하다.** 주형 DNA란 시료로부터 추출하여 PCR에서 DNA 증폭의 바탕이 되는 이중 가닥 DNA를 말하며, 주형 DNA에서 증폭하고자 하는 부위를 표적 DNA라 한다. 프라이머는 표적 DNA의 일부분과 동일한 염기 서열로 이루어진 짧은 단일 가닥 DNA로, 2종의 프라이머가 표적 DNA의 시작과 끝에 각각 결합한다. DNA 중합 효소는 DNA를 복제하는데, 단일 가닥 DNA의 각 염기 서열에 대응하는 뉴클레오타이드를 순서대로 결합시켜 이중 가닥 DNA를 생성한다.

보통 1문단에서는 중심화제에 대한 설명을 시작하지. 이 글은 중합효소 연쇄 반응이라는 PCR이 중심화제야. 그 단어의 핵심내용과 왜 이 단어가 중요한지를 말하는 부분이 중요한 내용이겠지.

⇒ 핵심어 : PCR

2 PCR 과정은 우선 **열을 가해 이중 가닥의 DNA를 2개의 단일 가닥으로 분리**하는 것으로 시작한다. **이후 각각의 단일 가닥 DNA에 프라이머가 결합**하면, DNA 중합 효소에 의해 복제되어 2개의 이중 가닥 DNA가 생긴다. 일정한 시간 동안 진행되는 이러한 **DNA 복제 과정이 한 사이클을 이루며, 사이클마다 표적 DNA의 양은 2배씩 증가한다.** 그리고 DNA의 양이 더이상 증폭되지 않을 정도로 충분히 사이클을 수행한 후 PCR를 종료한다. **전통적인 PCR는 PCR의 최종 산물에 형광 물질을 결합시켜 발색을 통해 표적 DNA의 증폭 여부를 확인**한다.

2문단에서는 과정을 설명하고 있어. 분리를 하기 위해서는 열이 필요하다는 것과 이후 분리된 단일가닥에 프라이머가 결합한다는 것, 그리고 종합효소에 의해 복제 최종적으로 이중 가닥DNA가 만들어진다는 내용으로 1문단 후반부에서 얘기한 구성요소의 역할을 하나씩 설명하면서 과정을 진행하고 있네. 결국 2배씩 증폭하는데 원하는 만큼 사이클을 돌리고 나면 증폭을 확인하기 위해서 발색을 시키는 데 최종산물에 형광물질을 결합시키는 것이 전통적PCR이라는 거야. (전통적인 것이 있다면 또 다른 것이 있다는 추론이 가능하지?). 그리고 2문단의 핵심어를 고를 때에는 1문단과 반드시 연관짓는 것이 필요해 1문단의 핵심어를 다시 확인한 후 2문단의 핵심어를 골라 보자.

⇒ 핵심어 : 전통적PCR

이런 방법으로 각 문단의 유기성을 생각하면서 핵심어를 정리하다보면 결국 배경지식의 문제보다는 언어적인 해석으로 문제를 풀 수 있다는 것을 이해하게 될거야.

지문을 너무 작게 보지말고 크게 읽으면서 각 단락의 역할을 먼저 이해한 후 내용 전체가 이해되지 않더라도 국어적인 차원에서 중요한 말을 파악하면 문제를 풀 수 있다는 거지.

한가지 더! 표의 적용 문제를 내는 사람은 표에서 문제를 분명히 하기 위한 조건을 제시하게 되어 있어. 그 조건과 지문의 내용을 연관짓는 것이 반드시 필요해. 조건을 찾고 그 조건대로 글을 이해하는 훈련을 반복하다보면 이런 고난도의 문제도 풀 수 있을거야. 알겠지?

한눈에 보는 STEP 1, 2, 3

STEP 1. 단락의 핵심어를 찾아 확인한다.

STEP 2. 표 문제에서 제공하는 단서를 반드시 찾아 읽고 그 단서를 중심으로 추론한다.

STEP 3. 표의 구성을 정확히 이해하고 핵심어를 찾는다.

기출로 보는 진단 평가

문항 유형	글의 내용을 구체적 상황에 적용 이해		
영역	과학	오답률	83.1%
출처	2021년 6월 시행 모의평가 17번		

1993년 노벨 화학상은 중합 효소 연쇄 반응(PCR)을 개발한 멀리스에게 수여된다. 염기 서열을 아는 DNA가 한 분자라도 있으면 이를 다량으로 증폭할 수 있는 길을 열었기 때문이다. PCR는 주형 DNA, 프라이머, DNA 중합 효소, 4종의 뉴클레오타이드가 필요하다. 주형 DNA란 시료로부터 추출하여 PCR에서 DNA 증폭의 바탕이 되는 이중 가닥 DNA를 말하며, 주형 DNA에서 증폭하고자 하는 부위를 표적 DNA라 한다. 프라이머는 표적 DNA의 일부분과 동일한 염기 서열로 이루어진 짧은 단일 가닥 DNA로, 2종의 프라이머가 표적 DNA의 시작과 끝에 각각 결합한다. DNA 중합 효소는 DNA를 복제하는데, 단일 가닥 DNA의 각 염기 서열에 대응하는 뉴클레오타이드를 순서대로 결합시켜 이중 가닥 DNA를 생성한다.

PCR 과정은 우선 열을 가해 이중 가닥의 DNA를 2개의 단일 가닥으로 분리하는 것으로 시작한다. 이후 각각의 단일 가닥 DNA에 프라이머가 결합하면, DNA 중합 효소에 의해 복제되어 2개의 이중 가닥 DNA가 생긴다. 일정한 시간 동안 진행되는 이러한 DNA 복제 과정이 한 사이클을 이루며, 사이클마다표적 DNA의 양은 2배씩 증가한다. 그리고 DNA의 양이 더이상 증폭되지 않을 정도로 충분히 사이클을 수행한 후 PCR를 종료한다. 전통적인 PCR는 PCR의 최종 산물에 형광 물질을 결합시켜 발색을 통해 표적 DNA의 증폭 여부를 확인한다.

PCR는 시료의 표적 DNA 양도 알 수 있는 실시간 PCR라는 획기적인 개발로 이어졌다. 실시간 PCR는 전통적인 PCR와 동일하게 PCR를 실시하지만, 사이클마다 발색 반응이 일어나도록 하여 누적되는 발색을 통해 표적 DNA의 증폭을 실시간으로 확인할 수 있다. 이를 위해 실시간 PCR에서는 PCR 과정에 발색 물질이 추가로 필요한데, '이중 가닥 DNA 특이염료' 또는'형광 표식 탐침'이 이에 이용된다. 이중 가닥 DNA 특이염료는 이중 가닥 DNA에 결합하여 발색하는 형광 물질로, 새로 생성된 이중 가닥 표적 DNA에 결합하여 발색하므로 표적DNA의 증폭을

알 수 있게 한다. 다만, 이중 가닥 DNA 특이염료는 모든 이중 가닥 DNA에 결합할 수 있기 때문에 2개의 프라이머끼리 결합하여 이중 가닥의 이합체(二合體)를 형성한 경우에는 이와 결합하여 의도치 않은 발색이 일어난다.

형광 표식 탐침은 형광 물질과 이 형광 물질을 억제하는 소광 물질이 붙어 있는 단일 가닥 DNA 단편으로, 표적 DNA에서 프라이머가 결합하지 않는 부위에 특이적으로 결합하도록 설계된다. PCR 과정에서 이중 가닥 DNA가 단일 가닥으로 되면, 형광 표식 탐침은 프라이머와 마찬가지로 표적 DNA에 결합한다. 이후 DNA 중합 효소에 의해 이중 가닥 DNA가 형성되는 과정 중에 탐침은 표적 DNA와의 결합이 끊어지고 분해된다. 탐침이 분해되어 형광 물질과 소광 물질의 분리가 일어나면 비로소 형광 물질이 발색되며, 이로써 표적 DNA가 증폭되었음을 알 수 있다. 형광 표식 탐침은 표적 DNA에 특이적으로 결합하는 장점을 지니나 상대적으로 비용이 비싸다.

[A] 실시간 PCR에서 발색도는 증폭된 이중 가닥 표적 DNA의양에 비례하며, 일정 수준의 발색도에 도달하는 데 필요한 사이클은 표적 DNA의 초기 양에 따라 달라진다. 사이클의 진행에 따른 발색도의 변화가 연속적인 선으로 표시되며, 표적 DNA를 검출했다고 판단하는 발색도에 도달하는 데 소요된 사이클을 Ct값이라 한다. 표적 DNA의 농도를 알지 못하는 미지 시료의 Ct값과 표적 DNA의 농도를 알고 있는 표준 시료의 Ct값을 비교하면 미지 시료에 포함된 표적DNA의 농도를 계산할 수 있다.

PCR는 시료로부터 얻은 DNA를 가지고 유전자 복제, 유전병 진단, 친자 감별, 암 및 감염성 질병 진단 등에 광범위하게 활용된다. 특히 실시간 PCR를 이용하면 바이러스의 감염 여부를 초기에 정확하고 빠르게 진단할 수 있다.

문제 [A]를 바탕으로 <보기1>의 실험 상황을 가정하고 <보기2>와 같이 예상 결과를 추론하였다. ㉮~㉰에 들어갈 말로 적절한 것은?

보기1

표적 DNA의 농도를 알지 못하는 ⓐ 미지 시료와, 이와 동일한 표적 DNA를 포함하지만 그 농도를 알고 있는 ⓑ 표준 시료가 있다. 각 시료의 DNA를 주형 DNA로 하여 같은 양의 시료로 동일한 조건에서 실시간 PCR를 실시한다.

보기2

만약 ⓐ가 ⓑ보다 표적 DNA의 초기 농도가 높다면,

↓

표적 DNA가 증폭되는 동안, 사이클이 진행됨에 따라 시간당 시료의 표적 DNA의 증가량은 ⓐ가 (㉮).

↓

실시간 PCR의 Ct값에서의 발색도는 ⓐ가 (㉯).

↓

따라서 실시간 PCR의 Ct값은 ⓐ가 (㉰).

	㉮	㉯	㉰
①	ⓑ보다 많겠군	ⓑ보다 높겠군	ⓑ보다 크겠군
②	ⓑ보다 많겠군	ⓑ와 같겠군	ⓑ보다 작겠군
③	ⓑ와 같겠군	ⓑ보다 높겠군	ⓑ보다 작겠군
④	ⓑ와 같겠군	ⓑ와 같겠군	ⓑ보다 작겠군
⑤	ⓑ와 같겠군	ⓑ보다 높겠군	ⓑ보다 크겠군

쌤의 꿀Tip

꿀팁 1. 표의 적용 추론이라고 겁먹지 말자. 복잡해 보여도 어차피 내용파악 문제라고 생각하고 핵심내용을 하나씩 정리해 나가면 된다.

꿀팁 2. 표를 정리할 때는 이미 표에 핵심어를 쓸 수 밖에 없거든? 그러니 표에서 문제풀이에 관련한 핵심어가 무엇인지 찾는거야.

꿀팁 3. 표 적용문제는 서술식문제와 달리 선지내용이 배타적으로 이 부분이 ○이면 와 그 반대의 경우는 반드시 ×로 답이 결정되므로 선지 진술에 너무 신경쓰지 않아도 돼.

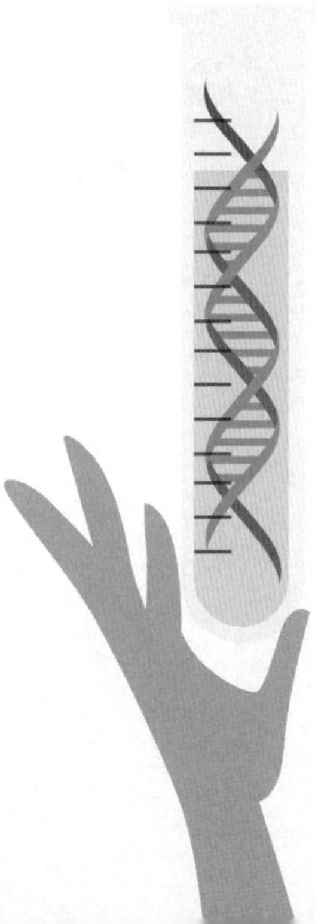

문항 정보

정답	선지 선택 비율				
	①	②	③	④	⑤
②	21.3%	16.9%	28.9%	14.1%	18.9%

주제 각종 진단에 광범위하게 사용되는 전통적 PCR와 실시간 PCR의 원리

지문해설

이 글은 유전자 복제, 감염병 진단 등에서 광범위하게 활용되는 중합 효소 연쇄 반응(PCR)에 대해 설명하고 있다. PCR에는 주형 DNA, 프라이머, DNA 중합 효소, 4종의 뉴클레오타이드가 필요하며 PCR 과정은 증폭의 바탕이 되는 주형 DNA를 2개의 단일 가닥으로 분리하고, 각각의 단일 가닥 DNA에 프라이머가 결합하면 DNA 중합 효소에 의해 복제되어 두 개의 이중 가닥 DNA가 생기는 DNA 복제 과정이 한 사이클을 이룬다. 전통적인 PCR는 PCR의 최종 산물에 형광 물질을 결합시켜 발색을 통해 표적 DNA의 증폭 여부를 확인한다. 한편 실시간 PCR는 사이클마다 발색 반응이 일어나도록 하여 누적되는 발색을 통해 표적 DNA의 증폭을 실시간으로 확인한다. 실시간 PCR에서는 PCR 과정에 발색 물질이 추가로 필요한데, '이중 가닥DNA 특이 염료' 또는 '형광 표식 탐침'이 이에 해당된다. 이중 가닥 DNA 특이 염료는 새로 생성된 이중 가닥 DNA에 결합하여 발색한다. 형광 표식 탐침은 단일 가닥이 된 표적 DNA에 특이적으로 결합한다. 실시간 PCR에서는 발색도가 표적 DNA의 초기 양에 비례한다는 것을 이용하여 시료의 농도를 구할 수 있으며, 특히 실시간 PCR를 이용하면 바이러스의 감염 여부를 초기에 정확하고 빠르게 진단할 수 있다.

유형 클리닉

다시 보는 STEP 1, 2, 3

STEP 1. 지문의 핵심어는 PCR이며 '전통적PCR'과 '실시간PCR'이 있는데 특히 '실시간PCR'중에서 '형광 표식 탐침'의 특징이 있다.

STEP 2. 표에서 제공하는 단서는 'ⓐ가 ⓑ보다 표적 DNA의 초기 농도가 높다'는 것이다.

STEP 3. 표의 구성 상 핵심어는 ㉮ 표적DNA, ㉯가 발색도, ㉰는 Ct값이다.

STEP 1. 단락의 핵심어를 찾는 첫 번째 스텝에서 지문의 핵심어는 PCR이며 PCR는 '전통적PCR'과 '실시간PCR'이 있는데 특히 '실시간PCR'중에서 '형광 표식 탐침'의 특징이 있다는 내용을 확인한다.

STEP 2. 표에서 제공하는 단서는 'ⓐ가 ⓑ보다 표적 DNA의 초기 농도가 높다'는 것이다.

STEP 3. 표의 구성 상 핵심어는 ㉮ 표적DNA, ㉯가 발색도, ㉰는 Ct값이다.

선지 클리닉

	㉮	㉯	㉰
①	ⓑ보다 많겠군	ⓑ보다 높겠군	ⓑ보다 크겠군
②	ⓑ보다 많겠군	ⓑ와 같겠군	ⓑ보다 작겠군
③	ⓑ와 같겠군	ⓑ보다 높겠군	ⓑ보다 작겠군
④	ⓑ와 같겠군	ⓑ와 같겠군	ⓑ보다 작겠군
⑤	ⓑ와 같겠군	ⓑ보다 높겠군	ⓑ보다 크겠군

해설 :

PCR의 과정에서 표적 DNA의 양이 한 사이클마다 2배씩 증폭된다는 것을 고려하면 단위 시간당 시료의 표적 DNA의 증가량은 초기 농도가 높을수록 증가량이 많아지겠지. ⓐ가 ⓑ보다 초기 표적DNA의 농도가 높다고 했고 사이클 1회당 표적DNA가 2배 늘어나므로 초기 농도가 큰 ⓐ가 더 많이 늘어나겠지?

㉮ 표적DNA는 ⓐ가 'ⓑ보다 많겠군'이 적절하지.

5문단을 정리하자면 우선 Ct값의 정의를 정확히 알아야 해. '표적DNA를 검출했다고 판단하는 발색도에 도달하는 데 소요된 사이클'이라는 설명이 있어. 이걸 좀 더 쉽게 설명하자면 일단 DNA에 형광물질을 묻혀가며 복제하면 PCR과정 반복에 따른 발색도는 증가할 것이고, 그러다가 목표지점의 발색도에 도달하게 되면 복제를 더 할 필요가 없으니 멈추게 되는데 이때 복제를 멈출때까지 돌린 사이클이 Ct값이라고 되는 거야.

Ct값의 정의는 원하는 발색도를 얻어 사이클 반복을 멈췄을 때의 값을 말한다고 했지? Ct값의 발색도는 원하는 그 발색도를 말하는 거야. 자 그렇다면 예를 들어볼게. 원하는 발색도는 임의로 32라고 해보자. 시료1은 현재 발색도가 2야. 이 시료로 32의 발색도에 도달하기 위해 2→4→8→16→32로 진행되었다고 한다면 32에 도달하기 위해 4번의 사이클이 반복되었으니 Ct값은 4가 되고, 시료2는 현재 발색도가 16이다. 이 시료로 32의 발색도에 도달하기 위해서는 한번의 사이클만 필요하니 Ct값은 1이 되겠지? 시작점이 어디든간에 32가 되면 멈추니 발색도는 같다고 볼 수 있어.

㉯가 발색도이므로 ⓐ의 발색도는 'ⓑ와 같겠군'이 적절하지.

표적 DNA의 초기 농도가 높은 ⓐ는 사이클이 진행됨에 따른 표적 DNA의 증가량이 많기 때문에 ⓑ에 비해 빨리 일정 수준의 발색도에 도달할 수 있다는 결론이 나오겠네.

㉰는 Ct값이라고 할 때 Ct값은 ⓐ가 'ⓑ보다 작겠군'이 적절하지.

⇒ **따라서 ㉮,㉯,㉰ 모두를 만족시키는 정답은 ②번이야.**

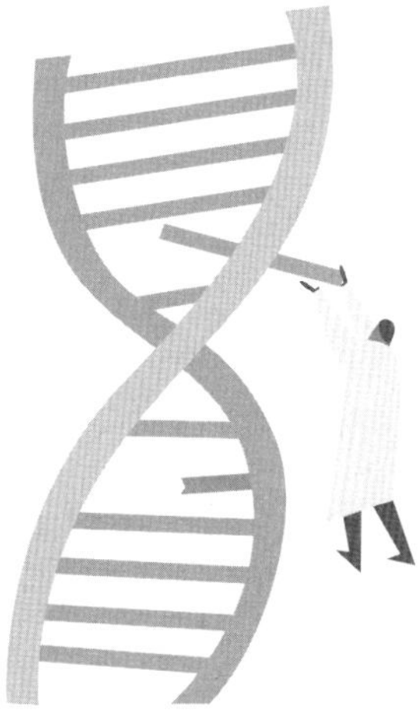

기출로 보는 연습 문제

문항 유형	글의 내용을 구체적 상황에 적용 이해		
영역	경제	오답률	38%
출처	2020년 3월 시행 전국연합학력평가 20번		

[A]

세원이란 조세가 부과되는 원천인데, 소득은 대표적인 세원 중 하나이다. 조세를 부과할 때 세율을 적용하는 부분은 세원 전체가 아니다. 가령 우리나라는 부양가족이 있는 사람에게는 개인의 총소득 중 일부를 공제*한 뒤에 세율을 적용한다. 과세 대상 소득으로부터 얻는 만족감이 동일한 자에게, 동일한 조세 부담을 요구하는 것이 공평하다고 생각되기 때문이다. 개인의 총소득에서 공제를 한 뒤, 세율이 적용되는 소득을 과세 표준이라 한다. 그리고 납세 부담액, 즉 세액은 과세 표준에 세율을 곱함으로써 산출된다. 납세자가 부담할 세액을 결정하는 데 활용되는 세율은 한계 세율이다. 한계 세율이란 세액의 증가분이 과세 표준의 증가분에서 차지하는 비중을 말하는데, 세액의 증가분을 과세 표준의 증가분으로 나눈 값이다. 이 밖에도 세율에는 세액을 과세 표준으로 나눈 값인 평균 세율, 세액을 과세 이전 총소득으로 나눈 값인 실효 세율 등이 있다.

다음 예를 통해 세율에 대해 이해해 보자. 소득세의 세율이 과세 표준 금액 1천만 원 이하는 10%, 1천만 원 초과 4천만 원 이하는 20%라 하자. 이처럼 과세 표준을 몇 개의 구간으로 나누는 까닭은 소득에 대응하는 세율을 일일이 획정하는 것이 현실적으로 어렵기 때문이다. 과세 표준 금액이 3천만 원인 사람의 세액은 '1천만 원×0.1(10%)+2천만 원×0.2(20%)=5백만 원'으로 계산된다. 이 경우 평균 세율은 약 16.7%(5백만 원/3천만 원)가 된다. 과세 표준에 세율을 어떻게 적용할 것인지에 따라 세율 구조가 결정된다. 과세 표준이 클수록 높은 세율로 과세하는 것을 누진 세율 구조라고 한다. 그런데 누진 세율 구조가 아니더라도 고소득일수록 세액이 증가할 수 있으므로 세율 구조는 평균 세율의 증가 여부로 판단하는 것이 적절하다. 즉 과세 표준이 증가할 때 평균 세율이 유지되면 비례 세율 구조, 평균 세율이 오히려 감소하면 역진 세율 구조, 함께 증가하면 누진 세율 구조이다.

대다수 국가에서 소득세는 누진 세율 구조를 적용하고 있는데, 그 이유는 경제적 능력에 따라 조세를 부담하는 것이 공평하다고 생각되기 때문이다. 일찍이 공리주의자 밀은 조세 부담이 개인의 소득 감소를 유발하므로 세금 납부에 따른 경제적 희생, 즉 효용의 손실이 균등해야 공평하다고 보았다. 이를 균등 희생 원리라고 하는데, 밀의 이러한 주장은 후대 학자들에 의해 누진 세율 구조를 옹호하는 근거로 활용되었다. 여기서 희생이란 세액 자체가 아니라 납세로 인한 총효용의 감소분이다. 그런데 밀은 균등하다는 것이 구체적으로 어떤 의미인지는 논하지 않았다. 이에 후대 학자들은 균등의 의미를 절대 희생 균등의 원칙, 비례 희생 균등의 원칙, 한계 희생 균등의 원칙으로 구분하여 논의하였다. 이러한 논의는 소득만이 개인의 효용을 결정하고 효용은 측정 가능하며 소득 증가에 따라 한계 효용이 체감한다는 가정에 입각해 있다. 뿐만 아니라 모든 사람의 소득의 한계 효용 곡선이 동일하다고 가정한다.

균등한 희생과 관련 있는 세 원칙은 <그림>에 나타나 있는 것과 같은 소득의 한계 효용 곡선을 통해 이해할 수 있다. 소득의 한계 효용이란 소득이 1단위 증가했을 때 개인이 얻게 되는 만족의 정도를 의미한다. <그림>에서 원래 소득이 YoO였던 사람이 세액 T를 내면 세후 소득이 YtO로 줄어든다. 이때 희생된 효용의 절대량은 면적 β로 나타낼 수 있다. 절대 희생 균등의 원칙에 따르면 각 개인들이 조세를 부담함으로써 떠안게 되는 희생의 절대적 크기가 균등해야 한다. 그러므로 이 원칙 아래에서는 고소득자의 세액이 저소득자의 세액보다 커야 한다. 그런데 이것만으로는 누진 세율 구조라고 단정하기 어렵다.

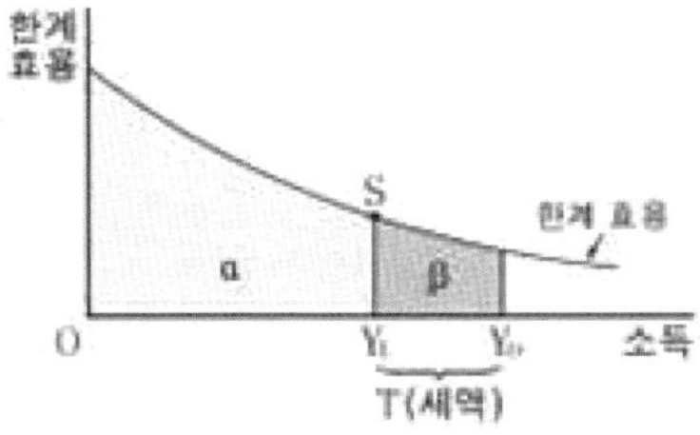

절대 희생 균등 원칙 아래에서는 소득이 1% 증가할 때 한계 효용은 1% 이상 감소할 정도로 한계 효용 곡선이 가파른 기울기를 가져야만 누진 세율 구조가 성립될 수 있기 때문이다. 극단적으로 생각했을 때, 한계 효용 곡선이 체감하지 않고 기울기가 0이라면 절대 희생 균등의 원칙 아래에서는 모든 개인이 동일한 세액을 부담해야 한다. 누진 세율 구조를 충족시킬 수 없는 것이다.

비례 희생 균등의 원칙에 따르면 과세 이전 총소득으로부터 얻는 총효용에서 납세로 인한 효용의 상실, 즉 희생이 차지하는 비율이 모든 개인에게 동일해야 한다. 이는 <그림>에서 면적 β를 면적 α+β로 나눈 값인 효용의 희생 비율이 모두 똑같아야 한다는 것을 뜻한다. 이 원칙 아래에서 누진 세율 구조는 소득의 한계 효용 곡선이 체감하는 모양이기만 하다면 이루어질 수 있다. 즉 소득의

한계 효용 곡선이 반드시 가파른 기울기를 가질 필요는 없다. 비례 희생 균등의 원칙 아래에서 만약 한계 효용 곡선의 기울기가 0이라면 비례 세율 구조가 될 것이다.

한계 희생 균등의 원칙에 따르면 과세 이후에 얻는 한계 효용의 크기가 모든 개인에게 동일해야만 한다. <그림>에서 조세 부담의 마지막 단위에서 발생하는 한계 효용은 선분 YtS의 길이로 나타낼 수 있는데, 한계 희생 균등의 원칙에 따르면 이 길이가 모든 사람에게 같아지도록 해야 한다. 그 결과 과세 이전의 소득 수준에 관계없이 모든 개인이 동일한 효용의 크기를 가지게 된다. 따라서 한계 희생 균등의 원칙을 적용하면 고소득층일수록 매우 무거운 조세 부담이 요구된다.

*공제:받을 몫에서 일정한 금액이나 수량을 뺌.

문제 [A]를 참고하여 <보기>를 이해한 내용으로 가장 적절한 것은?

보기1

소득세 제도			
과세 표준	(가)	(나)	(다)
100만 원	10만 원	30만 원	10만 원
200만 원	20만 원	60만 원	30만 원
300만 원	30만 원	90만 원	60만 원

위에 제시된 표는 어떤 국가에서 검토되고 있는 소득세 제도 (가)~(다)와 그에 따라 개인이 부담해야 하는 세액이다. (단, 과세 표준은 위의 3가지 경우만 있다고 가정한다.)

① (나)는 과세 표준이 클수록 높은 세율을 부과하는 세율 구조이다.

② (다)는 소득이 높을수록 더 많은 세액을 부담하는 역진 세율 구조이다.

③ (가)는 (나)와 달리 모든 과세 표준에 동일한 세율을 부과하는 세율 구조이다.

④ (나), (다)와 달리 (가)는 과세 표준이 증가할 때 평균 세율이 유지되는 세율 구조이다.

⑤ (가), (나)와 달리 (다)는 고소득자보다 저소득자의 세율을 낮게 책정하고 있는 세율 구조이다.

문항 정보

정답	선지 선택 비율				
⑤	①	②	③	④	⑤
	7%	8%	9%	14%	62%

본문 파악하기

주제 조세 부담에서의 공평한 희생이란 무엇인가

지문 해설

이 글은 조세 부담에서의 공평한 희생이란 무엇인가에 대해 설명하고 있다. 납세 부담액인 세액은 과세 표준에 세율을 곱하여 산출되는데, 이때 세율은 세액의 증가분을 과세 표준의 증가분으로 나눈 값인 한계 세율을 의미한다. 세율 구조는 과세 표준에 대해 세율을 어떻게 적용할 것인지에 따라 결정되는데, 이는 세액을 과세 표준으로 나눈 값인 평균 세율의 증가 여부로 판단하는 것이 적절하다. 과세 표준이 증가할 때 평균 세율이 유지되면 비례 세율 구조, 평균 세율이 감소하면 역진 세율 구조, 함께 증가하면 누진 세율 구조이다.

대부분의 국가에서 소득세는 조세 부담의 공평성을 고려하여 누진 세율 구조를 적용하고 있다. 밀의 균등 희생 원리는 누진 세율 구조를 옹호하는 근거로 활용된다. 그런데 밀이 균등의 의미에 대해 구체적으로 논하지 않았기에, 후대 학자들은 균등의 의미를 절대 희생 균등의 원칙, 비례 희생 균등의 원칙, 한계 희생 균등의 원칙으로 구분하여 논의하였다. 절대 희생 균등의 원칙은 각 개인들이 조세를 부담함으로써 떠안게 되는 희생의 절대적 크기가 균등해야 한다는 것이고, 비례 희생 균등의 원칙은 과세 이전 총소득으로부터 얻는 총효용에서 납세로 인한 효용의 상실, 즉 희생이 차지하는 비율이 모든 개인에게 동일해야 한다는 것이다.

한계 희생 균등의 원칙은 과세 이후에 얻는 한계 효용의 크기가 모든 개인에 있어 동일해야 한다는 것으로, 이에 따르면 고소득층일수록 매우 무거운 조세를 부담해야 한다.초고진공은 스퍼터 이온 펌프를 이용하여 얻을 수 있다. 스퍼터 이온 펌프는 1, 2차 펌프 작용을 통해 초고진공 상태를 만든다.

유형 클리닉

(가)는 세율 10%를 적용한 비례 세율 구조, (나)는 세율 30%를 적용한 비례 세율 구조, (다)는 과세 표준이 클수록 높은 세율로 과세하는 누진 세율 구조이네. (다)를 구체적으로 살펴보면 과세 표준 100만 원의 세율은 10%이고 과세 표준 200만 원의 세율은 15%, 과세 표준 300만 원의 세율은 20%이므로 과세 표준이 증가할수록 세율이 증가하고 있음을 알 수 있지. 그러므로 (가), (나)는 고소득자와 저소득자의 세율이 동일한 반면, (다)는 고소득자보다 저소득자의 세율이 낮아. 따라서 스텝에 따라 문제의 유형을 정리해 보면

다시 보는 STEP 1, 2, 3

STEP 1. 지문A에서 제시한 핵심어는 '소득세''과세표준''세율'으로 본문1.2문단 내용을 확인한다.

STEP 2. 표 구성은 과세표준에 따른 세액이 제시되어 있어 소득세 제도를 알아 낼 수 있다.

소득세 제도			
과세 표준	(가)	(나)	(다)
100만 원	10만 원	30만 원	10만 원
200만 원	20만 원	60만 원	30만 원
300만 원	30만 원	90만 원	60만 원

STEP 3. 핵심어와 관련한 지문의 핵심 내용을 중심으로 추론의 단서를 찾아 선지의 적절성 여부를 판단한다.
표에서 (가) 10% 비례 세율, (나) 30% 비례 세율, (다) 누진 세율이다.

선지 클리닉

① (나)는 과세 표준이 클수록 높은 세율을 부과하는 세율 구조이다.

해설 : ① (나)의 소득세를 분석하면 각각 30/100, 60/200, 90/300으로 모든 과세 표준에 세율을 동일하게 30%씩 적용하고 있지. 따라서 과세 표준이 클수록 높은 세율을 부과하고 있지 않아.

② (다)는 소득이 높을수록 더 많은 세액을 부담하는 역진 세율 구조이다.

해설 : ③ (가)의 소득세를 분석하면 10/100, 20/200, 30/300이라는 비례 세율 구조로 10%의 세율이 적용되고 있고, (나) 역시 비례 세율 구조로 30%의 세율이 적용되고 있어. 따라서 (가), (나) 모두 모든 과세 표준에 동일한 세율을 부과하는 세율 구조네.

③ (가)는 (나)와 달리 모든 과세 표준에 동일한 세율을 부과하는 세율 구조이다.

해설 : ③ (가)의 소득세를 분석하면 10/100, 20/200, 30/300이라는 비례 세율 구조로 10%의 세율이 적용되고 있고, (나) 역시 비례 세율 구조로 30%의 세율이 적용되고 있어. 따라서 (가), (나) 모두 모든 과세 표준에 동일한 세율을 부과하는 세율 구조네.

④ (나), (다)와 달리 (가)는 과세 표준이 증가할 때 평균 세율이 유지되는 세율 구조이다.

해설 : ④ 과세 표준이 증가할 때 평균 세율이 유지되는 세율 구조는 (가), (나)야. (가), (나)는 비례 세율 구조이기 때문이야.

✔ **⑤ (가), (나)와 달리 (다)는 고소득자보다 저소득자의 세율을 낮게 책정하고 있는 세율 구조이다.**

해설 : (가)는 10%를 유지하고 있는 비례 세율 구조이고, (나)의 소득세는 30%를 유지하는 비례 세율 구조야. 이와 달리 (다)는 과세 표준이 커짐에 따라 평균 세율도 커지는 누진 세율 구조야. 따라서 (가)와 (나)는 고소득자와 저소득자에 관계 없이 세율이 동일하고, (다)는 고소득자보다 저소득자의 세율을 낮게 책정하고 있는 세율 구조네.

그림과 그래프는 이해의 도구다!

인간이 어떻게 사고하는지는 여러 방식으로 설명할 수 있지만, 아무래도 인간은 언어를 도구로 사용해서 사고한다는 설명이 가장 확실한 설명일 거야. 말을 하거나 들을 때, 글을 읽거나 쓸 때 모두 언어를 사용한다는 것은 인간이 결국 언어를 통해서 사고할 수 있다는 거지. 그렇지만 언어를 통해서만 사고를 하는 것은 절대 아니야. 특정한 상황에서 더 많은 정보를 더 빠르게 사고하기 위해서 인간은 다양한 도구들을 만들었는데, 그 중에 대표적인 것이 표나 그림, 그래프와 같은 시각자료들이야. 특히 이번 챕터에서는 그림이나 그래프에 대해서 다뤄보려고 해.

어떤 내용을 글로만 제시하는 것이 아니라 글과 함께 그림이나 그래프도 함께 제시하면 어떨까? 한눈에 이해한다는 말 들어봤니? 글로만 봤을 때는 복잡해서 한 번에 이해하기 힘든 내용도 그림으로 보면 한눈에 이해했던 경험이 있을 거야. 마찬가지로 글로 봤을 때 여러 요소들의 상관 관계나 변화들을 한 번에 이해하기가 어렵지만 그래프로 옆에 제시가 되어 있다면 그래프만 보고서도 내용을 이해할 수 있겠지? 아마도 많은 친구들이 과학 교과서를 공부하면서 경험해 본 적이 있을 거야. 이처럼 그림이나 그래프들은 언어로만 사고하는 것의 한계를 보완하기 위한 정보 전달의 도구, 또는 사고의 틀이라고 할 수 있어.

그러면 우리가 비문학 문제를 풀 때 여러 번 접해본 적이 있을 거야. 글에 제시된 내용을 문제에서 그림이나 그래프로 묻는 다는 것은 무엇을 의미할까? 이제 눈치 챘겠지만, 글에 나온 내용들, 특히 글로만 이해하기 힘든 내용들을 잘 이해했는지 그림이나 그래프로 확인해 보는 문제라고 생각할 수 있어. 그래서 글에 나온 개념이나 원리들을 명확하게 파악해서 그림과 그래프에 적용하는 연습을 해볼 거야.

그런데 여기서 선생님이 팁을 하나 줄까? 아까 얘기했듯이 그림이나 그래프는 무엇을 보완하기 위한 사고의 틀이라고 했지? 언어로만 이해하기 어려운 상황에서 더 많은 정보를 더 빠르게 사고하기 위한 것이라고 했지? 그러니까 반대로 생각하면 문제에 나온 그림이나 그래프는 오히려 지문의 어려운 부분을 조금 더 이해하기 쉽게 제시한 것이라고 생각할 수 있어. 그러니까 그림이나 그래프가 문제로 나온다? 그러면 그 특징들을 중심으로 내용을 이해하면, 글의 내용이 조금 더 수월하게 읽힐 수도 있는 거지.

그러기 위해서는 그림이나 그래프를 해석하는 능력이 필요한데, 이건 연습의 영역이야. 그림이나 그래프가 담고 있는 의미를 파악해서 글의 핵심적인 정보와 매칭을 한다든지, 그림이나 그래프가 담고 있는 의미가 글에서 어떤 개념이나 원리, 예시 등과 관련 있는지 확인을 해봐야 해. 특히나 그림을 볼 때, 강조되는 부분이 있는지, 주요하게 묘사하는 부분이 어떤 부분인지를 확인해야 하고, 그래프를 볼 때는

가로축과 세로축의 정보가 무엇인지, 그래프의 기울기가 변화하는 부분(변곡점)이나 상관 관계가 어떻게 그려지는지 등을 중점적으로 파악한다면 해석에 도움이 될 거야. 그러면 구체적인 연습을 하러 떠나 볼까?

한눈에 보는 STEP 1, 2, 3

STEP 1. 그림이나 그래프가 담고 있는 의미(묻고 있는 핵심적 정보)를 파악한다.

STEP 2. 그림이나 그래프가 담고 있는 의미와 관련 있는 개념이나 예시를 본문에서 확인한다.

STEP 3. 선지의 내용을 교차적으로 점검하여 참/거짓을 판별한다.

기출로 보는 진단 평가

문항 유형	사례 적용		
영역	기술	오답률	66.7%
출처	2020년도 12월 시행 대학수학능력시험 37번		

[1] 최근의 3D 애니메이션은 섬세한 입체 영상을 구현하여 실물을 촬영한 것 같은 느낌을 준다. 실물을 촬영하여 얻은 자연 영상을 그대로 화면에 표시할 때와 달리 3D 합성 영상을 생성, 출력하기 위해서는 모델링과 렌더링을 거쳐야 한다.

[2] 모델링은 3차원 가상 공간에서 물체의 모양과 크기, 공간적인 위치, 표면 특성 등과 관련된 고유의 값을 설정하거나 수정하는 단계이다. 모양과 크기를 설정할 때 주로 3개의 정점으로 형성되는 삼각형을 활용한다. 작은 삼각형의 조합으로 이루어진 그물과 같은 형태로 물체 표면을 표현하는 방식이다. 이 방법으로 복잡한 굴곡이 있는 표면도 정밀하게 표현할 수 있다. 이때 삼각형의 꼭짓점들은 물체의 모양과 크기를 결정하는 정점이 되는데, 이 정점들의 개수는 물체가 변형되어도 변하지 않으며, 정점들의 상대적 위치는 물체 고유의 모양이 변하지 않는 한 달라지지 않는다. 물체가 커지거나 작아지는 경우에는 정점 사이의 간격이 넓어지거나 좁아지고, 물체가 회전하거나 이동하는 경우에는 정점들이 간격을 유지하면서 회전축을 중심으로 회전하거나 동일 방향으로 동일 거리만큼 이동한다. 물체 표면을 구성하는 각 삼각형 면에는 고유의 색과 질감 등을 나타내는 표면 특성이 하나씩 지정된다.

[3] 공간에서의 입체에 대한 정보인 이 데이터를 활용하여, 물체를 어디에서 바라보는가를 나타내는 관찰 시점을 기준으로 2차원의 화면을 생성하는 것이 렌더링이다. 전체 화면을 잘게 나눈 점이 화소인데, 정해진 개수의 화소로 화면을 표시하고 각 화소별로 밝기나 색상 등을 나타내는 화솟값이 부여된다. 렌더링 단계에서는 화면 안에서 동일 물체라도 멀리 있는 경우는 작게, 가까이 있는 경우는 크게 보이는 원리를 활용하여 화솟값을 지정함으로써 물체의 원근감을 구현한다. 표면 특성을 나타내는 값을 바탕으로, 다른 물체에 가려짐이나 조명에 의해 물체 표면에 생기는 명암, 그림자 등을 고려하여 화솟값을 정해 줌으로써 물체의 입체감을 구현한다.

화면을 구성하는 모든 화소의 화솟값이 결정되면 하나의 프레임이 생성된다. 이를 화면출력장치를 통해 모니터에 표시하면 정지 영상이 완성된다.

[4] 모델링과 렌더링을 반복하여 생성된 프레임들을 순서대로 표시하면 동영상이 된다. 프레임을 생성할 때, 모델링과 관련된 계산을 완료한 후 그 결과를 이용하여 렌더링을 위한 계산을 한다. 이때 정점의 개수가 많을수록, 해상도가 높아 출력 화소의 수가 많을수록 연산 양이 많아져 연산 시간이 길어진다. 컴퓨터의 중앙처리장치(CPU)는 데이터 연산을 하나씩 순서대로 수행하기 때문에 과도한 양의 데이터가 집중되면 미처 연산되지 못한 데이터가 차례를 기다리는 병목 현상이 생겨 프레임이 완성되는 데 오랜 시간이 걸린다. CPU의 그래픽 처리 능력을 보완하기 위해 개발된 ㉠ 그래픽처리장치(GPU)는 연산을 비롯한 데이터 처리를 독립적으로 수행할 수 있는 장치인 코어를 수백에서 수천 개씩 탑재하고 있다. GPU의 각 코어는 그래픽 연산에 특화된 연산만을 할 수 있고 CPU의 코어에 비해서 저속으로 연산한다. 하지만 GPU는 동일한 연산을 여러 번 수행해야 하는 경우, 고속으로 출력 영상을 생성할 수 있다. 왜냐하면 GPU는 한 번의 연산에 쓰이는 데이터들을 순차적으로 각 코어에 전송한 후, 전체 코어에 하나의 연산 명령어를 전달하면, 각 코어는 모든 데이터를 동시에 연산하여 연산 시간이 짧아지기 때문이다.

문제 [A]를 참고하여 <보기>를 이해한 내용으로 가장 적절한 것은?

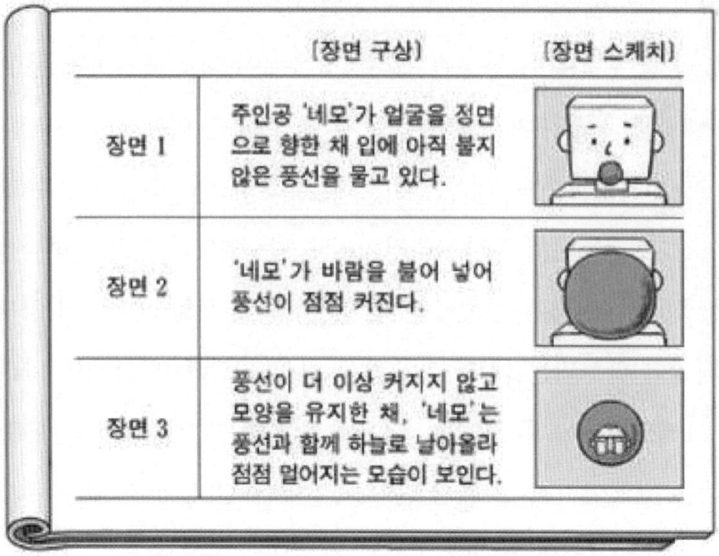

	[장면 구상]	[장면 스케치]
장면 1	주인공 '네모'가 얼굴을 정면으로 향한 채 입에 아직 불지 않은 풍선을 물고 있다.	
장면 2	'네모'가 바람을 불어 넣어 풍선이 점점 커진다.	
장면 3	풍선이 더 이상 커지지 않고 모양을 유지한 채, '네모'는 풍선과 함께 하늘로 날아올라 점점 멀어지는 모습이 보인다.	

① 장면 1의 렌더링 단계에서 풍선에 가려 보이지 않는 입 부분의 삼각형들의 표면 특성은 화솟값을 구하는 데 사용되지 않겠군.

② 장면 2의 모델링 단계에서 풍선에 있는 정점의 개수는 유지되겠군.

③ 장면 2의 모델링 단계에서 풍선에 있는 정점 사이의 거리가 멀어지겠군.

④ 장면 3의 모델링 단계에서 풍선에 있는 정점들이 이루는 삼각형들이 작아지겠군.

⑤ 장면 3의 렌더링 단계에서 전체 화면에서 화솟값이 부여되는 화소의 개수는 변하지 않겠군.

쌤의 꿀Tip

꿀팁 1. 핵심 개념 및 그 과정에 주목하자. 3D 합성 영상을 생성, 출력하기 위한 과정으로 모델링과 렌더링이 제시되었어. 그리고 모델링과 렌더링의 개념과 특성, 기술적 과정을 설명하고 있지. 이 문제는 이 두 가지에 대한 정보만 확실하게 기억해도 쉽게 풀 수 있어!

꿀팁 2. 그림의 변화에 주목하자! 그림에서는 풍선이 작았다가 커지고 멀어지는 일련의 변화를 제시하고 있어. 그러면 당연히 장면마다 변화되는 부분에 대해 본문의 정보를 확인하는 질문이 나올 거라는 것을 예측할 수 있지.

문항 정보

정답	선지 선택 비율				
④	①	②	③	④	⑤
	23.8%	8.2%	10.6%	33.3%	24.0%

본문 파악하기

주제 3D 합성 영상의 생성, 출력을 위한 모델링과 렌더링의 원리

지문 해설

이 글은 3D 합성 영상을 생성하고 출력하기 위한 모델링과 렌더링 과정을 설명하고 있는 글이다. '모델링'은 3차원 가상 공간에서 물체의 모양과 크기, 공간적인 위치, 표면 특성 등과 관련된 고유의 값을 설정하거나 수정하는 단계이다. 모델링은 삼각형을 활용해서 물체의 표면을 표현한다. '렌더링'은 모델링을 통해 얻은 데이터를 활용해 관찰 시점을 기준으로 2차원의 화면을 생성하는 단계이다. 렌더링은 화솟값 부여를 통해 원근감이나 명암을 표현한다. 모델링과 렌더링을 거치면 프레임이 생성되고, 이를 순서대로 표시하면 동영상이 된다. 모델링의 삼각형 정점 개수가 많고, 렌더링의 화소 수가 많을수록 연산 시간이 길어지는데, 데이터 연산을 하나씩 순차적으로 하는 중앙처리장치(CPU)는 병목현상 때문에 영상 완성에 시간이 더 걸린다. 이를 보완하기 위해 개발된 그래픽처리장치(GPU)는 병렬 연산으로 고속 영상 출력을 할 수 있다.초고진공은 스퍼터 이온 펌프를 이용하여 얻을 수 있다. 스퍼터 이온 펌프는 1, 2차 펌프 작용을 통해 초고진공 상태를 만든다.

유형 클리닉

STEP 1. 그림이나 그래프가 담고 있는 의미(묻고 있는 핵심적 정보)를 파악한다.

▶ 문제에는 3가지의 그림(장면 스케치)이 순차적으로 제시되어 있고, 3가지의 그림들이 어떤 변화를 나타내고 있다는 것을 파악할 수 있어. 장면 구상의 설명들을 빠르게 살펴보면, 장면 1에서 2의 변화는 풍선(물체)의 크기가 커졌다는 것을 알 수 있고, 장면 2에서 3의 변화는 풍선(물체)는 커지지 않은 상태에서 점점 멀어지고 있는 것을 알 수 있어. 즉 그림에서 담고 있는 핵심적 정보는 물체의 크기와 원근 변화야. 그럼 본문에서 무엇을 확인해야하는지 확실해졌지?

STEP 2. 그림이나 그래프가 담고 있는 의미와 관련 있는 개념이나 예시를 본문에서 확인한다.

▶ 본문에서는 물체의 크기에 따라 모델링을 어떻게 하는지에 대한 정보가 문단 [2]에 제시되어 있고, 물체의 거리에 따라 어떻게 2D로 원근감을 표현하는지에 대한 정보는 문단 [3]에 제시되어 있어.

STEP 3. 선지의 내용을 교차적으로 점검하여 참/거짓을 판별한다.

▶ 자, 이제 본문과 선지, 그리고 그림을 교차적으로 확인하면서 참/거짓을 판별해보면 돼!

선지 클리닉

① 장면 1의 렌더링 단계에서 풍선에 가려 보이지 않는 입 부분의 삼각형들의 표면 특성은 화솟값을 구하는 데 사용되지 않겠군.

문단 [3]를 보고 추론적으로 이해할 수 있는 내용이야. 3D 입체 영상은 물체를 모델링하여 3D로 구현했다고 하더라도 결과적으로는 2D로 보여지기 때문에 렌더링의 단계를 거치게 돼. 렌더링할 때는 화면의 시점에서 전체 화면을 잘게 나누고, 각각 화소마다 화솟값을 부여하게 된다고 설명하고 있지. 장면 1에서는 물체의 정면 시점에서 풍선에 가려져 있는 입을 확인할 수 있고, 결국 보이지 않는 입 부분의 삼각형들은 화면으로 볼 때 보이지 않기 때문에 화솟값을 구하는 데 사용되지 않겠다는 선지의 설명이 맞게 돼.

② (다)는 소득이 높을수록 더 많은 세액을 부담하는 역진 세율 구조이다.

문단 [2]에서 정확히 제시되어 있는 내용이야. '이때 삼각형의 꼭짓점들은 물체의 모양과 크기를 결정하는 정점이 되는데, 이 정점들의 개수는 물체가 변형되어도 변하지 않으며, 정점들의 상대적 위치는 물체 고유의 모양이 변하지 않는 한 달라지지 않는다.'를 확인해 보면 모델링을 할 때는 물체의 크기에 따라 삼각형이 늘어나지도, 줄어들지도 않아! 장면 1에서는 작았던 풍선이 장면 2에서는 커졌어. 같은 물체인데 크기가 커졌으니 풍선에 있는 정점의 개수도 변화되지 않고 유지되는 것이 맞지!

③ 장면 2의 모델링 단계에서 풍선에 있는 정점 사이의 거리가 멀어지겠군.

이 선지도 마찬가지로 문단 [2]에서 정확히 정보가 제시되어 있어. '물체가 커지거나 작아지는 경우에는 정점 사이의 간격이 넓어지거나 좁아지고, 물체가 회전하거나 이동하는 경우에는 정점들이 간격을 유지하면서 회전축을 중심으로 회전하거나 동일 방향으로 동일 거리만큼 이동한다.' 여기서 확인할 수 있듯이 정점들의 간격이 넓어지거나 좁아지면서 물체의 크기를 표현하게 돼. 장면 2는 물체 크기가 커진 상태니까 정점 사이의 거리가 멀어진다는 것을 이해할 수 있겠지?

✔ **④ 장면 3의 모델링 단계에서 풍선에 있는 정점들이 이루는 삼각형들이 작아지겠군.**

먼저 장면 3의 특징을 생각해보자. 장면 3은 '장면 구상'의 설명에서 '더 이상 커지지 않고 모양을 유지한 채' 라고 제시되어 있어. 그림만 보고 문제를 푼다면 물체의 크기가 작아진 것이 맞다고 생각할 수도 있지만, 장면 구상의 설명에서 물체가 모양을 유지한 채로 제시되어 있기 때문에 이건 물체의 거리에 따라 렌더링을 어떻게 하는지를 묻는 질문이야. 모양을 유지하고 있으면 문단 [2]의 '정점들의 상대적 위치는 물체 고유의 모양이 달라지지 않는 한 달라지지 않는다.'은 설명처럼 삼각형의 크기는 유지될 것이고, 장면의 화솟값이 달라지면서 원근감을 표현하겠지? 그러니 선지에서 삼각형들이 작아진다는 설명은 틀리게 되는 거야!

⑤ 장면 3의 렌더링 단계에서 전체 화면에서 화솟값이 부여되는 화소의 개수는 변하지 않겠군.

이 선지는 문단 [3]을 정확히 읽었다면 굉장히 빠르게 확인할 수 있는 선지야. 전체 화면을 잘게 나눈 것이 화소이고, 그 화소의 개수는 정해져 있기 때문에 화소의 개수는 변하지 않아.

기출로 보는 연습 문제

문항 유형	사례 적용		
영역	기술	오답률	50.9%
출처	2020년도 5월 시행 모의평가 24번		

경제학에서는 일할 의사와 능력이 모두 있는 사람이 일자리를 갖지 못한 상태를 실업이라고 정의하고, 실업이 증가하면 사회가 생산할 수 있는 재화나 서비스의 수량이 적어지는 등의 경제적 문제가 발생한다고 보았다. 경제학에서는 실업이 발생하는 원인에 따라 실업을 크게 마찰적 실업, 구조적 실업, 경기적 실업 등으로 분류하고 그 해결책을 정부의 역할과 관련하여 제시하고 있다.

[A] 우선 마찰적 실업이란 일반적인 경제 상황에서 노동자가 개인의 선택으로 직업이나 직장을 바꾸는 과정에서 불가피하게 발생하는 실업이다. 이는 전체 생산량 측면에서 경제적으로 큰 손실을 발생시키지 않기 때문에 정부의 역할은 크게 요구되지 않는다. 다음으로 구조적 실업이란 노동자가 공급하는 기술 수준과 기업에서 요구하는 기술 수준 간의 불합치 때문에 발생하는 실업이다. 구조적 실업은 노동자의 재교육 등과 같은 방법으로 해결할 수 있기 때문에 이와 관련된 정책을 수립하는 정부의 역할이 요구된다. 마지막으로 경기적 실업이란 경기 침체의 영향으로 기업 활동이 ⓐ 위축되고 이로 인해 노동에 대한 수요가 감소하여 고용량이 줄어들어 발생하는 실업이다. 다시 말해 경기적 실업은 노동 시장에서 노동의 수요와 공급이 균형을 이루고 있는 상태라고 가정할 때, 경기가 ⓑ 침체되어 물가가 하락하게 되면 기업은 생산량을 줄이게 되고 이로 인해 노동에 대한 수요가 감소하여 발생한다. 경기적 실업은 다른 종류의 실업에 비해 생산량 측면에서 경제적으로 큰 손실을 발생시킬 수 있기에 경제학자들은 이를 해결하기 위한 정부의 역할에 대해 다양한 의견을 제시한다.

먼저 고전학파에서는 시장에서 임금이나 물가 등의 가격 변수가 완전히 탄력적으로 작용하기 때문에 경기적 실업을 자연스럽게 ⓒ 해소될 수 있는 일시적 현상으로 본다. 이들에 의하면

노동자들이 받는 화폐의 액수를 의미하는 명목임금이 변하지 않은 상태에서, 경기 침체로 인해 물가가 하락하게 되면 ㉠ 명목임금을 물가로 나눈 값, 즉 임금의 실제 가치를 의미하는 ㉡ 실질임금은 상승하게 된다. 예를 들어 물가가 10% 정도 하락하게 되면 명목임금으로 구매할 수 있는 재화의 양이 10% 정도 늘어날 수 있고, 이는 물가가 하락하기 전보다 실질임금이 10% 정도 상승했다는 의미이다. 이렇게 실질임금이 상승하게 되면 경기적 실업으로 인해 실업 상태에 있던 노동자들은 노동 시장에서 일자리를 적극적으로 찾으려고 하고, 이로 인해 노동의 초과공급이 발생하게 된다. 그래서 노동자들은 노동 시장에서 경쟁하게 되고 이러한 경쟁으로 인해 명목임금은 탄력적으로 하락하게 된다. 명목임금의 하락은 실질임금의 하락으로 이어지게 되고 실질임금은 경기가 침체되기 이전과 동일한 수준으로 돌아간다. 결국 기업에서는 명목임금이 하락한 만큼 노동의 수요량을 늘릴 수 있게 되므로 노동의 초과공급은 사라지고 실업이 자연스럽게 해소된다. 따라서 고전학파에서는 인위적 개입을 통해 경기적 실업을 감소시키려는 정부의 역할에 반대한다.

그러나 케인즈학파에서는 시장에서 임금이나 물가 등의 가격 변수가 완전히 탄력적으로 ⓓ 작용하지는 않기 때문에 경기적 실업은 자연스럽게 해소될 수 없다고 주장한다. 즉 명목임금이 변하지 않은 상태에서 경기 침체로 인한 물가 하락으로 실질임금이 상승하더라도, 고전학파에서 말하는 것처럼 명목임금이 탄력적으로 하락하는 현상은 일어나기 어렵다고 본 것이다. 이에 대해 케인즈학파에서는 여러 가지 이유를 제시하는데 그중 하나가 화폐환상현상이다. 화폐환상현상이란 경기 침체로 인해 물가가 하락하고 이에 영향을 받아 명목임금이 하락하였을 때의 실질임금이, 명목임금의 하락 이전과 동일하다는 것을 노동자가 인식하지 못하는 현상을 의미한다. 그래서 경기 침체에 의해 물가가 하락하더라도 화폐환상현상으로 인해 노동자들은 명목임금의 하락을 받아들이지 않게 되고, 결국 명목임금은 경기적 실업이 발생하기 이전의 수준과 비슷하게 ⓔ 유지된다. 이는 기업에서 노동의 수요량을 늘리지 못하는 결과로 이어지게 되고 실업은 지속된다. 따라서 케인즈학파에서는 정부가 정책을 통해 노동의 수요를 늘리는 등의 경기적 실업을 감소시킬 수 있는 적극적인 역할을 해야 한다고 주장한다.

문제 <보기>는 경기적 실업을 설명하기 위한 그래프이다. 윗글을 바탕으로 <보기>를 이해한 내용으로 적절하지 않은 것은?

보기1

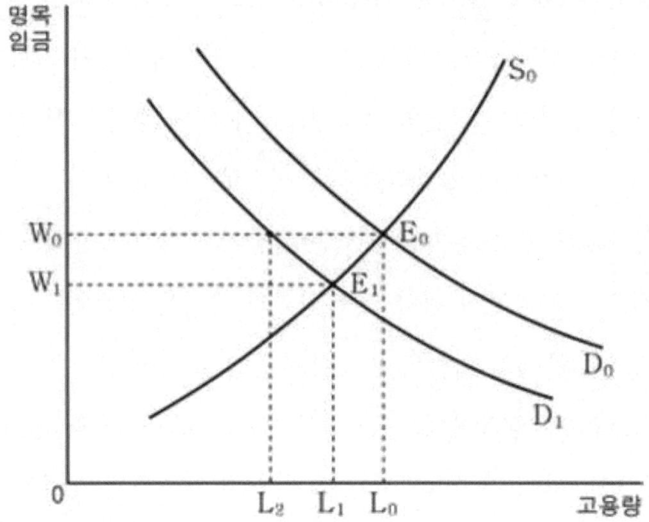

* S0은 노동의 공급곡선, D0과 D1은 노동의 수요곡선이다.
* E0은 경기적 실업이 발생하기 전에 형성되어 있던 노동에 대한 수요와 공급의 균형점이다.
* 제시된 상황 이외의 모든 경제적 변수는 고려하지 않는다.

① D_0이 D_1로 이동하여 노동의 초과공급이 발생했다면, 고전학파에서는 이를 일시적 현상이라고 생각하겠군.

② D_0이 D_1로 이동하여 W_0이 W_1 수준으로 하락했다면, 고전학파에서는 그 원인을 노동의 초과공급으로 인한 노동자들의 경쟁 때문이라고 생각하겠군.

③ D_0이 D_1 이동하더라도 W_0이 W_1 수준으로 하락하지 않았다면, 케인즈학파에서는 그 원인을 화폐환상현상 때문일 수 있다고 생각하겠군.

④ D_0이 D_1로 이동하여 실업이 발생했다면, 케인즈학파에서는 이를 해결하기 위해 노동의 수요를 늘리기 위한 정부의 역할이 필요하다고 생각하겠군.

⑤ D_0이 D_1로 이동하더라도 명목임금이 W0 수준으로 유지되었다면, 케인즈학파에서는 L_0에서 L_2의 차이만큼 노동에 대한 수요가 발생할 것으로 생각하겠군.

쌤의 꿀Tip

꿀팁 1. 문제의 키워드 확인! 문제를 보면 가장 크게 눈에 띄는 게 그래프지? 겁먹지 말고 문제를 보면 '경기적 실업'을 설명하기 위한 자료라고 되어 있어. 그러니까 <보기>에 제시된 그래프는 본문에서 글로 설명하고 있는 경기적 실업을 시각적으로 표현한 것이야. 본문에서도 경기적 실업을 집중해서 보면 돼.

꿀팁 2. 비교해보자! 경기적 실업에 대한 관점과 입장이 두 가지가 제시되어 있어. 첫째는 고전학파고 둘째는 케인즈학파야. 그러면 두 학파의 입장이 어떻게 다른지 체크하고 넘어가야 할 거야. 특히 경기적 실업을 어떻게 해소할 수 있는지에 대한 두 관점이 다르니까 확인해보자.

꿀팁 3. 그래프를 읽자! 그래프를 읽을 때는 우선 각 축이 무엇을 의미하는지를 확인해야 해. 여기서는 가로축이 고용량, 세로축이 명목임금이야. 그리고 두 종류의 그래프가 있는데, 하나는 노동 수요곡선이고 하나는 노동 공급곡선이 있어. 그리고 수요곡선은 두 개가 그려져 있다는 것도 확인할 수 있고, 세 곡선의 교점도 2개가 있다는 것을 확인하자. 그러면 물어볼 수 있는 지점들이 눈에 보이는데, 첫째는 그래프의 교점의 의미, 둘째는 그래프 이동에 따른 변화 정도로 정리할 수 있지.

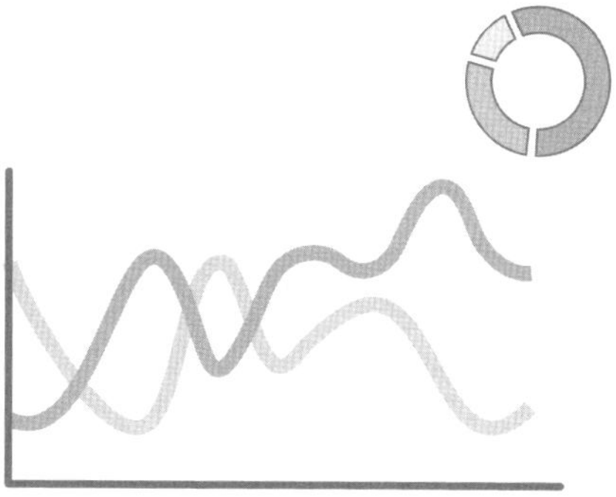

문항 정보

정답	선지 선택 비율				
④	①	②	③	④	⑤
	5.6%	11.8%	19.1%	14.3%	49.1%

본문 파악하기

주제 경제학에서의 실업의 정의와 분류 및 실업에 대한 정부의 역할

지문 해설

이 글은 경제학에서 실업을 어떻게 정의하는지 밝히고 실업의 원인에 따른 정부의 역할을 제시하는 글이다. 실업은 일할 의사와 능력이 모두 있는 사람이 일자리르 갖지 못한 상태라고 경제학에서는 정의한다. 실업은 발생 원인에 따라 마찰절 실업, 구조적 실업, 경기적 실업으로 분류할 수 있다. 마찰적 실업은 노동자 개인의 선택으로 직장을 바꾸는 과정에서 발생하는 실업으로 정부의 역할은 크게 요구되지 않는다. 구조적 실업은 노동자의 기술 수존과 기업의 요구 수준이 불합치하여 발생하는 실업으로 정부는 노동자 재교육과 같은 방법으로 해결할 수 있다. 경기적 실업은 경기 침체로 기업 활동이 위축되어 고용량이 줄어서 발생하는 실업이다. 이때 고전학파는 경기적 실업을 자연스럽게 해소될 일시적 현상으로 보고 정부의 역할을 요구하지 않는다. 반면 케인즈 학파는 경기적 실업은 자연스럽게 해소될 수 없기 때문에 정부 정책으로 노동 수요를 적극적으로 늘리는 역할을 해야 한다고 주장한다.

유형 클리닉

다시 보는 STEP 1, 2, 3

STEP 1. 그림이나 그래프가 담고 있는 의미를 파악한다.

STEP 2. 그림이나 그래프가 담고 있는 의미와 관련 있는 개념이나 예시를 본문에서 확인한다.

STEP 3. 선지의 내용을 교차적으로 점검하여 참/거짓을 판별한다.

STEP 1. <보기> 통해 알 수 있는 유의미한 핵심 정보를 정리해보자. 우선 그래프는 경기적 실업에 대해 설명하는 그래프인 점을 기억해야 해. 그래프의 핵심 정보는 크게 세 가지야! 살펴보면 먼저 가로축에는 고용량, 세로축에는 명목임금에 대한 정보가 제시되고 있어. 그러니 고용량과 명목임금의 개념을 본문에서 체크해 놔야 해. 두 번째로는 두 종류의 그래프를 보자. 그래프 기울기에 따라 우하향, 우상향하는 그래프가 있는데, 우하향하는 D곡선은 수요 그래프, 우상향하는 S곡선은 공급 그래프야. 이때 D0와 D1이 따로 그려져 있는 점을 확인하자. 세 번째는 그래프의 접점이야. D곡선과 S곡선이 만나는 접점이 E로 표시되어 있고, 그건 수요와 공급의 균형점이지. 이 밖에도 D0와 D1의 이동에 따른 명목임금의 변화(W), 고용량의 변화(L)을 물어볼 거야. 방대한 양의 정보 같지만 그래프를 보며 시각적으로 판단하는 것이기 때문에, 최대한 빠르게 직관적으로 파악하는 연습을 해야 해.

STEP 2. 경기적 실업에 대해 자세히 설명하고 있는 문단은 2문단이고, 경기적 실업을 해결하기 위한 고전학파와 케인즈 학파의 입장은 3, 4문단에 순차적으로 제시되어 있어. 문제를 풀기 위해 체크해야 하는 핵심 정보를 정리해보자.

① 경기적 실업이란 경기 침체의 영향으로 기업 활동이 위축되고 이로 인해 노동에 대한 수요가 감소하여 고용량이 줄어들어 발생하는 실업이다. (노동에 대한 수요 감소가 중요! - 수요 곡선이 이동하겠지?)

② 고전학파의 입장: 노동시장 탄력성 신뢰

(경기침체-물가하락-실질임금증가-노동공급증가-초과공급-명목임금 하락 및 실질임금 하락-노동수요증가-실업률 감소)

③ 케인즈학파의 입장: 노동시장 탄력성 불신(화폐환상현상으로 실질임금의증가를 노동자들이 인식하지 못함-정부의 노동수요증가 정책 강조)

STEP 3. 자, 이제 본문과 선지, 그리고 그림을 교차적으로 확인하면서 참/거짓을 판별해보면 돼, 2문단의 경기적 실업의 개념과 원인, 3, 4문단에서의 고전학파와 케인즈학파의 차이를 설명하는 문단에서 주요 내용이 그래프에 다 체크가 되어 있으니까, 어렵게 생각하지 말고 글과 그래프를 교차 점검하며 문제를 풀어보자.

선지 클리닉

① D0이 D1로 이동하여 노동의 초과공급이 발생했다면, 고전학파에서는 이를 일시적 현상이라고 생각하겠군.

선지를 볼 때 시간을 줄일 수 있는 팁을 하나 줄게. 선지가 'A라면, B다.'의 구조를 가지고 있으면 A는 당연히 참이라고 생각하고 거짓 여부를 따지지 않아도 돼. 문장에서 A가 전제이기 때문이야. 그래서 B의 참/거짓 여부만 보면 돼. D0이 D1로 이동했다는 것은 경기적 실업이 발생해서 노동 수요가 줄었다는 거야. 고전학파에서는 경기적 실업 자체를 일시적 현상으로 파악하고 시장 탄력성에 의해 자연스럽게 해결되는 문제라고 생각해.

② D_0이 D_1로 이동하여 W0이 W1 수준으로 하락했다면, 고전학파에서는 그 원인을 노동의 초과공급으로 인한 노동자들의 경쟁 때문이라고 생각하겠군.

<보기>에서 제시된 문자의 의미를 생각해보면 D0이 D1로 이동했다는 것은 경기적 실업이 일어나서 노동 수요가 줄었다는 것이고, W는 명목임금을 나타내. 그러니까 경기적 실업이 일어나서 명목임금이 하락한다면, 고전학파에서는 어떻게 원인을 설명하느냐를 묻는 거야. 3문단에서 설명하듯이 고전학파에서는 경기 침체 상황에서는 실질임금이 상승하기 때문에 노동의 초과 공급이 발생하고, 그 경쟁으로 명목임금이 하락된다고 설명해.

③ D_0이 D_1 이동하더라도 W0이 W1 수준으로 하락하지 않았다면, 케인즈학파에서는 그 원인을 화폐환상현상 때문일 수 있다고 생각하겠군.

반면 케인즈 학파에서는 경기침체가 일어나도 명목임금이 떨어지지 않는 상황을 설명하는데, 그 원인을 화폐환상현상이라고 4문단에서 설명하고 있어.

✔ **④ D_0이 D_1로 이동하여 실업이 발생했다면, 케인즈학파에서는 이를 해결하기 위해 노동의 수요를 늘리기 위한 정부의 역할이 필요하다고 생각하겠군.**

경기적 실업이 발생하면 이 문제는 자연스럽게 해결할 수 없기 때문에 케인즈학파에서는 노동 수요를 늘리기 위해 정부가 적극적인 역할을 해야 한다고 주장해. 4문단 마지막에서 확인할 수 있어.

⑤ D_0이 D_1로 이동하더라도 명목임금이 W0 수준으로 유지되었다면, 케인즈학파에서는 L0에서 L2의 차이만큼 노동에 대한 수요가 발생할 것으로 생각하겠군.

L의 의미는 고용량 변화였지? 경기적 실업이 발생했는데 명목임금이 이전 수준으로 유지된다면 L2의 값으로 고용량이 정해지는데, 이건 L_0에서 L_2의 차이만큼 노동에 대한 수요가 감소한 것으로 볼 수 있어. 그래프만 보더라도 판단할 수 있는 선지야.

계산 문제는 계산이 아니다!

비문학 고난도 문제 중에는 계산 능력을 요구하는 문제가 있어. 엇? 국어 영역에 계산이라고? 이거 너무한 거 아니야? 라는 생각이 들 수도 있지만, 국어 영역에서 요구하는 계산 문제는 사실 계산 문제가 아니야. 쌤은 이런 문제들을 자료 해석 문제라고 부르는데, 이 유형들은 대체로 본문에 제시된 개념이나 공식을 구체적인 예시로 확인을 한다든지, 본문에 대한 이해를 바탕으로 <보기>의 자료들을 비교해 보는 형식으로 출제되는 경우가 많아. 그래서 숫자가 등장하기에 계산을 해야 한다는 착각을 할 수 있지만, 엄밀히 말해서는 계산하는 문제가 아니라 적용하는 문제라고 하는 것이 정확해. 그래서 우리가 계산 문제들을 마주할 때 가져야 할 마음가짐은 '계산 문제는 계산이 아니다!'라는 마음이야.

계산 유형 문제들은 주로 경제, 과학 지문에 많이 분포되는데, 아무래도 경제나 과학 영역이 숫자를 다루는 영역이기 때문이야. 그렇지만 엄밀히 선지들을 살펴보면 'A는 B보다 크다/작다/같다.', '~하면 A는 커진다/작아진다/변화 없다.'인 경우가 많아. 이를 보면 계산을 통해서 정확한 값을 산출하기보다는 지문에서 설명하고 있는 개념을 이해하고 **추론 가능한 수치의 변화를 파악하거나 비교할 수 있는지 묻고 있다**는 것을 알 수 있어. 그렇기 때문에 본문에서 설명하고 있는 개념에 대한 이해가 가장 중요하다는 거지.

자, 그러면 우리가 계산 유형의 문제들을 만났을 때, 어떻게 대해야 하는지 본격적으로 알아볼까?

한눈에 보는 STEP 1, 2, 3

STEP 1. 무엇을 비교해야 하는지 기준점을 문제에서 찾기.

계산 문제는 어떤 기준에 대한 변수들이 큰지, 작은지, 같은지를 판단하는 수준에서 그치기 때문에 문제에서 기준점을 먼저 찾는다면, 본문에서 무엇을 유심히 이해해야 하는지 감이 올 거야.

STEP 2. 본문에서 제시한 개념(계산 공식) 및 예시를 바탕으로 기준 이해하기.

기준점을 찾았다면, 본문에서 관련된 개념이나 공식을 살펴봐야 해. 반드시 본문에 개념이나 공식이 나오게 되어 있어. 이때 주의 깊게 봐야할 것이 본문에 제시된 예시인데, 보통 본문에서도 예시를 제시하면서 이해하기 쉽도록 설명하기도 하고, 문제에서도 예시와 관련된 적용 문제가 나오는 경우가 많아. 개념이나 공식이 예시에 어떻게 적용되는지를 유심히 살펴보자.

STEP 3. 정확한 계산보다는 수치의 크고 작음 등의 상관 관계를 이해하자.

한발 더 나아간다면, 우리가 본문에서 개념과 공식을 살펴보면서, 또는 적용되는 예시들을 읽으면서 파악해야할 것이 있어. 바로 상관관계들이야. 정확한 수치를 묻기보다는 비교하는 문제들이 나오기 때문에 변수 A가 변할 때 B는 어떻게 변하는지, 특정 조건이 변할 때 A와 B가 같이 움직이는지, 반대로 움직이는지 등을 파악해야 해. 연습 한번 해 볼까? 이 항상 성립할 때, a가 커지면? 또는 b가 커지면? a=b가 되는 값은? 한번 스스로 물음에 답해 봐.

기출로 보는 진단 평가

문항 유형	계산 및 적용		
영역	기술	오답률	63.2%
출처	2020년도 10월 시행 전국연합학력평가 28번		

알고리즘은 컴퓨터에서 문제 해결 방법을 논리적인 순서로 설명하거나 표현하는 절차이다. 그런데 문제 해결 방법에는 여러 가지가 있을 수 있어 어떤 방법으로 문제를 해결하느냐에 따라 효율성이 달라진다. 알고리즘의 효율성을 분석할 때 흔히 시간 복잡도를 사용하는데, 시간 복잡도는 반복적으로 수행되는 연산의 횟수를 이용하여 나타낸다. 이때 연산에는 산술 연산뿐만 아니라 원소 간의 비교를 나타내는 비교 연산도 포함된다. 알고리즘 분야 중 정렬은 원소들을 오름차순이나 내림차순과 같이 특정한 순서에 따라 배열하는 것으로, 정렬을 통해 특정 원소를 탐색하는 데 소요되는 시간을 줄일 수 있다.

㉠<u>삽입 정렬</u>은 정렬된 부분에 정렬할 원소의 위치를 찾아 삽입하는 방식이다. 집합 {564, 527, 89, 72, 34, 6, 3, 0}의 원소를 오름차순으로 정렬하는 경우, 먼저 564를 정렬된 부분으로 가정하고 그다음 원소인 527을 564와 비교하여 527을 564의 앞으로 삽입한다. 그리고 그다음 원소인 89를 정렬된 부분인 {527, 564} 중 564와 비교하여 564의 앞으로 삽입하고, 다시 527과 비교하여 527의 앞으로 삽입한다. 정렬된 부분과 정렬할 원소를 비교하여, 삽입할 필요가 없다면 순서를 그대로 유지한다. 삽입 정렬은 원소들을 비교하여 삽입하는 과정이 반복되므로 비교 연산의 횟수를 구하여 시간 복잡도를 나타낼 수 있다. 이 경우 집합 {564, 527, 89, 72, 34, 6, 3, 0}의 원소를 오름차순으로 정렬하면 시간 복잡도는 28번(1+2+3+4+5+6+7)이 된다.

㉡<u>병합 정렬</u>은 정렬하려는 집합을 두 개의 부분 집합으로 반복 분할한 뒤 다시 병합하면서 하나의 정렬된 집합으로 만드는 방식이다. 집합을 이루는 원소의 개수가 적을수록 정렬에 필요한 연산 횟수가 줄어든다. 집합 {564, 527, 89, 72, 34, 6, 3, 0}의 원소를 오름차순으로 정렬할 때 병합 정렬을 사용하는 경우, ㉮<u><그림>의 Ⓐ와 같이 8개의 부분 집합이 될 때까지 전체 집합을 분할한다.</u>

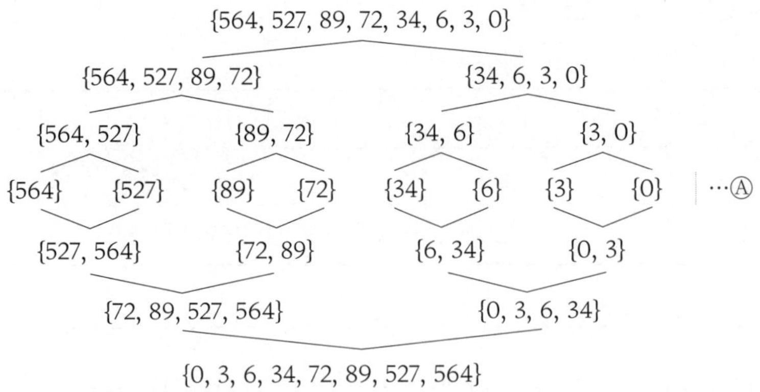

| 그림 |

그 후 {564}와 {527}을 비교하여 {527, 564}로 병합하고, {89}와 {72}를 비교하여 {72, 89}로 병합한다. {527, 564}를 {72, 89}와 병합할 때에는 527과 72를 비교하고, 527과 89를 비교하여 {72, 89, 527, 564}로 병합한다. 병합 정렬은 원소들을 비교하여 정렬하는 과정이 반복되므로 비교 연산의 횟수를 구하여 시간 복잡도를 나타낼 수 있는데, 이 경우 시간 복잡도는 12번((1+1+1+1)+(2+2)+4)이 되고 삽입 정렬에 비해 시간 복잡도가 감소한다.

[A]

한편 ⓒ<u>기수 정렬</u>은 원소들의 각 자릿수의 숫자를 확인하여 각 자릿수에 해당하는 큐에 넣는 방식이다. 큐는 먼저 넣은 자료를 먼저 내보내는 자료 구조이다. 원소들의 각 자릿수의 숫자를 확인하기 위해서는 나머지를 구하는 모듈로(modulo) 연산을 수행한다. 집합 {564, 527, 89, 72, 34, 6, 3, 0}의 원소를 오름차순으로 정렬할 때 기수 정렬을 사용하는 경우, 먼저 모듈로 연산으로 일의 자릿수의 숫자를 확인하여 564를 큐4에, 527을 큐7에, 89를 큐9에, 72를 큐2에, 34를 큐4에, 6을 큐6에, 3을 큐3에, 0을 큐0에 넣는다. 이렇게 1차 정렬된 원소들을 다시 모듈로 연산으로 십의 자릿수의 숫자를 확인하여 차례대로 해당하는 큐에 넣어 2차 정렬한다. 이때 해당하는 자릿수가 없다면 자릿수의 숫자를 0으로 간주하여 정렬한다. 기수 정렬은 원소들 중 자릿수가 가장 큰 원소의 자릿수만큼 원소들의 자릿수의 숫자를 확인하는 과정이 반복되므로 모듈로 연산의 횟수를 구하여 시간 복잡도를 나타낼 수 있다. 이 경우 집합 {564, 527, 89, 72, 34, 6, 3, 0}의 원소를 오름차순으로 정렬하면 시간 복잡도는 24번(8+8+8)이 된다.

정렬 알고리즘은 원소들의 초기 나열 상태에 따라 효율성이 다를 수 있으므로 실제 컴퓨터에서는 이를 고려하여 여러 정렬 알고리즘을 복합적으로 사용한다.

문제 윗글을 바탕으로 <보기>를 이해한 내용으로 적절하지 않은 것은? [3점]

보기

ⓐ 집합 {564, 527, 89, 72}의 원소를 오름차순으로 정렬하는 경우
ⓑ 집합 {0, 3, 6, 34, 72, 89, 527, 564}의 원소를 오름차순으로 정렬하는 경우
ⓒ 집합 {34, 6, 3, 0, 564, 527, 89, 72}의 원소를 오름차순으로 정렬하는 경우
(단, 정렬 알고리즘을 사용할 때, 윗글에 제시된 방식을 따른다.)

① ⓐ는 삽입 정렬을 사용하면 시간 복잡도가 6번이 되겠군.

② ⓐ는 삽입 정렬보다 병합 정렬을 사용할 때 시간 복잡도가 증가하겠군.

③ ⓑ는 병합 정렬보다 삽입 정렬을 사용할 때 시간 복잡도가 감소하겠군.

④ ⓒ는 병합 정렬을 사용하면 시간 복잡도가 12번이 되겠군.

⑤ ⓑ와 ⓒ는 기수 정렬을 사용하면 시간 복잡도가 동일하겠군.

쌤의 꿀Tip

꿀팁 1. 예시를 통해 개념 확실히 이해! 이번 본문에서도 정렬 방식은 세 가지였지만, 각각의 정렬 방식의 시간 복잡도를 설명하기 위해 집합 {564, 527, 89, 72, 34, 6, 3, 0}만을 사용하고 있어. 이를 통해 우리는 각 정렬 방식의 특징을 보다 분명하게 파악할 수 있는 거지.

꿀팁 2. 계산을 해야 한다면 최소한으로! 우리에게 주어진 시간은 적고 계산까지 할 시간은 더더욱이 없어. 그렇기 때문에 불가피한 계산을 해야 한다면 그건 최소화로 해야 해. 본문에서 나온 세 가지의 정렬 방식은 시간 복잡도를 계산해서 비교할 수 있어. 그런데 정확히 이해했다면 시간 복잡도가 조건별로 정해져 있다는 것을 알 수 있을 거야. 삽입 정렬은 원소의 초기 배열에 따라 시간 복잡도가 달라져. 병합 정렬은 원소의 개수가 같으면 원소의 배열과 관계없이 시간 복잡도가 같게 돼. 기수 정렬은 원소 중 가장 큰 자릿수 x 원소의 개수로 시간 복잡도가 정해져. 글을 읽고 이러한 특징을 이해한다면, 병합 정렬과 기수 정렬의 계산을 최소화해서 시간을 벌 수 있겠지?

문항 정보

정답	선지 선택 비율				
	①	②	③	④	⑤
②	11.7%	36.8%	31.8%	13.9%	5.8%

본문 파악하기

주제 알고리즘을 통한 자료 정렬 방법과 각 방법의 시간 복잡도

지문 해설

이 글은 알고리즘을 통한 자료 정렬을 할 때의 효율성을 분석하기 위한 시간 복잡도의 개념을 바탕으로 세 가지 자료 정렬 방법으 설명하는 글이다. 삽입 정렬은 정렬된 부분에 정렬할 원소를 삽입하는 방식이다. 이 방식은 원소들 간의 1:1 비교를 통해 삽입을 하는 과정을 반복한다. 병합 정렬은 정렬하려는 자료를 두 개의 부분 집합으로 반복 분할하여 정렬하는 방식이다. 병합 정렬은 집합의 원소 개수가 적을수록 정렬에 필요한 연산 횟수가 줄어든다. 기수 정렬은 원소들의 각 자릿수를 확인하여 정렬하는 방식이다. 각각의 정렬 방식은 정렬하려는 자료들의 초기 나열 상태에 따라 효율성이 다르기 때문에 실제로는 여러 정렬 알고리즘을 복합적으로 사용한다.

유형 클리닉

STEP 1. 무엇을 비교해야 하는지 기준점을 문제에서 찾기.

▶ 문제에는 지속적으로 반복되는 단어가 있어. 바로 시간복잡도인데, '시간복잡도가 증가한다/감소한다/동일하다'라는 말이 나오는 걸 보면, 시간복잡도를 기준으로 수치를 비교하면 되겠다고 생각하면 돼. 그러면 본문에서 시간복잡도의 개념은 확실히 잡아야겠지?

STEP 2. 본문에서 제시한 개념(계산 공식) 및 예시를 바탕으로 기준 이해하기.

▶ 시간복잡도는 연산 또는 비교의 횟수라는 것을 알 수 있어. 본문에서는 알고리즘의 정렬 방법에 따라 시간복잡도가 다를 수 있음을 추론할 수 있어. 쌤의 꿀팁에서 보여줬듯이, 정렬 방법에 따른 공식과 예시를 이해할 필요가 있어.

STEP 3. 정확한 계산보다는 수치의 크고 작음 등의 상관 관계를 이해하자.

▶ 원소의 개수, 정렬의 방법의 조건이 달라질 때 시간 복잡도가 어떻게 변화하는지 정리한다면, 문제를 더욱 쉽게 풀 수 있을

거야. 예를 들어 삽입 정렬과 병합 정렬은 원소의 개수가 많을수록 시간 복잡도가 증가해. 반면 기수 정렬은 자릿수가 높은 것이 있을수록 시간 복잡도가 증가해.

선지 클리닉

① ⓐ는 삽입 정렬을 사용하면 시간 복잡도가 6번이 되겠군.

근거는 여기! (본문 2문단) 삽입 정렬은 정렬된 부분에 정렬할 원소의 위치를 찾아 삽입하는 방식이다. (중략) 정렬된 부분과 정렬할 원소를 비교하여, 삽입할 필요가 없다면 순서를 그대로 유지한다. 삽입 정렬은 원소들을 비교하여 삽입하는 과정이 반복되므로 비교 연산의 횟수를 구하여 시간 복잡도를 나타낼 수 있다. 이 경우 집합 {564, 527, 89, 72, 34, 6, 3, 0}의 원소를 오름차순으로 정렬하면 시간 복잡도는 28번(1+2+3+4+5+6+7)이 된다.

삽입 정렬은 말 그대로 정렬된 부분에 새로운 원소를 삽입하여 비교하는 방식이야. 따라서 집합 ⓐ 의 경우 총 4개의 원소가 있으므로(개의 기본 원소, 총 3개의 삽입 원소) 아래와 같이 3단계의 과정을 거치게 돼.

1단계 : 564와 527의 비교(1번)

2단계 : 564와 89의 비교, 527과 89의 비교(2번)

3단계 : 564와 72의 비교, 527과 72의 비교, 89와 72의 비교(3번)'

이를 통해 시간 복잡도는 6(1+2+3)번이라는 것을 알 수 있어.

✔ ② ⓐ는 삽입 정렬보다 병합 정렬을 사용할 때 시간 복잡도가 증가하겠군.

근거는 여기! (본문 2문단) ㉡병합 정렬은 정렬하려는 집합을 두 개의 부분 집합으로 반복 분할한 뒤 다시 병합하면서 하나의 정렬된 집합으로 만드는 방식이다. (중략) <그림>의 Ⓐ와 같이 8개의 부분 집합이 될 때까지 전체 집합을 분할한다. (중략) 시간 복잡도는 12번((1+1+1+1)+(2+2)+4)

ⓐ의 삽입 정렬 시 시간 복잡도가 6이라는 것은 앞서 확인했고, 이번에는 ⓐ를 병합 정렬로 정렬할 경우 시간 복잡도가 얼마일지 계산해보자. 병합 정렬을 사용하면 집합 ⓐ를 {564}, {527}, {89}, {72}로 분할한 뒤 비교 연산을 시작해야 해. 연산의 과정을 도식화하면 아래와 같아.

1단계	{564} {527} {89} {72}	1단계 : 연산 횟수 : 1+1 {564}와 {527}의 비교(1번), {89}와 {72}의 비교(1번)
2단계	{527, 564} {72, 89}	2단계 : 연산 횟수 : 2 {527, 564}와 {72, 89}의 비교(2번)
합계	{72, 89, 527, 564}	총 연산 : 4회(1+1+2)

이러한 과정을 통해 집합 ⓐ를 병합 정렬로 정렬 시 시간 복잡도는 4라는 것을 알 수 있어. 그럼 "ⓐ는 삽입 정렬보다 병합 정렬을 사용할 때 시간 복잡도가 증가하겠군."이라는 진술은 틀렸다는 것도 알 수 있겠지? 따라서 이번 문제의 정답은 ②번이야!

③ (31.8%)ⓑ는 병합 정렬보다 삽입 정렬을 사용할 때 시간 복잡도가 감소하겠군.

선지 ①과 ②의 내용 참고

③번 선지에서는 집합 ⓑ의 삽입 정렬과 병합 정렬 시간 복잡도를 모두 계산해야 해. 우선 집합 {0, 3, 6, 34, 72, 89, 527, 564}를 삽입 정렬을 사용하여 정렬하는 경우, 2문단에서 '정렬된 부분과 정렬할 원소를 비교하여, 삽입할 필요가 없다면 순서를 그대로 유지한다'라는 내용을 통해 0과 3의 비교(1번) 후 순서를 유지하고, 3과 6의 비교(1번) 후 순서를 유지하는 방식으로 7번의 비교가 일어나는 것을 알 수 있어. 즉 집합 ⓑ의 시간 복잡도는 7번이 되지.

반면 집합 {0, 3, 6, 34, 72, 89, 527, 564}를 병합 정렬을 사용하여 시간 복잡도를 계산할 경우 12번이 돼. 따라서 ③번 선지의 설명도 맞다고 할 수 있지.

④ (13.9%)ⓒ는 병합 정렬을 사용하면 시간 복잡도가 12번이 되겠군.

선지 ①과 ②의 내용 참고

ⓒ는 집합 {34, 6, 3, 0, 564, 527, 89, 72}, 즉 원소 8개로 구성된 집합이야. 따라서 본문에서 예시로 제시한 집합과 시간 복잡도 계산 방법이 같다고 할 수 있어. 따라서 ⓒ의 병합 정렬 시 시간 복잡도는 12번이야.

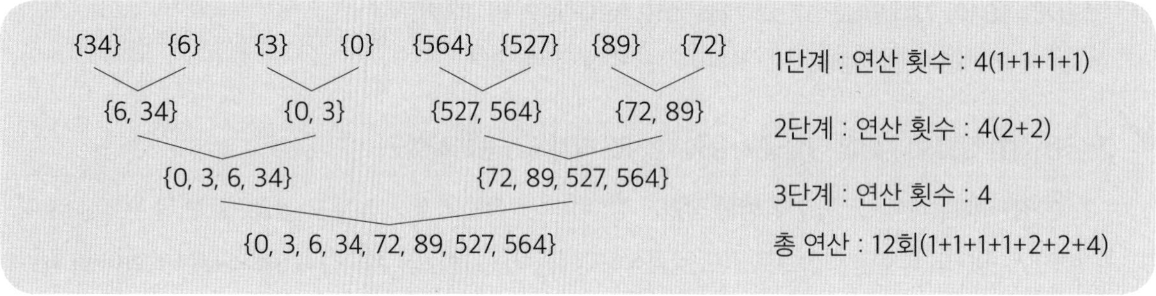

⑤ (5.8%)ⓑ와 ⓒ는 기수 정렬을 사용하면 시간 복잡도가 동일하겠군.

근거는 여기! (본문 4문단) 기수 정렬은 원소들의 각 자릿수의 숫자를 확인하여 각 자릿수에 해당하는 큐에 넣는 방식 (중략) 기수 정렬은 원소들 중 자릿수가 가장 큰 원소의 자릿수만큼 원소들의 자릿수의 숫자를 확인하는 과정이 반복되므로 모듈로 연산의 횟수를 구하여 시간 복잡도를 나타낼 수 있다.

기수 정렬의 시간 복잡도를 계산할 때에는 가장 큰 원소의 자릿수와 원소 개수에 따라 값이 달라져. 그런데 ⓑ와 ⓒ는 가장 큰 원소의 자릿수(3자리)와 원소 개수(8개)가 같아. 그러므로 ⓑ와 ⓒ는 원소개수×원소의 자릿수의 계산 공식에 따라 시간 복잡도가 24로 같다고 할 수 있어.

기출로 보는 연습 문제

문항 유형	계산 및 적용		
영역	기술	오답률	75.2%
출처	2018년도 3월 시행 모의평가 30번		

우리는 초상화보다는 초상 사진이 더 사실적이라고 느낀다. 회화에 비해 사진이 더 사실적이라고 생각하는 이유는 사진이 기계적 장치에 의해 대상을 정확히 재현할 수 있기 때문이다. 하지만 초점이나 노출을 조절하여 대상을 변형시킨 사진도 있다. 이런 경우에도 사진이 사실성을 갖고 있다고 볼 수 있을지에 대해 여러 사진 미학 이론에서 다양한 논의를 ⓐ펼쳤다. 이런 논의를 이해하기 위해서는 사진기의 주요 장치인 초점 조절 장치, 조리개, 셔터 등의 특성을 이해할 필요가 있다.

초점 조절 장치는 렌즈와 필름 사이의 거리를 조절하여 피사체의 상을 필름 면에 맺게 한다. 이 장치에는 렌즈와 관련한 광학 원리가 적용된다. 사진기 렌즈는 중심보다 가장자리가 더 많이 굽은 볼록 렌즈인데, 렌즈 면이 굽을수록 더 많이 굴절되므로 광축*에 평행으로 입사한 빛들은 광축의 한 점에 ⓑ모인다. 렌즈의 중심부터 빛이 모이는 점까지의 거리를 초점 거리(f)라고 한다. 렌즈의 초점 거리는 렌즈를 제작할 때 결정되므로 렌즈마다 고유한 초점 거리를 갖는다. 하지만 렌즈의 중심과 피사체 사이의 거리인 물체 거리(o)가 달라지면 특별한 경우를 제외하고는 렌즈의 중심과 상이 맺히는 지점 사이의 거리인 상 거리(i)가 달라진다.

물체 거리(o)와 상 거리(i)가 렌즈의 초점 거리(f)와 어떻게 연결되는지는 $\frac{1}{o}+\frac{1}{i}=\frac{1}{f}$로 표현될 수 있는데, 이를 렌즈 공식이라 한다. 렌즈 공식을 활용하면 i를 구할 수 있다. 아래 <그림>처럼 f가 20cm인 렌즈가 있다고 하자.

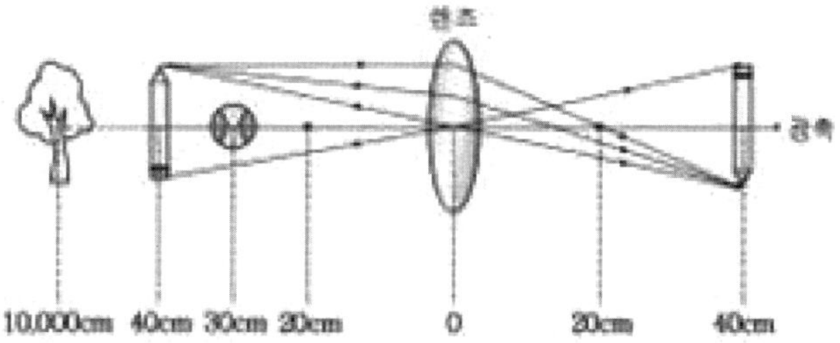

<그림>

피사체인 연필의 o가 40cm인 경우에 연필의 i는 40cm가 된다. o가 10,000cm인 나무의 i는 어떻게 될까? o가 f보다 100배 이상 크면 물체가 무한대의 거리에 있는 것과 마찬가지로 작용한다. 따라서 $\frac{1}{o}$ 이 매우 작아서 무시할 수 있으므로 나무의 i는 f와 거의 같다. 만약 o가 f보다 작으면 피사체의 빛이 퍼져서 모이지 않아 렌즈 뒤에는 상이 맺히지 않는다. 렌즈 공식을 활용하면 상의 크기도 파악할 수 있다. 상의 크기를 피사체의 크기로 나눈 값은 i를 o로 나눈 값과 같다. 그러므로 이 값과 피사체의 크기를 알면 상의 크기도 알 수 있다.

조리개와 셔터는 노출을 결정한다. 노출은 필름에 입사되는 빛의 양이다. 노출이 과하면 사진이 허옇게 번져 나오고, 노출이 부족하면 사진이 어둡게 된다. 조리개 값과 셔터 속도로 노출 정도를 결정할 수 있다. 조리개는 렌즈 바로 뒤에 있는 구멍으로, 그 면적을 늘리거나 ⓒ줄일 수 있도록 만들어져 있다. 조리개 조절 장치에 기록되어 있는 1.4, 2, 2.8, 4, 5.6, 8, 11 등의 수치들은 렌즈의 초점 거리(f)를 조리개의 지름으로 나눈 값인데, 이를 조리개 값이라 한다. 조리개 값을 작은 수로 바꿀 때마다 조리개 지름은 약 1.4배 커져 조리개 면적이 약 2배 넓어진다. 따라서 빛의 양도 약 2배 증가한다. 한편 셔터는 촬영 순간 열렸다 닫혀서 빛의 양을 조절한다. 셔터 속도는 1, 2, 4, … 등으로 표시된다. 이는 셔터가 열려 있는 시간이 1/1초, 1/2초, 1/4초, … 등임을 뜻한다. 셔터 속도가 2배 빨라지면 노출 시간 역시 2배 짧아지므로 빛의 양이 2배 감소한다. 따라서 사진가는 조리개와 셔터를 활용하여 의도적으로 빛의 양을 조절할 수 있다.

조리개와 셔터에는 다른 기능도 있다. 조리개는 사진의 심도에 영향을 ⓓ미친다. 심도란 상이 필름에서 적절하게 초점이 맞는 물체 거리의 범위라고 할 수 있다. 조리개 지름이 작아지면 광축에 가까운 빛만 입사되어 초점이 맞는 물체 거리의 범위가 넓은데, 이를 심도가 깊다고 표현한다. 반대로 조리개 지름이 커지면 초점이 맞는 물체 거리의 범위는 좁다. 따라서 무엇을 어떻게 ⓔ찍을 것인지를 결정하는 데 있어 심도는 중요한 요소이다. 셔터 속도는 피사체의 움직임을 어떻게 구현할지 결정하는 기능을 한다. 빠른 셔터 속도는 움직이는 피사체를 정지 동작으로 나타낼 수 있다. 노출 시간이 짧아 피사체의 잔상이 필름 위에 남을 가능성이 적어지기 때문이다. 반면에 느린 셔터 속도를 사용하면 움직임을 암시하는 사진을 얻을 수 있다. 이때 움직이는 피사체는 흘러가듯이 표현된다.

이와 같은 사진기 장치들의 특성은 대상을 사진으로 정확하게 재현할 수도, 의도적으로 변형할 수도 있게 한다. 대상을 변형시킨 사진 역시 사실성을 갖고 있다고 볼 것인지에 대해 ㉠바쟁은 사진은 기계 장치에 의해 만들어지므로 사실성을 띤다고 본다. 조리개와 셔터 등의 요소에서 인간의 주관이 개입되는 측면을 인정하더라도 기계적 방식으로 대상을 기록한다는 본질은 변하지 않는다는 것이다. ㉡월든은 사진은 우리가 육안으로 직접 보았을 법한 대로 대상을 묘사한다고 보고, 그런 의미에서만 사진이 사실성을 갖는다고 생각한다. 사진이 기계에 의존하여 대상을 정확히 재현한다는 점을 중시한 것이다. 그래서 그림은 그 대상의 가시적 특징을 추가하거나 누락할 수 있지만 사진은 그렇게 하기 어렵기 때문에 그림과 달리 사진이 사실성을 띤다고 주장한다. 최근에는 ㉢또 다른 견해도 제시되고 있다. 이에 따르면 사진은 대상에서 나온 빛 이미지의 자취를 기계 장치로 기록한 것이다. 발자국이 대상의 실재를 함축하듯 사진은 그 대상의 실재를 함축한다. 그런 의미에서 모든 사진은 사실성을 갖는다고 본다. 그렇다면 발자국은 사진과 동일한가? 이 견해에 의하면 사진은 대상 자체의 자취가 아니라 대상에서 나오는 빛 이미지의 자취를 기록한다는 점에서 발자국과 구별된다. 또한 사진의 사실성은 사진이 대상을 정확히 재현하는지 여부와는 무관하다고 본다. 사진 형성 과정에 사진가가 적극 개입한 사진이건 우연히 찍힌 사진이건 빛 이미지의 자취라는 점에서는 모두 사실성을 띤다는 것이다.

*광축:렌즈의 중심과 초점을 연결한 선.

문제 윗글의 <그림>을 이해한 내용으로 적절하지 않은 것은?

① 연필의 i가 공의 i보다 더 크다.

② 나무의 i는 렌즈의 f와 거의 같다.

③ 연필의 실제 크기와 그 상의 크기는 같다.

④ 공은 실제 크기보다 그 상의 크기가 더 크다.

⑤ 공의 o가 15㎝라면 상은 렌즈 뒤에 맺히지 않는다.

쌤의 꿀Tip

꿀팁 1. 그림에 변수를 표시하자! 수능 지문에서 제시되는 그림들은 글로만 이루어져 있는 본문만으로는 어려울 수 있는 이해를 돕기 위한 힌트들이라고 여러 번 강조했을 거야. 여기서도 마찬가지야. <그림>을 통해 설명하고 있는 만큼, 그림에 변수들이 무엇인지 표시해가면서 읽으면 문제 푸는 속도가 빨라질 거야. **물체 거리, 상 거리, 초점 거리 3가지만 표시**해도 직관적으로 이해할 수 있어.

꿀팁 2. 변수들의 상관 관계를 정리하자! $\frac{1}{o}+\frac{1}{i}=\frac{1}{f}$, 지문에서 제시된 중요한 공식이야. 공식을 이용해 정확한 수치들을 구하면서 문제를 풀면 좋겠지만, 시간을 줄이기 위해서 상관관계 정도만 빠르게 파악해도 문제는 풀 수 있어. $\frac{1}{o}+\frac{1}{i}=\frac{1}{f}$에서 **항상 정해져 있는 상수는 f니까 o의 값에 따라 i가 정해져. o가 커지면 i는 작아지고, o가 작아지면 i는 커져.** 그리고 본문에도 제시됐듯이 o가 너무 커지면 i는 f와 거의 같게 돼.

문항 정보

정답	선지 선택 비율				
	①	②	③	④	⑤
①	24.8%	9.3%	14.6%	31.4%	10.8%

본문 파악하기

주제 알고리즘을 통한 자료 정렬 방법과 각 방법의 시간 복잡도

지문 해설

이 글을 사진의 사실성에 대한 미학적인 논의를 이해하기 위해 사진기의 주요 장치인 초점 조절 장치, 조리개, 셔터의 특성을 설명하고 미학적 논의를 다루고 있는 글이다. 사진이 사실적이냐에 대한 미학 이론에서의 다양한 논의를 이해하기 위해서는 사진기 주요 장치의 이해가 필요하다. 사진기의 초점 조절 장치는 광학 원리를 고려하여 렌즈와 필름 사이의 거리를 조절하여 피사체의 상이 필름 면에 맺히게 한다. 물체 거리와 상 거리, 렌즈의 초점 거리는 유기적으로 연결되어 렌즈 공식으로 이해할 수 있다. 조리개와 셔터는 노출을 결정하는 장치로서 조리개는 렌즈 바로 뒤에 있는 구멍으로, 그 면적을 늘리거나 줄일 수 있도록 만들어져 있어서 빛의 양을 조절한다. 셔터는 촬영 순간 열렸다 닫혀서 빛의 양을 조절한다. 이런 특성을 이용해 사진가는 의도적으로 빛의 양을 조절할 수 있다. 이와 같은 사진기 장치의 특성은 사진으로 대상을 정확하게 묘사할 수도, 의도적으로 대상을 변형할 수도 있게 한다. 이에 대해서 바쟁은 그러한 사진 역시 기계적 방식으로 기록된 것이므로 사실성을 띤다고 본다. 월든은 대상을 정확히 재현한 사진이 사실성을 갖는다고 본다. 또 다른 견해로는 사진은 빛 이미지의 자취를 기록한 것이므로 사진의 사실성은 사진이 대상을 정확히 재현하는지 여부와는 무관하다고 보는 것이 있다.

유형 클리닉

다시 보는 STEP 1, 2, 3

STEP 1. 무엇을 비교해야 하는지 기준점을 문제에서 찾기.

STEP 2. 본문에서 제시한 개념(계산 공식) 및 예시를 바탕으로 기준 이해하기.

STEP 3. 정확한 계산보다는 수치의 크고 작음 등의 상관 관계를 이해하자.

STEP 1. 무엇을 비교해야 하는지 기준점을 문제에서 찾기.

▶ 선지에서 계속해서 i, o, f에 대해 묻고 있으니, 본문에서 관련 개념을 이해해야 해. 그리고 상의 크기와 실제 크기도 비교하고 있어. 본문에서 확인해야겠지?

STEP 2. 본문에서 제시한 개념(계산 공식) 및 예시를 바탕으로 기준 이해하기.

▶ 본문에서는 i, o, f의 개념에 대해 각각 설명하고, 이것들의 관계를 $\frac{1}{o}+\frac{1}{i}=\frac{1}{f}$, 라는 공식을 통해 설명하고 있어. 반드시 이 식이 의미하는 바를 이해해야 이 문제를 풀 수 있어. 그리고 물체의 크기와 상의 크기의 관계도 이해해야 해. 본문에서는 $\frac{\text{상의 크기}}{\text{피사체의 크기}}=\frac{i}{o}$, 로 그 관계를 제시하고 있어.

STEP 3. 정확한 계산보다는 수치의 크고 작음 등의 상관 관계를 이해하자.

▶ $\frac{1}{o}+\frac{1}{i}=\frac{1}{f}$ 에서 f는 렌즈별로 고정이니까, 변하는 값은 항상 나 일 거야. 이 둘의 상관관계를 보면 가 커지면 는 작아지고, 가 작아지면 는 커져.

선지 클리닉

✔ **① 연필의 i가 공의 i보다 더 크다.**

연필의 o는 공의 o보다 크지? 쌤의 꿀팁에서도 살펴봤듯이 $\frac{1}{o}+\frac{1}{i}=\frac{1}{f}$ 에서 f의 값은 정해져 있기 때문에 o가 크면 i는 작아지고, o가 작으면 i는 커져. 즉 연필의 i는 공의 i보다 작아야 하지.

▸ (정확한 계산) 연필의 o는 40cm이니까 $\frac{1}{40}+\frac{1}{i}=\frac{1}{20}$ 을 만족시키는 i는 20이야. 공의 o는 30cm이니까 $\frac{1}{30}+\frac{1}{i}=\frac{1}{20}$ 을 만족시키는 i는 60이야. 그렇기 때문에 공의 i가 더 크지.

② 나무의 i는 렌즈의 f와 거의 같다.

> o가 f보다 100배 이상 크면 물체가 무한대의 거리에 있는 것과 마찬가지로 작용한다. 따라서 $\frac{1}{o}$ 이 매우 작아서 무시할 수 있으므로 나무의 i는 f와 거의 같다.

본문에서 정확히 제시되어 있듯이 o가 매우 큰 경우 $\frac{1}{o}$ 은 무시할 수 있을 만큼 작은 값이고, 따라서 i는 f와 거의 같게 돼.

▸ (정확한 계산) 나무의 o는 10,000cm로 f(20cm)보다 500배나 커. $\frac{1}{10000}+\frac{1}{i}=\frac{1}{20}$ 을 만족시키는 의 값은 약 20.04 정도가 되므로, 거의 같다고 할 수 있지.

③ 연필의 실제 크기와 그 상의 크기는 같다.

렌즈 공식을 활용하면 상의 크기도 파악할 수 있다. 상의 크기를 피사체의 크기로 나눈 값은 i를 o로 나눈 값과 같다. 그러므로 이 값과 피사체의 크기를 알면 상의 크기도 알 수 있다.

본문의 내용을 보면 $\frac{\text{상의 크기}}{\text{피사체의 크기}}=\frac{i}{o}$, 임을 알 수 있어. 연필은 $\frac{i}{o}=1$이니까 상의 크기와 피사체의 크기가 같아.

④ 공은 실제 크기보다 그 상의 크기가 더 크다.

③과 마찬가지로 공의 경우에는 $\frac{i}{o}=2$이니까 실제 크기보다 상의 크기가 2배 더 크겠지?

⑤ 공의 o가 15㎝라면 상은 렌즈 뒤에 맺히지 않는다.

만약 o가 f보다 작으면 피사체의 빛이 퍼져서 모이지 않아 렌즈 뒤에는 상이 맺히지 않는다.

본문에 제시되어 있듯이, o가 f보다 작으면 상은 렌즈 뒤에 맺히지 않아. f는 20cm인데 공의 o가 15cm라면 당연히 상은 렌즈 뒤에 맺히지 않을 거야.

비판적 감상은 항상 의심해야 답이 보인다.

지금부터 비판적 감상에 대해서 알아보려고 해. 우선 비판(批判)의 사전적 정의부터 알아볼까? 비판은 '**사물을 분석하여 각각의 의미와 가치를 인정하고, 전체 의미와의 관계를 분명히 하며, 그 존재의 논리적 기초를 밝히는 일**'이라고 되어 있어. 우리가 흔히 알고 있는, 옳고 그름을 판단하여 밝히거나 잘못된 점을 지적한다는 뜻도 당연히 있지만, 독해에서 사용되는 비판은 처음에 쌤이 언급한 뜻으로 사용된 것이라고 볼 수 있지.

따라서 비판적 감상을 하려면 가장 중요한 것이 **지문의 정보를 이해하는 것에서부터 출발한다**고 볼 수 있지. 지문을 이해하지 못했다면, 비판적 감상 문제는 풀 수 없어. 왜냐면 비판적 감상 문제는 <보기> 등을 제시하여 지문의 내용을 올바르게 비판했는지를 살펴보는 문제가 많기 때문이야. 그리고 항상 의심해야 해. 지문 속의 모든 내용이 진리라고 믿으면 안 돼.

그러면 비판적 감상 문제는 어떻게 해결해야 할까? 쌤이 늘 강조하던 말부터 차근차근 떠올려 보자. 우선 무엇부터 읽으라고 했지? 그렇지, 문제부터 읽어보자. 문제를 읽게 되면 우리는 비판적 감상 문제가 있다는 정보를 우선으로 얻게 되겠지. 그러고 난 후, **무엇이든 의심하면서 지문을 읽어보는 것이 좋아.**

문제에서 요구하는 것이 무엇에 대한 비판인지를 먼저 파악하자. 비판적 감상은 세 가지를 의심해야 해. **첫째는 글의 내용 혹은 글쓴이의 생각**이야. **둘째는 글에 반영된 가치관이나 이념**이고, **셋째는 글의 구성과 표현**이지.

글의 내용 혹은 글쓴이의 생각에 대한 비판하는 법부터 살펴볼까? 네 가지를 기억해야 해. 첫째는 글의 내용이 바르고 정확한지 살펴보아야 해. 둘째는 글쓴이의 말이 어느 한쪽으로 치우치지 않고 공정하게 대상을 다루고 있는지 살펴보아야 하고, 셋째는 글에 제시된 자료들이 출처가 분명하고 사실에 부합해서 정확성을 유지하고 있는지 살펴보아야 해. 마지막으로 제시된 내용이 글의 주제를 전달하는 데 적절하게 기여하는지 등을 살펴보아야 하지.

글에 반영된 가치관이나 이념은 글의 제목이나 주제에서 드러나기도 하고 작게는 선택된 단어 하나하나에 반영되어 있기도 하지. 따라서 우리는 어떤 가치관이나 이념에 의해 그 글이 생산된 것인지, 그리고 그 가치관이나 이념이 정당한지, 또 현재 우리에게 어떤 의미가 있는지 따져 보면서 글을 읽어야 하지.

끝으로 글의 구성과 표현에 대해 비판해 보자. 글의 전개 방식이나 구조가 글의 목적이나 유형에 적절한지, 글의 주제를 전달하는 데 효과적으로 기여하는지 등을 검토하면서 읽어야 해. 표현 면에서는 단어 선택, 문체, 길이, 수사적 장치 등이 적절하며 효과적인지, 정서법과 문법에 맞는지 등도 검토의 대상이지.

이 방법대로 읽었다면, 나름 의심 거리 몇 가지가 표시되어 있을 것으로 생각해. 자. 그러면 문제를 실제로 풀면서 너희가 의심한 것을 <보기>에서도 같이 의심하고 있는지 살펴보면 좋을 것 같구나. 그런데 너희가 찾은 것과 다른 것을 <보기>에서 비판할 수도 있어. 그럴 때는 비판하고 있는 내용의 근거를 지문에서 찾을 수 있는지 반드시 살펴보도록 해.

자, 그러면 이제 실전 문제를 보면서 같이 한 번 내용을 적용해 보자.

한눈에 보는 STEP 1, 2, 3

STEP 1. 문제를 먼저 읽는다. 문제에서 요구하는 비판의 대상을 기억한다.

STEP 2. 지문을 읽어가면서 글의 내용, 글에 반영된 가치관, 글의 구성이나 표현 중 의심이 가는 것을 스스로 질문하며, 표시한다.

STEP 3. 문제를 풀며, 표시한 내용에 대한 선지는 지워나간다. 표시한 것 중 없는 내용을 비판한다면, 지문에서 그 근거를 찾을 수 있는지 살펴본다.

기출로 보는 진단 평가

문항 유형	내용의 비판적 이해		
영역	인문	오답률	48%
출처	2020년도 12월 시행 대학수학능력시험 37번		

[1] 고대 그리스 시대의 사람들은 신에 의해 우주가 운행된다고 믿는 결정론적 세계관 속에서 신에 대한 두려움이나, 신이 야기한다고 생각되는 자연재해나 천체 현상 등에 대한 두려움을 떨치지 못했다. 에피쿠로스는 당대의 사람들이 이러한 잘못된 믿음에서 벗어나도록 하는 것이 중요하다고 보았고, 이를 위해 인간이 행복에 이를 수 있도록 자연학을 바탕으로 자신의 사상을 전개하였다.

[2] 에피쿠로스는 신의 존재는 인정하나 신의 존재 방식이 인간이 생각하는 것과는 다르다고 보고, 신은 우주들 사이의 중간 세계에 살며 인간사에 개입하지 않는다는 이신론(理神論)적 관점을 주장한다. 그는 불사하는 존재인 신은 최고로 행복한 상태이며, 다른 어떤 것에게도 고통을 주지 않고, 모든 고통은 물론 분노와 호의와 같은 것으로부터 자유롭다고 말한다. 따라서 에피쿠로스는 인간의 세계가 신에 의해 결정되지 않으며, 인간의 행복도 자율적 존재인 인간 자신에 의해 완성된다고 본다.

[3] 한편 에피쿠로스는 인간의 영혼도 육체와 마찬가지로 미세한 입자로 구성된다고 본다. 영혼은 육체와 함께 생겨나고 육체와 상호작용하며 육체가 상처를 입으면 영혼도 고통을 받는다. 더 나아가 육체가 소멸하면 영혼도 함께 소멸하게 되어 인간은 사후(死後)에 신의 심판을 받지 않으므로, 살아 있는 동안 인간은 사후에 심판이 있다고 생각하여 두려워할 필요가 없게 된다.

이러한 생각은 인간으로 하여금 죽음에 대한 모든 두려움에서 벗어나게 하는 근거가 된다.

4 이러한 에피쿠로스의 자연학은 우주와 인간의 세계에 대한 비결정론적인 이해를 가능하게 한다. 이는 원자의 운동에 관한 에피쿠로스의 설명에서도 명확히 드러난다. 그는 원자들이 수직 낙하 운동이라는 법칙에서 벗어나기도 하여 비스듬히 떨어지고 충돌해서 튕겨 나가는 우연적인 운동을 한다고 본다. 그리고 우주는 이러한 원자들에 의해 이루어졌으므로, 우주 역시 우주 역시 우연의 산물이라고 본다. 따라서 우주와 인간의 세계에 신의 관여는 없으며, 인간의 삶에서도 신의 섭리는 찾을 수 없다고 한다. 에피쿠로스는 이러한 생각을 인간이 필연성에 얽매이지 않고 자신의 삶을 주체적으로 살아갈 수 있게 하는 자유 의지의 단초로 삼는다.

5 에피쿠로스는 이를 토대로 자유로운 삶의 근본을 규명하고 인생의 궁극적 목표인 행복으로 이끄는 윤리학을 펼쳐 나간다. 결국 그는 인간이 신의 개입과 우주의 필연성, 사후 세계에 대한 두려움에서 벗어날 수 있도록 함으로써, 자신의 삶을 자율적이고 주체적으로 살 수 있는 길을 열어 주었다. 그리고 쾌락주의적 윤리학을 바탕으로 영혼이 안정된 상태에서 행복 실현을 추구할 수 있는 방안을 제시하였다.

문제 윗글을 읽은 학생이 '에피쿠로스'에 대해 비판한다고 할 때, 비판 내용으로 적절한 것만을 <보기>에서 있는 대로 고른 것은?

보기

ㄱ. 신이 분노와 호의로부터 자유로운 상태라면 인간의 세계에 개입을 하지 않는다는 뜻일 텐데, 왜 신의 섭리에 따라 인간의 삶을 이해하려고 하는가?
ㄴ. 원자가 법칙에서 벗어나 우연적인 운동을 한다는 것은 인과 관계 없이 뜻하지 않게 움직인다는 뜻일 텐데, 그것이 자유 의지의 단초가 될 수 있는가?
ㄷ. 인간이 죽음에 대해 두려움을 느낀다면 죽음에 이르는 고통 때문일 수도 있을 텐데, 사후에 대한 두려움을 떨쳐 버리는 것만으로 그것이 해소될 수 있는가?
ㄹ. 인간이 자연재해를 무서워한다면 자연재해 그 자체 때문일 수도 있을 텐데, 신이 일으키지 않았다고 해서 자연재해에 대한 두려움에서 벗어날 수 있는가?

① ㄱ, ㄴ

② ㄱ, ㄹ

③ ㄷ, ㄹ

④ ㄱ, ㄴ, ㄷ

⑤ ㄴ, ㄷ, ㄹ

쌤의 꿀Tip

꿀팁 1. 모든 지문은 **문제를 먼저 읽고** 나서 읽자! 문제에서 요구하는 내용을 기억하고 지문을 읽어야 해!

꿀팁 2. 철학지문은 처음 보는 개념이 나올 가능성이 커. 이해하기는 어려울 수 있으나, 우리는 문제를 풀 수 있을 정도만 이해하면 되지. 전략적으로 독해하면 돼.

꿀팁 3. 글의 전개 방식을 간략하게 도식화해보자. 철학지문은 한 사람의 이론을 글 전체에 제시하는 경우, 어떤 이론의 변천 과정을 제시하는 경우, 여러 사람의 이론을 제시하고 변증법으로 결론을 도출하는 경우 등 다양한 전개 방식이 있을 수 있으니, 도식화만 잘해도 문제를 풀기 쉬워져.

문항 정보

정답	선지 선택 비율				
⑤	①	②	③	④	⑤
	3.5%	4.7%	28.6%	9.5%	53.7%

본문 파악하기

주제 에피쿠로스의 자연학과 그의 쾌락주의적 윤리학

지문 해설

지문은 에피쿠로스의 주장을 정리한 글이다. 그는 이신론적 관점(신은 존재하나, 인간사에 개입하지 않는다.)을 주장하였다. 에피쿠로스는 당대 사람들이 신에 의해 우주가 운행된다고 결정론적 세계관에서 벗어나는 것이 중요하다고 생각하여, 비결정론적 세계관에 기반을 둔 자연학을 주장하였다.

그는 신의 존재는 인정하나, 신의 존재 방식이 결정론적 세계관과 다르다고 보았다. 그에 따르면 불사하는 신은 최고로 행복한 상태이므로, 어떤 것에도 고통을 주지 않고, 분노와 호의 같은 것에서 자유로우므로 인간의 세계에 영향을 주지 않으며, 오직 인간의 행복은 자율적 존재인 인간 자신에 의해 완성된다고 보았다. 또한 그는 인간의 영혼과 육체는 미세한 입자로 구성되어 있어서, 육체와 영혼은 동시에 소멸하므로 사후에 신의 심판이 없으니, 사는 동안 이런 두려움에서 벗어나라고 주장하였다.

그가 주장한 자연학은 그가 생각하는 원자의 성질을 이해해야 한다. 원자들은 수직 낙하 운동이라는 법칙에도 벗어나는 등 우연적인 운동을 한다고 보았다. 그리고 이러한 원자로 이뤄진 우주들도 우연적인 운동을 한다고 보았다. 따라서 우주와 인간의 세계에 신의 관여는 없으므로, 우주에 사는 인간은 필연성에 얽매이지 않고 자신의 삶을 주체적으로 살아가야 한다고 주장하였다.

그는 결국 인간에 대한 신의 개입과 우주의 필연성, 사후 세계에 대한 두려움 등을 벗고 쾌락주의적 윤리학을 바탕으로 인간이 행복 실현을 추구할 수 있는 쾌락주의적 윤리학을 주장하였다.

유형 클리닉

STEP 1. 문제 먼저 읽었니? 문제에서 요구하는 비판의 대상은 에피쿠로스에 대한 것이구나. 자, 이것을 기억하면서, 지문을 읽어보도록 하자.

STEP 2. 문제를 살펴보니, 세 가지 중 글의 내용에 관한 질문이구나. 자, 그러면 글의 내용에 대해 의심되는 부분을 표시하면서 읽어 보자.

STEP 3. <보기>에서 우리가 의심된다고 찾은 부분이 있다면 지워나가자. 만약 표시한 것 중에 없는데 <보기>에서 비판하고 있다면, 지문에서 그 근거를 찾을 수 있는지 살펴보도록 해.

선지 클리닉

ㄱ과 같이 에피쿠로스는 신의 섭리에 따라 인간의 삶을 이해하려는 판단을 한 적이 없다.

근거는 여기! 4문단에 보면 '우주는 이러한 원자들에 의해 이루어졌으므로, 우주 역시 우연의 산물이라고 본다. 따라서 우주와 인간의 세계에 신의 관여는 없으며, 인간의 삶에서도 신의 섭리는 찾을 수 없다고 한다.'라는 표현이 있다.

이 보기를 고른 사람은 이렇게! - 2문단의 에피쿠로스가 신의 존재를 인정한다는 말에 속지 말 것.

보기는 지문에서 찾을 수 없는 비판이지. 그러면 지문 속에 근거가 있는지 살펴봐야지. 4문단에 보면 에피쿠로스는 인간의 세계에 대해 신의 관여는 없고, 인간의 삶에서도 신의 섭리는 찾을 수 없다고 단언했어. 따라서 내용에 대해 의심을 했다면, 신의 관여가 없다고 생각하면서 왜 신의 존재는 인정하였는가? 정도가 되어야 해. 쌤은 2문단을 읽으면서 이 의심 표시를 해두었거든. ㄱ처럼 에피쿠로스가 하지 않은 것을 가지고, 비판을 하는 것은 옳지 않아.

ㄴ에서 에피쿠로스가 주장한 대로 원자의 성질을 토대로 우주가 인과 관계없이 뜻하지 않게 움직인다면 인간이 아무리 자유 의지가 있어도, 우연함의 연속인 우주에서 주체적으로 살아갈 수 있다고 보기엔 무리가 있다.

근거는 여기! 4문단에 보면 '원자들이 수직 낙하 운동이라는 법칙에서 벗어나기도 하여 비스듬히 떨어지고 충돌해서 튕겨 나가는 우연적인 운동을 한다고 본다. 그리고 우주는 이러한 원자들에 의해 이루어졌으므로, 우주 역시 우연의 산물이라고 본다.'라는 표현이 있다.

이 보기를 고르지 못한 사람은 이렇게! - 에피쿠로스의 주장에서 앞과 뒤가 서로 다른 말을 하는 부분을 찾아볼 것.

우리는 4문단에서 에피쿠로스의 주장을 보면서, 앞뒤가 서로 다른 말을 하고 있다는 것을 발견하고 표시했어야 해. 이처럼 앞과 뒤에 서로 다른 말을 하는 경우를 논리적 오류 중 자가당착 혹은 모순이라고 해. 즉, 자가당착은 전제끼리 모순되거나 전제와 결론이 모순 관계인 관계를 말해. 즉, 어떤 사실 두 가지가 동시에 참일 수 없을 때다. 예컨대 생물이면서 무생물일 수는 없는 경우처럼 말이지.

우리 예시를 통해 조금 더 자가당착(모순)에 대해 알아볼까? 어떤 사람이 병에 담긴 액체를 가리키며 "이 병에는 무엇이든 녹이는 약이 있습니다."라고 한 경우가 해당하겠다. 이 경우에는 무엇이든 녹이는 액체가 담겨있는 병은 녹지 않았으니 자가당착이라고 할 수 있지.

ㄴ도 우주는 우연의 산물이라고 하면서, 인간이 자유 의지를 갖고 주체적으로 살 수 있다고 하는 것이 앞과 뒤가 동시에 존재할 수 없으니, 정당한 비판이라고 볼 수 있겠다.

ㄷ에서 언급한 인간이 죽음에 대한 두려움이 사후 세계 이외의 요소에 있다는 가정을 하면 사후 세계에 대한 두려움으로 인간이 죽음을 두려워한다는 에피쿠로스 생각에 비판할 수 있다.

근거는 여기! 3문단에 보면 '육체가 소멸하면 영혼도 함께 소멸하게 되어 인간은 사후(死後)에 신의 심판을 받지 않으므로, 살아 있는 동안 인간은 사후에 심판이 있다고 생각하여 두려워할 필요가 없게 된다.'라는 표현이 있다.

이 보기를 고르지 못한 사람은 이렇게! -에피쿠로스가 앞서 언급한 신의 존재 여부에 속지 말 것.

비판적 감상 문제는 쌤이 끊임없이 의심해야 한다고 했지. 쌤은 3문단을 읽으면서 '죽음에 대한 두려움이 사후 세계뿐인가?'라는 표시를 해두었어. 너희들도 그렇게 했니? 우리 문제는 에피쿠로스의 생각에 대한 비판이니까, 읽어가면서 너희가 이해가 안 되는 모든 것을 표시해두는 것이 좋아. 사실 우리가 일반적으로 생각해도, 무신론자의 경우 사후 세계에 대한 두려움보다는 '죽을 때, 아프지 않을까?' 아니면 '내가 죽으면 끝내지 못한 일 때문에 우리 가족들이 고통받지 않을까?' 등으로 인해 죽음이 두려울 수 있을 거야. 이 점을 의심하고 표시해두었다면 좋겠어. 따라서 ㄷ처럼 에피쿠로스 생각에 비판할 수 있겠다.

ㄹ에서 언급한 것처럼 사람들이 자연재해 자체를 두려워할 수 있다는 가정을 하면 신의 유무는 이 두려움과 큰 관련이 없다.

근거는 여기! 3문단에 보면 '육체가 소멸하면 영혼도 함께 소멸하게 되어 인간은 사후(死後)에 신의 심판을 받지 않으므로, 살아 있는 동안 인간은 사후에 심판이 있다고 생각하여 두려워할 필요가 없게 된다.'라는 표현이 있다.

이 보기를 고르지 못한 사람은 이렇게! -에피쿠로스가 언급한 신의 유무에만 초점을 두지 말 것.

1문단에 의심 가는 부분을 표시하며 읽었니? 에피쿠로스는 자연재해가 인간에게 얼마나 무서운 존재인지에 대한 말도 없이 신이 자연재해를 일으키는 데 관여하지 않는다는 말로 쓱 넘겼고, 이 부분을 읽으면서 여러분도 아무 생각 없이 넘어 갔을 거야. 에피쿠로스의 주장대로 신이 자연재해를 일으키지 않는다고 해서, 자연재해가 없는 것은 아니지. 수많은 사람의 목숨을 빼앗은 자연재해로 인해 인간은 오히려 신에게 매달려 이를 극복하고 싶어 하지. 이렇게 본다면 인간이 두려워하는 것은 신 자체라기보다는 자연재해가 무서운 것을 신을 통해 극복하면서 일종의 위안으로 삼고 싶었던 것이 아닐까 하는 생각도 드는구나. 따라서 ㄹ 역시 정당한 비판이라고 생각해.

기출로 보는 연습 문제

문항 유형	반응의 적절성 평가		
영역	융합(인문, 예술)	오답률	32.1%
출처	2019년 9월 시행 모의평가 24번		

[1] 과거는 지나가 버렸기 때문에 역사가가 과거의 사실과 직접 만나는 것은 불가능하다. 역사가는 사료를 매개로 과거와 만난다. 사료는 과거를 그대로 재현하는 것은 아니기 때문에 불완전하다. 사료의 불완전성은 역사 연구의 범위를 제한하지만, 그 불완전성 때문에 역사학이 학문이 될 수 있으며 역사는 끝없이 다시 서술된다. 매개를 거치지 않은 채 손실되지 않은 과거와 만날 수 있다면 역사학이 설 자리가 없을 것이다. 역사학은 전통적으로 문헌 사료를 주로 활용해 왔다. 그러나 유물, 그림, 구전 등 과거가 남긴 흔적은 모두 사료로 활용될 수 있다. 역사가들은 새로운 사료를 발굴하기 위해 노력한다. 알려지지 않았던 사료를 찾아내기도 하지만, 중요하지 않게 여겨졌던 자료를 새롭게 사료로 활용하거나 기존의 사료를 새로운 방향에서 파악하기도 한다. 평범한 사람들의 삶의 모습을 중점적인 주제로 다루었던 미시사 연구에서 재판 기록, 일기, 편지, 탄원서, 설화집 등의 이른바 '서사적' 자료에 주목한 것도 사료 발굴을 위한 노력의 결과이다.

[2] 시각 매체의 확장은 사료의 유형을 더욱 다양하게 했다. 이에 따라 역사학에서 영화를 통한 역사 서술에 대한 관심이 일고, 영화를 사료로 파악하는 경향도 나타났다. 역사가들이 주로 사용하는 문헌 사료의 언어는 대개 지시 대상과 물리적·논리적 연관이 없는 추상화된 상징적 기호이다. 반면 영화는 카메라 앞에 놓인 물리적 현실을 이미지화하기 때문에 그 자체로 물질성을 띤다. 즉, 영화의 이미지는 닮은꼴로 사물을 지시하는 도상적 기호가 된다. 광학적 메커니즘에 따라 피사체로부터 비롯된 영화의 이미지는 그 피사체가 있었음을 지시하는 지표적 기호이기도 하다. 예를 들어 다큐멘터리 영화는 피사체와 밀접한 연관성을 갖기 때문에 피사체의 진정성에 대한 믿음을 고양하여 언어적 서술에 비해 호소력 있는 서술로 비춰지게 된다.

[3] 그렇다면 영화는 역사와 어떻게 관계를 맺고 있을까? 역사에 대한 영화적 독해와 영화에 대한 역사적 독해는 영화와 역사의 관계에 대한 두 축을 이룬다. 역사에 대한 영화적 독해는

영화라는 매체로 역사를 해석하고 평가하는 작업과 연관된다. 영화인은 자기 나름의 시선을 서사와 표현 기법으로 녹여내어 역사를 비평할 수 있다. 역사를 소재로 한 역사 영화는 역사적 고증에 충실한 개연적 역사 서술 방식을 취할 수 있다. 혹은 역사적 사실을 자원으로 삼되 상상력에 의존하여 가공의 인물과 사건을 덧대는 상상적 역사 서술 방식을 취할 수도 있다. 그러나 비단 역사 영화만이 역사를 재현하는 것은 아니다. 모든 영화는 명시적이거나 우회적인 방법으로 역사를 증언한다. 영화에 대한 역사적 독해는 영화에 담겨 있는 역사적 흔적과 맥락을 검토하는 것과 연관된다. 역사가는 영화 속에 나타난 풍속, 생활상 등을 통해 역사의 외연을 확장할 수 있다. 나아가 제작 당시 대중이 공유하던 욕망, 강박, 믿음, 좌절 등의 집단적 무의식과 더불어 이상, 지배적 이데올로기 같은 미처 파악하지 못했던 가려진 역사를 끌어내기도 한다.

4 영화는 주로 허구를 다루기 때문에 역사 서술과는 거리가 있다고 보는 사람도 있다. 왜냐하면 역사가들은 일차적으로 사실을 기록한 자료에 기반해서 연구를 펼치기 때문이다. 또한 역사가는 ㉠<u>자료에 기록된 사실이 허구일지도 모른다는 의심을 버리지 않고 이를 확인하고자 한다.</u> 그러나 문헌 기록을 바탕으로 하는 역사 서술에서도 허구가 배격되어야 할 대상만은 아니다. 역사가는 허구의 이야기 속에서 그 안에 반영된 당시 시대적 상황을 발견하여 사료로 삼으려고 노력하기도 한다. 지어낸 이야기는 실제 있었던 사건에 대한 기록이 아니지만 사고방식과 언어, 물질문화, 풍속 등 다양한 측면을 반영하며, 작가의 의도와 상관없이 혹은 작가의 의도 이상으로 동시대의 현실을 전달해 주기도 한다. 어떤 역사가들은 허구의 이야기에 반영된 사실을 확인하는 것에서 더 나아가 사료에 직접적으로 나타나지 않은 과거를 재현하기 위해 허구의 이야기를 활용하여 사료에 기반한 역사적 서술을 보완하기도 한다. 역사가가 허구를 활용하는 것은 실제로 존재했던 과거에 접근하고자 하는 고민의 결과이다.

[A] 5 영화는 허구적 이야기에 역사적 사실을 담아냄으로써 새로운 사료의 원천이 될 뿐 아니라, 대안적 역사 서술의 가능성까지 지니고 있다. 영화는 공식 제도가 배제했던 역사를 사회에 되돌려 주는 '아래로부터의 역사'의 형성에 기여한다. 평범한 사람들의 회고나 증언, 구전 등의 비공식적 사료를 토대로 영화를 만드는 작업은 빈번하게 이루어지고 있다. 그리하여 영화는 하층 계급, 피정복 민족처럼 역사 속에서 주변화된 집단의 묻혀 있던 목소리를 표현해 낸다. 이렇듯 영화는 공식 역사의 대척점에서 활동하면서 역사적 의식 형성에 참여한다는 점에서 역사 서술의 한 주체가 된다.

문제 ㉠에 나타난 역사가의 관점에서 [A]를 비판한 내용으로 가장 적절한 것은?

① 영화는 많은 사실 정보를 담고 있기 때문에 사료로서의 가능성을 가지고 있다.

② 하층 계급의 역사를 서술하기 위해서는 영화와 같이 허구를 포함하는 서사적 자료에 주목해야 한다.

③ 영화가 늘 공식 역사의 대척점에 있는 것은 아니며, 공식 역사의 입장에서 지배적 이데올로기를 선전하는 수단으로 활용되곤 한다.

④ 주변화된 집단의 목소리는 그 집단의 이해관계를 반영하기 때문에 그것에 바탕을 둔 영화는 주관에 매몰된 역사 서술일 뿐이다

⑤ 기억이나 구술 증언은 거짓이거나 변형될 가능성이 있기 때문에 다른 자료와 비교하여 진위 여부를 검증한 후에야 사료로 사용이 가능하다.

쌤의 꿀Tip

꿀팁 1. 모든 지문은 문제를 먼저 읽고 나서 읽자! 문제에서 요구하는 내용을 기억하고 지문 읽기!

꿀팁 2. 인문과 예술의 융합 지문은 어려운 예술용어가 나올 가능성이 크지. 제한된 시간 안에 깊이 있게 이해하기는 어렵겠지만 우리는 문제를 풀 수 있을 정도만 이해하면 돼. 전략적으로 독해해보자.

꿀팁 3. 읽어가면서 접속어의 특징을 잘 기억해 보자(그리고, 그러나, 그런데, 그러므로 등). 접속어와 같은 표지는 글의 내용을 알려 주는 표지판이라는 걸 기억하면 읽기 훨씬 수월할 거야!

문항 정보

정답	선지 선택 비율				
	①	②	③	④	⑤
⑤	2.3%	4.8%	4.8%	14.2%	68.9%

본문 파악하기

주제 역사 서술의 사료로서 영화가 지닌 가능성

지문 해설

역사학이 학문이 될 수 있었던 이유는 사료의 불완전성 때문이다. 사료는 과거를 그대로 재현하는 것이 아니기 때문에 불완전하다. 이 때문에 역사가는 새로운 사료를 발굴하기 위해 노력하는데, 알려지지 않던 사료를 찾아내기도 하지만 중요하지 않게 여겨졌던 자료를 새롭게 사료로 활용하거나 기존의 사료를 새로운 방향에서 파악하기도 한다.

한편 시각 매체의 확장으로 역사학에서 영화를 통한 역사 서술에 관심을 두고, 영화를 사료로 파악하는 경향도 나타났다. 문헌 사료의 언어들은 지시 대상과 물리적 논리적 연관이 없는 추상화된 상징적 기호지만 영화는 이미지화하므로 닮은꼴로 사물을 지시하는 도상적 지표적 기호이기 때문이다.

이런 관점에서 역사 영화를 제작하여 역사를 재현함으로써, 영화를 매개로 역사를 해석하고 평가하는 '역사에 대한 영화적 독해'가 가능하며, 제작된 영화에 담겨 있는 제작 당시 역사적 흔적과 맥락을 검토하는 것을 통해 '영화에 대한 역사적 독해'가 이뤄질 수 있다.

영화는 허구를 주로 다룬다고 보고, 역사 서술과 거리를 두고 있다고 보는 견해도 있으나, 허구의 이야기 속에서 당시 시대적 상황을 발견하여 사료로 삼으려 노력하는 견해도 있으며, 사료에 직접적으로 나타나 있지 않은 과거를 허구의 이야기를 통해 보완하기도 한다는 것이다.

영화를 공식 역사에 가려져 주변화된 집단에 묻혀 있던 목소리인 하층 계급, 피정복 계층의 목소리를 발굴하고 표현함으로써 '아래로부터의 역사' 형성에 기여할 수 있다는 점에서 역사 서술의 한 주체가 될 가능성을 지니고 있다.

유형 클리닉

다시 보는 STEP 1, 2, 3

STEP 1. 문제를 먼저 읽는다. 문제에서 요구하는 비판의 대상을 기억한다.

STEP 2. 지문을 읽어가면서 글의 내용, 글에 반영된 가치관, 글의 구성이나 표현 중 의심이 가는 것을 스스로 질문하며, 표시한다.

STEP 3. 문제를 풀며, 표시한 내용에 대한 선지는 지워나간다. 표시한 것 중 없는 내용을 비판한다면, 지문에서 그 근거를 찾을 수 있는지 살펴본다.

STEP 1. 문제 먼저 읽었니? 문제에서 요구하는 비판의 대상은 [A]인데, 이를 ㉠의 입장에서 비판하라고 하는구나. 자 ㉠의 입장을 기억하면서, 읽어보도록 하자.

STEP 2. 문제를 살펴보니, 세 가지 중 글의 내용에 관한 질문이구나. 자, 그러면 우리는 읽어가면서 글의 내용에 대해 의심되는 부분을 표시하면서 읽어보자.

STEP 3. 선지를 보면서 의심된다고 찾은 부분이 있다면 지워나가자. 만약 표시한 것 중에 없는데 <보기>에서 비판하고 있다면, 지문에서 그 근거를 찾을 수 있는지 살펴보도록 해.

선지 클리닉

근거는 여기! ㉠자료에 기록된 사실이 허구일지도 모른다는 의심을 버리지 않고 이를 확인하고자 한다.

① 영화를 허구 이야기로 생각하므로, 사실 정보가 있다고 판단하지 않을 것이다. 그러므로 사료로서 가능성이 작다고 판단할 것이다.

이 선지를 고른 사람은 이렇게! - 본문 전체의 입장이 아닌, ㉠의 입장에서 생각할 것.

본문에서는 분명히 역사를 영화로 표현한 것에 대해 긍정적인 입장이지. 하지만 ㉠의 입장은 무엇이든 의심하고 확인해야 한다는 입장이니, 인정하는 듯한 내용이 나와서는 안 돼. 비판적 감상에서는 무엇이든 의심해야 해. 그리고 본문의 입장에서 특정 내용을 비판하는 것인지, 아니면 이 문제처럼 특정 입장을 주는지도 살펴봐야 하고.

② ㉠의 입장에서는 허구는 배척해야 한다. 따라서 허구를 포함하는 서사적 자료에 주목해야 한다는 말은 ㉠의 입장과 전혀 다르다.

이 선지를 고른 사람은 이렇게! - 본문 전체의 입장이 아닌, ㉠의 입장에서 생각할 것.

선지 ②는 말만 조금 달라졌을 뿐 선지 ①과 같은 표현이지, 둘 다 영화가 역사를 표현하는 수단으로서 긍정적인 입장이야. 하지만, ㉠의 입장에서 영화는 허구이기 때문에 늘 확인해야 하는 존재이므로 영화를 긍정적으로 표현한다는 말은 틀렸다고 볼 수 있지.

③ 영화가 지배적 이데올로기를 선전하는 수단으로 공식 역사의 입장에 있다는 말은 무엇이든 의심하라는 ㉠의 입장과 직접적인 관련이 없다.

이 선지를 고른 사람은 이렇게! - [A]의 입장이 아닌, ㉠의 입장에서 생각할 것.

선지 ③은 [A]에 대한 비판으로 적절하지. 만약 ㉠의 입장에서라는 언급 없이 단순하게 [A]에 대한 비판을 고르는 문제였다면, 정답이 되었을지도 몰라. 그러나 우리는 특정 입장에서의 정답을 골라야 해. ㉠과 같이 선지 ③이 영화를 부정적으로 보는 입장이라고 정답으로 골라서는 안 된다는 말이야. ㉠은 기록된 내용이 허구일 수 있으니, 의심을 버리라는 말이야. 만약 ㉠ 입장에서 지배적 이데올로기가 반영된 영화를 보게 된다면, 지배적 이데올로기인가 아닌가보다는 기록된 내용이 사실인지에만 관심이 있을 거야.

④ ㉠은 주변화된 집단의 목소리가 사실인지 아닌지가 중요하지, 주관에 매몰된 역사 서술을 문제로 삼지는 않을 것이다.

이 선지를 고른 사람은 이렇게! - [A]의 입장이 아닌, ㉠의 입장에서 생각할 것.

④ ㉠은 주변화된 집단의 목소리나 주변화된 집단에 묻혀 있던 목소리 어느 쪽의 입장에도 있지 않지. 다만, 표현된 것이 사실인지가 중요한 것이야. ㉠은 주변화된 집단의 목소리가 반영된 영화라도 사실이 철저하게 고증되어 만들어진 영화라면, 좋은 영화라고 긍정할지도 몰라. 하지만 기본적으로 영화는 허구일 수밖에 없으니, 그런 영화가 존재하지 않을 거야. 따라서 ㉠이 영화를 긍정적으로 볼 상황도 없겠지.

✔ **⑤ [A]에서 영화를 만들 때, 사용되는 회고나 증언, 구전 등 비공식적 사료가 빈번하게 사용된다고 하였다. ㉠은 이 사료의 사실 여부 판단이 중요한 입장이므로 다른 자료와 비교하여 진위를 검증하라는 입장을 보일 것이다.**

드디어 ㉠의 입장이 나왔어. ㉠은 해당 내용이 사실인지 아닌지가 중요하니까, 어떤 사료도 철저한 고증을 통해 걸러내야 한다는 입장이야. 따라서 선지 ⑤가 가장 적절하다고 볼 수 있겠다.

정답으로 향하는 실전 문제

[1~6] 다음 글을 읽고 물음에 답하시오.

국가들은 상대적 우위를 갖는 재화는 수출하고 상대적 열위를 갖는 재화는 수입하여 쌍방 간 이득을 취한다. 국제무역의 기본 모형인 리카르도 모형은 이러한 무역 원리를 알기 쉽게 설명해 준다.

리카르도에 ㉠따르면, 무역할 재화, 즉 교역재가 상대적 우위를 가지려면 생산비를 줄여야 한다. 생산비란 어떤 제품 1단위 생산에 필요한 노동시간, 즉 노동소요량을 시간당 임금과 곱한 값이므로 각국은 기술력을 ㉡높여 노동소요량을 줄이거나 값싼 노동력으로 임금을 줄임으로써 상대적 생산비 우위를 차지할 수 있다.

한 나라에서 특정 재화가 상대국에 대해 상대적 생산비 우위를 갖는지 여부는 '상대적 임금'과 '상대적 생산성 우위'의 비교를 통해 파악할 수 있다. 여기서 상대적 임금이란 자국의 임금을 상대국의 임금으로 나눈 값이고, 상대적 생산성 우위란 상대국의 노동소요량을 자국의 노동소요량으로 나눈 값인데, 각국은 상대국에 대한 자국의 상대적 생산성 우위가 자국의 상대적 임금보다 높은 제품에 생산비 우위를 갖게 된다. 그리고 각국은 이렇게 상대적 생산비 우위를 갖는 제품을 상대국에 수출하게 된다.

그렇다면 ㉮이렇게 선택적 생산을 통한 무역이 양국 모두에게 정말 이득이 될까? 아래의 <표>를 바탕으로 살펴보자.

제품의 종류	A국의 단위당 노동소요량(a)	B국의 단위당 노동소요량 (b)	A국의 상대적 생산성 우위(b/a)
Ⅰ	1	6	6
Ⅱ	3	12	4
Ⅲ	6	12	2
Ⅳ	18	9	0.5

<표> A국과 B국의 노동소요량과 A국의 상대적 생산성 우위

제품의 종류와 무관하게 A국의 시간당 임금이 B국의 3배, 즉 A국의 상대적 임금이 3이라고 가정할 때, A국은 상대적 생산성 우위가 3보다 큰 제품Ⅰ과 Ⅱ는 수출하고 3보다 작은 제품Ⅲ과 Ⅳ는 수입하고자 할 것이다. 이때 A국이 수입하는 제품Ⅲ을 1단위 생산하는 데 B국은 12시간이 필요하다. 그런데 A국의 상대적 임금이 3이므로 B국의 12시간 노동이 A국에게는 4시간 노동에 해당한다고 볼 수 있다. 이는 결국 A국에서 4시간 노동을 위해 필요한 임금으로 B국에서 제품Ⅲ을 1단위 생산할 수 있다는 의미이므로, 현재 A국의 노동소요량인 6시간과 비교했을 때 제품Ⅲ을 A국에서 생산하는 것보다 B국에서 생산하는 것이 두 국가 모두에게 이득임을 알 수 있다. 같은 논리로 나머지 제품의 상대적

생산비 우위를 ㉢따져 보면 제품Ⅳ는 B국에서, 제품Ⅰ과 Ⅱ는 A국에서 생산하는 것이 두 국가 모두에게 이득임을 알 수 있다. 그런데 상대적 임금과 국제무역의 연관성을 보다 정확하게 파악하기 위해서는 재화의 수요와 공급을 고려하여 시장가격이 정해지듯 노동량의 수요와 공급을 고려할 필요가 있다. 만약 B국에 대한 A국의 상대적 임금이 현재보다 높아진다면, A국에서 생산되는 재화들은 상대적으로 더 비싸질 것이다. 그러면 해당 재화에 대한 B국의 수요량은 감소하게 될 것이고, 그만큼 A국 노동에 대한 수요도 감소할 것이다. 이렇게 A국이 더 적은 양의 재화를 생산하는 동안 B국이 해당 재화를 생산하기 시작하면 A국의 노동 수요는 더 감소하게 될 것이다. 예를 들어 A국의 상대적 임금이 3에서 3.99로 변했다고 가정해 보자. <표>에서 A국이 수출할 제품의 품목은 변하지 않겠지만, A국에서 생산된 제품의 가격이 상승하여 제품에 대한 수요량도, A국의 노동에 대한 수요도 감소하게 될 것이다. 그러다 상대적 임금이 3.99에서 4.01로 약간 더 상승한다고 가정해 보자. 이제 제품Ⅱ를 생산하는 국가는 A국이 아니라 B국이 될 것이다. B국이 새로운 산업을 추가하는 동안 A국의 노동에 대한 수요는 이전 대비 급격하게 하락할 것이다. 이러한 A국의 변화를 그래프로 ㉣나타내면 <그림>과 같다. 노동에 대한 상대적 수요 곡선(RD)이 계단 형태를 띠는 것은 수출 제품의 품목은 그대로이나 상대적 임금의 증가로 인해 해당 제품에 대한 수요만 감소하는 경사 구간과, 상대적 임금의 증가가 결국 생산 제품의 변화로 이어져 제품의 생산에 필요한 노동 수요가 상대국으로 점차 이동하는 수평 구간이 번갈아 나타나기 때문이다. 그리고 노동의 상대적 공급 곡선(RS)이 수직 형태를 띠는 것은 임금이 변해도 A국 내에서 가용 가능한 노동량이 바로 변하기는 ㉤어렵기 때문이다. B국에 대한 A국의 상대적 임금은 RS와 RD의 교점에서 결정되며, RS가 좌우로 이동하면서 교점이 경사 구간에 형성되면 A국과 B국 중 한 나라에서, 수평 구간에서 생기면 A국과 B국 모두에서 그 구간에 해당하는 재화를 생산하게 된다.

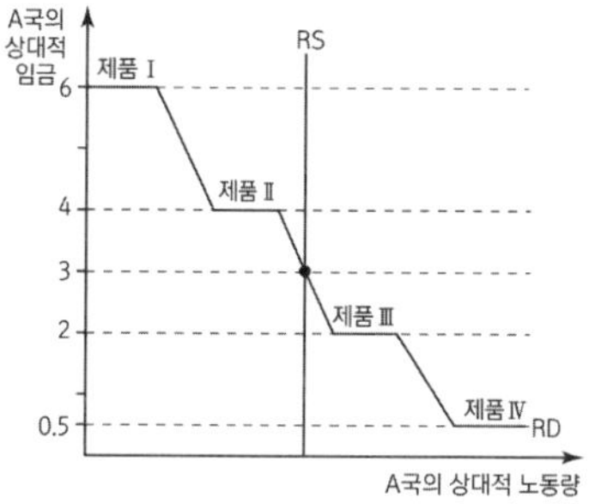

<그림>

이렇게 상대적 임금을 고려해 교역재를 정하더라도, 수송비에 따라 그 품목은 달라질 수도 있다. 예를 들어 A국이 <표>의 제품Ⅲ을 수입하는 데 드는 단위당 수송비가 제품Ⅲ의 단위당 생산비와 동일하게 요구된다고 가정해 보자. B국에 대한 A국의 상대적 임금이 3일 때, 생산비만 고려한다면 B국의 12시간 노동은 A국의 4시간 노동에 해당한다고 볼 수 있다. 하지만 수송비까지 고려한다면 결국 8시간 노동에 해당하는 것과 같아진다. 이 경우 현재 A국의 6시간과 비교했을 때 오히려 제품Ⅲ을

A국에서 생산하는 것이 더 유리해진다. 이처럼 상대적 임금을 고려해 무역재를 선정해도 수송비가 얼마냐에 따라 교역재는 자체적으로 생산하는 소비재인 비교역재가 될 수도 있다.

④ 상대국보다 임금이 낮은 국가도 그보다 임금이 높은 상대국에서 재화를 수입하는 것이 유리할 수 있다.

⑤ 한 국가의 상대국에 대한 상대적 임금이 특정 재화의 상대적 생산성 우위보다 낮으면 그 재화의 생산비도 상대국보다 낮다.

1 윗글에 대한 설명으로 가장 적절한 것은?

① 선택적 생산이 상대적 임금을 낮추는 과정을 설명하고 있다.

② 노동자의 임금이 교역재 선정에 미치는 영향에 대해 설명하고 있다.

③ 교역재와 비교역재의 생산비 산출 방법의 차이에 대해 설명하고 있다.

④ 수출국이 수입국보다 더 많은 이익을 얻게 되는 이유를 설명하고 있다.

⑤ 재화 생산에 필요한 노동의 공급이 노동의 수요에 미치는 영향에 대해 설명하고 있다.

2 윗글에 대한 이해로 적절하지 않은 것은?

① 임금이 일정할 때, 재화를 생산하는 노동시간을 줄이면 생산비가 낮아진다.

② 한 나라 안에서는 임금이 상승해도 가용 가능한 노동량이 즉각적으로 증가하기 어렵다.

③ 값싼 노동력으로 임금을 줄이더라도 노동소요량을 줄여야만 상대적 생산비 우위를 차지할 수 있다.

3 윗글을 참고할 때, <보기>에 대한 이해로 적절하지 않은 것은? [3점]

보기

사과와 바나나를 생산하기 위한 X국 노동자의 시간당 임금은 2만 원, Y국 노동자의 시간당 임금은 1만 원이다. 사과 1kg을 X국에서 생산하려면 4시간의 노동이, Y국에서 생산하려면 12시간의 노동이 필요하다. 그리고 바나나 1kg을 X국에서 생산하려면 6시간의 노동이, Y국에서 생산하려면 9시간의 노동이 필요하다.

① X국에서 사과 1kg을 생산하려면 8만 원의 생산비가, Y국에서 바나나 1kg을 생산하려면 9만 원의 생산비가 소요되겠군.

② X국이 기술력을 높여 바나나 1kg 생산에 필요한 노동시간을 4시간으로 줄인다면 바나나 생산에 있어서의 생산비 우위는 X국이 차지하게 되겠군.

③ Y국에 대한 X국의 상대적 임금을 고려할 때, Y국에서 사과 1kg을 생산하는 데 드는 노동시간이 X국의 입장에서는 6시간에 해당한다고 볼 수 있겠군.

④ 사과의 생산에 있어서 X국이 Y국에 대해 갖는 상대적 생산성 우위가 바나나의 생산에 있어서 X국이 Y국에 대해 갖는 상대적 생산성 우위보다 높게 나타나겠군.

⑤ X국과 Y국 모두, 사과와 바나나 중에서 상대국에 대한 자국의 상대적 생산성 우위가 2보다 큰 과일은 수출하고 2보다 작은 과일은 수입하는 것이 유리하다고 판단하겠군.

4 윗글을 참고할 때, <보기>에 대한 반응으로 적절하지 <u>않은</u> 것은? [3점]

보기

갑국과 을국만 쌀, 밀, 수수, 귀리를 대상으로 무역을 하고 있으며, 현재 갑국은 아래와 같은 노동의 상대적 수요 곡선(RD)과 상대적 공급 곡선(RS)을 보이고 있다. (단, 제시된 상황 이외의 모든 경제적 변수는 고려하지 않는다.)

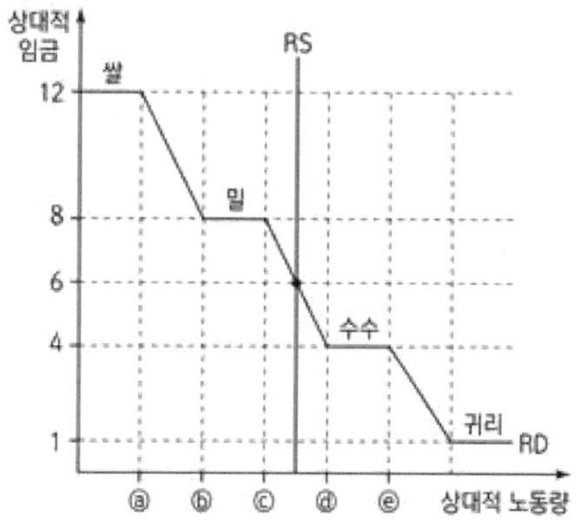

① RS와 RD의 교점이 ⓐ와 ⓑ 사이로 이동하더라도 쌀 생산비에 우위를 갖는 국가는 바뀌지 않겠군.

② RS와 RD의 교점이 ⓑ와 ⓒ 사이로 이동할 경우 밀 생산을 위한 노동 수요의 일부가 을국에서 갑국으로 이동하겠군.

③ RS와 RD의 교점이 ⓒ에 점점 가까워질수록 갑국에서 생산하는 밀에 대한 을국의 수요량은 점차 줄어들게 되겠군.

④ RS와 RD의 교점이 ⓓ에 점점 가까워질수록 갑국이 생산하는 밀의 가격은 현재 대비 상대적으로 낮아지겠군.

⑤ RS와 RD의 교점이 ⓓ와 ⓔ 사이에서 형성될 경우 갑국과 을국 모두에서 수수를 생산하게 되겠군.

5 수송비를 고려했을 때, ㉮에 대한 답변으로 가장 절한 것은?

① 선택적 생산을 통한 수출은 수송비가 자국의 생산비보다 적게 소요될 때에만 이익이 된다.

② 선택적 생산을 통한 수출은 자국의 수송비가 상대국의 수송비보다 더 적게 소요될 경우에만 이익이 된다.

③ 선택적 생산을 통한 수출은 수송비가 부과되더라도 상대국에 대한 자국의 상대적 임금이 변하지 않는 경우에만 이익이 된다.

④ 선택적 생산을 통한 수출은 수송비가 부과되었을 때에도 상대국에 대한 자국의 상대적 생산성 우위가 그대로 유지되어야만 이익이 된다.

⑤ 선택적 생산을 통한 수출은 자국의 생산비와 수송비를 모두 고려했을 때의 동일 임금 대비 노동시간이 상대국보다 적은 경우에만 이익이 된다.

6 문맥상 ㉠~㉤의 단어와 가장 가까운 의미로 쓰인 것은?

① ㉠: 고인의 뜻에 따라 전 재산을 사회에 기부했다.

② ㉡: 그는 모두 함께 참여하자고 목소리를 높였다.

③ ㉢: 나는 그에게 왜 책을 돌려주지 않느냐고 따졌다.

④ ㉣: 그들은 슬픈 감정을 나타내지 않으려고 애썼다.

⑤ ㉤: 어려운 가정 형편에도 그는 다른 사람을 돕는다.

[7~11] 다음 글을 읽고 물음에 답하시오.

폐의 혈액으로 들어온 산소는 심장을 거쳐 신체의 각 조직으로 ⓐ전달되어 에너지 생성에 이용되고, 물질대사 결과 생긴 노폐물인 이산화 탄소는 혈액을 통해 심장을 거쳐 폐로 전달되어 몸 밖으로 배출된다. 혈액과 폐포, 혈액과 조직 사이에서의 기체 교환은 분압* 차에 따른 확산에 의해 일어나며, 기체는 분압이 높은 곳에서 낮은 곳으로 확산된다. 한편 혈액을 운반하는 혈관 중에 심장에서 나와 폐나 각 조직으로 가는 혈액이 흐르는 혈관을 동맥, 폐나 각 조직에서 심장으로 가는 혈액이 흐르는 혈관을 정맥이라고 한다. 폐에서 기체 교환이 일어난 후 심장을 거쳐 각 조직으로 흐르는 혈액은 ㉮동맥혈, 조직에서 기체 교환이 일어난 후 폐로 흐르는 혈액은 ㉯정맥혈이다.

폐포 내 산소 분압은 100 ~ 110㎜Hg이고 그 주위의 모세 혈관 내 정맥혈의 산소 분압은 40㎜Hg이므로 폐포 내 산소가 폐포를 둘러싼 모세 혈관의 정맥혈로 확산된다. 이때 산소가 풍부해진 혈액은 심장을 거쳐 신체의 각 조직으로 흘러가고, 각 조직의 모세 혈관을 흐르는 동맥혈의 산소 분압은 100㎜Hg, 조직 내 산소 분압은 평균 40㎜Hg이므로 동맥혈 내의 산소는 조직으로 확산된다. 산소를 방출한 혈액은 심장을 거쳐 폐로 흘러간다. 그런데 산소는 물에 대한 용해도가 작아 혈장*에 용해된 상태로 운반되는 양은 폐에서 조직으로 운반되는 산소의 약 1.5%에 ⓑ불과하고, 약 98.5%는 적혈구

내에 있는 헤모글로빈과 결합하여 산소 헤모글로빈 형태로 운반된다.

산소 분압에 따른 헤모글로빈의 산소 포화도를 나타내는 곡선을 산소 해리 곡선이라고 하는데, 산소 해리 곡선에서 가로축은 혈액 내의 산소 분압, 세로축은 헤모글로빈의 산소 포화도를 나타낸다. 어떤 산소 분압에서 헤모글로빈이 산소와 결합한 정도인 산소 포화도와 헤모글로빈이 산소와 분리된 정도인 산소 해리도를 더한 값은 100%이다. 이 곡선은 완만한 S자형으로, 산소 분압이 낮아질 때 산소 헤모글로빈으로부터 해리되는 산소의 양은 산소 분압이 40 ~ 100㎜Hg 구간보다 0 ~ 40㎜Hg 구간에서 더 많다. 헤모글로빈의 산소 친화도는 헤모글로빈이 산소와 결합하려는 경향을 나타내는데, 산소 친화도에 영향을 미치는 요인에는 산소 분압 외에도 혈액의 pH(수소 이온 농도 지수), 온도 등이 있다. 어떤 조직의 물질대사가 활발해지면 이산화 탄소의 증가로 인해 주변 모세 혈관 내 혈액의 pH가 낮아진다. 혈액의 pH가 낮아지면 헤모글로빈의 산소 친화도가 작아져서 산소의 해리가 ⓒ<u>촉진</u>되어 주변 조직으로 산소가 방출된다. 즉 산소 분압이 같을 때 pH가 더 낮은 곳에서 산소 헤모글로빈으로부터 더 많은 산소가 방출된다. 또한 운동과 같은 신체 활동으로 인해 온도가 높아진 조직 주변 모세 혈관을 흐르는 혈액에서도 산소가 더 쉽게 해리되어 그 조직으로 운동 전보다 더 많은 산소가 방출된다.

한편 각 조직의 물질대사 결과 생긴 노폐물인 혈액으로 확산되어 운반된다. 조직의 이산화 탄소 분압은 평균 46㎜Hg이고, 동맥혈 내 이신화 탄소 분압은 40㎜Hg이므로 조직 내 이산화 탄소는 조직 주변 모세 혈관을 흐르는 혈액으로 확산된다. 조직에서 폐로 운반되는 이산화 탄소의 약 7%는 혈장에 용해된 상태로, 약 23%는 적혈구에 있는 헤모글로빈과 결합하여 카르바미노헤모글로빈 형태로 운반된다. 산소와 결합하지 않은 헤모글로빈은 산소와 결합한 헤모글로빈보다 쉽게 이산화 탄소와 결합하여 카르바미노헤모글로빈을 형성하므로 정맥혈이 동맥혈보다도 헤모글로빈을 이용한 이산화 탄소 운반에 ⓓ<u>유용</u>하다.

그리고 약 70%의 이산화 탄소는 탄산수소 이온 형태로 운반된다. 조직에서 확산된 이산화 탄소는 주로 적혈구 내에서 탄산 무수화 효소의 작용으로 물과 결합하여 탄산을 형성하고, 탄산은 수소 이온과 탄산수소 이온으로 이온화된다. 이때 수소 이온은 주로 헤모글로빈과 결합하고 탄산수소 이온은 혈장으로 확산되어 폐로 운반된다. 폐포 주위의 모세 혈관에서는 이와 반대의 반응이 일어난다. 즉 탄산수소 이온은 적혈구로 이동하여 수소 이온과 재결합하여 탄산을 형성하고, 탄산은 탄산 무수화 효소의 작용으로 이산화 탄소와 물이 된다. 이 과정에서 생성된 이산화 탄소는 폐포 내로 확산되어 체외로 ⓔ<u>배출</u>된다.

* 분압 : 혼합 기체에서 특정 기체에 의한 압력.
* 혈장 : 혈액에서 혈구를 제외한 액상 성분.

7 윗글의 내용과 일치하는 것은?

① 탄산 무수화 효소는 이산화 탄소와 물이 결합하여 탄산을 형성하는 과정과 탄산이 이산화 탄소와 물로 되는 과정에서 작용한다.

② 폐에서 조직으로 운반되는 산소와 조직에서 폐로 운반되는 이산화 탄소는 각각 세 가지 방식으로 운반된다.

③ 산소와 결합하지 않은 헤모글로빈이 산소와 결합한 헤모글로빈보다 이산화 탄소와 결합하기 어렵다.

④ 이산화 탄소와 물이 결합하여 탄산이 형성되는 반응은 주로 혈장에서 일어난다.

⑤ 평균적으로 조직 내의 산소 분압은 46㎜Hg, 이산화 탄소 분압은 40㎜Hg이다.

8 윗글을 바탕으로 <보기>를 이해한 내용으로 적절하지 <u>않은</u> 것은? [3점]

보기

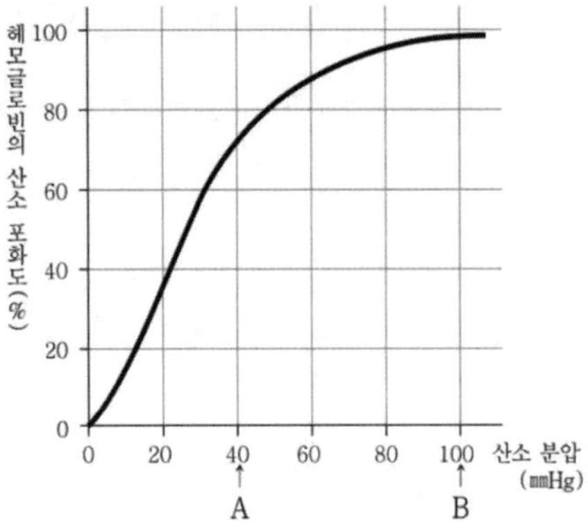

(단, 휴식 시 조직의 산소 분압은 40㎜Hg이다.)

① 산소 분압이 낮아질 때 A부터 B 구간에서 감소되는 산소 포화도보다 A 이하 구간에서 감소되는 산소 포화도가 더 크다.

② 조직의 온도가 휴식 시보다 상승하면 그 조직의 주변을 흐르는 혈액의 산소 포화도는 A일 때보다 증가한다.

③ 헤모글로빈의 산소 포화도와 산소 해리도를 더한 값은 A와 B에서 동일하다.

④ B와 A에서의 산소 포화도 차이만큼의 산소가 휴식 시 조직으로 전달된다.

⑤ A에서의 산소 해리도는 B에서의 산소 해리도보다 더 크다.

9 ㉮, ㉯에 대한 설명으로 적절하지 <u>않은</u> 것은?

① ㉮의 산소 분압은 조직을 지나면 낮아진다.

② ㉮에는 헤모글로빈과 결합한 산소의 양이 혈장에 용해된 산소의 양보다 많다.

③ ㉯는 폐포를 지나면 이산화 탄소 분압이 낮아진다.

④ ㉯에서 이산화 탄소는 대부분 카르바미노헤모글로빈의 형태로 운반된다.

⑤ ㉯는 조직에서 심장으로 가는 혈관과, 심장에서 폐로 가는 혈관에 흐른다.

10 윗글을 참고하여 <보기>에 대해 반응한 내용으로 적절하지 않은 것은? [3점]

보기

가. 일산화 탄소 중독은 일산화 탄소의 지나친 흡입으로 어지럼증, 혼수 등의 증상이 나타나는 현상이다. 일산화 탄소는 헤모글로빈과 결합하려는 경향이 산소의 200배 이상이기 때문에 산소와 결합할 수 있는 헤모글로빈의 양을 감소시킨다. 그리고 일산화 탄소는 조직에서 산소 헤모글로빈으로부터 산소의 방출을 억제한다.

나. 과다 호흡 증후군은 동맥혈의 이산화 탄소 농도가 정상 범위 아래로 떨어져 호흡 곤란, 어지럼증 등의 증상이 나타나는 현상이다. 봉지에 입을 대고 호흡을 하게 하는 응급 처치를 하면 증상을 완화하는 데 도움이 된다.

다. 호흡성 산증은 폐에서 기체 교환의 감소로 동맥혈의 이산화 탄소 분압이 증가하여 호흡 곤란, 두통 등의 증상이 나타나는 현상이다.

① 산소 분압이 낮아질 때 A부터 B 구간에서 감소되는 산소 포화도보다 A 이하 구간에서 감소되는 산소 포화도가 더 크다.

② 조직의 온도가 휴식 시보다 상승하면 그 조직의 주변을 흐르는 혈액의 산소 포화도는 A일 때보다 증가한다.

③ 헤모글로빈의 산소 포화도와 산소 해리도를 더한 값은 A와 B에서 동일하다.

④ B와 A에서의 산소 포화도 차이만큼의 산소가 휴식 시 조직으로 전달된다.

⑤ A에서의 산소 해리도는 B에서의 산소 해리도보다 더 크다.

11 ⓐ~ⓔ의 사전적 의미로 적절한 것은?

① ⓐ:널리 알림.

② ⓑ:목적한 바를 시도하였으나 이루지 못함.

③ ⓒ:다그쳐 빨리 나아가게 함.

④ ⓓ:반드시 요구되는 바가 있음.

⑤ ⓔ:나누어 줌.

[12~15] 다음 글을 읽고 물음에 답하시오.

두 명제가 모두 참인 것도 모두 거짓인 것도 가능하지 않은 관계를 모순 관계라고 한다. 예를 들어, 임의의 명제를 P라고 하면 P와 ~P는 모순 관계이다.(기호'~'은 부정을 나타낸다.) P와 ~P가 모두 참인 것은 가능하지 않다는 법칙을 무모순율이라고 한다. 그런데 "㉠다보탑은 경주에 있다."와 "㉡다보탑은 개성에 있을 수도 있었다."는 모순 관계가 아니다. 현실과 다르게 다보탑을 경주가 아닌 곳에 세웠다면 다보탑의 소재지는 지금과 달라졌을 것이다. 철학자들은 이를 두고, P와 ~P가 모두 참인 혹은 모두 거짓인 가능세계는 없지만 다보탑이 개성에 있는 가능세계는 있다고 표현한다.

'가능세계'의 개념은 일상 언어에서 흔히 쓰이는 필연성과 가능성에 관한 진술을 분석하는 데 중요한 역할을 한다. 'P는 가능하다'는 P가 적어도 하나의 가능세계에서 성립한다는 뜻이며, 'P는 필연적이다'는 P가 모든 가능세계에서 성립한다는 뜻이다. "만약 Q이면 Q이다."를 비롯한 필연적인 명제들은 모든 가능세계에서 성립한다. "다보탑은 경주에 있다."와 같이 가능하지만 필연적이지는 않은 명제는 우리의 현실세계를 비롯한 어떤 가능세계에서는 성립하고 또 어떤 가능세계에서는 성립하지 않는다.

가능세계를 통한 담론은 우리의 일상적인 몇몇 표현들을 보다 잘 이해하는 데 도움이 된다. 다음 상황을 생각해 보자. 나는 현실에서 아침 8시에 출발하는 기차를 놓쳤고, 지각을 했으며, 내가 놓친 기차는 제시간에 목적지에 도착했다.

그리고 나는 "만약 내가 8시 기차를 탔다면, 나는 지각을 하지 않았다."라고 주장한다. 그런데 전통 논리학에서는 "만약 A이면 B이다."라는 형식의 명제는 A가 거짓인 경우에는 B의 참 거짓에 상관없이 참이라고 규정한다. 그럼에도 ⓐ내가 만약 그 기차를 탔다면 여전히 지각을 했을 것이라고 주장하지는 않는 이유는 무엇일까? 내가 그 기차를 탄 가능세계들을 생각해 보면 그 이유를 알 수 있다. 그 가능세계 중 어떤 세계에서 나는 여전히 지각을 한다. 가령 내가 탄 그 기차가 고장으로 선로에 멈춰 운행이 오랫동안 지연된 세계가 그런 예이다. 하지만 내가 기차를 탄 세계들 중에서, 내가 기차를 타고 별다른 이변 없이 제시간에 도착한 세계가 그렇지 않은 세계보다 우리의 현실세계와의 유사성이 더 높다. 일반적으로, A가 참인 가능세계들 중에 비교할 때, B도 참인 가능세계가 B가 거짓인 가능세계보다 현실세계와 더 유사하다면, 현실세계의 나는 A가 실현되지 않은 경우에, 만약 A라면 ~B가 아닌 B이라고 말할 수 있다.

가능세계는 다음의 네 가지 성질을 갖는다. 첫째는 가능세계의 일관성이다. 가능세계는 명칭 그대로 가능한 세계이므로 어떤 것이 가능하지 않다면 그것이 성립하는 가능세계는 없다. 둘째는 가능세계의 포괄성이다. 이것은 어떤 것이 가능하다면 그것이 성립하는 가능세계는 존재한다는 것이다. 셋째는 가능세계의 완결성이다. 어느 세계에서든

임의의 명제 P에 대해 "P이거나 ~P이다."라는 배중률이 성립한다. 즉 P와 ~P 중 하나는 반드시 참이라는 것이다. 넷째는 가능세계의 독립성이다. 한 가능세계는 모든 시간과 공간을 포함해야만 하며, 연속된 시간과 공간에 포함된 존재들은 모두 동일한 하나의 세계에만 속한다. 한 가능세계 W1의 시간과 공간이, 다른 가능세계 W2의 시간과 공간으로 이어질 수는 없다. W1과 W2는 서로 시간과 공간이 전혀 다른 세계이다.

가능세계의 개념은 철학에서 갖가지 흥미로운 질문과 통찰을 이끌어 내며, 그에 관한 연구 역시 활발히 진행되고 있다. 나아가 가능세계를 활용한 논의는 오늘날 인지 과학, 언어학, 공학 등의 분야로 그 응용의 폭을 넓히고 있다.

12 윗글의 내용과 일치하는 것은?

① 배중률은 모든 가능세계에서 성립한다.

② 모든 가능한 명제는 현실세계에서 성립한다.

③ 필연적인 명제가 성립하지 않는 가능세계가 있다.

④ 무모순율에 의하면 P와 ~P가 모두 참인 것은 가능하다.

⑤ 전통 논리학에 따르면 "만약 A이면 B이다."의 참 거짓은 A의 참 거짓과 상관없이 결정된다.

13 ㉠, ㉡에 대한 이해로 적절하지 <u>않은</u> 것은?

① ㉠이 성립하지 않는 가능세계가 존재한다.

② "만약 다보탑이 개성에 있다면, 다보탑은 개성에 있다."가 성립하는 가능세계 중에는 ㉠이 거짓인 가능세계는 없다.

③ ㉡과 "다보탑은 개성에 있지 않다."는 모순 관계가 아니다.

④ 만약 ㉡이 거짓이라면 어떤 가능세계에서도 다보탑이 개성에 있지 않다.

⑤ ㉠과 ㉡은 현실세계에서 둘 다 참인 것이 가능하다.

14 윗글을 바탕으로 할 때, ⓐ에 대한 답으로 가장 적절한 것은?

① 내가 그 기차를 타지 않은 가능세계들끼리 비교할 때 지각을 한 가능세계와 지각을 하지 않은 가능세계가 현실세계와의 유사성의 정도가 다르기 때문이다.

② 내가 그 기차를 타지 않은 가능세계들끼리 비교할 때 기차 고장이 자주 일어나지 않는 가능세계가 현실세계와의 유사성이 높기 때문이다.

③ 내가 그 기차를 탄 가능세계들끼리 비교할 때 내가 지각을 한 가능세계가 내가 지각을 하지 않은 가능세계에 비해 현실세계와의 유사성이 더 낮기 때문이다.

④ 내가 그 기차를 탄 가능세계들끼리 비교할 때 그 가능세계들의 대다수에서 내가 지각을 하지 않았기 때문이다.

⑤ 내가 그 기차를 탄 것이 현실세계에서 거짓이기 때문이다.

15 윗글을 참고할 때, <보기>를 이해한 내용으로 적절한 것은? [3점]

> **보기**
>
> 명제 "모든 학생은 연필을 쓴다."와 "어떤 학생도 연필을 쓰지 않는다."는 반대 관계이다. 이 말은, 두 명제 다 참인 것은 가능하지 않지만, 둘 중 하나만 참이거나 둘 다 거짓인 것은 가능하다는 뜻이다.

① 가능세계의 완결성과 독립성에 따르면, 모든 학생이 연필을 쓰는 가능세계가 존재한다는 것과 어떤 학생도 연필을 쓰지 않는 가능세계가 존재한다는 것 중 하나는 반드시 참이고, 그중 한 세계의 시간과 공간이 다른 세계로 이어질 수 없겠군.

② 가능세계의 포괄성과 독립성에 따르면, "어떤 학생도 연필을 쓰지 않는다."가 성립하면서 그 세계에 속한 한 명의 학생이 연필을 쓰는 가능세계들이 존재하고, 그 세계들의 시간과 공간은 서로 단절되어 있겠군.

③ 가능세계의 완결성에 따르면, 어느 세계에서든 "어떤 학생은 연필을 쓴다."와 "어떤 학생은 연필을 쓰지 않는다." 중 하나는 반드시 참이겠군.

④ 가능세계의 포괄성에 따르면, '"모든 학생은 연필을 쓴다."가 참이거나 "어떤 학생도 연필을 쓰지 않는다."가 참'인 가능세계들이 있겠군.

⑤ 가능세계의 일관성에 따르면, 학생들 중 절반은 연필을 쓰고 절반은 연필을 쓰지 않는 가능세계가 존재하겠군.

정답으로 가는 실전 문제 해설

1

유형 클리닉

이 유형은 내용 전개 방식과 관련된 문제야. ≫ **오답을 피하는 KEY.2**

선지 클리닉

[정답] ② 노동자의 임금이 교역재 선정에 미치는 영향에 대해 설명하고 있다.

근거는 여기! 3문단 : 상대적 임금이란 자국의 임금을 상대국의 임금으로 나눈 값이고,
7문단 : 이렇게 상대적 임금을 고려해 교역재를 정하더라도,

② 7문단에서 상대적 임금을 고려해 교역재를 정한다고 언급하였고, 상대적 임금은 자국의 임금을 상대국의 임금으로 나눈 값이다. 따라서 노동자의 임금이 교역재를 선정하는데 영향을 미치고 있음을 확인할 수 있다.

오답풀이

① 선택적 생산이 상대적 임금을 낮추는 과정은 지문에 언급되지 않았다.
③ 교역재와 비교역재의 생산비 산출 방법의 차이에 대해서는 지문에서 언급되지 않았다.
④ 수출국이 수입국보다 더 많은 이익을 얻게 되는 이유는 지문에서 언급되지 않았다.
⑤ 노동의 공급과 노동의 수요가 상대적 임금에 미치는 영향은 있으나, 노동의 공급이 노동의 수요에 미치는 영향은 지문에서 언급되지 않았다.

2

유형 클리닉

비문학 지문 두 번째에서 주로 나오는 세부 내용 파악과 관련된 문제야. 지문을 다 읽은 후 문제를 보면 내용을 잊을 수 있으니 지문을 읽으며 바로바로 지우면서 읽어도 돼. ≫ **오답을 피하는 KEY 5**

선지 클리닉

[정답] ③ 값싼 노동력으로 임금을 줄이더라도 노동소요량을 줄여야만 상대적 생산비 우위를 차지할 수 있다.

근거는 여기! 2문단 : 생산비란 어떤 제품 1단위 생산에 필요한 노동시간, 즉 노동소요량을 시간당 임금과 곱한 값이므로 각국은 기술력을 높여 노동소요량을 줄이거나 값싼 노동력으로 임금을 줄임으로써 상대적 생산비 우위를 차지할 수 있다.

③ 2문단에서 언급했듯이 상대적 생산비(성) 우위를 차지하기 위해서는 노동소요량을 줄이거나 임금을 줄여야 한다고 언급했어. 반드시 노동소요량을 줄여서 상대적 생산비 우위를 차지하는게 아니라는 말이야! '-거나'(or)와 '-고'(and)는 그럴듯한 단어들을 조합해놓은 것이지만 포함 관계가 다르므로 헷갈리지 말자.

오답풀이

① 선택적 생산이 상대적 임금을 낮추는 과정을 설명하고 있다

근거는 여기! 2문단에서 생산비란 어떤 제품 1단위 생산에 필요한 노동시간, 즉 노동소요량을 시간당 임금과 곱한 값이므로

생산비는 노동시간과 시간당 임금에 비례한다는 내용은 지문에서 반드시 파악했어야 할 내용이야. 재화를 생산하는 노동시간을 줄이면 생산비가 낮아진다. 반대로 노동시간을 늘리면 생산비가 높아지겠지? 비례, 반비례 관계 표시, 잊지 말자.

② 노동자의 임금이 교역재 선정에 미치는 영향에 대해 설명하고 있다.

근거는 여기! 임금이 변해도 A국 내에서 가용 가능한 노동량이 바로 변하기는 어렵기 때문이다.

한 나라 안(지문에서 언급한 A국)에서는 임금이 상승해도(변해도) 가용 가능한 노동량이 즉각적으로 증가(변)하기 어렵다.

④ 수출국이 수입국보다 더 많은 이익을 얻게 되는 이유를 설명하고 있다.

근거는 여기! 3문단 : 한 나라에서 특정 재화가 상대국에 대해 상대적 생산비 우위를 갖는지 여부는 '상대적 임금'과 '상대적 생산성 우위'의 비교를 통해 파악할 수 있다.

7문단 : 상대적 임금을 고려해 교역재를 정하더라도, 수송비에 따라 그 품목은 달라질 수도 있다. (중략) 이처럼 상대적 임금을 고려해 무역재를 선정해도 수송비가 얼마냐에 따라 교역재는 자체적으로 생산하는 소비재인 비교역재가 될 수도 있다.

재화의 품목을 결정하는 요소는 상대적 임금, 상대적 생산성 우위, 수송비라고 설명하고 있어. 이것은 임금뿐만 아니라, 상대적 생산성과 수송비에 따라서 재화의 품목이 달라질 수 있다는 것을 의미해.

⑤ 재화 생산에 필요한 노동의 공급이 노동의 수요에 미치는 영향에 대해 설명하고 있다.

근거는 여기! 3문단 : 각국은 상대국에 대한 자국의 상대적 생산성 우위가 자국의 상대적 임금보다 높은 제품에 생산비 우위를 갖게 된다. 그리고 각국은 이렇게 상대적 생산비 우위를 갖는 제품을 상대국에 수출하게 된다.

*상대적 생산비 우위를 가지는 경우 : 상대적 임금<상대적 생산성 우위

로 볼 수 있지. 따라서 한 국가의 상대국에 대한 상대적 임금이 특정 재화의 상대적 생산성 우위보다 낮으면 그 재화의 생산비도 상대국보다 낮다는 것을 알 수 있어.

3

유형 클리닉

계산 문제와 관련한 유형이군. 지문의 내용을 본문에 대입해보고, 표를 만들어 보자. ≫ **오답을 피하는 KEY 9.**

선지 클리닉

[정답] ⑤ X국과 Y국 모두, 사과와 바나나 중에서 상대국에 대한 자국의 상대적 생산성 우위가 2보다 큰 과일은 수출하고 2보다 작은 과일은 수입하는 것이 유리하다고 판단하겠군.

	X국		Y국	
재화 품목	사과	바나나	사과	바나나
노동소요량(1kg당)	4시간	6시간	12시간	9시간
상대적 생산성 우위 (상대국 노동소요량/자국 노동소요량)	12/4(=3)	9/6 (=3/2)	4/12 (=1/3)	6/9 (=2/3)
생산비	2×4= 8만원	2×12= 24만원	1×12= 12만원	1×9= 9만원
시간당 임금	2만원		1만원	
상대적 임금 (자국 임금/상대국 임금)	2/1(=2)		1/2	

따라서 X국은 사과를 수출하고, (상대적 임금 2<상대적 생산성 우위 3) Y국은 바나나를 수출하게 된다.(상대적 임금 1/2<상대적 생산성 우위 2/3)

오답풀이

② X국이 기술력을 높여 바나나 1kg 생산에 필요한 노동시간을 4시간으로 줄인다면 X국의 생산비 우위는 9/4로 상대적 임금 2보다 크기 때문에 상대적 생산성 우위를 X국이 차지한다. 반면 Y국의 생산비 우위는 4/9가 되며 상대적 임금 1/2보다 적게 된다.

③ Y국에 대한 X국의 상대적 임금을 고려할 때, X국의 상대적 임금은 2, Y국의 상대적 임금은 1/2이다. Y국에서 사과 1kg을 생산하는 데 드는 노동 시간(12시간)이 X국의 입장에서는 6시간에 해당한다고 볼 수 있다.

④ 사과의 생산에 있어서 X국의 Y국에 대한 상대적 생산성 우위는 3, 바나나의 생산에 있어서 X국이 Y국에 대해 갖는 상대적 생산성 우위는 3/2(=1.5)이다.

⑤ 상대적 생산성 우위와 상대적 임금과의 관계를 파악해야 차이를 알 수 있다. X국은 사과를 생산했을 때 자국의 상대적 생산성 우위가 3, 상대적 임금은 1로 생산성 우위가 2로 차이 난다. Y국은 바나나를 생산했을 때 자국의 상대적 생산성 우위가 2/3, 생산성 우위는 1/2로 1/6(2/3-1/2)이 차이가 난다. 따라서 상대국에 대한 자국의 상대적 생산성 우위가 X국일 경우 2, Y국일 경우 1/6보다 큰 과일은 수출하는 것이 유리하다고 판단할 수 있다.

4

유형 클리닉

그래프 문제는 x축과 y축의 변수를 확인하고, 수요와 공급이 만나는 지점에서 값이 결정됨을 놓치지 말자! ≫ **오답을 피하는 KEY 8.**

선지 클리닉

[정답] ⑤

근거는 여기! 6문단 : B국에 대한 A국의 상대적 임금은 RS와 RD의 교점에서 결정되며, RS가 좌우로 이동하면서 교점이 경사 구간에 형성되면 A국과 B국 중 한 나라에서, 수평 구간에서 생기면 A국과 B국 모두에서 그 구간에 해당하는 재화를 생산하게 된다.

RS와 RD의 교점은 해당국의 상대적 임금(6)이고, 나머지 Y축의 값은 상대적 생산성 우위에 있음을 확인할 수 있다. 따라서 쌀의 상대적 생산성 우위는 12, 밀의 상대적 생산성 우위는 8, 수수의 상대적 생산성 우위는 4, 귀리의 상대적

생산성 우위는 1이다. 갑국의 입장에서는 상대적 임금의 값이 6이므로, 6보다 값이 큰 쌀과 밀은 수출을 하고, 6보다 값이 적은 수수와 귀리는 수입을 할 것이라 분석할 수 있다.

오답풀이

① RS와 RD의 교점이 ⓐ와 ⓑ 사이로 이동하더라도 여전히 상대적 임금(6)보다 상대적 생산성 우위가 크므로(8과 12 사이) 쌀 생산비에 우위를 갖는 국가는 바뀌지 않는다.

② 6문단에서 상대적 임금의 증가가 결국 생산 제품의 변화로 이어져 제품의 생산에 필요한 노동 수요가 상대국으로 점차 이동한다는 내용이 언급되어 있다. RS와 RD의 교점이 ⓑ와 ⓒ 사이(경사 부분)로 이동한다면 밀 생산을 위한 노동 수요의 일부가 을국에서 갑국이 아닌, 갑국에서 을국으로 이동할 것이라 추론할 수 있다.

③ RS와 RD의 교점이 ⓒ에 점점 가까워질수록 상대적 임금이 오르고 제품에 대한 수요가 감소하므로, 갑국에서 생산하는 밀에 대한 을국의 수요량은 점차 줄어들게 된다.

④ RS와 RD의 교점이 ⓓ에 점점 가까워질수록 상대적 임금이 낮아지므로, 갑국이 생산하는 밀의 가격은 현재 대비 상대적으로 낮아진다.

⑤ 6문단에서 수평 구간은 생산에 필요한 노동 수요가 상대국으로 점차 이동하는 것을 나타낸다고 언급하였다. 따라서 RS와 RD의 교점이 ⓓ와 ⓔ 사이의 수평 구간에 형성될 경우 갑국과 을국 모두에서 수수를 생산하게 된다.

5

유형 클리닉

㉮ <u>이렇게 선택적 생산을 통한 무역이 양국 모두에게 정말 이득이 될까?</u>에 대한 질문을 본문의 핵심 단어 [수송비] 근처에서 찾아본다. ≫ **오답을 피하는 KEY 5.**

선지 클리닉

[정답] 선택적 생산을 통한 수출은 자국의 생산비와 수송비를 모두 고려했을 때의 동일 임금 대비 노동시간이 상대국보다 적은 경우에만 이익이 된다.

근거는 여기! A국이 <표>의 제품Ⅲ을 수입하는 데 드는 단위당 수송비가 제품Ⅲ의 단위당 생산비와 동일하게 요구된다고 가정해 보자. B국에 대한 A국의 상대적 임금이 3일 때, 생산비만 고려한다면 B국의 12시간 노동은 A국의 4시간 노동에 해당한다고 볼 수 있다. 하지만 수송비까지 고려한다면 결국 8시간 노동에 해당하는 것과 같아진다. 이 경우 현재 A국의 6시간과 비교했을 때 오히려 제품Ⅲ을 A국에서 생산하는 것이 더 유리해진다.

***A국이 제품 Ⅲ를 수입하는 데 필요한 단위당 비용(8시간)**

=단위당 수송비(4시간)+단위당 생산비(4시간) (7문단)

***A국이 제품 Ⅲ를 직접 생산하는데 필요한 단위당 비용**

= 단위당 노동소비량(6시간)(4문단 표 참고)

∴ A국은 수송비를 고려한다면 제품 Ⅲ를 B국에서 수입하지 않고, 직접 생산하는 것이 이익이다.

오답풀이

① 선택적 생산을 통한 수출이 이익이 될지의 여부는 수송비, 상대적 임금, 상대적 생산비에 따라 결정이 되는 것이지, 수송비만으로 결정이 되는 것은 아니다.

② 선택적 생산을 통한 수출이 이익이 될지의 여부는 수송비, 상대적 임금, 상대적 생산비에 따라 결정이 되는 것이지, 상대국의 수송비보다 더 적게 소요될 경우에만 결정이 되는 것은 아니다.

③ 상대국에 대한 자국의 상대적 임금이 줄어들게 되면, 생산비가 감소하고 자국의 이익이 될 수 있다. 따라서 자국의 상대적 임금이 변화하는 경우에도 이익이 될 수 있다.

④ 상대국에 대한 자국의 상대적 생산성 우위가 그대로 유지되더라도 수송비가 많이 부과되면 선택적 생산을 통한 수출은 이익이 되지 않을 수 있다. 7문단에 언급되었듯이 상대국(A)에 대한 자국(B)의 상대적 생산성 우위는 변화되지 않았으나, 수송비가 부과(단위당 4시간)되어 이익을 얻지 못하는 사례를 확인할 수 있다.

⑤ 4문단의 표와 7문단의 설명을 종합한다면 A국은 동일 임금 대비 노동 시간이 6, B국은 동일 임금 대비 노동 시간이 8이기 때문에 B국이 A국에 수출을 하는 것은 이익이 되지 않는다. 따라서 선택적 생산을 통한 수출은 자국(B국)의 생산비(4)와 수송비(4)를 모두 고려했을 때의 동일 임금 대비 노동시간이 상대국보다 적은 경우에만 이익이 된다.

6

유형 클리닉

어휘 문제는 문맥적 의미를 따져서 접근하는 것이 맞으나, 확신이 들지 않을 때에는 문장 구성 방식과 앞 단어의 범주 두 가지를 살펴본다. 밑줄 친 단어 앞에 오는 조사를 보면 문맥적 의미가 비슷한 경우가 많다. 여기에서는 본문 '리카르도에 따르면'과 ①번 선지 '고인에 뜻에 따라'가 '~에 따라'의 형태로 비슷하다. 또한 본문 '기술력을 높이다'와 ②번 선지 '목소리를 높이다'가 '~를 높이다'로 문장 구성 방식이 유사하다. 두 번째로 앞 단어의 특성이 본문에서는 '기술력'으로 추상적인 범주에 들어가지만, ②의 경우 '목소리'로 구체적인 실체가 있는 대상이다. 이런 경우는 문맥적 의미가 통하지 않는다고 할 수 있다. 따라서 '어떤 경우, 사실이나 기준 따위에 의거하다.'의 문맥적 의미가 동일하게 쓰인 ①이 정답이다. ≫ **어휘를 대비하는 법 : 비문학 문제를 풀기 위한 종합 안내서 Q8**

선지 클리닉

[정답] ① ㉠: 고인의 뜻에 따라 전 재산을 사회에 기부했다.

<본문에 나온 단어의 의미>

㉠: '어떤 경우, 사실이나 기준 따위에 의거하다.'

㉡: '품질, 수준, 능력, 가치 따위를 더 높은 수준으로 만들다.'

㉢: '계산, 득실, 관계 따위를 낱낱이 헤아리다.'

㉣: '생각이나 느낌 따위를 글, 그림, 음악 따위로 드러내다.'

㉤: '가능성이 거의 없다.'

<선지에 나온 단어의 의미>

① ㉠: '어떤 경우, 사실이나 기준 따위에 의거하다.'

② ㉡: '소리의 음계를 위쪽으로 옮기거나 진동수를 큰 상태가 되게 하다.'

③ ㉢: '문제가 되는 일을 상대에게 캐묻고 분명한 답을 요구하다.'

④ ㉣: '내면적인 심리 현상을 얼굴, 몸, 행동 따위로 드러내다.'

⑤ ㉤: '가난하여 살아가기가 고생스럽다.'

7

유형 클리닉

이 유형은 세부 내용을 파악하는 문제야. ≫ **오답을 피하는 KEY 5.**

선지 클리닉

[정답] ① 탄산 무수화 효소는 이산화 탄소와 물이 결합하여 탄산을 형성하는 과정과 탄산이 이산화 탄소와 물로 되는 과정에서 작용한다.

근거는 여기! 3문단 : 조직에서 확산된 이산화 탄소는 주로 적혈구 내에서 탄산 무수화 효소의 작용으로 물과 결합하여 탄산을 형성하고~탄산은 탄산 무수화 효소의 작용으로 이산화 탄소와 물이 된다.

오답풀이

② 폐에서 조직으로 운반되는 산소는 두 가지 방식으로 운반된다.

③ 산소와 결합하지 않은 헤모글로빈이 산소와 결합한 헤모글로빈보다 이산화 탄소와 결합하기 더 쉽다.

④ 이산화 탄소와 물이 결합하여 탄산이 형성되는 반응은 주로 적혈구에서 일어난다.

⑤ 평균적으로 조직 내의 산소 분압은 40㎜Hg, 이산화 탄소 분압은 46㎜Hg이다.

8

유형 클리닉

이 유형은 그래프가 어떤 수치를 나타내는지 파악하고 '산소 분압'과 '산소 포화도'의 개념을 이해한 후, 수치의 상관관계를 파악하는 문제야. ≫ **오답을 피하는 KEY 8.**

선지 클리닉

[정답] ② 조직의 온도가 휴식 시보다 상승하면 그 조직의 주변을 흐르는 혈액의 산소 포화도는 A일 때보다 증가한다.

근거는 여기! 3문단 : 온도가 높아진 조직 주변 모세 혈관을 흐르는 혈액에서도 산소가 더 쉽게 해리되어 그 조직으로 운동 전보다 더 많은 산소가 방출된다.

산소가 더 쉽게 해리된다고 하였으므로 산소 포화도가 아닌 산소 해리도가 증가한다.

오답풀이

① 산소 분압이 낮아질 때 A부터 B 구간에서 감소되는 산소 포화도보다 A 이하 구간에서 감소되는 산소 포화도가 더 크다.

근거는 여기! 3문단: 이 곡선은 완만한 S자형으로, 산소 분압이 낮아질 때 산소 헤모글로빈으로부터 해리되는 산소의 양은 산소 분압이 40 ~ 100㎜Hg 구간보다 0 ~ 40㎜Hg 구간에서 더 많다.

산소 헤모글로빈으로부터 해리되는 산소의 양이 B보다 A 구간에서 더 가 높다고 했으므로 헤모글로빈이 산소와 결합한 정도인 산소 포화도는 A구간에서 더 감소한다.

③ 헤모글로빈의 산소 포화도와 산소 해리도를 더한 값은 A와 B에서 동일하다.

근거는 여기! 3문단: 어떤 산소 분압에서 헤모글로빈이 산소와 결합한 정도인 산소 포화도와 헤모글로빈이 산소와 분리된 정도인 산소 해리도를 더한 값은 100%이다.

어떤 산소 분압에서 산소 포화도와 산소 해리도를 더한 값은 100%라고 했으므로 동일하다.

④ B와 A에서의 산소 포화도 차이만큼의 산소가 휴식 시 조직으로 전달된다.

근거는 여기! 3문단: 이때 산소가 풍부해진 혈액은 심장을 거쳐 신체의 각 조직으로 흘러가고, 각 조직의 모세 혈관을 흐르는 동맥혈의 산소 분압은 100㎜Hg, 조직 내 산소 분압은 평균 40㎜Hg이므로 동맥혈 내의 산소는 조직으로 확산된다.

동맥혈의 산소 분압이 100mg이고 조직 내 산소 분압은 평균 40mg이므로 동맥혈 내의 산소가 조직으로 확산된다고 하였으므로 동맥혈 산소 분압 값인 B지점에서 휴식 시 조직의 산소 분압 값인 A지점까지 감소한 산소 포화도만큼(산소 포화도가 감소하면 산소 해리도는 증가) 산소가 해리되어 조직으로 전달된다.

⑤ A에서의 산소 해리도는 B에서의 산소 해리도보다 더 크다.

근거는 여기! 3문단: 어떤 산소 분압에서 헤모글로빈이 산소와 결합한 정도인 산소 포화도와 헤모글로빈이 산소와 분리된 정도인 산소 해리도를 더한 값은 100%이다.

어떤 분압에서든 산소 포화도와 산소 해리도를 더한 값은 100%이고 A가 B보다 산소 포화도가 낮기 때문에 산소 해리도는 더 크다.

9

유형 클리닉

이 문제는 ㉮, ㉯의 앞뒤 내용을 파악하여 추론해야 하는 문제였어. ≫ **오답을 피하는 KEY 5.**

선지 클리닉

[정답] ④ ㉯에서 이산화 탄소는 대부분 카르바미노헤모글로빈의 형태로 운반된다.

근거는 여기! 4문단: 조직에서 폐로 운반되는 이산화 탄소의 약 7%는 혈장에 용해된 상태로, 약 23%는 적혈구에 있는 헤모글로빈과 결합하여 카르바미노헤모글로빈 형태로 운반된다.
5문단: 그리고 약 70%의 이산화 탄소는 탄산수소 이온 형태로 운반된다.

탄산수소 이온 형태로 운반된다.

오답풀이

① 동맥혈 내의 산소가 조직으로 확산된 이후이기 때문에 산소 분압이 낮아진다.

② 혈장에 용해된 상태로 운반은 약 1.5%, 헤모글로빈과 결합한 산소의 양은 약 98.5%라고 했으므로 ㉮에서도 헤모글로빈과 결합한 산소의 양이 더 많다.

③ 동맥혈이 산소 분압 차를 통하여 조직에 산소를 전달하는 것처럼 정맥혈 역시 조직에서 기체 교환 후 이산화 탄소 분압이 높아진 상태로 폐포로 흐르고 이산화 탄소가 폐포 내로 확산되기 때문에 폐포를 지나면 이산화 탄소 분압이 낮아진다.

⑤ 조직에서 생긴 이산화 탄소는 혈액을 통해 심장을 거쳐 폐로 전달되어 몸 밖으로 배출되고 정맥혈은 조직에서 기체 교환이 일어난 후 폐로 흐르는 혈액이라고 했으므로 조직에서 심장으로 가는 정맥 혈관과 심장에서 폐로 가는 동맥 혈관에 흐른다.

10

유형 클리닉

이 문제는 본문을 이해한 후, <보기>에 나와 있는 정보를 바탕으로 선지를 분석해야 하는 문제였어. ≫ **오답을 피하는 KEY 7.**

선지 클리닉

[정답] ④ 나 : 봉지에 입을 대고 호흡을 하게 되면 평상시보다 더 적은 양의 이산화 탄소를 흡입하게 되겠군.

근거는 여기! <보기>의 '나': 과다 호흡 증후군은 동맥혈의 이산화 탄소 농도가 정상 범위 아래로 떨어져 호흡 곤란, 어지럼증 등의 증상이 나타나는 현상이다. 봉지에 입을 대고 호흡을 하게 하는 응급 처치를 하면 증상을 완화하는 데 도움이 된다.

많은 양의 이산화 탄소를 흡입하게 된다.

오답풀이

① <보기>에서 일산화 탄소는 산소와 결합할 수 있는 헤모글로빈의 양을 감소시킨다고 했으므로 산소 헤모글로빈의 양이 줄어든다.

② <보기>에서 일산화 탄소는 조직에서 산소 헤모글로빈으로부터 산소의 방출을 억제한다고 하였으므로 산소가 잘 해리되지 않게 하는 것이다.

③ <보기>에서 이산화 탄소 농도가 정상 범위 아래로 떨어진다고 하였으므로 폐를 통해 이산화 탄소 배출이 많이 일어났음을 추측할 수 있다.

⑤ <보기>에서 폐에서 기체 교환의 감소로 동맥혈의 이산화 탄소 분압이 증가한다고 하였으므로 이산화 탄소가 폐로 잘 배출되지 못 하고 있음을 알 수 있다.

11

유형 클리닉

글의 맥락을 파악하여 어휘의 적절한 의미를 추론해야 하는 문제야. ≫ **비문학 문제를 풀기 위한 종합 안내서 Q8**

선지 클리닉

[정답] ③ ⓒ:다그쳐 빨리 나아가게 함.

근거는 여기! 3문단: 혈액의 pH가 낮아지면 헤모글로빈의 산소 친화도가 작아져서 산소의 해리가 ⓒ촉진되어 주변 조직으로 산소가 방출된다.

글의 맥락을 보면 산소가 해리되어 나아가서 방출되는 것이기 때문에 적절하다.

오답풀이

① ⓐ:자극, 신호, 동력 따위가 다른 기관에 전하여짐.

② ⓑ:그 수량에 지나지 아니한 상태임을 이르는 말.

④ ⓓ:쓸모가 있음.

⑤ ⓔ:안에서 밖으로 밀어 내보냄.

12

유형 클리닉

선택지와 관련된 세부 내용을 지문에서 찾아 정보를 확인하며 하나씩 지워 나가자! ≫ **오답을 피하는 KEY.5**

선지 클리닉

[정답] ① 배중률은 모든 가능세계에서 성립한다.

근거는 여기! 4문단 : 셋째는 가능세계의 완결성이다. 어느 세계에서든 임의의 명제 P에 대해 “P이거나 ~P이다.” 라는 배중률이 성립한다.

배중률에 대한 내용은 4문단에 제시되어 있다. 4문단에서 가능세계의 성질 중 완결성이란 어느 세계에서든 임의의 명제 P에 대해 "P이거나 ~P이다."라는 배중률이 성립하는 성질이다. 어느 세계에서든 배중률이 성립한다는 진술이 있으므로, 모든 가능세계에서 배중률이 성립한다는 진술은 적절하다.

오답풀이

② 모든 가능한 명제는 현실세계에서 성립한다.

근거는 여기! 2문단: 'P는 가능하다'는 P가 적어도 하나의 가능세계에서 성립한다는 뜻이며 (중략) 우리의 현실세계를 비롯한 어떤 가능세계 (중략)

'가능한 명제'는 2문단에 제시되어 있다. 'P는 가능하다'는 '가능한 명제'로 이는 적어도 하나의 가능세계에서 성립한다는 특징을 가지고 있다. 또한 현실세계는 가능세계의 하나일 뿐이므로 모든 가능한 명제가 현실세계에서 성립한다고 볼 수 없다.

③ 필연적인 명제가 성립하지 않는 가능세계가 있다.

근거는 여기! 2문단: 'P는 가능하다'는 P가 적어도 하나의 가능세계에서 성립한다는 뜻이며 (중략) 우리의 현실세계를 비롯한 어떤 가능세계 (중략)

'필연적인 명제'는 2문단에 제시되어 있다. 'P는 필연적이다'는 '필연적인 명제'로 이는 P가 모든 가능세계에서 성립한다는 의미이므로, 성립하지 않는 가능세계는 없다.

④ 무모순율에 의하면 P와 ~P가 모두 참인 것은 가능하다.

⑤ 전통 논리학에 따르면 "만약 A이면 B이다."의 참 거짓은 A의 참 거짓과 상관없이 결정된다.

근거는 여기! 3문단: "만약 A이면 B이다."라는 형식의 명제는 A가 거짓인 경우에는 B의 참 거짓에 상관없이 참이라고 규정한다.

'전통 논리학의 "만약 A이면 B이다."라는 형식의 명제는 3문단에 제시되어 있다. 이 명제의 참, 거짓은 A가 거짓인 경우에 B의 참 거짓과 상관없이 참이라고 규정하므로, A의 참 거짓과 상관있다.

13

유형 클리닉

㉠, ㉡에 대한 설명은 1,2문단에 집중되어 있어. 이 문단을 읽으면서 선택지를 하나씩 지워나가면 시간을 단축할 수 있을 거야. ≫ **오답을 피하는 KEY.4**

선지 클리닉

[정답] ② "만약 다보탑이 개성에 있다면, 다보탑은 개성에 있다."가 성립하는 가능세계 중에는 ㉠이 거짓인 가능세계는 없다.

근거는 여기! 2문단: "만약 Q이면 Q이다."를 비롯한 필연적인 명제들은 모든 가능세계에서 성립한다. "다보탑은 경주에 있다."와 같이 가능하지만 필연적이지는 않은 명제는 우리의 현실세계를 비롯한 어떤 가능세계에서는 성립하고 또 어떤 가능세계에서는 성립하지 않는다.

2문단에서 "만약 Q이면 Q이다."를 비롯한 필연적인 명제들은 모든 가능세계에서 성립한다고 하였다. 그러므로 필연적 명제인 "만약 다보탑이 개성에 있다면, 다보탑은 개성에 있다."가 성립하는 가능세계는 '모든 가능세계'이다. 한편 2문단에 나와 있듯 ㉠은 가능하지만 필연적이지는 않은 명제로 어떤 가능세계에서는 성립하고 또 어떤 가능세계에서는 성립하지 않는다는 특징이 있다. 따라서 ㉠이 참인 가능세계도 있고, ㉠이 거짓인 가능세계도 있으므로 '모든 가능세계' 중에 ㉠이 거짓인 가능세계는 있다.

오답풀이

① ㉠이 성립하지 않는 가능세계가 존재한다.

근거는 여기! 2문단: "다보탑은 경주에 있다."와 같이 가능하지만 필연적이지는 않은 명제는 우리의 현실세계를 비롯한 어떤 가능세계에서는 성립하고 또 어떤 가능세계에서는 성립하지 않는다.

2문단에서 ㉠은 가능하지만 필연적이지는 않은 명제로 이 명제는 어떤 가능세계에서는 성립하고 또 어떤 가능세계에서는 성립하지 않는다. 따라서 ㉠이 성립하지 않는 가능세계는 존재하는 것이 옳다.

②"만약 다보탑이 개성에 있다면, 다보탑은 개성에 있다."가 성립하는 가능세계 중에는 ㉠이 거짓인 가능세계는 없다.

③ ㉡과 "다보탑은 개성에 있지 않다."는 모순 관계가 아니다.

근거는 여기! 1문단: 두 명제가 모두 참인 것도 모두 거짓인 것도 가능하지 않은 관계를 모순 관계라고 한다.

㉡과 "다보탑은 개성에 있지 않다."는 명제의 모순 관계를 물어보고 있다. 모순 관계에 대한 내용은 1문단에 나와 있다. "다보탑은 개성에 있을 수도 있었다."는 명제와 "다보탑은 개성에 있지 않다."는 명제는 둘 다 참일 수 있으므로 모순 관계가 아닌 것이 옳다.

④ 만약 ㉡이 거짓이라면 어떤 가능세계에서도 다보탑이 개성에 있지 않다.

근거는 여기! 4문단: 첫째는 가능세계의 일관성이다. 가능세계는 명칭 그대로 가능한 세계이므로 어떤 것이 가능하지 않다면 그것이 성립하는 가능세계는 없다.

4문단에 보면 '가능하지 않다면 그것이 성립하는 가능세계는 없다'고 얘기하고 있다. 따라서 ㉡이 거짓이라면 다보탑이 개성에 있는 가능세계는 없는 것이므로 '어떤 가능세계에서도 다보탑이 개성에 있지 않다.'가 옳다.

⑤ ㉠과 ㉡은 현실세계에서 둘 다 참인 것이 가능하다.

근거는 여기! 1문단: "㉠다보탑은 경주에 있다."와 "㉡다보탑은 개성에 있을 수도 있었다."는 모순 관계가 아니다. 현실과 다르게 다보탑을 경주가 아닌 곳에 세웠다면 다보탑의 소재지는 지금과 달라졌을 것이다.
두 명제가 모두 참인 것도 모두 거짓인 것도 가능하지 않은 관계를 모순 관계라고 한다.

㉠, ㉡은 모순 관계가 아니므로 두 명제가 모두 참이거나 모두 거짓인 것이 가능하다. 지문에 따라 현실에서는 다보탑이 경주에 있으므로 ㉠은 현실세계에서 참이며, 모순 관계가 아니므로 ㉡이 참인 것이 가능하다.

14

유형 클리닉

ⓐ에 대한 3문단의 설명을 꼼꼼하게 읽으며 이해하자. 특히 ⓐ부분 다음에 질문에 대한 답이 상세하게 설명되어 있으므로 집중해서 읽으면서 단서를 찾아 정답을 골라보자. ≫ **오답을 피하는 KEY.7**

선지 클리닉

[정답] ③ 내가 그 기차를 탄 가능세계들끼리 비교할 때 내가 지각을 한 가능세계가 내가 지각을 하지 않은 가능세계에 비해 현실세계와의 유사성이 더 낮기 때문이다.

근거는 여기! 3문단: 일반적으로, A가 참인 가능세계들 중에 비교할 때, B도 참인 가능세계가 B가 거짓인 가능세계보다 현실세계와 더 유사하다면, 현실세계의 나는 A가 실현되지 않은 경우에, 만약 A라면 ~B가 아닌 B이라고 말할 수 있다.

3문단에 나와 있듯이 내가 기차를 탄 세계들 중에서 '기차가 제시간에 도착해 지각을 하지 않은 세계'와 '기차가 제시간에 도착하지 못해 지각을 한 세계'가 모두 가능하다. 이 중 '지각을 하지 않은 세계'가 현실세계와의 유사성이 더 높기 때문에 현실세계의 나는 기차를 타지 않은 경우(A가 실현되지 않은 경우)에도 지각하지 않을 것(~B가 아닌 B)이라고 주장하는 것이다.

오답풀이

① 내가 그 기차를 타지 않은 가능세계들끼리 비교하는 내용은 나와 있지 않다.

② 내가 그 기차를 타지 않은 가능세계들끼리 비교하는 내용은 나와 있지 않다.

④ 가능세계들의 대다수에서 내가 지각을 하지 않았는지는 고려 대상이 아니며, 해당 가능세계와 현실세계의 유사성이 ⓐ의 이유이다.

⑤ ⓐ의 이유는 가능세계와 현실세계의 유사성과 관련이 있으며, 현실세계에서 기차를 탄 것이 거짓이기 때문은 아니다.

15

유형 클리닉

<보기>의 내용을 정리하고 이를 4문단의 가능세계의 특징과 관련지어 선택지의 진위여부를 판별하면 돼. » **오답을 피하는 KEY.7**

선지 클리닉

[정답] ④ 가능세계의 포괄성에 따르면, '"모든 학생은 연필을 쓴다."가 참이거나 "어떤 학생도 연필을 쓰지 않는다."가 참'인 가능세계들이 있겠군.

근거는 여기! 4문단: 둘째는 가능세계의 포괄성이다. 이것은 어떤 것이 가능하다면 그것이 성립하는 가능세계는 존재한다는 것이다.

4문단의 가능세계의 포괄성에 따르면, 어떤 것이 가능하다면 그것이 성립하는 가능세계가 존재한다. <보기>에서 둘 중 하나만 참인 것은 가능하다고 했으므로, '"모든 학생은 연필을 쓴다."가 참이거나 "어떤 학생도 연필을 쓰지 않는다."가 참'인 가능세계들은 존재한다.

오답풀이

① 가능세계의 완결성과 독립성에 따르면, 모든 학생이 연필을 쓰는 가능세계가 존재한다는 것과 어떤 학생도 연필을 쓰지 않는 가능세계가 존재한다는 것 중 하나는 반드시 참이고, 그중 한 세계의 시간과 공간이 다른 세계로 이어질 수 없겠군.

근거는 여기! 4문단: 셋째는 가능세계의 완결성이다. 어느 세계에서든 임의의 명제 P에 대해 "P이거나 ~P이다."라는 배중률이 성립한다. 즉 P와 ~P 중 하나는 반드시 참이라는 것이다.

4문단에 따르면 두 명제는 P와 ~P의 관계가 아니므로, 가능세계의 완결성을 논할 수 없다.

② 가능세계의 포괄성과 독립성에 따르면, "어떤 학생도 연필을 쓰지 않는다."가 성립하면서 그 세계에 속한 한 명의 학생이 연필을 쓰는 가능세계들이 존재하고, 그 세계들의 시간과 공간은 서로 단절되어 있겠군.

③ 가능세계의 완결성에 따르면, 어느 세계에서든 "어떤 학생은 연필을 쓴다."와 "어떤 학생은 연필을 쓰지 않는다." 중 하나는 반드시 참이겠군.

⑤ 가능세계의 일관성에 따르면, 학생들 중 절반은 연필을 쓰고 절반은 연필을 쓰지 않는 가능세계가 존재하겠군.

근거는 여기! 4문단: 첫째는 가능세계의 일관성이다. 가능세계는 명칭 그대로 가능한 세계이므로 어떤 것이 가능하지 않다면 그것이 성립하는 가능세계는 없다. 둘째는 가능세계의 포괄성이다. 이것은 어떤 것이 가능하다면 그것이 성립하는 가능세계는 존재한다는 것이다.

가능세계가 존재한다는 성질은 가능세계의 포괄성과 관련이 있고 일관성과는 관련이 없다.

국어 오답의 모든것 (독서편)

초판 1쇄 발행 2022년 10월 1일

지은이 함선주 김소라 김수현 김지은 노상혁 박창연 박효진 정동완
펴낸이 꿈구두
펴낸곳 꿈구두
디자인 맨디 디자인

출판등록 2019년 5월 16일, 제 2019-000010호
블로그 https://blog.naver.com/edu-atoz
이메일 edu-atoz@naver.com
밴드 네이버밴드 <오늘과 내일의 학교>

ISBN 979-11-91607-37-6

책값은 표지 뒤쪽에 있습니다.
파본은 구입하신 서점에서 교환해드립니다.

국어 오답의 모든것

독서편

개념클리닉

꿈구두

국어 오답의 모든 것

기출 지문 톺아보기

국어 오답의 모든것

독서편

개념클리닉

꿈구두

전체 목차 한눈에 보기

오답을 피하는

key

기출 지문 톺아보기

발문에 단서가 있다.
기출 지문 톺아보기

출전: 2017학년도 11월 시행 대학수학능력시험

핵심 소재: (　　　　,　　　　,　　　　,　　　　)

1 정부는 국민 생활에 영향을 미치는 활동의 총체인 정책의 목표를 효과적으로 달성하기 위해 정책 수단의 특성을 고려하여 정책을 수행한다. 정책 수단은 강제성, 직접성, 자동성, 가시성의 네 가지 측면에서 다양한 특성을 갖는다. 강제성은 정부가 개인이나 집단의 행위를 제한하는 정도로서, 유해 식품 판매 규제는 강제성이 높다. 직접성은 정부가 공공 활동의 수행과 재원 조달에 직접 관여하는 정도를 의미한다. 정부가 정책을 직접 수행하지 않고 민간에 위탁하여 수행하게 하는 것은 직접성이 낮다. 자동성은 정책을 수행하기 위해 별도의 행정 기구를 설립하지 않고 기존의 조직을 활용하는 정도를 말한다. 전기 자동차 보조금 제도를 기존의 시청 환경과에서 시행하는 것은 자동성이 높다. 가시성은 예산 수립 과정에서 정책을 수행하기 위한 재원이 명시적으로 드러나는 정도이다. 일반적으로 사회 규제의 정도를 조절하는 것은 예산 지출을 수반하지 않으므로 가시성이 낮다.

독해의 KEY

글의 구조

· '~는~~인' 이라는 말로 보아 대상을 (　　　)하고 있음을 파악할 수 있어

내용

· 정부가 정책을 수행할 때 고려하는 네 가지 정책 수단
(　　　　　　,　　　　　　,　　　　　　)

핵심 요약은 나의 말로 문단의 내용을 정리해보는 부분이야. 답이 있는 것이 아니니까 기억에 남는 내용을 1~2문장으로 표현해보자.

1문단 핵심 요약:

2 정책 수단 선택의 사례로 환율과 관련된 경제 현상을 살펴보자. 외국 통화에 대한 자국 통화의 교환 비율을 의미하는 환율은 장기적으로 한 국가의 생산성과 물가 등 기초 경제 여건을 반영하는 수준으로 수렴된다. 그러나 단기적으로 환율은 이와 괴리되어 움직이는 경우가 있다. 만약 환율이 예상과는 다른 방향으로 움직이거나 또는 비록 예상과 같은 방향으로 움직

글의 구조

· 접속어 '(　　　　　)'를 통해 내용이 역접 되고 있어

이더라도 변동 폭이 예상보다 크게 나타날 경우 경제 주체들은 과도한 위험에 노출될 수 있다. 환율이나 주가 등 경제 변수가 단기에 지나치게 상승 또는 하락하는 현상을 오버슈팅(overshooting)이라고 한다. 이러한 오버슈팅은 물가 경직성 또는 금융 시장 변동에 따른 불안 심리 등에 의해 촉발되는 것으로 알려져 있다. 여기서 물가 경직성은 시장에서 가격이 조정되기 어려운 정도를 의미한다.

내용

· 오버 슈팅의 개념
환율이나 주가 등 경제 변수가 단기에 지나치게 (　) 또는 (　)하는 현상

· 오버 슈팅의 원인
1. 물가 (　)
2. 금융 시장 변동에 따른 (　) 심리

2문단 핵심 요약:

3 물가 경직성에 따른 환율의 오버슈팅을 이해하기 위해 통화를 금융 자산의 일종으로 보고 경제 충격에 대해 장기와 단기에 환율이 어떻게 조정되는지 알아보자. 경제에 충격이 발생할 때 물가나 환율은 충격을 흡수하는 조정 과정을 거치게 된다. 물가는 단기에는 장기 계약 및 공공요금 규제 등으로 인해 경직적이지만 장기에는 신축적으로 조정된다. 반면 환율은 단기에서도 신축적인 조정이 가능하다. 이러한 물가와 환율의 조정 속도 차이가 오버슈팅을 초래한다. 물가와 환율이 모두 신축적으로 조정되는 장기에서의 환율은 구매력 평가설에 의해 설명되는데, 이에 의하면 장기의 환율은 자국 물가 수준을 외국 물가 수준으로 나눈 비율로 나타나며, 이를 균형 환율로 본다. 가령 국내 통화량이 증가하여 유지될 경우 장기에서는 자국 물가도 높아져 장기의 환율은 상승한다. 이때 통화량을 물가로 나눈 실질 통화량은 변하지 않는다.

글의 구조

· '~하자'라는 말에서 앞으로 전개될 내용은 단기와 장기에 (　)이 (　)되는 과정임을 알 수 있어.
· '반면'이라는 말이 나오는 것으로 보아 뒷부분에는 물가와 환율의 조정 속도의 (　)을 언급할 것으로 예상할 수 있어.

내용

· 오버 슈팅을 초래하는 이유
: 물가와 환율의 조정 속도 차이 때문에

	물가	환율
단기	(　)	(　)
장기	(　)	(　)

구매력 평가설(장기의 환율)에 기초한 균형 환율 계산 방식
: (　)/
(　)*100

3문단 핵심 요약:

4 그런데 단기에는 물가의 경직성으로 인해 구매력 평가설에 기초한 환율과는 다른 움직임이 나타나면서 오버슈팅이 발생할 수 있다. 가령 국내 통화량이 증가하여 유지될 경우, 물가가 경직적이어서 실질 통화량은 증가하고 이에 따라 시장 금리는 하락한다. 국가 간 자본 이동이 자유로운 상황에서, 시장 금리 하락은 투자의 기대 수익률 하락으로 이어져, 단기성 외국인 투자 자금이 해외로 빠져 나가거나 신규 해외 투자 자금 유입을 위축시키는 결과를 초래한다. 이 과정에서 자국 통화의 가치는 하락하고 환율은 상승한다. 통화량의 증가로 인한 효과는 물가가 신축적인 경우에 예상되는 환율 상승에, 금리 하락에 따른 자금의 해외 유출이 유발하는 추가적인 환율 상승이 더해진 것으로 나타난다. 이러한 추가적인 상승 현상이 환율의 오버슈팅인데, 오버슈팅의 정도 및 지속성은 물가 경직성이 클수록 더 크게 나타난다. 시간이 경과함에 따라 물가가 상승하여 실질 통화량이 원래 수준으로 돌아오고 해외로 유출되었던 자금이 시장 금리의 반등으로 국내로 복귀하면서, 단기에 과도하게 상승했던 환율은 장기에는 구매력 평가설에 기초한 환율로 수렴된다.

글의 구조

· 접속어 '(   )'라는 말로 시작하는 것을 보니 앞 문단과 다른 내용을 이야기할 건가봐.

· '(   )'라는 말이 나오는 것으로 보아 인과 관계의 선후를 잘 고려하며 읽어야겠다.

내용

· 화살표로 내용을 정리해보자.
국내 통화량(   )→실질 통화량(   )→금리(   )→기대 수익률(   )→자금 유출(   )→자국 통화 가치(   )→환율(   )

· 오버슈팅의 정도 및 지속성 ∝(비례)(   )

4문단 핵심 요약:

5 단기의 환율이 기초 경제 여건과 괴리되어 과도하게 급등락하거나 균형 환율 수준으로부터 장기간 이탈하는 등의 문제가 심화되는 경우를 예방하고 이에 대처하기 위해 정부는 다양한 정책 수단을 동원한다. 오버슈팅의 원인인 물가 경직성을 완화하기 위한 정책 수단 중 강제성이 낮은 사례로는 외환의 수급 불균형 해소를 위해 관련 정보를 신속하고 정확하게 공개하거나, 불필요한 가격 규제를 축소하는 것을 들 수 있다. 한편 오버슈팅에 따른 부정적 파급 효과를 완화하기 위해 정부는 환율 변동으로 가격이 급등한 수입 필수 품목에 대한 세금을 조절함으로써 내수가 급격히 위축되는 것을 방지하려고 하기도 한다. 또한 환율 급등락으로 인한 피해에 대비하여 수출입 기업에 환율 변동 보험을 제공하거나, 외화 차입 시 지급 보증을 제공하기도 한다. 이러한 정책 수단은 직접성이 높은 특성을 가진다. 이와 같이 정부는 기초 경제 여건을 반영한 환율의 추세는 용인하되, 사전적 또는

글의 구조

· 첫문장에 예방과 대처라는 말을 보니 이 글은 어떤 현상에 대한 (   )를 제시하고 그에 대한 (   )을 소개하는 글임을 알 수 있어.

· 본문의 단어 중 (   ) 이후에는 지금까지 언급한 내용이 정리되고 있어

내용

· 환율을 안정시키기 위한 정책 수단의 예
: (   )이 (   )사례와,
(   )이 (   )사례

사후적인 미세 조정 정책 수단을 활용하여 환율의 단기 급등락에 따른 위험으로부터 실물 경제와 금융 시장의 안정을 도모하는 정책을 수행한다.

5문단 핵심 요약:

구조도

전개 방식 한눈에 보기	
1 개념 설명 및 (　　　)	
2 원인 및 정의	
2 -1	2 -2
3, 4 (　　　)	
3 정의	4 정의
5 예시	

내용 한눈에 보기	
1 정부 정책 수단의 네 가지 특성	
2 오버슈팅의 원인과 정의	
2 -1 원인 1) (　　　)	2 -2 원인 2) 불안 심리
3, 4 경제 충격에 대해 장기와 단기의 환율 조정 과정	
3 장기 -(　　　)	4 단기 -(　　　)
5 환율을 안정시키기 위한 정부의 정책 수단	

알아두면 쓸 데 있는 어휘

ㄱ. 총체	1. 일의 형편에 따라 적절하게 대처할 수 있는
ㄴ. 조달하다	2. 자금이나 물자 따위를 대어 줌
ㄷ. 명시적	3. 있는 것들을 모두 하나로 합친 전부 또는 전체
ㄹ. 수반하다	4. 내용이나 뜻을 분명하게 드러내 보이는 것.
ㅁ. 수렴되다	5. 물가나 주식 따위의 시세가 떨어지다가 오름
ㅂ. 신축적	6. 국내에서 어떤 재화나 용역을 일정한 가격으로 사려고 하는 욕구
ㅅ. 반등	7. 상황을 받아들이고 인정하다
ㅇ. 내수	8. 어떤 일을 이루기 위하여 대책과 방법을 세우다.
ㅈ. 용인하다	9. 일정한 방향으로 값이 매겨지다.
ㅊ. 도모하다	10. 어떤 일과 더불어 생기다

알아두면 쓸 데 있는 배경지식

***통화량** : 시중에 돌아다니는 돈의 양. 돈의 양이 많아질수록 돈의 실질적 가치는 하락하게 됨.

***환율 변동이 경제에 미치는 영향**

· 환율이란? 자국의 화폐를 외국의 화폐와 교환해야 할 때의 비율. 환율이 상승한다는 것은 외환(주로 달러)의 가격이 오른다는 의미이며, 환율이 하락한다는 것은 외환의 가격이 하락한다는 뜻. 수요와 공급에 의해 결정됨.

· 환율이 상승할 때의 결과 : 자국의 통화 가치가 하락하게 되어 수출이 늘고 수입은 감소함. 수출과 관련된 기업은 투자를 늘려 일자리가 증가됨. 그러나 물가가 상승하고 해외로부터 빌린 채무의 부담이 증가됨.

· 환율이 하락할 때의 결과 : 물가가 안정되고 외채 부담이 감소되지만 수출하는 가격이 높아져 무역에서 적자가 생기고, 일자리가 감소됨.

· 외환 보유액 : 정부나 한국은행은 시중의 외환을 매입하여서 환율이 급등할 가능성이 있을 때 시장에 공급하여 경제에 미치는 혼란을 막고 시장의 안정성을 확보하기도 함.

답안

✧ 핵심 소재

(정책 수단, 환율, 물가 경직성, 오버슈팅)

✧ 독해의 KEY

1문단 : 정의, (강제성, 직접성, 자동성, 가시성)

2문단 : 그러나, 상승, 하락, 경직성, 불안

3문단 : 환율, 조정, 차이점

	물가	환율
단기	(경직적)	(신축적)
장기	(신축적)	(신축적)

자국 물가 수준, 외국 물가 수준

4문단 : 그런데, 이 과정에서, 국내 통화량(↑)→실질 통화량(↑)→금리(↓)→기대 수익률(↓)→자금 유출(↑)→자국 통화 가치(↓)→환율(↑), 비례, 물가 경직성

5문단 : 문제, 정책, 이와 같이, 강제성, 낮은, 직접성, 높은

✧ 핵심 요약

1문단: 정책 수단의 네 가지 특성

2문단: 오버슈팅의 개념과 발생 원인

3문단: 물가 경직성에 따른 환율의 오버 슈팅

4문단: 환율의 오버슈팅 원인과 해소 과정

5문단: 환율을 안정시키기 위한 정부의 대응

✧ **구조도**

분류, 물가경직성, 과정, 구매력 평가설, 오버슈팅

✧ **알아두면 쓸 데 있는 어휘**

ㄱ-3, ㄴ-2, ㄷ-4, ㄹ-10, ㅁ-9, ㅂ-1, ㅅ-5, ㅇ-6, ㅈ-7, ㅊ-8

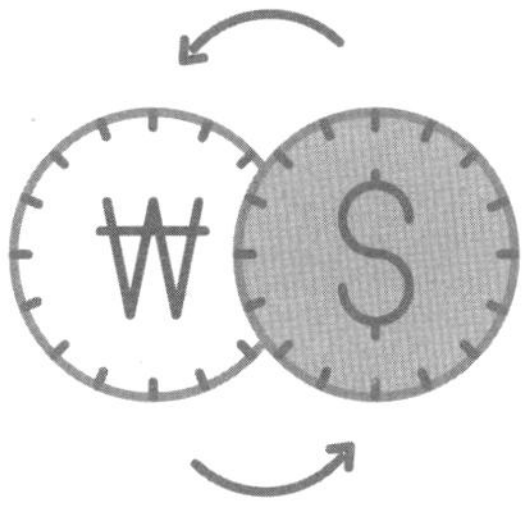

출전 : 2020학년 11월 시행 대학수학능력시험

핵심 소재: (　　　　,　　　　,　　　　,　　　　,　　　　)

1 채권은 어떤 사람이 다른 사람에게 특정 행위를 요구할 수 있는 권리이다. 이 특정 행위를 급부라 하고, 특정 행위를 해 주어야 할 의무를 채무라 한다. 채무자가 채권을 가진 이에게 급부를 이행하면 채권에 대응하는 채무는 소멸한다. 급부는 재화나 서비스 제공인 경우가 많지만 그 외의 내용일 수도 있다.

독해의 KEY

글의 구조

· '~은~이다', '~를 ~라 한다'라는 문장으로 시작해. 대상의 (　　　　)을 파악하는 것이 관건이군. (　　　　), (　　　　), (　　　　)의 개념을 명확히 해두고 다음 글을 읽어야겠어.

· '(　　　　)'의 내용을 자세히 설명하고 있지 않는 것이 이상해. 다음에는 재화나 서비스 이외의 급부에 대한 내용이 나오겠군.

내용

· A: 채무자▸B : (채권)자 (　　　　)이행

* A가 B에게 급부를 이행하면 채무는 (　　　　)함.

핵심 요약은 나의 말로 문단의 내용을 정리해보는 부분이야. 답이 있는 것이 아니니까 기억에 남는 내용을 1~2문장으로 표현해보자.

1문단 핵심 요약:

2 민법상의 권리는 여러 가지가 있는데 계약 없이 법률로 정해진 요건의 충족으로 발생하기도 하지만 대개 계약의 효력으로 발생한다. 계약이란 권리 발생 등에 관한 당사자의 합의로서, 계약이 성립하면 합의 내용대로 권리 발생 등의 효력이 인정되는 것이 원칙이다. 당장 필요한 재화나 서비스는 그 제공을 급부로 하는 계약을 성립시켜 확보하면 되지만 미래에 필요할 수도 있는 재화나 서비스라면 계약을 성립시킬 수 있는 권리를 확보하는 것이 유리하다. 이를 위해 '예약'이 활용된다. 일상에서 예약이라고 할 때와 법적인 관점에서의 예약은 구별된다. 기차 탑승을 위해 미리 돈을 지불하고 승차권을 구입하는 것을 '기차 승차권을 예약했다'고도 하지만 이

글의 구조

· '~는 여러 가지가 있는데 대개'라는 말을 보아 여러 가지 경우 중 한 가지 사례(여기에서는 (　　　　)의 효력으로 발생하는 권리)를 집중해서 설명하려나 봐.

· (　　　　)과 (　　　　)라는 반대 개념의 단어가 나오고 있으니 체크하자.

· 앞뒤에 따옴표가 있는 단어가 보이네. (　　　　)이 핵심어인가봐!

경우는 예약에 해당하지 않는 계약이다. 법적으로 예약은 당사자들이 합의한 내용대로 권리가 발생하는 계약의 일종으로, 재화나 서비스 제공을 급부 내용으로 하는 다른 계약인 '본계약'을 성립시킬 수 있는 권리 발생을 목적으로 한다.

· '구별된다'는 말을 보아 (　　)에서의 예약과 (　)적 관점에서의 예약의 차이점에 주목해야겠어.

· 이 문단에서 반복되는 말은 (　　)이군. 권리에 따라 발생하는 계약이 핵심인가봐.

내용

· 민법상에서 권리가 발생하기 위한 전제 조건 : (　　)성립

· 계약을 성립시키기 위한 권리 확보의 방법 : (　　)

· 예약의 두 가지 관점

1) (　　)인 예약

2) (　　)에서의 예약

2문단 핵심 요약:

3 예약은 예약상 권리자가 가지는 권리의 법적 성질에 따라 두 가지 유형으로 나뉜다. 첫째는 채권을 발생시키는 예약이다. 이 채권의 급부 내용은 '예약상 권리자의 본계약 성립 요구에 대해 상대방이 승낙하는 것'이다. 회사의 급식 업체 공모에 따라 여러 업체가 신청한 경우 그중 한 업체가 선정되었다고 회사에서 통지하면 예약이 성립한다. 이에 따라 선정된 업체가 급식을 제공하고 대금을 받기로 하는 본계약 체결을 요청하면 회사는 이에 응할 의무를 진다. 둘째는 예약 완결권을 발생시키는 예약이다. 이 경우 예약상 권리자가 본계약을 성립시키겠다는 의사를 표시하는 것만으로 본계약이 성립한다. 가족 행사를 위해 식당을 예약한 사람이 식당에 도착하여 예약 완결권을 행사하면 곧바로 본계약이 성립하므로 식사 제공이라는 급부에 대한 계약상의 채권이 발생한다.

글의 구조

· 두 가지 (　　) 으로 나뉜다고 밝히고 있으므로 각각의 유형을 구별하며 읽자.

· 윗 단락 마지막에 언급한 (　　) 에 따라 달라지는 예약의 유형을 상세히 서술하고 있군.

내용

· 권리자가 가지는 권리의 법적 성질에 따라 나뉘는 예약의 두 가지 유형

1) 예약상 권리자의 (　　) 성립 요구에 대한 상대방의 승낙

2) (　　)을 발생시키는 예약

3문단 핵심 요약:

4 예약에서 예약상의 급부나 본계약상의 급부가 이행되지 않는 문제가 생길 수 있는데, 예약의 유형에 따라 발생 문제의 양상이 다르다. 일반적으로 급부가 이행되지 않아 채권자에게 손해가 발생한 경우 채무자는 자신의 고의나 과실에서 비롯된 것이 아님을 증명하지 못하는 한 채무 불이행 책임을 진다. 이로 인해 채무의 내용이 바뀌는데 원래의 급부 내용이 무엇이든 채권자의 손해를 돈으로 물어야 하는 손해 배상 채무로 바뀐다.

글의 구조

· '문제'가 생긴다는 것으로 보아 앞으로 이에 대한 (　　　)이 나올 것임을 예측할 수 있어.

내용

· 급부가 이행되지 않았을 때의 문제 상황
1) 채무자의 고의나 과실에서 비롯된 것이 아님을 증명하지 못할 때

A	▸	B
채무자	(　　　)	채권자
A	▸	B
채무자	(　　　)	채권자

4문단 핵심 요약:

5 만약 타인이 고의나 과실로 예약상 권리자가 가진 권리 실현을 방해했다면 예약상 권리자는 그에게도 책임을 물을 수 있다. 법률에 의하면 누구든 고의나 과실에 의해 타인에게 피해를 끼치는 행위를 하고 그 행위의 위법성이 인정되면 불법행위 책임이 성립하여, 가해자는 피해자에게 손해를 돈으로 배상할 채무를 지기 때문이다. 다만 예약상 권리자에게 예약 상대방이나 방해자 중 누구라도 손해 배상을 하면 다른 한쪽의 배상 의무도 사라진다. 급부 내용이 동일하기 때문이다.

글의 구조

· (　　　)이라는 말을 통해 예외적인 상황을 제시하므로 일반적인 사례와 변별하며 읽어야겠어.

내용

· 예약에서의 문제 상황
2) 타인의 고의나 과실

A	▸	B
(가해자)	불법 행위 책임	피해자
A	▸	B
(채무자 혹은 제3자)	(　　　)	채권자

5문단 핵심 요약:

구조도

전개 방식 한눈에 보기	
1 개념 정의 및 특징	
2 정의, 예시, 대조	
3 (　　　　), 예시	
3 -1 예시	3 -2 예시
4, 5 분류	
4 문제-해결	5 문제-해결

내용 한눈에 보기	
1 채권, 급부, 채무의 특징	
2 법적 관점에서의 계약의 정의와 예약의 특징	
3 법적인 예약의 두 가지 경우	
3 -1 예약상 권리자의 본계약 성립 요구에 대한 상대방의 승낙	3 -2 (　　　　　　)
4, 5 예약에서의 문제점과 해결	
4 급부가 이행되지 않은 경우	5 (　　　　　　)

알아두면 쓸 데 있는 어휘

ㄱ. 채무자 ·	· 1. 남의 권리를 침해한 사람이 그 손해를 물어 주는 일
ㄴ. 급부 ·	· 2. 부주의로 인하여, 어떤 결과의 발생을 미리 내다보지 못한 일
ㄷ. 재화 ·	· 3. 특정인에게 일정한 빚을 갚아야 할 의무를 가진 사람
ㄹ. 과실 ·	· 4. 채권의 목적이 되는, 채무자가 하여야 할 행위.
ㅁ. 배상 ·	· 5. 사람이 바라는 바를 충족시켜 주는 모든 물건

알아두면 쓸 데 있는 배경지식

***'채권'은 동음이의어 - 경제학에서의 '채권'과 법학에서의 '채권'은 다르다!**

경제학에서의 채권은 돈을 빌리고 발행하는 증서의 개념이고, 법학에서의 채권은 상대방에게 특정 행위를 하라고 요구하는 권리이다.

경제 지문에서 언급하는 채권의 개념

채권[1](債券)

「1」 남에게 빌린 돈의 금액을 적는 장부. = 채장.

「2」『경제』 국가, 지방 자치 단체, 은행, 회사 따위가 사업에 필요한 자금을 차입하기 위하여 발행하는 유가 증권. 공채, 국채, 사채, 지방채 따위가 있다.

채권을 매입하다.
채권을 발행하다.

출처 : 표준국어대사전

채권은 사업에 필요한 자금을 조달하기 위해 발행하는 유가 증권으로, 국채나 회사채 등 발행 주체에 따라 그 종류가 다양하다. 채권의 액면 금액, 액면 이자율, 만기일 등의 지급 조건은 채권 발행 시 정해지며, 채권 소유자는 매입 후에 정기적으로 이자액을 받고, 만기일에는 마지막 이자액과 액면 금액을 지급 받는다. 이때 이자액은 액면 이자율을 액면 금액에 곱한 것으로 연 단위로 지급된다. 채권은 만기일 전에 거래되기도 하는데, 이때 채권 가격은 현재 가치, 만기, 지급 불능 위험 등 여러 요인에 따라 결정된다.

출처 : 2010 시행 수능(44번~46번)

법 지문에서 언급하는 채권의 개념

채권[2](債權)

『법률』 재산권의 하나. 특정인이 다른 특정인에게 어떤 행위를 청구할 수 있는 권리이다.

출처 : 표준국어대사전

사람은 살아가는 동안 여러 약속을 한다. 계약도 하나의 약속이다. 하지만 이것은 친구와 뜻이 맞아 주말에 영화 보러 가는 것는 다르다. 일반적인 다른 약속처럼 계약도 서로의 의사 표시가 합치하여 성립하지만, 이때의 의사는 일정한 법률 효과의 발생을 목적으로 한다는 점에서 차이가 있다. 한 예로 매매 계약은 '팔겠다'는 일방의 의사 표시와 '사겠다'는 상대방의 의사 표시가 합치함으로써 성립하며, 매도인은 매수인에게 매매 목적물의 소유권을 이전하여야 할 의무를 짐과 동시에 매매 대금의 지급을 청구할 권리를 갖는다. 반대로 매수인은 매도인에게 매매 대금을 지급할 의무가 있고 소유권의 이전을 청구할 권리를 갖는다. 양 당사자는 서로 권리를 행사하고 서로 의무를 이행하는 관계에 놓이는 것이다.

이처럼 의사 표시를 필수적 요소로 하여 법률 효과를 발생시키는 행위들을 법률 행위라 한다. 계약은 법률 행위의 일종으로서, 당사자에게 일정한 청구권과 이행 의무를 발생시킨다. **청구권을 내용으로 하는 권리가 채권**이고, 그에 따라 이행해야 할 의무가 채무이다.

출전 : 2018년 시행 수능(16~20번)

답안

핵심 소재

(채권, 채무, 급부, 권리, 예약)

독해의 KEY

1문단: 개념, 채권, 급부, 채무, 그 외, 급부, 소멸

2문단: 계약, 당장, 미래, 예약, 일상, 법, 권리, 계약, 예약, 일상적, 법적 관점

3문단: 유형, 본계약, 본계약, 예약 완결권

4문단: 해결책

A	▸	B
채무자	(채무 불이행 책임)	채권자
A	▸	B
채무자	(손해 배상 책임)	채권자

A	▸	B
(가해자)	(불법 행위 책임)	피해자
A	▸	B
(채무자 혹은 제3자)	(손해 배상)	채권자

5문단 : 다만

핵심 요약

1문단: 채권, 급부, 채무의 개념과 특징

2문단: 법적 관점에서의 계약의 정의와 예약의 특징

3문단: 법적인 예약의 두 가지 경우

4문단: 예약에서의 문제점과 해결 ①

5문단: 예약에서의 문제점과 해결 ②

구조도

분류, 예약 완결권을 발생시키는 예약, 타인의 고의나 과실

알아두면 쓸 데 있는 어휘

ㄱ-3, ㄴ-4, ㄷ-5, ㄹ-2, ㅁ-1

내용 전개 방식을 알면 글의 내용이 보인다.

기출 지문 톺아보기

출전: 2020년 9월 시행 모의평가

핵심 소재: (가) (   ), (나) (   )

(가)

1 미학은 예술과 미적 경험에 관한 개념과 이론에 대해 논의하는 철학의 한 분야로서, 미학의 문제들 가운데 하나가 바로 예술의 정의에 대한 문제이다. 예술이 자연에 대한 모방이라는 아리스토텔레스의 말에서 비롯된 모방론은, 대상과 그 대상의 재현이 닮은꼴이어야 한다는 재현의 투명성 이론을 전제한다. 그러나 예술가의 독창적인 감정 표현을 중시하는 한편 외부 세계에 대한 왜곡된 표현을 허용하는 낭만주의 사조가 18세기 말에 등장하면서, 모방론은 많이 쇠퇴했다. 이제 모방을 필수 조건으로 삼지 않는 낭만주의 예술가의 작품을 예술로 인정해 줄 수 있는 새로운 이론이 필요했다.

독해의 KEY

내용

· 아리스토텔레스의 (   )
예술은 자연에 대한 모방. 대상과 그 대상의 재현이 닮은꼴이어야 한다는 재현의 투명성 이론 전제. 낭만주의 사조에 쇠퇴.

· 낭만주의
예술가의 독창적인 (   ) 표현을 중시하고 외부 세계에 대한 왜곡된 표현 허용

글의 구조

· (   )를 보니 '모방론'에 대한 한계가 나오나봐.

(가)의 1문단 핵심 요약:

2 20세기 초에 콜링우드는 진지한 관념이나 감정과 같은 예술가의 마음을 예술의 조건으로 규정하는 표현론을 제시하여 이 문제를 해결하였다. 그에 따르면, 진정한 예술 작품은 물리적 소재를 통해 구성될 필요가 없는 정신적 대상이다. 또한 이와 비슷한 시기에 외부 세계나 작가의 내면보다 작품 자체의 고유 형식을 중시하는 형식론도 발전했다. 벨의 형식론은 예술 감각이 있는 비평가들만이 직관적으로 식별할 수 있고 정의는 불가능한 어떤 성질을 일컫는 '의미 있는 형식'을 통해 그 비평가들에게 미적 정서를 유발하는 작품을 예술 작품이라고 보았다.

콜링우드의 ( )	벨의 ( )
관념이나 감정과 같은 예술가의 마음 중시	작품 자체의 고유 형식을 중시

글의 구조

· '이 문제를 해결하였다.'를 보니 (문제-해결 / 원인-결과)의 전개 방식인 걸 알 수 있어.

(가)의 2문단 핵심 요약:

3 20세기 중반에, 뒤샹이 변기를 가져다 전시한 「샘」이라는 작품은 예술 작품으로 인정되지만 그것과 형식적인 면에서 차이가 없는 일반적인 변기는 예술 작품으로 인정되지 않는 이유를 설명하지 못하게 되자 두 가지 대응 이론이 나타났다. 하나는 우리가 흔히 예술 작품으로 분류하는 미술, 연극, 문학, 음악 등이 서로 이질적이어서 그것들 전체를 아울러 예술이라 정의할 수 있는 공통된 요소를 갖지 않는다는 웨이츠의 예술 정의 불가론이다. 그의 이론은 예술의 정의에 대한 기존의 이론들이 겉보기에는 명제의 형태를 취하고 있으나 사실은 참과 거짓을 판정할 수 없는 사이비 명제이므로, 예술의 정의에 대한 논의 자체가 불필요하다는 견해를 대변한다.

내용

· 웨이츠의 예술 (   )

①미술, 연극, 문학, 음악 등이 서로 이질적이어서 그것들 전체를 아울러 예술이라 정의할 수 있는 공통된 요소를 갖지 않음.

②예술의 정의에 대한 기존의 이론들의 명제는 참과 거짓을 판정할 수 없는 사이비 명제.

글의 구조

· '~되자 ~ 대응 이론이 나타났다.'를 보니 앞의 전개 방식과 같이 '문제-해결' 구조가 반복되네.

(가)의 3문단 핵심 요약:

4 다른 하나는 예술계라는 어떤 사회 제도에 속하는 한 사람 또는 여러 사람에 의해 감상의 후보 자격을 수여받은 인공물을 예술 작품으로 규정하는 디키의 제도론이다. 하나의 작품이 어떤 특정한 기준에서 훌륭하므로 예술 작품이라고 부를 수 있다는 평가적 이론들과 달리, 디키의 견해는 일정한 절차와 관례를 거치기만 하면 모두 예술 작품으로 볼 수 있다는 분류적 이론이다. 예술의 정의와 관련된 이 논의들은 예술로 분류할 수 있는 작품들의 공통된 본질을 찾는 시도이자 예술의 필요충분조건을 찾는 시도이다.

내용

· 디키의 (   )

일정한 절차와 관계를 거치면 모두 예술 작품으로 볼 수 있다는 (   ) 이론.

글의 구조

· '다른 하나는~'이 나왔으니 앞에서 말한 두 가지 대응 이론 중 한 가지가 제시되나봐.

(가)의 4문단 핵심 요약:

(나)

1 예술 작품을 어떻게 감상하고 비평해야 하는지에 대해 다양한 논의들이 있다. 예술 작품의 의미와 가치에 대한 해석과 판단은 작품을 비평하는 목적과 태도에 따라 달라진다. 예술 작품에 대한 주요 비평 방법으로는 맥락주의 비평, 형식주의 비평, 인상주의 비평이 있다.

내용

· 예술 작품의 의미와 가치에 대한 해석과 판단은 작품을 비평하는 (   )에 따라 달라짐.

글의 구조

· '예술 작품에 대한~ 있다.'를 보니 제시된 비평 방법들이 차례대로 나오겠네.

(나)의 1문단 핵심 요약:

2 맥락주의 비평은 주로 예술 작품이 창작된 사회적·역사적 배경에 관심을 갖는다. 비평가 텐은 예술 작품이 창작된 당시 예술가가 살던 시대의 환경, 정치·경제·문화적 상황, 작품이 사회에 미치는 효과 등을 예술 작품 비평의 중요한 근거로 삼는다. 그 이유는 예술 작품이 예술가가 속해 있는 문화의 상징과 믿음을 구체화하며, 예술가가 속한 사회의 특성들을 반영한다고 보기 때문이다. 또한 맥락주의 비평에서는 작품이 창작된 시대적 상황 외에 작가의 심리적 상태와 이념을 포함하여 가급적 많은 자료를 바탕으로 작품을 분석하고 해석한다.

내용

· 맥락주의 비평

예술 작품이 예술가가 속해 있는 문화의 (   )과 (   )을 구체화하며, 예술가가 속한 사회의 특성들을 반영한다고 봄.

(나)의 2문단 핵심 요약:

3 그러나 객관적 자료를 중심으로 작품을 비평하려는 맥락주의는 자칫 작품 외적인 요소에 치중하여 작품의 핵심적 본질을 훼손할 우려가 있다는 비판을 받는다. 이러한 맥락주의 비평의 문제점을 극복하기 위한 방법으로는 형식주의 비평과 인상주의 비평이 있다. 형식주의 비평은 예술 작품의 외적 요인 대신 작품의 형식적 요소와 그 요소들 간 구조적 유기성의 분석을 중요하게 생각한다. 프리드와 같은 형식주의 비평가들은 작품 속에 표현된 사물, 인간, 풍경 같은 내용보다는 선, 색, 형태 등의 조형 요소와 비례, 율동, 강조 등과 같은 조형 원리를 예술 작품의 우수성을 판단하는 기준이라고 주장한다.

내용

· 맥락주의 비평의 문제점을 극복하기 위한 방법인 (   ) 비평과 (   )비평

글의 구조

· (   )를 보니 '맥락주의 비평'에 대한 비판이 나오나봐.

· 두 가지로 나눈 내용을 합하여 '문제점을 극복하기 위한 방법으로는~'을 보니 (   )

· 해결'의 전개 방식인 걸 알 수 있어.

(나)의 3문단 핵심 요약:

4 인상주의 비평은 모든 분석적 비평에 대해 회의적인 시각을 가지고 있어 예술을 어떤 규칙이나 객관적 자료로 판단할 수 없다고 본다. "훌륭한 비평가는 대작들과 자기 자신의 영혼의 모험들을 관련시킨다."라는 비평가 프랑스의 말처럼, 인상주의 비평은 비평가가 다른 저명한 비평가의 관점과 상관없이 자신의 생각과 느낌에 대하여 자율성과 창의성을 가지고 비평하는 것이다. 즉, 인상주의 비평가는 작가의 의도나 그 밖의 외적인 요인들을 고려할 필요 없이 비평가의 자유 의지로 무한대의 상상력을 가지고 작품을 해석하고 판단한다.

내용

· 인상주의 비평
비평가가 자신의 생각과 느낌에 대하여 (   )과 (   )을 가지고 비평.

글의 구조

· '즉,'을 보니 앞의 내용을 다시 한번 쉽게 정리해주겠군.

(나)의 4문단 핵심 요약:

구조도

(가) 전개방식 한눈에 보기

1 이론 제시	
문제	
1 의 (　　　　)	
2 대응 이론①	2 대응 이론②
문제	
문제 해결	
3 대응 이론①	4 대응 이론②

(가) 내용 한눈에 보기

1	모방론		
	낭만주의로 인한 모방론 쇠퇴		
2	표현론		형식론
3	기존의 이론으로 뒤샹의 「샘」 설명 불가	4	제도론
	예술 정의 불가론		

(나) 전개방식 한눈에 보기

1 비평 방법 열거	
2 비평 방법 ①	
①의 (　　　　)	
문제 해결	
3 대응 이론①	4 대응 이론②

(나) 내용 한눈에 보기

1	맥락주의 비평, 형식주의 비평, 인상주의 비평		
2	(　　　　) 비평		
3	작품의 외적인 요소에 치중하여 작품의 핵심적 본질 훼손할 우려	4	인상주의 비평
	(　　　　) 비평		

알아두면 쓸 데 있는 어휘

ㄱ. 재현 · · 1. 겉으로는 비슷하나 속은 완전히 다름. 또는 그런 것.
ㄴ. 전제 · · 2. 다시 나타남. 또는 다시 나타냄.
ㄷ. 직관적 · · 3. 따로 떼어 낼 수 없을 만큼 서로 긴밀히 연관되어 있는 성질.
ㄹ. 명제 · · 4. 어떠한 사물이나 현상을 이루기 위하여 먼저 내세우는 것.
ㅁ. 사이비 · · 5. 판단이나 추리 따위의 사유 작용을 거치지 아니하고 대상을 직접적으로 파악하는 것.
ㅂ. 유기성 · · 6. 어떤 문제에 대한 하나의 논리적 판단 내용과 주장을 언어 또는 기호로 표시한 것.

알아두면 쓸 데 있는 배경지식

미학

· 예술과 미적 경험에 관한 개념과 이론에 대해 논의하는 철학의 한 분야로서, 미학의 문제들 가운데 하나가 바로 예술의 정의에 대한 문제이다. (본문)

· 가치로서의 미, 현상으로서의 미, 미의 체험 등을 대상으로 하는 학문.

명제와 충분조건, 필요조건, 필요충분조건

· 명제: 어떤 문제에 대한 하나의 논리적 판단 내용과 주장을 언어 또는 기호로 표시한 것. 참과 거짓을 판단할 수 있는 내용이라는 점이 특징이다. 이를테면, '고래는 포유류이다.' 따위이다.

· 충분조건: 어떤 명제가 성립하는 데 충분한 조건. '갑이면 을이다.'에서 '갑'은 '을'이 성립하는 데에 충분조건이다.

· 필요조건: 어떤 명제가 성립하는 데 필요한 조건. 명제 'A이면 B이다.'가 성립할 때, A에 대하여 B를 이르는 말이다.

· 필요충분조건: 어떤 명제가 성립하는 데 필요하고 충분한 조건. 두 개의 명제 'A이면 B이다.'와 'B이면 A이다.'가 모두 참일 때, A에 대한 B, B에 대한 A를 이르는 말로 명제 A와 명제 B가 근본적으로 같다는 뜻이다.

비평 방법

· 심리주의 비평: 비평 양식의 한 갈래로, 작품의 내용을 통해 작가의 심리를 재구성하거나, 정신분석학의 원리에 따라 작품을 해석하는 비평.

· 독자 반응 비평: 주로 본문과 수신자들 즉 독자들 사이의 역동적인 상호관계에 관심을 기울이는 비평이론. 이 비평이론에서는 독자가 본문의 의미를 결정하는데 중요한 역할을 한다고 본다. 독자반응비평은 독자 사이의 상호 작용에서 독자의 반응의 관점에서 본문에 접근한다.

· 분석적 비평: 형식주의 비평처럼 작품의 내적 질서를 분석해 냄으로써 그 미적 특징을 밝히고자 하는 비평. 작품의 언어적 조직, 의미 조직, 이야기 구조의 복합성과 통일성 따위가 분석의 주요 대상이 된다.

출처
[네이버 지식백과] 미학 [Aesthetics, 美學] (두산백과)
[네이버 지식백과] 심리주의 비평 (Basic 고교생을 위한 문학 용어사전, 2006. 11. 5., 구인환)
[네이버 지식백과] 독자반응비평 (문학비평용어사전, 2006. 1. 30., 한국문학평론가협회)

답안

✧ 핵심 소재

(가) (모방론, 표현론, 형식론, 예술 정의 불가론, 제도론)

(나) (맥락주의 비평, 형식주의 비평, 인상주의 비평)

✧ 독해의 KEY

(가)의 1문단: 모방론, 감정, 그러나

(가)의 2문단: 표현론, 형식론, 문제-해결

(가)의 3문단: 정의 불가론

(가)의 4문단: 제도론, 분류적

(나)의 1문단: 목적과 태도

(나)의 2문단: 상징, 믿음

(나)의 3문단: 형식주의, 인상주의, 조형 요소, 조형 원리, 그러나, 문제

(다)의 4문단: 자율성, 창의성

✧ 핵심 요약

(가)의 1문단: 예술의 정의를 시도한 아리스토텔레스의 모방론 쇠퇴와 낭만주의 사조로 인한 새로운 이론의 필요성

(가)의 2문단: 예술의 정의에 대한 새로운 이론으로 제시된 콜링우드의 표현론과 벨의 형식론

(가)의 3문단: 뒤샹의 작품을 설명하기 위한 첫 번째 대응 이론인 웨이츠의 예술 정의 불가론

(가)의 4문단: 뒤샹의 작품을 설명하기 위한 두 번째 대응 이론인 디키의 제도론

(나)의 1문단: 예술 작품에 대한 주요 비평 방법인 맥락주의 비평, 형식주의 비평, 인상주의 비평

(나)의 2문단: 예술 작품이 창작된 사회적·역사적 배경에 관심을 갖는 맥락주의 비평

(나)의 3문단: 작품의 형식적 요소와 그 요소들 간 구조적 유기성의 분석을 중시하는 형식주의 비평

(나)의 4문단: 비평가의 자유 의지로 작품을 해석하고 판단하는 인상주의 비평

✧ 구조도

문제 해결, 문제, 맥락주의, 형식주의

✧ 알아두면 쓸 데 있는 어휘

ㄱ-2, ㄴ-4, ㄷ-5, ㄹ-6, ㅁ-1, ㅂ-3

출전 : 2021년 6월 시행 모의평가

핵심 소재: (가) (　　　　　　　　　　　　　　　), (나) (　　　　　　　　　　　　　　　)

(가)

1 근대 이후 서양의 철학자들은 과학적 세계관이 대두하면서 이전과는 달리 인과를 물리적 작용 사이의 관계로 국한하려는 경향을 보였다. 문제는 흄이 지적했듯이 인과 관계 그 자체는 직접 관찰할 수 없다는 것이다. 원인과 결과에 해당하는 사건만을 관찰할 수 있을 뿐이다. 가령 "추위 때문에 강물이 얼었다."는 직접 관찰한 물리적 사실을 진술한 것이 아니다. 그래서 인과가 과학적 개념인지에 대한 의심이 철학자들 사이에 제기되었다. 이에 인과를 과학적 세계관에 입각하여 이해하려는 시도가 새먼의 과정 이론이다.

독해의 KEY

내용

· 새먼의 (　　　　　)
(　　　　)를 과학적 세계관에 입각하여 이해하려는 시도

글의 구조

· (　　　　)을 보니 인과 관계 그 자체를 직접 관찰할 수 없다는 구체적 (예시 / 원인)을/를 제시하나 봐.

(가)의 1문단 핵심 요약:

2 야구공을 던지면 땅 위의 공 그림자도 따라 움직인다. 공이 움직여서 그림자가 움직인 것이지 그림자 자체가 움직여서 그림자의 위치가 변한 것은 아니다. 과정 이론은 이 차이를 다음과 같이 설명한다. 과정은 대상의 시공간적 궤적이다. 날아가는 야구공은 물론이고 땅에 멈추어 있는 공도 시간은 흘러가고 있기에 시공간적 궤적을 그리고 있다. 공이 멈추어 있는 상태도 과정인 것이다. 그런데 모든 과정이 인과적 과정은 아니다. 어떤 과정은 다른 과정과 한 시공간적 지점에서 만난다. 즉, 두 과정이 교차한다. 만약 교차에서 표지, 즉 대상의 변화된 물리적 속성이 도입되면 이후의 모든 지점에서 그 표지를 전달할 수 있는 과정이 인과적 과정이다.

내용

· 과정
대상의 시공간적 궤적

· 인과적 과정
두 과정이 (　　　)할 때, 대상의 변화된 물리적 속성을 그 이후의 모든 지점에서 (　　　)할 수 있는 과정

글의 구조

· '과정 이론은 이 차이를 ~ 설명한다.'를 보니 구체적 사례를 과정 이론으로 설명하는 내용이 이어지겠고 (공통점 / 차이점)을 중심으로 내용이 전개되겠군.

(가)의 2문단 핵심 요약:

3 가령 바나나가 a 지점에서 b 지점까지 이동하는 과정을 과정 1이라고 하자. a와 b의 중간 지점에서 바나나를 한 입 베어 내는 과정 2가 과정 1과 교차했다. 이 교차로 표지가 과정 1에 도입되었고 이 표지는 b까지 전달될 수 있다. 즉, 바나나는 베어 낸 만큼이 없어진 채로 줄곧 b까지 이동할 수 있다. 따라서 과정 1은 인과적 과정이다. 바나나가 이동한 것이 바나나가 b에 위치한 결과의 원인인 것이다. 한편, 바나나의 그림자가 스크린에 생긴다고 하자. 바나나의 그림자가 스크린상의 a′ 지점에서 b′ 지점까지 움직이는 과정을 과정 3이라 하자. 과정 1과 과정 2의 교차 이후 스크린상의 그림자 역시 변한다. 그런데 a′과 b′ 사이의 스크린 표면의 한 지점에 울퉁불퉁한 스티로폼이 부착되는 과정 4가 과정 3과 교차했다고 하자. 그림자가 그 지점과 겹치면서 일그러짐이라는 표지가 과정 3에 도입되지만, 그 지점을 지나가면 그림자는 다시 원래대로 돌아오고 스티로폼은 그대로이다. 이처럼 과정 3은 다른 과정과의 교차로 도입된 표지를 전달할 수 없다.

과정 1	a	▸	b	인과적 과정
	바나나	▸ (과정 2: 베어 냄)	베어진 바나나	
과정 3	a′	▸	b′	( ) 전달 X
	바나나 그림자	(과정 4: 스티로폼 부착)	베어진 바나나 그림자	

· (　　　)을 보니 앞 문단에 나온 인과적 과정의 구체적 예시를 제시하려나 봐.

(가)의 3문단 핵심 요약:

4 과정 이론은 규범이나 마음과 같은, 물리적 세계 바깥의 측면을 해명하기 어렵다는 한계를 지닌다. 예컨대 내가 사회 규범을 어긴 것과 내가 벌을 받아야 하는 것 사이에는 인과 관계가 있지만 과정 이론은 이를 잘 다루지 못한다.

내용

· 과정 이론의 한계
(　　　)이나 (　　　) 같은, 물리적 세계 바깥의 측면을 해명하기 어려움.

글의 구조

· (　　　　)를 보니 앞 문장의 구체적 예시를 제시하겠군.

(가)의 4문단 핵심 요약:

(나)

1 자연 현상과 인간사를 인과 관계로 설명하는 동아시아의 대표적 논의는 재이론(災異論)이다. 한대(漢代)의 동중서는 하늘이 덕을 잃은 군주에게 재이를 내려 견책한다는 천견설과, 인간과 하늘에 공통된 음양의 기(氣)를 통해 하늘과 인간이 서로 감응한다는 천인감응론을 결합하여 재이론을 체계화하였다. 그에 따르면, 군주가 실정(失政)을 저지르면 그로 말미암아 변화된 음양의 기를 통해 감응한 하늘이 가뭄과 홍수, 일식과 월식 등 재이를 통해 경고를 내린다. 이때 재이는 군주권이 하늘로부터 비롯된 것임을 입증하는 것이자 군주의 실정에 대한 경고였다.

내용

· 재이론: 동중서가 천견설과 천인감응론을 결합하여 체계화. 군주가 실정을 저지르면 (   )를 통해 경고를 내림.

(나)의 1문단 핵심 요약:

2 양면적 성격의 재이론은 신하가 정치적 논의에 참여할 수 있는 명분을 제공하였고, 재이가 발생하면 군주가 직언을 구하고 신하가 이에 응하는 전통으로 구체화되었다. 하지만 동중서 이후, 원인으로서의 인간사와 결과로서의 재이를 일대일로 대응시켜 설명하는 개별적 대응 방식은 억지가 심하다는 평가를 받았다. 이 방식은 오히려 예언화 경향으로 이어져 재이를 인간사의 징조로, 인간사를 재이의 결과로 대응시키는 풍조를 낳기도 하였고, 요망한 말로 백성을 미혹시켰다는 이유로 군주가 직언을 하는 신하를 탄압하는 빌미가 되기도 하였다.

내용

· 재이론의 한계
개별적 대응 방식은 억지가 심하다는 평가를 받음. (   ) 경향으로 변질됨.

글의 구조

· (   )을 보니 재이론의 부정적인 점, 변질된 점이 나오려나 봐.

(나)의 2문단 핵심 요약:

3 이후 재이에 대한 예언적 해석은 비판의 대상이 되었고, 천인감응론 또한 부정되기도 하였다. 하지만 재이론은 여전히 정치 현장에서 사라지지 않았다. 송대(宋代)에 이르러, 주희는 천문학의 발달로 예측 가능하게 된 일월식을 재이로 간주하지 않는 경향을 수용하였고, 재이를 근본적으로 이치에 의해 설명되기 어려운 자연 현상으로 간주하였다. 하지만 당시까지도 재이에 대해 군주의 적극적인 대응을 유도하며 안전한 언론 활동의 기회를 제공했던 재이론이 폐기되는 것은, 신하의 입장에서 유용한 정치적 기제를

내용

· 주희가 재이론을 고수한 이유
재이론은 신하의 입장에서 유용한 정치적 기제였기에 (   )을 제시하고 재이를 군주의 심성 수양 문제로 귀결시킴.

잃는 것이었다. 이 때문에 그는 군주를 경계하는 적절한 방법을 찾고자 재이론을 고수하였다. 그는 재이에 대한 개별적 대응 대신 군주에게 허물과 잘못이 쌓이면 이에 하늘이 감응하여 변칙적인 자연 현상이 일어날 것이라는 전반적 대응설을 제시하고, 재이를 군주의 심성 수양 문제로 귀결시키며 재이론의 역사적 수명을 연장하였다.

글의 구조

· (   )을 보니 재이론의 문제를 언급한 앞 내용과는 (반전 / 부연)되는 내용이 나오나 봐.

(나)의 3문단 핵심 요약:

구조도

(가) 전개방식 한눈에 보기
1 이론 제시 배경 + 이론 제시
2 예시 + 비교
3 이론 적용의 구체적 (   )
4 이론의 한계 + 예시

(가) 내용 한눈에 보기		
1	과학적 세계관의 대두	새먼의 과정 이론
2	야구공과 그림자 예시	과정과 ( ) 과정의 차이점
3	바나나가 이동하는 과정에서 ( )가 전달되는 과정과 전달되지 않는 과정 제시	
4	물리적 세계 바깥의 측면을 해명하기 어려움	

(나) 전개방식 한눈에 보기
1 이론 설명
2 이론 한계
3 이론 의의

(나) 내용 한눈에 보기	
1	자연 현상과 인간사를 ( ) 관계로 설명하는 재이론
2	개별적 대응에 대한 부정적 평가 예언화 경향으로 인한 부작용
4	( )의 유용한 정치적 기제 전반적 대응설 제시를 통해 이론 고수

알아두면 쓸 데 있는 어휘

ㄱ. 대두 ·	· 1. 정치를 잘못함. 또는 잘못된 정치.
ㄴ. 입각 ·	· 2. 인간의 행동에 영향을 미치는 심리의 작용이나 원리.
ㄷ. 궤적 ·	· 3. 어떤 사태를 원인으로 하여 그 결과로 생기는 상태. 또는 일정한 논리적 전제로부터 이끌어 내게 되는 결론.
ㄹ. 견책 ·	· 4. 차지한 물건이나 형세 따위를 굳게 지킴.
ㅁ. 감응 ·	· 5. 머리를 쳐든다는 뜻으로, 어떤 세력이나 현상이 새롭게 나타남을 이르는 말.
ㅂ. 실정 ·	· 6. 어떤 사실이나 주장 따위에 근거를 두어 그 입장에 섬.
ㅅ. 기제 ·	· 7. 어떠한 일을 이루어 온 과정이나 흔적.
ㅇ. 고수 ·	· 8. 허물이나 잘못을 꾸짖고 나무람.
ㅈ. 귀결 ·	· 9. 어떤 느낌을 받아 마음이 따라 움직임.

답안

✧ 핵심 소재
(가) (인과, 과정 이론)
(나) (재이론)

✧ 독해의 KEY
(가)의 1문단: 과정 이론, 인과, 가령, 예시
(가)의 2문단: 교차, 전달, 차이점
(가)의 3문단: 표지, 가령
(가)의 4문단: 규범, 마음, 예컨대
(나)의 1문단: 재이
(나)의 2문단: 예언화, 하지만
(나)의 3문단: 전반적 대응설, 하지만, 반전

✧ 핵심 요약
(가)의 1문단: 인과에 대한 철학자들의 의구심과 인과를 과학적 세계관에 입각하여 이해하려는 새먼의 과정 이론
(가)의 2문단: 과정과 인과적 과정의 차이
(가)의 3문단: 인과적 과정을 설명하기 위한 바나나의 이동 예시
(가)의 4문단: 과정 이론의 한계
(나)의 1문단: 자연 현상과 인간사를 인과 관계로 설명하는 재이론
(나)의 2문단: 재이론의 한계
(나)의 3문단: 재이론이 역사적 수명을 연장할 수 있었던 이유

✧ 구조도
예시, 인과적, 표지, 인과, 신하

✧ 알아두면 쓸 데 있는 어휘
ㄱ-5, ㄴ-6, ㄷ-7, ㄹ-8, ㅁ-9, ㅂ-1, ㅅ-2, ㅇ-3, ㅈ-4

중심 내용 찾기는 숨은 그림 찾기이다.
기출 지문 톺아보기

출전: 2019년 11월 시행 대학수학능력시험

핵심 소재: (　　　　　,　　　　　,　　　　　,　　　　　)

1 국제법에서 일반적으로 조약은 국가나 국제기구들이 그들 사이에 지켜야 할 구체적인 권리와 의무를 명시적으로 합의하여 창출하는 규범이며, 국제 관습법은 조약 체결과 관계없이 국제 사회 일반이 받아들여 지키고 있는 보편적인 규범이다. 반면에 경제 관련 국제기구에서 어떤 결정을 하였을 경우, 이 결정 사항 자체는 권고적 효력만 있을 뿐 법적 구속력은 없는 것이 일반적이다. 그런데 국제결제은행 산하의 바젤위원회가 결정한 BIS비율 규제와 같은 것들이 비회원의 국가에서도 엄격히 준수되는 모습을 종종 보게 된다. 이처럼 일종의 규범적 성격이 나타나는 현실을 어떻게 이해할지에 대한 논의가 있다. 이는 위반에 대한 제재를 통해 국제법의 효력을 확보하는 데 주안점을 두는 일반적 경향을 되돌아보게 한다. 곧 신뢰가 형성하는 구속력에 주목하는 것이다.

독해의 KEY

글의 구조

· '반면에'라는 말을 통해 앞뒤가 역접됨을 알려주고 있어.

· '이처럼'이라는 말을 통해 앞의 내용을 정리함을 알려주고 있어.

· (대조/정의)를 통해 국제 관습법과 국제기구의 결정과의 법적 구속력의 차이를 나타냄.

내용

· 법적 구속력이 없는 국제기구 중 BIS 비율 규제를 결정하는 곳은?
(　　　　　　　　)

핵심 요약은 나의 말로 문단의 내용을 정리해보는 부분이야. 답이 있는 것이 아니니까 기억에 남는 내용을 1~2문장으로 표현해보자.

1문단 핵심 요약 :

2 BIS 비율은 은행의 재무 건전성을 유지하는 데 필요한 최소한의 자기자본 비율을 설정하여 궁극적으로 예금자와 금융 시스템을 보호하기 위해 바젤위원회에서 도입한 것이다. 바젤위원회에서는 BIS 비율이 적어도 규제 비율인 8%는 되어야 한다는 기준을 제시하였다. 이에 대한 식은 다음과 같다.

글의 구조

· '(　　)'을 통해 본문에서 언급할 내용을 한눈에 알아볼 수 있어.

· BIS 비율에 대한 개념 설명을 위해 분자와 분모에 해당하는 것을 (구분/분석)하고 있음.

$$\text{BIS비율(\%)} = \frac{\text{자기자본}}{\text{위험가중자산}} \times 100 \geq 8(\%)$$

여기서 자기자본은 은행의 기본자본, 보완자본 및 단기후순위 채무의 합으로, 위험가중자산은 보유 자산에 각 자산의 신용 위험에 대한 위험 가중치를 곱한 값들의 합으로 구하였다. 위험가중치는 자산 유형별 신용 위험을 반영하는 것인데, OECD국가의 국채는 0%, 회사채는 100%가 획일적으로 부여되었다. 이후 금융 자산의 가격 변동에 따른 시장 위험도 반영해야 한다는 요구가 커지자, 바젤위원회는 위험가중자산을 신용 위험에 따른 부분과 시장 위험에 따른 부분의 합으로 새로 정의하여 BIS 비율을 산출하도록 하였다. 신용 위험의 경우와 달리 시장 위험의 측정 방식은 감독 기관의 승인하에 은행의 선택에 따라 사용할 수 있게 하여 '바젤 I' 협약이 1996년에 완성되었다.

내용

· 분자 : 자기자본 구하는 법
기본자본, (　　　　　　), 단기후순위 채무의 합

· 분모 : 위험가중자산 구하는 법
보유 자산에 위험가중치를 곱한 값으로 신용 위험에 따른 부분과 (　　　　　　) 위험에 따른 부분의 합

2문단 핵심 요약:

3 금융 혁신의 진전으로 '바젤 I' 협약의 한계가 드러나자 2004년에 '바젤 II' 협약이 도입되었다. 여기에서 BIS 비율의 위험가중자산은 신용 위험에 대한 위험 가중치에 자산의 유형과 신용도를 모두 고려하도록 수정되었다. 신용 위험의 측정 방식은 표준 모형이나 내부 모형 가운데 하나를 은행이 이용할 수 있게 되었다. 표준 모형에서는 OECD 국가의 국채는 0%에서 150%까지, 회사채는 20%에서 150%까지 위험 가중치를 구분하여 신용도가 높을수록 낮게 부과한다. 예를 들어 실제 보유한 회사채가 100억 원인데 신용위험 가중치가 20%라면 위험가중자산에서 그 회사채는 20억 원으로 계산된다. 내부 모형은 은행이 선택한 위험 측정 방식을 감독 기관의 승인하에 그 은행이 사용할 수 있도록 하는 것이다. 또한 감독 기관은 필요시 위험가중자산에 대한 자기자본의 최저 비율이 규제 비율을 초과하도록 자국 은행에 요구할 수 있게 함으로써 자기자본의 경직된 기준을 보완하고자 했다.

글의 구조

· '(　　　)가 드러나자'라는 말에서 바젤 I과 다른 바젤 II의 특징이 언급될 것을 예상할 수 있어.

· (대조/분류)와 개념 설명을 통해 정보를 전달하며 내용을 전개하고 있어.

내용

· 바젤 I과 바젤 II의 신용 위험에 따른 위험 가중치 차이

	국채	회사채
바젤 I (　　　　)	0%	(　　　)%
바젤 II (　　　　)	0~150%	(　　　) ~150%

3문단 핵심 요약:

4 최근에는 '바젤 III' 협약이 발표되면서 자기자본에서 단기후순위 채무가 제외되었다. 또한 위험가중자산에 대한 기본자본의 비율이 최소 6%가 되게 보완하여 자기자본의 손실 복원력을 강화하였다. 이처럼 새롭게 발표되는 바젤 협약은 이전 협약에 들어 있는 관련 기준을 개정하는 효과가 있다.

글의 구조

· '(　　　　)'라는 말로 시작하는 것을 보니 앞 문단에서 바뀐 내용을 언급할 것을 예상할 수 있어.

· (인과/대조)와 개념 설명을 통해 정보를 전달하며 내용을 전개하고 있어.

내용

· 바젤 I, II와 바젤 III의 차이

	분자 (　　　　)	위험가중 자산에 대한 기본자본의 비율
바젤 I, II	기본자본 + 보완자본 + (　　　　)	언급 없음.
바젤 III	기본자본 + 보완자본	최소 (　　　　)%

4문단 핵심 요약:

5 바젤 협약은 우리나라를 비롯한 수많은 국가에서 채택하여 제도화하고 있다. 현재 바젤위원회에는 28개국의 금융 당국들이 회원으로 가입되어 있으며, 우리 금융 당국은 2009년에 가입 하였다. 하지만 우리나라는 가입하기 훨씬 전부터 BIS 비율을 도입하여 시행하였으며, 현행 법제에도 이것이 반영되어 있다. 바젤 기준을 따름으로써 은행이 믿을 만하다는 징표를 국제 금융시장에 보여 주어야 했던 것이다. 재무 건전성을 의심받는 은행은 국제 금융 시장에 자리를 잡지 못하거나, 심하면 아예 발을 들이지 못할 수도 있다.

글의 구조

· 중간에 (　　　　)을 보니, 우리나라가 바젤위원회 회원국이 아닐 때도 바젤 협약을 제도화하여 사용하였음을 알 수 있어. 그리고 왜 그리하였는지도 곧 언급됨을 예상할 수 있지.

· (정의/인과)를 통해 수많은 국가에서 BIS 비율을 도입하여 시행하는 이유를 설명하고 있어.

내용

· 회원국이 아니어도 바젤 기준을 따르는

이유는 국제 금융 시장에서 자국의 은행이 믿을 만하다는 (　　　)로써 보여 주기 위함임.

5문단 핵심 요약:

6 바젤위원회에서는 은행 감독 기준을 협의하여 제정한다. 그 현장에서는 회원들에게 바젤 기준을 자국에 도입할 의무를 부과한다. 하지만 바젤위원회가 초국가적 감독 권한이 없으며 그의 결정도 법적 구속력이 없다는 것 또한 밝히고 있다. 바젤 기준은 100개가 넘는 국가가 채택하여 따른다. 이는 국제기구의 결정에 형식적으로 구속을 받지 않는 국가에서까지 자발적으로 받아들여 시행하고 있다는 것인데, 이런 현실을 말랑말랑한 법(softlaw)의 모습이라 설명하기도 한다. 이때 조약이나 국제 관습법은 그에 대비하여 딱딱한 법(hardlaw)이라 부르게 된다. 바젤 기준도 장래에 딱딱하게 응고될지 모른다.

글의 구조

· (　　　)을 통해 바젤위원회 회원국과 아닌 나라에서의 바젤 기준 도입에 대한 차이를 알 수 있지.
· 6문단은 5문단의 내용을 부연설명하고 있어
· 말랑말랑한 법과 딱딱한 법의 차이를 (예시/대조)를 통해 보여 준다.

내용

· (　　　　): 법적 의무가 없으나, 자발적으로 따르는 법
· 딱딱한 법 : 법적 의무가 있는 법

6문단 핵심 요약:

구조도

전개 방식 한눈에 보기			
1 대조			
2, 4 과정 (바젤 Ⅰ~Ⅲ으로 변화하는 과정)			
2 분석, 개념 설명	3 대조, 개념 설명	4 대조, 개념 설명	
5 인과	6 (　　　　), 대조		

내용 한눈에 보기		
1 법적 구속력이 없는 국제기구에서 (　　　　　) 성격이 나타나는 현실		
2 BIS 비율의 개념 설명과 바젤 Ⅰ 협약의 특성	3 바젤 Ⅰ 협약의 한계와 바젤 Ⅱ 협약의 특성	4 바젤 Ⅱ 협약의 한계와 바젤 Ⅲ 협약의 특성
5 수많은 국가에서 BIS 비율을 도입하여 시행하는 이유	6 바젤위원회 회원국이 아닌 국가도 바젤 기준을 (　　　　)으로 따르는 현황	

알아두면 쓸 데 있는 어휘

ㄱ. 국제관습법 ·
ㄴ. 구속력 ·
ㄷ. 재무 ·
ㄹ. 건전성 ·
ㅁ. 기본자본 ·
ㅂ. 보완자본 ·
ㅅ. 채무 ·
ㅇ. 국채 ·
ㅈ. 회사채 ·
ㅊ. 초국가적 ·

· 1. 국가가 재정상의 필요에 따라 국가의 신용으로 설정하는 금전상의 채무 또는 그것을 표시하는 채권
· 2. 자기 자본은 아니지만, 국제 결제 은행으로부터 자기 자본으로 인정될 수 있는 조건을 갖추고 있는 자본. 이에는 후순위 채무, 대손 충당금, 재평가 적립금 따위가 있음
· 3. 국제 결제 은행 기준에서 자기 자본의 핵심이 되는 자본. 주주가 조성하고, 상환이 불가능하고 만기가 불확정적이며, 확정 이자의 지급이 배제되어야 함
· 4. 어떤 행위를 강제로 못 하게 하는 힘
· 5. 재산권의 하나. 특정인이 다른 특정인에게 어떤 행위를 하여야 할 의무
· 6. 국가 전체의 규모나 범위에서 하는 일을 뛰어넘는 것
· 7. 법에서 일반 관행으로 인정한 국가 사이의 관습
· 8. 돈이나 재산에 관한 일
· 9. 주식회사가 일반 사람들에게 채권이라는 유가 증권을 발행하여 사업에 필요한 자금을 조달하는 채무
· 10. 온전하고 탈이 없이 튼튼한 상태의 성질.

알아두면 쓸 데 있는 배경지식

BIS비율을 최솟값을 8%로 정한 이유는?

은행이 거래기업의 도산으로 부실채권이 갑자기 늘어나 경영위험에 빠져들게 될 경우 최소 8% 정도의 자기자본을 가지고 있어야 위기상황에 대처할 수 있기 때문이다.

[네이버 지식백과] BIS 자기자본비율 [BIS capital adequacy ratio, 一自己資本比率] (두산백과)

답안

✧ 핵심 소재

(BIS비율, 기본자본, 위험가중자산, 재무)

✧ 독해의 KEY

1문단: 대조, 바젤위원회

2문단: 식, 분석, 보완자본, 시장

3문단: 한계, 대조

	국채	회사채
바젤 I (획일적 부여)	0%	(100)%
바젤 II (신용도가 높을수록 낮음)	0~150%	(20) ~ 150%

4문단: 최근에는, 대조

	분자 (자기자본)	위험가중 자산에 대한 기본자본의 비율
바젤 I, II	기본자본+ 보완자본 + (단기후순위 채무)	언급 없음.
바젤 III	기본자본+ 보완자본	최소(6)%

5문단: 하지만, 인과, 징표

6문단: 하지만, 대조, 말랑말랑한 법

✧ 핵심 요약

1문단: 법적 구속력이 없는 국제기구에서 규범적 성격이 나타나는 현실

2문단: BIS 비율의 개념 설명과 바젤 I 협약의 특성

3문단: 바젤 I 협약의 한계와 바젤 II 협약의 특성

4문단: 바젤 II 협약의 한계와 바젤 III 협약의 특성

5문단: 수많은 국가에서 BIS 비율을 도입하여 시행하는 이유

6문단: 바젤위원회 회원국이 아닌 국가도 바젤 기준을 자발적으로 따르는 현황

✧ 구조도

부연 설명, 규범적, 자발적

✧ 알아두면 쓸 데 있는 어휘

ㄱ-7, ㄴ-4, ㄷ-8, ㄹ-10, ㅁ-3, ㅂ-2, ㅅ-5, ㅇ-1, ㅈ-9, ㅊ-6

출전: 2020년 6월 시행 모의평가

핵심 소재: (, ,)

1 일반 사용자가 디지털 카메라를 들고 촬영하면 손의 미세한 떨림으로 인해 영상이 번져 흐려지고, 걷거나 뛰면서 촬영하면 식별하기 힘들 정도로 영상이 흔들리게 된다. 흔들림에 의한 영향을 최소화하는 기술이 영상 안정화 기술이다.

독해의 KEY

글의 구조

· 마지막 문장에서 '영상 안정화 기술이다.' 라는 말은 이 단어에 대한 ( )가 문장 안에 풀어 쓰여있음을 알려주지.

· (정의/예시)를 통해 영상 안정화 기술이 무엇인지 설명함.

내용

· 디지털 카메라 사용 시 흔들림에 의한 영향을 최소화하는 기술은?
( )

핵심 요약은 나의 말로 문단의 내용을 정리해보는 부분이야. 답이 있는 것이 아니니까 기억에 남는 내용을 1~2문장으로 표현해보자.

1문단 핵심 요약 :

2 영상 안정화 기술에는 빛을 이용하는 광학적 기술과 소프트웨어를 이용하는 디지털 기술 등이 있다. 광학 영상 안정화(OIS) 기술을 사용하는 카메라 모듈은 렌즈 모듈, 이미지 센서, 자이로 센서, 제어 장치, 렌즈를 움직이는 장치로 구성되어 있다. 렌즈 모듈은 보정용 렌즈들을 포함한 여러 개의 렌즈들로 구성된다. 일반적으로 카메라는 렌즈를 통해 들어온 빛이 이미지 센서에 닿아 피사체의 상이 맺히고, 피사체의 한 점에 해당하는 위치인 화소마다 빛의 세기에 비례하여 발생한 전기 신호가 저장 매체에 영상으로 저장된다. 그런데 카메라가 흔들리면 이미지 센서 각각의 화소에 닿는 빛의 세기가 변한다. 이때 OIS 기술이 작동되면 자이로 센서가 카메라의 움직임을 감지하여 방향과 속도를 제어 장치에 전달한다. 제어 장치가 렌즈를 이동시키면 피사체의 상이 유지되면서 영상이 안정된다.

글의 구조

· OIS 기술을 사용하는 카메라 모듈의 ( )가 제시되었고, 다음 문장에서 각각 어떤 기능을 하는지 설명되어 있으니, 잘 살펴보자.

· OIS 기술을 사용하는 카메라 모듈의 구성요소를 (분석/분류)하고 있어.

· OIS 기술을 통해 피사체의 상이 어떻게 유지되는지 (예시/과정)을(를) 통해 설명하고 있어.

내용

· 피사체의 상이 유지되는 과정
렌즈 모듈 → 이미지 센서 → 자이로 센서 → ( ) → 렌즈를 움직이는 장치

2문단 핵심 요약:

3 렌즈를 움직이는 방법 중에는 보이스코일 모터를 이용하는 방법이 많이 쓰인다. 보이스코일 모터를 포함한 카메라 모듈은 중앙에 위치한 렌즈 주위에 코일과 자석이 배치되어 있다. 카메라가 흔들리면 제어 장치에 의해 코일에 전류가 흘러서 자기장과 전류의 직각 방향으로 전류의 크기에 비례하는 힘이 발생한다. 이 힘이 렌즈를 이동시켜 흔들림에 의한 영향이 상쇄되고 피사체의 상이 유지된다. 이외에도 카메라가 흔들릴 때 이미지 센서를 움직여 흔들림을 감쇄하는 방식도 이용된다.

글의 구조

· 렌즈를 움직이는 것이 앞 문단에서 OIS의 (　　　　　　)임을 인식하자.

· 보이스코일 모터를 이용하는 방법을 (분석/과정)을 통해 설명하고 있음.

내용

· 제어장치에 의해 코일에 전류가 흘러 (　　　　)를 이동시켜 흔들림에 의향 영향을 상쇄한다.

3문단 핵심 요약:

4 OIS 기술이 손 떨림을 훌륭하게 보정해 줄 수는 있지만 렌즈의 이동 범위에 한계가 있어 보정할 수 있는 움직임의 폭이 좁다. 디지털 영상 안정화(DIS) 기술은 촬영 후에 소프트웨어를 사용해 흔들림을 보정하는 기술로 역동적인 상황에서 촬영한 동영상에 적용할 때 좋은 결과를 얻을 수 있다. 이 기술은 촬영된 동영상을 프레임 단위로 나눈 후 연속된 프레임 간 피사체의 움직임을 추정한다. 움직임을 추정하는 한 방법은 특징점을 이용하는 것이다. 특징점으로는 피사체의 모서리처럼 주위와 밝기가 뚜렷이 구별되며 영상이 이동하거나 회전해도 그 밝기 차이가 유지되는 부분이 선택된다.

글의 구조

· '~있지만'을 통해 앞뒤가 역접 됨을 예상할 수 있어.

· (대조/인과)를 통해 OIS와 DIS의 차이를 설명하고 있음.

· (정의/예시)와 (분류/과정)을(를) 통해 DIS 기술이 무엇인지 어떤 단계를 거치는지 설명하고 있음.

내용

· DIS 기술은 OIS 기술과 달리 촬영 (　　)에 보정하는 방법이다.

· DIS 기술에서 움직임을 추정하는 방법은 (　　　　)을 이용하는 것이다.

4문단 핵심 요약:

5 먼저 k 번째 프레임에서 특징점들을 찾고, 다음 k+1 번째 프레임에서 같은 특징점들을 찾는다. 이 두 프레임 사이에서 같은 특징점이 얼마나 이동하였는지 계산하여 영상의 움직임을 추정한다. 그리고 흔들림이 발생한 곳으로 추정되는 프레임에서 위치 차이만큼 보정하여 흔들림의 영향을 줄이면 보정된 동영상은 움직임이 부드러워진다. 그러나 특징점의 수가 늘어날수록 연산이 더 오래 걸린다. 한편 영상을 보정하는 과정에서 영상을 회전하면 프레임에서 비어 있는 공간이 나타난다. 비어 있는 부분이 없도록 잘라 내면 프레임들의 크기가 작아지는데, 원래의 프레임 크기를 유지하려면 화질은 떨어진다.

글의 구조

- '그리고'로 앞뒤 문장이 순접되는 것, '그러나'로 앞뒤 문장이 역접 되는 것을 잘 파악하자.
- '한편'은 화제가 앞 내용과는 달라진다는 것을 알려주는 것이야. '한편' 뒤의 문장을 잘 살펴보자.
- (부연·상술/과정)을 통해 앞 문단에서 설명한 DIS 기술을 자세히 설명하고 있음.

내용

- 프레임 간의 (   )의 이동을 계산하여 영상을 보정함.
- (   ) 수가 늘어나면 연산이 오래 걸림.
- 영상 회전 시 프레임의 비어 있는 공간으로 인해 작아진 프레임을 원래 크기로 유지하면 (   )이 떨어짐.

5문단 핵심 요약:

구조도

전개 방식 한눈에 보기	
1 정의	
2 (　　　　), 과정	4 대조, 정의, 과정
3 과정	5 부연, 상술

내용 한눈에 보기	
1 영상 (　　　　) 기술에 대한 설명	
2 광학 영상 안정화(OIS) 기술에 대한 설명	4 디지털 영상 안정화(DIS) 기술에 대한 설명
3 광학 영상 안정화(OIS) 기술의 렌즈를 움직이는 방법 중 (　　　　) 모터를 이용하는 방법	6 디지털 영상 안정화(DIS) 기술에 대한 부연 설명

알아두면 쓸 데 있는 어휘

ㄱ. 영상 안정화 기술 ·

ㄴ. 화소 ·

ㄷ. 감쇄 ·

ㄹ. 프레임 ·

ㅁ. 화질 ·

· 1. 줄어 없어짐. 또는 줄여 없앰

· 2. 텔레비전 따위에서, 색조 · 밝기 따위의 화상(畫像)의 질

· 3. 영상이 연속적으로 바뀌면서 변화하는 동영상에서의 한순간의 완전한 화상

· 4. 영상의 흔들림에 의한 영향을 최소화하는 기술

· 5. 텔레비전이나 사진 전송에서, 화면을 전기적으로 분해한 최소의 단위 면적

알아두면 쓸 데 있는 배경지식

본문에서 소개되지 않은 영상 안정화 기술에는 무엇이 있을까요?

전자식 손떨림 방지 기능은 디지털카메라의 보급과 함께 본격적으로 등장하게 된 방식이다. 디지털 방식 손떨림 방지 기능이라고도 한다. 전자식 손떨림 방지 기능을 갖춘 디지털카메라는 기계적인 구조상으로는 기존의 디지털카메라와 유사하지만, 영상 신호를 처리하는 방식에 있어서 약간의 차이가 있다. 이러한 제품은 렌즈를 통해 이미지 센서에 들어오는 영상 정보를 일정한 영역으로 구분, 촬영 시에 촬영 영역뿐 아니라 그 외의 영상 정보도 모두 카메라 내부의 버퍼(buffer: 임시 저장공간)에 저장한다.

이 상태에서 영상에 흔들림이 발생하면, 버퍼에 저장된 복수의 영상 정보를 비교하여 카메라의 영상 처리 프로그램이 잔상을 수정하는 작업을 수행한 후 최종적인 결과물을 내놓게 된다. 엄밀히 말해 이는 손떨림을 방지한다기보다는, 이미 흔들린

상태로 찍힌 사진을 보정하여 좀 더 보기 좋게 만들어준다는 보정 기능에 가깝다. 때문에 보정 효과에도 한계가 있으며, 영상을 처리하는 과정에서 화질 저하가 발생하는 단점도 있다. 하지만 제품의 생산 비용이 적게 들어가는 편이며, 구조가 간단해 소형 카메라에 적용하기에도 유리하다. 이러한 이유로 전자식 손떨림 방지 기능은 저렴한 컴팩트 카메라나 휴대폰용 카메라에 주로 사용되며, 부분적인 화질 저하를 크게 체감할 수 없는 동영상 촬영용 캠코더에도 널리 적용된다.

[네이버 지식백과] 손떨림 방지 기능 - 흔들림 없는 사진을 찍기 위한 첨단 기술 (용어로 보는 IT, 김영우, IT 동아)

답안

핵심 소재

(OIS, 보이스코일 모터, DIS)

독해의 KEY

1문단 : 정의, 정의, 영상 안정화 기술
2문단 : 구성 요소, 분석, 과정, 제어 장치
3문단 : 마지막 단계, 과정, 렌즈
4문단 : 대조, 정의, 과정, 후, 특징점
5문단 : 부연·상술, 특징점, 특징점, 화질

핵심 요약

1문단: 영상 안정화 기술에 대한 설명
2문단: 광학 영상 안정화(OIS) 기술에 대한 설명
3문단: 광학 영상 안정화(OIS) 기술의 렌즈를 움직이는 방법 중 보이스코일 모터를 이용하는 방법
4문단: 디지털 영상 안정화(DIS) 기술에 대한 설명
5문단: 디지털 영상 안정화(DIS) 기술에 대한 부연 설명

구조도

분석, 안정화, 보이스코일

알아두면 쓸 데 있는 어휘

ㄱ-4, ㄴ-5, ㄷ-1, ㄹ-3, ㅁ-2

공통점과 차이점은 출제 1순위다.
기출 지문 톺아보기

출전: 2019년 시행 대입수학능력시험

핵심 소재: (, ,)

1 신체의 세포, 조직, 장기가 손상되어 더 이상 제 기능을 하지 못할 때에 이를 대체하기 위해 이식을 실시한다. 이때 이식으로 옮겨 붙이는 세포, 조직, 장기를 이식편이라 한다. 자신이나 일란성 쌍둥이의 이식편을 이용할 수 없다면 다른 사람의 이식편으로 '동종 이식'을 실시한다. 그런데 우리의 몸은 자신의 것이 아닌 물질이 체내로 유입될 경우 면역 반응을 일으키므로, 유전적으로 동일하지 않은 이식편에 대해 항상 거부 반응을 일으킨다. 면역적 거부 반응은 면역 세포가 표면에 발현하는 주조직적합복합체(MHC) 분자의 차이에 의해 유발된다. 개체마다 MHC에 차이가 있는데 서로 간의 유전적 거리가 멀수록 MHC에 차이가 커져 거부 반응이 강해진다. 이를 막기 위해 면역 억제제를 사용하는데, 이는 면역 반응을 억제하여 질병 감염의 위험성을 높인다.

독해의 KEY

글의 구조

· '~수록 ~하다'는 관계에 대한 내용은 문제로 나올 수 있으니 기억해둬야겠어.

내용

· 이식편이란?
( )으로 옮겨 붙이는 세포, 조직, 장기

· 동종이식이란?
자신이나 일란성 쌍둥이가 아닌 ( )의 이식편으로 이식하는 것

· 면역적 거부 반응은 언제, 왜 일어나는가?
유전적으로 (동일한 / 동일하지 않은) 이식편에 대해 일어나는 거부 반응으로, 면역 세포가 표면에 발현하는 ( )의 차이에 의해 발생함.

∞ 핵심 요약은 나의 말로 문단의 내용을 정리해보는 부분이야. 답이 있는 것이 아니니까 기억에 남는 내용을 1~2문장으로 표현해보자.

1문단 핵심 요약 :

2 이식에는 많은 비용이 소요될 뿐만 아니라 이식이 가능한 동종 이식편의 수가 매우 부족하기 때문에 이를 대체하는 방법이 개발되고 있다. 우선 인공 심장과 같은 '전자 기기 인공 장기'를 이용하는 방법이 있다. 하지만 이는 장기의 기능을 일시적으로 대체하는 데 사용되며, 추가 전력 공급 및

글의 구조

· '하지만' 뒤에는 '전자 기기 인공 장기' 이식의 단점이 나타나는군.

정기적 부품 교체 등이 요구되는 단점이 있고, 아직 인간의 장기를 완전히 대체할 만큼 정교한 단계에 이르지는 못했다.

글의 구조

· 전자 기기 인공 장기를 이용하여 이식하는 방법의 단점은?
장기의 기능을 (   )으로 대체, 추가 전력 공급 및 정기적 (   ) 요구, (   )만큼 정교하지 않음.

2문단 핵심 요약:

3 다음으로는 사람의 조직 및 장기와 유사한 다른 동물의 이식편을 인간에게 이식하는 '이종 이식'이 있다. 그런데 이종 이식은 동종이식보다 거부 반응이 훨씬 심하게 일어난다. 특히 사람이 가진 자연 항체는 다른 종의 세포에서 발현되는 항원에 반응하는데, 이로 인해 이종 이식편에 대해서 초급성 거부 반응 및 급성 혈관성 거부 반응이 일어난다. 이런 거부 반응을 일으키는 유전자를 제거한 형질 전환 미니돼지에서 얻은 이식편을 이식하는 실험이 성공한 바 있다. 미니돼지는 장기의 크기가 사람의 것과 유사하고 번식력이 높아 단시간에 많은 개체를 생산할 수 있다는 장점이 있어, 이를 이용한 이종 이식편을 개발하기 위한 연구가 진행되고 있다.

글의 구조

· '그런데' 뒤에는 이종 이식의 단점이 나타나는군.
· '특히'는 해당하는 설명이 중요하다는 것을 알려줘. 이종 이식편에 대해서 무엇이 일어나는지 눈여겨 보면 좋겠지?
· 과학 지문에서 '실험'은 꼭 이해하고 넘어가야하는 내용인 경우가 많아.

내용

· 이종 이식의 개념과 단점은?
다른 (   )의 이식편을 인간에게 이식하는 것으로 (   )이 심하게 일어남.
· 미니돼지 이식편의 장점은?
(   )을 일으키는 유전자를 제거하여 이종 이식을 해도 (   )이 일어나지 않음, (   )에 많은 개체를 생산.

3문단 핵심 요약:

4 이종 이식의 또 다른 문제는 ㉠<u>내인성 레트로바이러스</u>이다. 내인성 레트로바이러스는 생명체의 DNA의 일부분으로, 레트로바이러스로부터 유래된 것으로 여겨지는 부위들이다. 이는 바이러스의 활성을 가지지 않으며 사람을 포함한 모든 포유류에 존재한다. ㉡<u>레트로바이러스</u>는 자신의 유전 정보를 RNA에 담고 있고 역전사 효소를 갖고 있는 바이러스로서, 특정한 종류의 세포를 감염시킨다. 유전 정보가 담긴 DNA로부터 RNA가 생성되는 전사 과정만 일어날 수 있는 다른 생명체**와는 달리**, 레트로바이러스는 다른 생명체의 세포에 들어간 후 역전사 과정을 통해 자신의 RNA를 DNA로 바꾸고 그 세포의 DNA에 끼어들어 감염시킨다. 이후에는 다른 바이러스**와 마찬가지로** 자신이 속해 있는 생명체를 숙주로 삼아 숙주 세포의 시스템을 이용하여 복제, 증식하고 일정한 조건이 되면 숙주 세포를 파괴한다.

글의 구조

· '~와 달리'는 차이점을 언급하는 표지야. 차이가 있는 부분을 정확히 파악하면서 레트로바이러스의 특징을 이해해야 해.
· '~와 마찬가지로'는 공통점을 언급하는 표지야. 다른 바이러스와 레트로바이러스의 공통점 기억하고 넘어가야겠지?

내용

· 레트로바이러스가 숙주 세포를 파괴시키는 과정
숙주 세포에 들어감→(　　　) 과정을 통해 (　　　)를 DNA로 바꿈→세포의 DNA에 끼어들어 감염시킴→숙주 세포의 시스템을 이용하여 (　　　), 증식→숙주 세포 (　　　)

4문단 핵심 요약:

5 그런데 정자, 난자와 같은 생식 세포가 레트로바이러스에 감염되고도 살아남는 경우가 있었다. 이런 세포로부터 유래된 자손의 모든 세포가 갖게 된 것이 내인성 레트로바이러스이다. 내인성 레트로바이러스는 세대가 지나면서 돌연변이로 인해 염기 서열의 변화가 일어나며 해당 세포 안에서는 바이러스로 활동하지 않는다. 그러나 내인성 레트로바이러스를 떼어 내어 다른 종의 세포 속에 주입하면 이는 레트로바이러스로 변환되어 그 세포를 감염시키기도 한다. 따라서 미니돼지의 DNA에 포함된 내인성 레트로바이러스를 효과적으로 제거하는 기술이 개발 중에 있다.

6 그동안의 대체 기술과 관련된 연구 성과를 토대로 이상적인 이식편을 개발하기 위해 많은 연구가 수행되고 있다.

글의 구조

· '그런데'를 보니 앞의 내용과 반대되는 내용이 나오네. 레트로바이러스에 감염되었는데 세포가 파괴되지 않은 경우가 있었어.
· '따라서' 앞뒤의 문장을 잘 보면, 왜 이종 이식을 설명하다가 내인성 레트로바이러스 이야기가 나왔는지 알 수 있어. 연관 관계를 잘 생각해봐.

내용

· 내인성 레트로바이러스란?
(　　　)에 감염되고도 살아남은 세포로부터 유래된 자손의 모든 세포가 갖게 된 것으로, 세대가 지나면서 해당 세포

안에서는 (　　　)로 활동하지 않음.

· 내인성 레트로바이러스를 가진 이식체를 이종 이식할 경우 생기는 문제는?
내인성 레트로바이러스가 (　　　)로 변환되어 세포를 감염시킬 수 있음.

5문단 핵심 요약:

구조도

전개방식 한눈에 보기

1 개념 문제+해결방법

2 문제+해결방법

3 개념 문제+해결방법

4 문제 개념 관계 설명

5, 6 해결방법

내용 한눈에 보기

<table>
<tr><td rowspan="2">1</td><td colspan="3">동종이식의 개념</td></tr>
<tr><td colspan="2">동종 이식의 문제 ①
(　　　) 반응</td><td>해결방법①
(　　　)사용</td></tr>
<tr><td>2</td><td colspan="2">동종 이식의 문제 ②</td><td>해결방법②
(　　　)인공 장기 단점</td></tr>
<tr><td rowspan="2">3</td><td colspan="3">(　　　)의 개념</td></tr>
<tr><td colspan="2">문제점 ①(　　　) 반응</td><td>해결방법
① 미니돼지 이식편</td></tr>
<tr><td rowspan="2">4</td><td colspan="3">이종 이식의 문제점 ② (　　　) 레트로바이러스</td></tr>
<tr><td>내인성 레트로
바이러스 개념</td><td>↔
관계</td><td>레트로바이러스
개념</td></tr>
<tr><td>5
6</td><td colspan="3">(　　　) 이식을 할 때 내인성 레트로바이러스가 위험한 (　　　)와 기술 개발</td></tr>
</table>

알아두면 쓸 데 있는 어휘

ㄱ.면역 ·	· 1. DNA나 RNA의 구성 성분인 질소를 함유하는 고리 모양의 유기 화합물.
ㄴ.항체 ·	· 2. RNA를 주형으로 DNA가 만들어지는 과정.
ㄷ.항원 ·	· 3. 몸속에 들어온 병원 미생물에 대항하는 항체를 생산하여 독소를 중화하거나 병원 미생물을 죽여서 다음에는 그 병에 걸리지 않도록 된 상태나 그런 작용.
ㄹ.역전사 ·	· 4. 생체 속에 침입하여 항체를 형성하게 하는 단백성 물질. 세균이나 독소 따위.
ㅁ.효소 ·	· 5. 유전자의 본체. 데옥시리보스를 함유하는 핵산으로 바이러스의 일부 및 모든 생물의 세포 속에 있음.
ㅂ.숙주 ·	· 6. 기생 생물에게 영양을 공급하는 생물.
ㅅ.염기 ·	· 7. 항원의 자극에 의하여 생체 내에 만들어져 특이하게 항원과 결합하는 단백질.
ㅇ.DNA ·	· 8. 생물의 세포 안에서 합성되어 생체 속에서 행하여지는 거의 모든 화학 반응의 촉매 구실을 하는 고분자 화합물.

알아두면 쓸 데 있는 배경지식

백신

우리의 몸은 외부에서 침입한 항원에 저항할 수 있는 항체를 생성하여 후에 동일한 항원에 감염되었을 때 신속한 면역 반응을 나타내게 된다. 백신은 어떤 감염증에 대해 인공적으로 면역을 얻기 위하여 약화시키거나 죽인 미생물 또는 병원미생물이 생산한 독소액에 적당한 조작을 가하여 만든 것으로 프랑스의 미생물학자 파스퇴르에 의하여 그 명칭이 제창되었다. 백신에 의하여 자극을 받으면 항체를 생성해내는 세포가 그 감수성을 유지하고 있다가 후에 재감염이 이루어졌을 때 더 많은 항체를 효과적으로 생성할 수 있게 된다.

약화시킨 미생물 또는 바이러스로 만든 백신은 신체에 큰 문제를 일으키지 않는 가벼운 증상을 일으키며 활성이 없거나 죽은 미생물이나 바이러스로 만든 백신 역시 항체를 생성하여 면역반응을 일으킬 수 있지만 그 기간이 약화시킨 백신보다 길고 반응이 약하다. 현재 천연두는 백신 접종으로 지구상에서 완전히 소멸된 것으로 알려져 있으며 장티푸스, 콜레라, 페스트, 결핵, 파상풍, 독감, 광견병 등 다양한 감염증에 효과적인 백신이 개발되었다.

코로나19 대유행으로 백신 개발 레이스가 펼쳐졌고 새로운 mRNA 백신이 등장하게 되었다. mRNA백신이란 기존 백신과 달리 바이러스의 유전정보가 담긴 mRNA를 투입해 코로나19 바이러스를 둘러싼 쇠뿔 모양 돌기인 단백질 스파이크 성분을 체내에 미리 만들도록 해 면역력을 생성하는 방식이다. mRNA 백신은 바이러스의 유전정보만 알고 있다면 설계와 생산 기간이 짧다는 장점이 있으나, 유통과 보관이 까다로운 것이 단점이다. 코로나 19 백신 중 mRNA백신은 화이자와 모더나가 있다.

답안

✧ 핵심 소재

이식편, 동종 이식, 이종 이식

✧ 독해의 KEY

1문단: 이식, 다른 사람, 동일하지 않은, 주조직적합복합체 분자
2문단: 일시적, 부품 교체, 인간의 장기
3문단: 동물, 거부 반응, 거부 반응, 거부 반응, 단시간
4문단: 역전사, RNA, 복제, 파괴
5문단: 레트로바이러스, 바이러스, 레트로바이러스

✧ 핵심 요약

1문단: 동종 이식으로 인해 발생하는 면역적 거부 반응과 면역 억제제 사용의 위험성
2문단: 동종 이식의 단점과 전자 기기 인공 장기 이식의 단점
3문단: 이종 이식으로 인한 거부 반응을 일으키지 않는 미니돼지 이식 실험
4문단: 레트로바이러스가 세포를 파괴하는 과정과 레트로바이러스로부터 유래된 내인성 레트로바이러스
5문단: 내인성 레트로바이러스를 가진 이식체를 이종 이식할 때 생기는 문제와 이를 해결하기 위한 연구

✧ 구조도

면역적 거부, 면역 억제제 / 전자 기기 / 이종 이식, 거부 / 내인성 / 이종, 이유

✧ 알아두면 쓸 데 있는 어휘

ㄱ-3, ㄴ-7, ㄷ-4, ㄹ-2, ㅁ-8, ㅂ-6, ㅅ-1, ㅇ-5

출전: 2019년 9월 시행 전국연합평가

핵심 소재: (, ,)

1 물건을 사용하고 있는 사람이 그 물건의 주인일까? 점유란 물건에 대한 사실상의 지배 상태를 뜻한다. 이에 비해 소유란 어떤 물건을 사용·수익·처분할 수 있는 권리를 가진 상태라고 정의된다. 따라서 점유자와 소유자가 항상 일치하지는 않는다.

독해의 KEY

글의 구조

· '이에 비해'를 보니 앞뒤의 개념인 점유와 소유가 차이점이 있나봐.

내용

· 점유와 소유
점유는 물건에 대한 사실상의 ( ) 상태, 소유란 물건을 사용, 수익, 처분할 수 있는 ( )를 가진 상태.

핵심 요약은 나의 말로 문단의 내용을 정리해보는 부분이야. 답이 있는 것이 아니니까 기억에 남는 내용을 1~2문장으로 표현해보자.

1문단 핵심 요약 :

2 물건을 빌려 쓰거나 보관하고 있는 것을 포함하여 물건을 물리적으로 지배하는 상태를 직접점유라고 한다. 이에 비해 어떤 물건을 빌려 쓰거나 보관하는 사람에게 그 물건의 반환을 청구할 수 있는 권리를 가진 사람도 사실상의 지배를 한다고 볼 수 있다. 이와 같이 반환청구권을 가진 상태를 간접점유라고 한다. 직접점유와 간접점유는 모두 점유에 해당한다. 점유는 소유자를 공시하는 기능도 수행한다. 공시란 물건에 대해 누가 어떤 권리를 가지고 있는지를 알려 주는 것이다. 물건 중에서 피아노, 금반지, 가방 등과 같은 대부분의 동산은 점유에 의해 소유권이 공시된다.

글의 구조

· '이와 같이'는 앞의 내용을 정리해주는 것 같아. 중요한 문장인 경우가 많지.

내용

· 직접점유와 간접점유
직접점유란 물건을 물리적으로 ( ) 하는 상태이며, 간접점유란 물건의 반환을 청구할 수 있는 ( )을 가진 상태.

내용

· 동산의 소유권 공시 방법
대부분의 동산은 ( )에 의해 소유권이 공시됨.

2문단 핵심 요약:

3 물건의 소유권이 양도되려면, 소유자가 양도인이 되어 양수인과 유효한 양도 계약을 하고 이에 더하여 소유권 양도를 공시해야 한다. ㉠점유로 소유권이 공시되는 동산의 소유권 양도는 점유를 넘겨주는 점유 인도로 공시된다. 양수인이 간접점유를 하여 소유권 이전이 공시되는 경우로서 '점유개정'과 '반환청구권 양도'가 있다. 예를 들어 A가 B에게 피아노의 소유권을 양도하기로 계약하되 사흘간 빌려 쓰는 것으로 합의한 경우, B는 A에게 피아노를 사흘 후 돌려 달라고 요구할 수 있는 반환청구권을 가지게 된다. 이처럼 양도인이 직접점유를 유지하지만, 양수인에게 점유 인도가 이루어진 것으로 간주되는 경우를 점유개정이라고 한다. 한편 C가 자신이 소유한 가방을 D에게 맡겨 두어 이에 대한 반환청구권을 가지게 되었는데, 이 가방의 소유권을 E에게 양도하는 계약을 체결하였다고 하자. 이때 C가 D에게 통지하여 가방 주인이 바뀌었으니 가방을 E에게 반환하라고 알려 주면 D가 보관 중인 가방에 대한 반환청구권은 C로부터 E에게로 넘어간다. 이 경우를 반환청구권 양도라고 한다.

글의 구조

· '예를 들어'로 나타나는 사례들은 앞의 내용이 어려울 경우에 이해를 돕기 위해 제시되는 경우가 많아. 문제로 나오기도 하고!

내용

· 점유로 소유권이 공시되는 동산과 간접점유의 소유권 양도 공시 방법은?

점유로 소유권이 공시되는 동산은 (　　)를 통해 소유권 양도가 공시되며, 간접점유는 (　　　　)과 (　　　　)를 통해 소유권 양도가 공시됨.

내용

· 점유개정과 반환청구권 양도

점유개정이란 (　　)이 직접점유를 유지하지만 양수인에게 점유 인도가 이루어진 것으로 간주되는 경우이며, 반환청구권 양도란 소유권이 양도되었으나 (　　)이 직접점유하지 않고 반환청구권만 넘겨받은 경우임.

3문단 핵심 요약:

4 양도인이 소유자가 아니더라도 양수인이 점유 인도를 받으면 소유권을 취득할 수 있을까? 점유로 공시되는 동산의 경우 양수인이 충분히 주의를 했는데도 양도인이 소유자가 아님을 알지 못한 채 양도인과 유효한 계약을 하고, 점유 인도로 공시를 했다면 양수인은 소유권을 취득한다. 이것을 '선의취득'이라 한다. 다만 간접점유에 의한 인도 방법 중 점유개정으로는 선의취득을 하지 못한다. 선의취득으로 양수인이 소유권을 취득하면 원래 소유자는 원하지 않아도 소유권을 상실하게 된다.

글의 구조

· '다만'이 나왔으니 뭔가 예외 사항이 있나봐.

내용

· 선의취득

양도인이 (　　　　)가 아님에도 양수인이 충분히 주의하고 양도인이 소유자가 아님을 알지 못한 채 계약을 하여 점유 (　　　)로 공시를 한 경우 양수인이 소유권을 취득하는 것.

4문단 핵심 요약:

5 반면에 국가가 관리하는 공적 기록인 등기·등록으로 공시되어야 하는 물건은 아예 선의취득 대상이 아니다. ㉡법률이 등록 대상으로 규정한 자동차, 항공기 등의 동산은 등록으로 공시되는 물건이고, ㉢토지·건물과 같은 부동산은 등기로 공시되는 물건이다. 이러한 고가의 재산에 대해 선의취득을 허용하게 되면 원래 소유자의 의사에 반하는 소유권 박탈이 일어나게 된다. 이것은 거래 안전에만 치중하고 원래 소유자의 권리 보호를 경시한 것이 되어 바람직하지 않다고 볼 수 있다.

글의 구조

· '반면에'를 보니 앞의 내용과 대조적인 내용이 나오나봐.

내용

· 자동차, 항공기 등의 동산과 부동산은 각각 무엇으로 공시되는 물건이며 선의취득의 대상인가?
자동차, 항공기 등의 동산은 (   )으로 공시되고, 부동산은 (   )로 공시되며 이들은 선의취득의 대상이 아님.
· 그 이유는?
거래 안전보다 (   )의 권리를 보호하기 위함.

5문단 핵심 요약:

구조도

(가) 전개방식 한눈에 보기

1 개념설명	
분류	
2 개념+특징	3 개념+예시
4 개념+예외사례	5 예외사례+이유

(가) 내용 한눈에 보기

1	점유	( )	
2	( )점유	( )점유	소유권 공시
	↓소유권 ( ) 공시 방법↓		
3	점유로 소유권 공시되는 동산 : 점유 ( )	간접점유 : 점유( ), ( ) 양도	
4	선의취득	↓점유( ) 선의취득X	
5	등기, 등록 공시 물건 선의취득 (O, X)		

알아두면 쓸 데 있는 어휘

동산 ·	· 형상, 성질 따위를 바꾸지 아니하고 옮길 수 있는 재산. 돈, 증권, 세간 따위.
부동산 ·	· 움직여 옮길 수 없는 재산. 토지나 건물, 수목 따위.
양도 ·	· 권리나 재산, 법률에서의 지위를 남에게 넘겨줌.
이전 ·	· 권리 따위를 남에게 넘겨주거나 넘겨받음.
양수 ·	· 권리, 재산 및 법률상의 지위를 넘겨 받는 일.
등기 ·	· 국가 기관이 법정 절차에 따라 등기부에 부동산이나 동산, 채권 등의 담보 따위에 관한 일정한 권리관계를 적는 일. 또는 적어 놓은 것.
취득하다 ·	· 자기 것으로 만들어 가지다
공시하다 ·	· 공공 기관이 권리의 발생, 변경, 소멸 따위의 내용을 공개적으로 게시하여 일반에게 널리 알리다.

알아두면 쓸 데 있는 배경지식

부동산-도둑 맞을 염려가 없는 움직이지 않는 재산

부동산은 움직이지 않는 재산이라는 뜻으로 땅(토지)과 건물이 있다. 토지는 집을 지은 집터, 농토, 산 등이 포함된다. 토지 위의 건물 즉 아파트, 주택, 빌딩도 대표적인 부동산이다. 그래서 집값이 오르거나 건물 값이 오르면 재산도 늘어나게 된다.

동산-내 주머니 속의 재산

동산은 쉽게 이동할 수 있는 재산으로 대표적으로 현금과 주식이 있다. 현금은 쓰기 편리하고 가지고 다니기 쉽지만 관리를 잘해야 하므로 은행에 저축예금이나 적금으로 맡겨 이자를 받아 관리할 수 있다.

무형 재산-만질 수 없는 재산

만질 수 없는 재산인 무형 재산은 대표적으로 지적재산권이 있다. 작가가 쓴 소설이 잘 팔리면 판매액에서 일정한 비율의 수익금을 출판사가 작가에게 지급하는데 이를 저작료라고 한다. 저작권은 계약된 출판사만 책을 발행할 수 있도록 허락하는 저자의 권리이다. 문학, 음악, 사진 등 창작 작품은 모두 해당되고 저작권은 작가가 평생 소유할 수 있다. 이 외에도 발명품의 주인이 받는 특허권도 무형 재산에 해당된다.

출처: 시사논술 개념사전, 김찬환 외5인, 2010.5.14.

답안

✧ 핵심 소재

점유, 소유권 양도 공시 방법, 선의취득

✧ 독해의 KEY

1문단 : 지배, 권리

2문단 : 지배, 반환청구권, 점유

3문단 : 점유 인도, 점유 개정, 반환 청구권 양도, 양도인, 양수인

4문단 : 소유자, 인도

5문단 : 등록, 등기, 소유자

✧ 핵심 요약

1문단: 점유와 소유의 개념

2문단: 점유의 종류와 점유에 의한 (소유권) 공시

3문단: (소유권) 양도 공시 방법

4문단: 선의취득의 개념과 예외

5문단: 등기, (등록)으로 공시되는 물건이 선의취득의 예외가 되는 이유

✧ 구조도

소유/ 직접, 간접/ 양도/ 인도, 개정, 반환 청구권/ 개정/ X

✧ 알아두면 쓸 데 있는 어휘

ㄱ-3, ㄴ-8, ㄷ-1, ㄹ-7, ㅁ-4, ㅂ-2, ㅅ-5, ㅇ-6

세부 내용은 읽으면서 빠르게 지워나가야 한다.

기출 지문 톺아보기

출전 : 2020학년도 9월 시행 학력평가

핵심 소재: (　　　　　　　,　　　　　　　)

1 질병을 유발하는 병원체에는 세균, 진균, 바이러스 등이 있다. 생명체의 기본 구조에 속하는 세포막은 지질을 주성분으로 하는 이중층이다. 세균과 진균은 일반적으로 세포막 바깥 부분에 세포벽이 있고, 바이러스의 표면은 세포막 대신 캡시드라고 부르는 단백질로 이루어져 있다. 바이러스의 종류에 따라 캡시드 외부가 지질을 주성분으로 하는 피막으로 덮인 경우도 있다. 한편 진균과 일부 세균은 다른 병원체에 비해 건조, 열, 화학 물질에 저항성이 강한 포자를 만든다.

독해의 KEY

내용

· 병원체의 세 가지는?
(　　　　), (　　　　), (　　　　)

· 세균, 진균과 달리, 바이러스의 표면은
(　　　　　)로 이루어져 있다.

핵심 요약은 나의 말로 문단의 내용을 정리해보는 부분이야. 답이 있는 것이 아니니까 기억에 남는 내용을 1~2문장으로 표현해보자.

1문단 핵심 요약 :

2 생활 환경에서 병원체의 수를 억제하고 전염병을 예방하기 위한 목적으로 사용하는 방역용 화학 물질을 '항(抗)미생물 화학제'라 한다. 항미생물 화학제는 다양한 병원체가 공통으로 갖는 구조를 구성하는 성분들에 화학 작용을 일으키므로 광범위한 살균 효과가 있다. 그러나 병원체의 구조와 성분은 병원체의 종류에 따라 완전히 같지는 않으므로, 동일한 항미생물 화학제라도 그 살균 효과는 다를 수 있다.

내용

· 동일한 항미생물 화학제라도 살균효과가 다른 이유는 병원체의 (　　　　　)
와 (　　　　)이 병원체의 (　　　　　)
에 따라 완전히 같지는 않기 때문이다.

2문단 핵심 요약:

3 항미생물 화학제 중 멸균제는 포자를 포함한 모든 병원체를 파괴한다. 감염방지제는 포자를 제외한 병원체를 사멸시키는 화합물로 병원, 공공시설, 가정의 방역에 사용된다. 감염방지제 중 독성이 약해 사람의 피부나 상처 소독에도 사용이 가능한 항미생물 화학제를 소독제라 한다. 사람의 세포

글의 구조

· '~(　　)', '(　　)'는 인과관계를 나타내는 중요 표지이기 때문에 정보 간 관계를 파악할 수 있어

막도 지질 성분으로 이루어져 있어 소독제라 하더라도 사람의 세포를 죽일 수 있으므로, 눈이나 호흡기 등의 점막에 접촉하지 않도록 주의해야 한다. 따라서 항미생물 화학제는 병원체에 대한 최대의 방역 효과와 인체 및 환경에 대한 최고의 안전성을 확보할 수 있도록 종류별 사용법을 지켜야 한다.

내용

· 항미생물 화학제의 차이
1) 멸균제: (   ) 파괴
2) 감염방지제: (   )를 제외한 병원체 사멸
3) 소독제: 독성이 가장 약함

· 항미생물 화학제를 사용할 때 확보되어야 할 두 가지는?
1) 최대의 (   )
2) 인체 및 환경에 대한 (   )

3문단 핵심 요약:

4 항미생물 화학제의 작용기제는 크게 병원체의 표면을 손상시키는 방식과 병원체 내부에서 대사 기능을 저해하는 방식으로 나눌 수 있지만, 많은 경우 두 기제가 함께 작용한다. 고농도 에탄올 등의 알코올 화합물은 세포막의 기본 성분인 지질을 용해시키고 단백질을 변성시키며, 병원성 세균에서는 세포벽을 약화시킨다. 또한 알코올 화합물은 지질 피막이 없는 바이러스보다 지질 피막이 있는 병원성 바이러스에서 방역 효과가 크다. 지질 피막은 병원성 바이러스가 사람을 감염시키는 과정에서 중요한 역할을 하기 때문에, 지질을 손상시키는 기능을 가진 항미생물 화학제만으로도 병원성 바이러스에 대한 방역 효과가 있다. 지질 피막의 유무와 관계없이 다양한 바이러스의 감염 예방을 위해서는 하이포염소산 소듐 등의 산화제가 널리 사용된다. 병원성 바이러스의 방역에 사용되는 산화제는 바이러스의 공통적인 표면 구조를 이루는 캡시드를 손상시키는 기능이 있어 바이러스를 파괴하거나 바이러스의 감염력을 잃게 한다.

내용

· 항미생물 화학제의 작용기제의 두 가지 방식
1) 병원체의 (   )을 손상시키는 방식
2) 병원체 (   )에서 대사 기능을 저해하는 방식

· 알코올 화합물과 하이포염소산 소듐 등의 산화제의 기능 상의 차이점
1) 알코올 화합물: 단백질을 용해시켜 (   )이 있는 바이러스에 방역 효과가 큼.
2) 하이포염소산소듐 등의 산화제: (   )의 유무와 관계 없이 사용됨.

4문단 핵심 요약:

5 병원체의 표면에 생긴 약간의 손상이 병원체를 사멸시키는 데 충분하지 않더라도, 항미생물 화학제가 내부로 침투하면 살균 효과가 증가한다. 알킬화제와 산화제는 병원체의 내부로 침투하면 필수적인 물질 대사를 정지시킨다. 글루타르 알데하이드와 같은 알킬화제가 알킬 작용기를 단백질

글의 구조

· '- ~라도'라는 표지에서도 전환이 일어나고 있어. 앞 문단과 달리 '(   )로

에 결합시키면 단백질을 변성시켜 기능을 상실하게 하고, 핵산의 염기에 결합시키면 핵산을 비정상 구조로 변화시켜 유전자 복제와 발현을 교란한다. 산화제인 하이포염소산 소듐은 병원체 내에서 불특정한 단백질들을 산화시켜 단백질로 이루어진 효소들의 기능을 비활성화하고 병원체를 사멸에 이르게 한다.

침투'하는 방식에 대해 설명하고 있음을 짐작할 수 있지.

내용

· 하이포염소산 소듐이 병원체를 사멸시키는 원리
: 내부, 병원체 내에서 불특정한 단백질들을 (   )시켜 단백질로 이루어진 효소들의 기능을 (   )함.

5문단 핵심 요약:

구조도

전개방식 한눈에 보기
1 화제 제시
2 개념+범위
3 종류(전개방식:)+부연
4 작용 원리 / 5 작용 원리

내용 한눈에 보기	
1	병원체의 종류와 특성
2	항미생물 화학제의 ( )과 살균효과의 범위
3	항미생물 화학제의 ( )와 사용할 때의 유의점
4, 5	항미생물 화학제의 작용기제

알아두면 쓸 데 있는 어휘

ㄱ. 방역 ·
ㄴ. 사멸 ·
ㄷ. 산화제 ·
ㄹ. 캡시드 ·

· 1. 바이러스의 유전 형질을 둘러싸고 있는 단백질의 외각
· 2. 전염병이 발생하거나 유행하는 것을 미리 막는 일
· 3. 죽어 없어짐
· 4. 산소를 주어 산화 작용을 일으키는 물질.

답안

✧ 핵심 소재

(병원체, 항미생물화학제)

✧ 독해의 KEY

1문단: 세균, 진균, 바이러스, 캡시드라고 부르는 단백질

2문단: 구조, 성분, 종류

3문단: 므로, 따라서, 모든 병원체, 포자, 방역효과, 안정성

4문단: 표면, 내부, 지질피막, 지질피막

5문단: 내부, 산화, 비활성화

✧ 핵심 요약

1문단: 병원체의 종류와 특성

2문단: 항미생물 화학제의 개념과 살균효과의 범위

3문단: 항미생물 화학제의 종류와 사용할 때의 유의점

4문단: 항미생물 화학제의 작용기제(1) - 표면을 손상시키는 알코올 화합물과 산화제

5문단: 항미생물 화학제의 작용기제(2) - 내부로 침투하는 알킬화제와 하이포염소산 소듐

✧ 구조도

분류, 개념, 종류

✧ 알아두면 쓸 데 있는 어휘

ㄱ-2, ㄴ-3, ㄷ-4, ㄹ-1

출전 : 2018학년도 시행 수능

핵심 소재: (,   )

1 16세기 전반에 서양에서 태양 중심설을 지구 중심설의 대안으로 제시하며 시작된 천문학 분야의 개혁은 경험주의의 확산과 수리 과학의 발전을 통해 형이상학을 뒤바꾸는 변혁으로 이어졌다. 서양의 우주론이 전파되자 중국에서는 중국과 서양의 우주론을 회통하려는 시도가 전개되었고, 이 과정에서 자신의 지적 유산에 대한 관심이 제고되었다.

독해의 KEY

내용

· 첫 번째 문단의 내용을 고려했을 때, 다음 문단부터는, 중국에서 전개된 (   )에 대해 설명하겠군.

1문단 핵심 요약:

2 복잡한 문제를 단순화하여 푸는 수학적 전통을 이어받은 코페르니쿠스는 천체의 운행을 단순하게 기술할 방법을 찾고자 하였고, 그것이 일으킬 형이상학적 문제에는 별 관심이 없었다. 고대의 아리스토텔레스와 프톨레마이오스는 우주의 중심에 고정되어 움직이지 않는 지구의 주위를 달, 태양, 다른 행성들의 천구들과, 항성들이 붙어 있는 항성 천구가 회전한다는 지구 중심설을 내세웠다. 그와 달리 코페르니쿠스는 태양을 우주의 중심에 고정하고 그 주위를 지구를 비롯한 행성들이 공전하며 지구가 자전하는 우주 모형을 만들었다. 그러자 프톨레마이오스보다 훨씬 적은 수의 원으로 행성들의 가시적인 운동을 설명할 수 있었고 행성이 태양에서 멀수록 공전 주기가 길어진다는 점에서 단순성이 충족되었다. 그러나 아리스토텔레스의 형이상학을 고수하는 다수 지식인과 종교 지도자들은 그의 이론을 받아들이려 하지 않았다. 왜냐하면 그것은 지상계와 천상계를 대립시키는 아리스토텔레스의 이분법적 구도를 무너뜨리고, 신의 형상을 지닌 인간을 한갓 행성의 거주자로 전락시키는 것으로 여겨졌기 때문이다.

글의 구조

· 다양한 이론이나 관점이 소개되는 글에서 '그와 달리', '그러나'라는 표지가 나오면 두 입장의 (   )에 유의해서 읽어야 해.

내용

· 코페르니쿠스와 고대 아리스토텔레스의 견해의 차이점은?

: (   )에 바탕을 둔 고대 아리스토텔레스가 (   )중심설을 내세운 반면 천체를 (   )하게 기술하려 한 코페르니쿠스는 지구가 (   )하는 모형을 주장함.

2문단 핵심 요약:

3 16세기 후반에 브라헤는 코페르니쿠스 천문학의 장점은 인정하면서도 아리스토텔레스 형이상학과의 상충을 피하고자 우주의 중심에 지구가 고정되어 있고, 달과 태양과 항성들은 지구 주위를 공전하며, 지구 외의 행성들은 태양 주위를 공전하는 모형을 제안하였다. 그러나 케플러는 우주의 수적 질서를 신봉하는 형이상학인 신플라톤주의에 매료되었기 때문에, 태양을 우주 중심에 배치하여 단순성을 추구한 코페르니쿠스의 천문학을 받아들였다. 하지만 그는 경험주의자였기에 브라헤의 천체 관측치를 활용하여 태양 주위를 공전하는 행성의 운동 법칙들을 수립할 수 있었다. 우주의 단순성을 새롭게 보여 주는 이 법칙들은 아리스토텔레스 형이상학을 더 이상 온존할 수 없게 만들었다.

글의 구조

· '(　　　)'와 '(　　　)'이라는 역접의 접속사가 나오고 있어. 이 접속사들을 통해 캐플러의 이론과 브라헤의 이론의 관련성을 파악해 봐야해.

내용

· 케플러의 이론 정립 과정
: 코페르니쿠스의 (　　　)을 받아들이고, 브라페의 (　　　)를 활용하여 이론을 수립.

3문단 핵심 요약:

4 17세기 후반에 뉴턴은 태양 중심설을 역학적으로 정당화하였다. 그는 만유인력 가설로부터 케플러의 행성 운동 법칙들을 성공적으로 연역했다. 이때 가정된 만유인력은 두 질점*이 서로 당기는 힘으로, 그 크기는 두 질점의 질량의 곱에 비례하고 거리의 제곱에 반비례한다. 지구를 포함하는 천체들이 밀도가 균질하거나 구 대칭*을 이루는 구라면 천체가 그 천체 밖 어떤 질점을 당기는 만유인력은, 그 천체를 잘게 나눈 부피 요소들 각각이 그 천체 밖 어떤 질점을 당기는 만유인력을 모두 더하여 구할 수 있다. 또한 여기에서 지구보다 질량이 큰 태양과 지구가 서로 당기는 만유인력이 서로 같음을 증명할 수 있다. 뉴턴은 이 원리를 적용하여 달의 공전 궤도와 사과의 낙하 운동 등에 관한 실측값을 연역함으로써 만유인력의 실재를 입증하였다.

내용

· 뉴턴이 만유인력의 실재를 입증한 원리
1) 천체가 그 천체 밖에 있는 질점을 당기는 원리는, 천체를 잘게 나눈 부피 요소들 각각이 그 천체 밖 어떤 (　　　)을 당기는 만유인력을 모두 더하여 구할 수 있음.
2) 태양과 지구가 서로 당기는 만유인력이 서로 (　　　)을 증명.

4문단 핵심 요약:

5 16세기 말부터 중국에 본격 유입된 서양 과학은, 청 왕조가 1644년 중국의 역법(曆法)을 기반으로 서양 천문학 모델과 계산법을 수용한 시헌력을 공식 채택함에 따라 그 위상이 구체화되었다. 브라헤와 케플러의 천문 이론을 차례대로 수용하여 정확도를 높인 시헌력이 생활 리듬으로 자리 잡았지만, 중국 지식인들은 서양 과학이 중국의 지적 유산에 적절히 연결되지 않으면 아무리 효율적이더라도 불온한 요소로 여겼다. 이에 따라 서양 과학에 매료된 학자들도 어떤 방식으로든 서양 과학과 중국 전통 사이의 적절한 관계 맺음을 통해 이 문제를 해결하고자 하였다.

글의 구조

· '(   )'라는 표지를 통해 서양 과학과 중국 전통 사이의 적절한 관계 맺음이 중요했던 이유를 파악할 수 있어.

내용

· 서양 과학과 중국 전통 사이의 적적한 관계 맺음이 중요했던 이유는?
: 중국 지식인들은 서양 과학이 중국의 (   )에 적절히 (   )되지 않으면 아무리 효율적이어도 불온하게 여겼기 때문.

5문단 핵심 요약:

6 17세기 웅명우와 방이지 등은 중국 고대 문헌에 수록된 우주론에 대해서는 부정적 태도를 견지하면서 성리학적 기론(氣論)에 입각하여 실증적인 서양 과학을 재해석한 독창적 이론을 제시하였다. 수성과 금성이 태양 주위를 회전한다는 그들의 태양계 학설은 브라헤의 영향이었지만, 태양의 크기에 대한 서양 천문학 이론에 의문을 제기하고 기(氣)와 빛을 결부하여 제시한 광학 이론은 그들이 창안한 것이었다.

내용

· 웅명우와 방이지가 서양의 우주론을 받아들인 방법
: (   )에 입각하여 실증적인 서양 과학을 재해석하여 (   )을 창안

6문단 핵심 요약:

7 17세기 후반 왕석천과 매문정은 서양 과학의 영향을 받아 경험적 추론과 수학적 계산을 통해 우주의 원리를 파악하고자 하였다. 그러면서 서양 과학의 우수한 면은 모두 중국 고전에 이미 갖추어져 있던 것인데 웅명우 등이 이를 깨닫지 못한 채 성리학 같은 형이상학에 몰두했다고 비판했다. 매문정은 고대 문헌에 언급된, 하늘이 땅의 네 모퉁이를 가릴 수 없을 것이라는 증자의 말을 땅이 둥글다는 서양 이론과 연결하는 등 서양 과학의 중국 기원론을 뒷받침하였다.

내용

· 왕석천과 매문정이 서양의 우주론을 받아들인 방법
: 서양과학의 영향으로 (   ) 추론과 (   ) 계산을 통해 원리를 파악하면서도, 이는 중국에 기원을 둔 이론이라고 주장.

7문단 핵심 요약:

8 중국 천문학을 중심으로 서양 천문학을 회통하려는 매문정의 입장은 18세기 초를 기점으로 중국의 공식 입장으로 채택되었으며, 이 입장은 중국의 역대 지식 성과물을 망라한 총서인 『사고전서』에 그대로 반영되었다. 이 총서의 편집자들은 고대부터 당시까지 쏟아진 천문 관련 문헌들을 정리하여 수록하였다. 이와 같이 고대 문헌에 담긴 우주론을 재해석하고 확인하려는 경향은 19세기 중엽까지 주를 이루었다.

글의 구조

· '(　　)'는 앞에서 설명한 내용을 정리해주는 기능을 하기도 하므로, 그 다음에 나오는 '고대 문헌에 담긴 우주론을 재해석하고 확인하려는 경향'은 앞에서 설명된 이론을 요약한 문장이라고 할 수 있지.

8문단 핵심 요약:

구조도

전개방식 한눈에 보기

1 화제 제시		
2	3	4
과정+원리		
5 서양 우주론을 (　　　)에서 받아들이는 과정		
6	7	8
과정+원리		

내용 한눈에 보기

1	(　　)의 중국으로의 전파		
2	서양 우주론의 정립 과정	코페르니쿠스	
3		브라헤와 (　　)	
4		뉴턴	
5	동종 이식의 문제 ②	6	옹명우와 방이지
		7	왕석천과 매문정
		8	18세기 이후

알아두면 쓸 데 있는 어휘

ㄱ. 형이상학 · · 1. 사물의 본질, 존재의 근본 원리를 사유나 직관에 의하여 탐구하는 학문

ㄴ. 온존하다 · · 2. 좋지 못한 일을 고치지 아니하고 그대로 두다.

ㄷ. 만유인력 · · 3. 질량을 가지고 있는 모든 물체가 서로 잡아당기는 힘.

ㄹ. 연역 · · 4. 어떤 명제로부터 추론 규칙에 따라 결론을 이끌어 내다.

ㅁ. 회통 · · 5. 언뜻 보기에 서로 어긋나는 뜻이나 주장을 해석하여 조화롭게 함.

답안

핵심 소재

(서양 우주론, 중국 우주론)

독해의 KEY

1문단: 중국과 서양의 우주론을 회통하려는 시도
2문단: 차이점, 형이상학, 지구, 단순, 자전
3문단: 그러나, 하지만, 단순성, 천체관측치
4문단: 질점, 같음
5문단: 이에 따라, 지적 유산, 연결
6문단: 성리학적 기론, 광학 이론
7문단: 경험적, 수학적
8문단: 이와 같이

핵심 요약

1문단: 서양 우주론의 중국으로의 전파
2문단: 서양 우주론의 정립 과정 (1) - 코페르니쿠스의 이론
3문단: 서양 우주론의 정립 과정 (2) - 브라헤와 캐플러의 이론
4문단: 뉴턴이 태양 중심설을 역학적으로 정당화한 원리
5문단: 서양 우주론을 중국에 받아들이기 위해 서양과 중국 사이의 적절한 관계 맺음이 필요함.
6문단: 서양 우주론을 중국에서 받아들이는 과정(1) - 웅명우와 방이지
7문단: 서양 우주론을 중국에서 받아들이는 과정(2) - 왕석천과 매문정
8문단: 중국 문헌에 담긴 우주론을 재해석해 서양 천문학을 받아들인 경향의 발전

구조도

서양 우주론, 캐플러, 중국

알아두면 쓸 데 있는 어휘

ㄱ-1, ㄴ-2, ㄷ-3, ㄹ-4, ㅁ-5

발생 원리와 과정의 연쇄적 고리를 추적하다.

기출 지문 톺아보기

출전: 2018년도 6월 시행 모의평가

핵심 소재: (,)

1 건강 상태를 진단하거나 범죄의 현장에서 혈흔을 조사하기 위해 검사용 키트가 널리 이용된다. 키트 제작에는 다양한 과학적 원리가 적용되는데, 적은 비용으로 쉽고 빠르고 정확하게 검사할 수 있는 키트를 제작하는 것이 요구된다. 이러한 필요에 따라 항원-항체 반응을 응용하여 시료에 존재하는 성분을 분석 하는 다양한 형태의 키트가 개발되고 있다. 항원-항체 반응은 항원과 그 항원에만 특이적으로 반응하는 항체가 결합하는 면역 반응을 말한다. 항체 제조 기술이 발전하면서 휴대성이 높고 분석 시간이 짧은 측면유동면역분석법(LFIA)을 이용한 다양한 종류의 키트가 개발되고 있다.

독해의 KEY

내용

· 측면유동면역분석법(LFIA) 키트는 어떤 반응을 활용한 키트일까?
( )반응

1문단 핵심 요약:

2 LFIA 키트를 이용하면 키트에 나타나는 선을 통해, 액상의 시료에서 검출하고자 하는 목표 성분의 유무를 간편하게 확인할 수 있다. LFIA 키트는 가로로 긴 납작한 막대모양인데, 시료 패드, 결합 패드, 반응막, 흡수 패드가 순서대로 나란히 배열된 구조로 되어 있다. 시료 패드로 흡수된 시료는 결합 패드에서 복합체와 함께 반응막을 지나 여분의 시료가 흡수되는 흡수 패드로 이동한다. 결합 패드에 있는 복합체는 금-나노 입자 또는 형광 비드 등의 표지 물질에 특정 물질이 붙어 이루어진다. 표지 물질은 발색 반응에 의해 색깔을 내는데, 이 표지 물질에 붙어 있는 특정 물질은 키트 방식에 따라 종류가 다르다. 일반적으로 한 가지 목표 성분을 검출하는 키트의 반응막에는 항체들이 띠 모양으로 두 가닥 고정되어 있는데, 그중 시료 패드와 가까운 쪽에 있는 가닥이 검사선이고 다른 가닥은 표

내용

· LFIA키트의 구성 요소:
( ), ( ), ( ),
( )

· 반응막에 있는 두 가지 선의 이름은?
( ), ( )

· LFIA키트에서 목표 성분의 유무의 판정은 무엇을 통해 알 수 있을까?
( )의 ( )여부

준선이다. 표지 물질이 검사선이나 표준선에 놓이면 발색 반응에 의해 반응선이 나타난다. 검사선이 발색되어 나타나는 반응선을 통해서는 목표 성분의 유무를 판정할 수 있다. 표준선이 발색된 반응선이 나타나면 검사가 정상적으로 진행되었음을 알 수 있다.

2문단 핵심 요약:

3 LFIA 키트는 주로 ㉠직접 방식 또는 ㉡경쟁 방식으로 제작되는데, 방식에 따라 검사선의 발색 여부가 의미하는 바가 다르다. 직접 방식에서 복합체에 포함된 특정 물질은 목표 성분에 결합할 수 있는 항체이다. 시료에 목표 성분이 포함되어 있다면 목표 성분은 이 항체와 일차적으로 결합하고, 이후 검사선의 고정된 항체와 결합한다. 따라서 검사선이 발색되면 시료에서 목표 성분이 검출되었다고 판정한다. 한편 경쟁 방식에서 복합체에 포함된 특정 물질은 목표 성분에 대한 항체가 아니라 목표 성분 자체이다. 만약 시료에 목표 성분이 포함되어 있으면 시료의 목표 성분과 복합체의 목표 성분이 서로 검사선의 항체와 결합하려 경쟁한다. 이때 시료에 목표 성분이 충분히 많다면 시료의 목표 성분은 복합체의 목표 성분이 검사선의 항체와 결합하는 것을 방해하므로 검사선이 발색되지 않는다. 직접 방식은 세균이나 분자량이 큰 단백질 등을 검출할 때 이용하고, 경쟁 방식은 항생 물질처럼 목표 성분의 크기가 작은 경우에 이용한다.

내용

· 직접 방식과 경쟁 방식의 비교

	직접 방식	경쟁 방식
복합체 특정물질		
목표성분 검출		
언제 이용하는가		

글의 구조

· '다음과 같은 것들'에 주목해서 실내 위치 측정 방법을 이해해야겠어.

3문단 핵심 요약:

4 한편, 검사용 키트는 휴대성과 신속성 외에 정확성도 중요하다. 키트의 정확성을 측정하기 위해서는 키트를 이용해 여러 번의 검사를 실시하고 그 결과를 분석한다. 키트가 시료에 목표 성분이 들어있다고 판정하면 이를 양성이라고 한다. 이때 시료에 목표 성분이 실제로 존재하면 진양성, 시료에 목표 성분이 없다면 위양성이라고 한다. 반대로 키트가 시료에 목표 성분이 들어 있지 않다고 판정하면 음성이라고 한다. 이 경우 실제로 목표 성분이 없다면 진음성, 목표 성분이 있다면 위음성이라고 한다.

글의 구조

· '한편'을 보아, 뒤에서는 검사용 키트의 정확성도 중요하다는 것을 강조하고 있어.

내용

· 키트의 정확성 판단

현실에서 위양성이나 위음성을 배제할 수 있는 키트는 없다.

	목표성분 있음	목표성분 없음
결과 양성		위양성
결과 음성		진음성

4문단 핵심 요약:

5 여러 번의 검사 결과를 통해 키트의 정확도를 구하는데, 정확도란 시료를 분석할 때 올바른 검사 결과를 얻을 확률이다. 정확도는 민감도와 특이도로 나뉜다. 민감도는 시료에 목표 성분이 존재하는 경우에 대해 키트가 이를 양성으로 판정한 비율이다. 특이도는 시료에 목표 성분이 없는 경우에 대해 키트가 이를 음성으로 판정한 비율이다. 민감도와 특이도가 모두 높아 정확도가 높은 키트가 가장 이상적이지만 현실에서는 그렇지 않은 경우가 많아서 상황에 따라 민감도나 특이도를 고려하여 키트를 선택해야 한다.

내용

· 키트의 민감도:

· 키트의 특이도:

5문단 핵심 요약:

구조도

전개방식 한눈에 보기	
1 화제 제시	
원리 설명	
2 원리+과정	
3 원리+비교	
4 상술+개념	5 상술+개념

내용 한눈에 보기		
1	측면유동면역분석법(LFIA) 키트 화제 제시	
2	LFIA키트의 작동 원리 및 과정 설명	
3	LFIA키트의 방식 비교	
4	(　　　) 방식	(　　　) 방식
5	LFIA키트의 정확도	
	LFIA키트의 정확도의 세부 개념(　　　,　　　)	

알아두면 쓸 데 있는 어휘

ㄱ.항원 ·
ㄴ.항체 ·
ㄷ.면역 반응 ·
ㄹ.검출되다 ·

· 생체 속에 침입하여 항체를 형성하게 하는 단백성 물질.
· 생체의 몸 안에서 생긴 물질이나 몸 밖에서 들어온 물질이 생체 자신과 다를 때 자신의 통일성과 개체의 생존 유지 및 종의 존속을 위하여 그 물질들을 제거하는 일련의 생체 반응.
· 항원의 자극에 의하여 생체 내에 만들어져 특이하게 항원과 결합하는 단백질.
· 화학 분석에서, 시료(試料) 속에 있는 화학종이나 미생물 따위의 존재 유무가 밝혀지다.

답안

✧ 핵심 소재

(측면유동면역분석법(LFIA) 키트, 검사용 키트)

✧ 독해의 KEY

1문단: 항원-항체 반응
2문단: 시료 패드, 결합 패드, 반응막, 흡수 패드 / 검사선, 표준선 / 검사선의 발색 여부
3문단:

	직접 방식	경쟁 방식
복합체 특정물질	목표성분에 결합 가능한 항체	목표성분 자체
목표성분 검출	검사선 발색	검사선 발색x
언제 이용하는가	세균이나 분자량이 큰 단백질 검출할 때	목표 성분의 크기가 작은 경우

4문단: 진양성, 위음성

5문단: 시료에 목표 성분이 존재하는 경우에 대해 키트가 이를 양성으로 판정한 비율

시료에 목표 성분이 없는 경우에 대해 키트가 이를 음성으로 판정한 비율

✧ 핵심 요약

1문단: 항원-항체 반응을 활용한 대표적 검사 키트인 측면유동면역분석법(LFIA) 키트

2문단: LFIA 키트의 작동 과정

3문단: LFIA 키트의 방식별 차이 비교

4문단: LFIA 키트의 정확성

5문단: LFIA 키트의 민감도와 특이도

✧ 구조도

직접, 경쟁, 민감도, 특이도

✧ 알아두면 쓸 데 있는 어휘

ㄱ-1, ㄴ-3, ㄷ-2, ㄹ-4

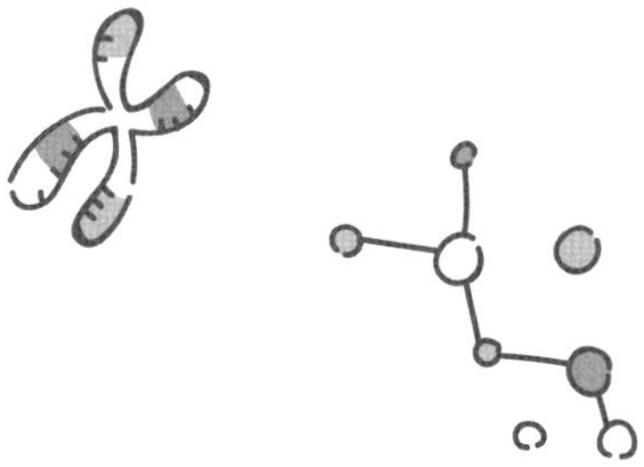

단락의 연관 핵심어에 집중해서 제시어의 표 내용을 추론한다.

기출 지문 톺아보기

출전 : 2021학년도 6월 시행 전국연합평가

핵심 소재: (   )

1 1993년 노벨 화학상은 중합 효소 연쇄 반응(PCR)을 개발한 멀리스에게 수여된다. 염기 서열을 아는 DNA가 한 분자라도 있으면 이를 다량으로 증폭할 수 있는 길을 열었기 때문이다. PCR는 주형 DNA, 프라이머, DNA 중합 효소, 4종의 뉴클레오타이드**가 필요하다**. 주형 DNA란 시료로부터 추출하여 PCR에서 DNA 증폭의 바탕이 되는 이중 가닥 DNA를 말하며, 주형 DNA에서 증폭하고자 하는 부위를 표적 DNA라 한다. 프라이머는 표적 DNA의 일부분과 동일한 염기 서열로 이루어진 짧은 단일 가닥 DNA로, 2종의 프라이머가 표적 DNA의 시작과 끝에 각각 결합한다. DNA 중합 효소는 DNA를 복제하는데, 단일 가닥 DNA의 각 염기 서열에 대응하는 뉴클레오타이드를 순서대로 결합시켜 이중 가닥 DNA를 생성한다.

독해의 KEY

글의 구조

· '~는 ~가 필요하다'라는 말로 보아 전체를 이루는 구성요소를 설명하는 말인지 알 수 있어.

전체를 이루는 (   )로 (   )하는 방식.

내용

· 중합 효소 연쇄 반응(PCR)의 개념과 구성요소

1문단 핵심 요약:

2 PCR 과정은 우선 열을 가해 이중 가닥의 DNA를 2개의 단일 가닥으로 분리하는 것으로 시작한다. 이후 각각의 단일 가닥 DNA에 프라이머가 결합하면, DNA 중합 효소에 의해 복제되어 2개의 이중 가닥 DNA가 생긴다. 일정한 시간 동안 진행되는 이러한 DNA 복제 과정이 한 사이클을 이루며, 사이클마다 표적 DNA의 양은 2배씩 증가한다. 그리고 DNA의 양이 더 이상 증폭되지 않을 정도로 충분히 사이클을 수행한 후 PCR를 종료한다. 전통적인 PCR는 PCR의 최종 산물에 형광 물질을 결합시켜 발색을 통해 표적 DNA의 증폭 여부를 확인한다.

글의 구조

· 일의 순서와 단계를 설명하는 내용전개 방식은 (   )이다.

내용

· 중합 효소 연쇄 반응(PCR)의 과정과 전통적 PCR

2문단 핵심 요약:

3 PCR는 시료의 표적 DNA 양도 알 수 있는 실시간 PCR라는 획기적인 개발로 이어졌다. 실시간 PCR는 전통적인 PCR와 동일하게 PCR를 실시하지만, 사이클마다 발색 반응이 일어나도록 하여 누적되는 발색을 통해 표적 DNA의 증폭을 실시간으로 확인할 수 있다. 이를 위해 실시간 PCR에서는 PCR 과정에 발색 물질이 추가로 필요한데, '이중 가닥 DNA 특이염료' 또는'형광 표식 탐침'이 이에 이용된다. 이중 가닥 DNA 특이염료는 이중 가닥 DNA에 결합하여 발색하는 형광 물질로, 새로 생성된 이중 가닥 표적 DNA에 결합하여 발색하므로 표적DNA의 증폭을 알 수 있게 한다. 다만, 이중 가닥 DNA 특이염료는 모든 이중 가닥 DNA에 결합할 수 있기 때문에 2개의 프라이머끼리 결합하여 이중 가닥의 이합체(二合體)를 형성한 경우에는 이와 결합하여 의도치 않은 발색이 일어난다.

내용

· 전통적 PCR와 실시간 PCR의 차이

내용

· 전통적 PCR와 실시간 PCR의 차이
① 전통적PCR : 최종 산출물에 형광을 결합시켜 발색을 확인. ② 실시간PCR : 싸이클 마다 누적 발색으로 표적DNA 증폭 확인, 시료의 표적DNA 양을 알 수 있다.
실시간 PCR의 두 가지 방법
① (   )
② (   )

3문단 핵심 요약:

4 형광 표식 탐침은 형광 물질과 이 형광 물질을 억제하는 소광 물질이 붙어 있는 단일 가닥 DNA 단편으로, 표적 DNA에서 프라이머가 결합하지 않는 부위에 특이적으로 결합하도록 **설계된다**. PCR 과정에서 이중 가닥 DNA가 단일 가닥으로 되면, 형광 표식 탐침은 프라이머와 마찬가지로 표적 DNA에 결합한다. 이후 DNA 중합 효소에 의해 이중 가닥 DNA가 형성되는 과정 중에 탐침은 표적 DNA와의 결합이 끊어지고 분해된다. 탐침이 분해되어 형광 물질과 소광 물질의 분리가 일어나면 비로소 형광 물질이 발색되며, 이로써 표적 DNA가 증폭되었음을 알 수 있다. 형광 표식 탐침은 표적 DNA에 특이적으로 결합하는 장점을 지니나 상대적으로 비용이 비싸다.

글의 구조

· '~은 ~으로 ~ 설계된다' 표현의 중요성에 주목해야겠어.

내용

· 형광 표식 탐침은 형광물질+소광물질+단일 가닥DNA로 이루어짐. 프라이머가 결합하지 않는 부위에 특이적으로 결합함으로써 2개의 프라이머끼리 결합하여 의도치 않은 발색이 일어날 가능성이 있는 이중 가닥 DNA의 문제점을 해결함.

4문단 핵심 요약:

5 실시간 PCR에서 발색도는 증폭된 이중 가닥 표적 DNA의 양에 비례하며, 일정 수준의 발색도에 도달하는 데 필요한 사이클은 표적 DNA의 초기 양에 따라 달라진다. 사이클의 진행에 따른 발색도의 변화가 연속적인 선으로 표시되며, 표적 DNA를 검출했다고 판단하는 발색도에 도달하는 데 소요된 사이클을 Ct값이라 한다. 표적 DNA의 농도를 알지 못하는 미지 시료의 Ct값과 표적 DNA의 농도를 알고 있는 표준 시료의 Ct값을 비교하면 미지 시료에 포함된 표적DNA의 농도를 계산할 수 있다.

> **내용**
> · (   )이란 표적 DNA를 검출했다고 판단하는 발색도에 도달하는데 소요된 사이클을 말함.

5문단 핵심 요약:

6 PCR는 시료로부터 얻은 DNA를 가지고 유전자 복제, 유전병 진단, 친자 감별, 암 및 감염성 질병 진단 등에 광범위하게 활용된다. 특히 실시간 **PCR를 이용하면 바이러스의 감염 여부를 초기에 정확하고 빠르게 진단할 수 있다.**

> **글의 구조**
> · 'PCR를 ~할 수 있다' 표현이 이 문단의 역할을 말해주고 있음.

6문단 핵심 요약:

구조도

전개방식 한눈에 보기
1 개념과 구성요소 제시
2 과정
3 비교와 대조
4 비교와 대조
5 과정
6 의의

내용 한눈에 보기	
1	PCR의 개념
	PCR가 진행되는데 필요한 구성요소 4가지
2	PCR과정과 ( )
3	( ) 의 두 종류
4	실시간PCR 중 ( )의 장점
5	실시간PCR의 발색도의 과정
6	PCR의 ( )

알아두면 쓸 데 있는 어휘

ㄱ. 연쇄반응 ·
ㄴ. 중합효소 ·
ㄷ. 복제 ·
ㄹ. DNA ·
ㅁ. 유전자 ·

· 1. 부모에서 자식으로 물려지는 특징, 즉 형질을 만들어 내는 인자로서 유전 정보의 단위. 그 실체는 생물 세포의 염색체를 구성하는 DNA가 배열된 방식.

· 2. 자연에 존재하는 2종류의 핵산 중에서 디옥시리보오스를 가지고 있는 핵산으로, 유전자의 본체를 이룸.

· 3. 외부로부터 에너지를 가하지 않아도 계속적으로 반복하여 진행하는 반응.

· 4. 유전물질이 자기복제를 하는 것을 일컫는 말로 유전물질의 생합성은 1개의 어미 분자가 주형이 되어 그것과 똑같은 구조와 기능을 가진 새끼 분자 2개가 만들어 내는 일.

· 5. 핵산의 중합반응을 일으키는 효소. 일반적으로 RNA와 DNA가 있는데, 이때 DNA는 RNA 중합효소에 의한 RNA합성의 주형(鑄型)이 됨.

* 출처 : 네이버 어학사전

알아두면 쓸 데 있는 배경지식

· **PCR[polymerase chain reaction 중합효소 연쇄 반응]**는 중합효소 연쇄반응의 약자로서 DNA 중합 효소를 이용하여 DNA의 양을 증폭시키는 기술이다.

· **원리**

증폭시키려 하는 주형(template) DNA와 함께 우리가 증폭시키고자 하는 특정 지역에 결합하는 프라이머(primer)와 DNA 중합 효소, 새로운 DNA를 만들기 위한 재료인 dNTP를 함께 집어 넣어 준다. 이제 94~96 ℃ 정도로 열을 가하면 한 개의 DNA가 두 가닥으로 분리된다. 이후 온도를 50~64 ℃ 정도로 내리면 프라이머와 중합 효소가 외가닥 DNA의 특정 부위에 결합하고, 다음에 합성되어 2개의 DNA가 된다. 이것이 1주기가 되며 다시 온도를 올려서 이 과정을 반복하면 4개, 8개, 16개가 되는 식으로 폭발적인 연쇄 작용을 통해 원하는 DNA의 양이 늘어나게 된다. 여기서 프라이머란 DNA 중합 효소가 붙어서 DNA 합성을 개시할 수 있는 15~50 염기쌍(base pair) 정도의 올리고 뉴클레오타이드를 말한다.

5문단의 내용 이해에 도움이 되는 표

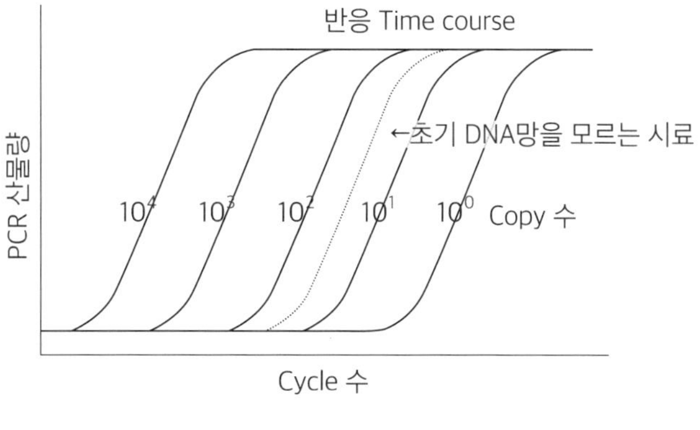

중합효소 연쇄 반응(PCR) 과정

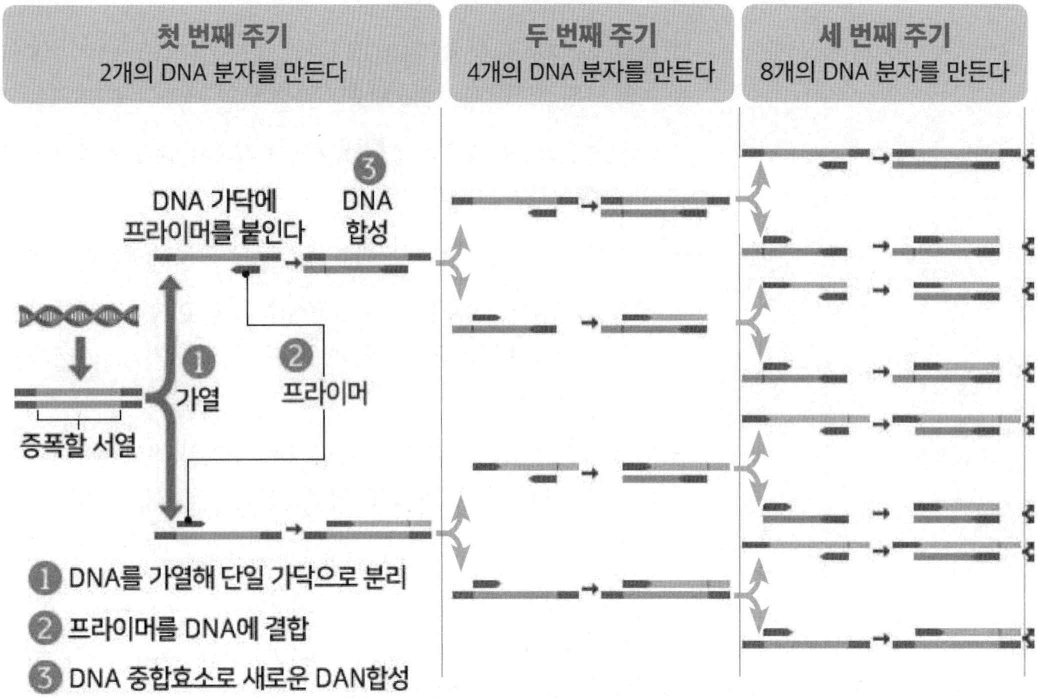

* 출처 :구글 자료 인용

답안

핵심 소재

(PCR, 복제, 증폭, 형광물질, 감염병 진단)

독해의 KEY

1문단 :구성요소, 분석

2문단: 과정

3문단: 이중가닥 DNA 특이 염료, 형광 표식 탐침

5문단: Ct값

핵심 요약

1문단: PCR의 구성요소

2문단: 전통적PCR 방식

3문단: 실시간PCR 방식

4문단: 실시간PCR의 방식 중 형광 표식 탐침

5문단: 실시간PCR의 발색도

6문단: 실시간PCR의 효용

✧ 구조도

전통적PCR, 실시간PCR, 형광표식탐침, 의의

✧ 알아두면 쓸 데 있는 어휘

ㄱ-3, ㄴ-5, ㄷ-4, ㄹ-2, ㅁ-1

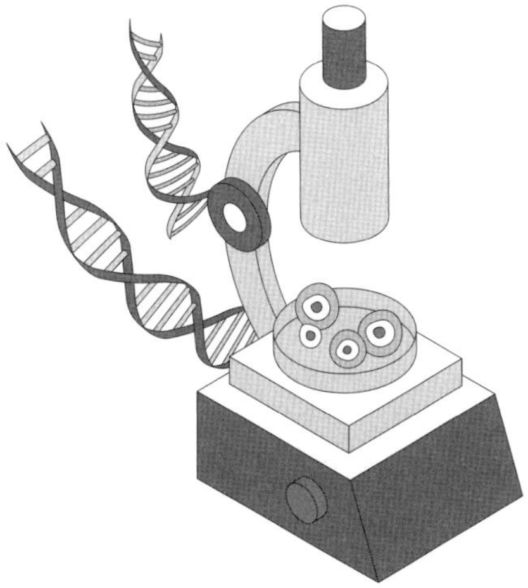

출전 : 2020학년도 시행 3월 전국연합학력평가

핵심 소재: (   )

1 세원이란 조세가 부과되는 원천인데, 소득은 대표적인 세원 중 하나이다. 조세를 부과할 때 세율을 적용하는 부분은 세원 전체가 아니다. 가령 우리나라는 부양가족이 있는 사람에게는 개인의 총소득 중 일부를 공제한 뒤에 세율을 적용한다. 과세 대상 소득으로부터 얻는 만족감이 동일한 자에게, 동일한 조세 부담을 요구하는 것이 공평하다고 생각되기 때문이다. 개인의 총소득에서 공제를 한 뒤, 세율이 적용되는 소득을 과세 표준이라 한다. 그리고 납세 부담액, 즉 세액은 과세 표준에 세율을 곱함으로써 산출된다. 납세자가 부담할 세액을 결정하는 데 활용되는 세율은 한계 세율이다. 한계 세율이란 세액의 증가분이 과세 표준의 증가분에서 차지하는 비중을 말하는데, 세액의 증가분을 과세 표준의 증가분으로 나눈 값이다. 이 밖에도 세율에는 세액을 과세 표준으로 나눈 값인 평균 세율, 세액을 과세 이전 총소득으로 나눈 값인 실효 세율 등이 있다.

독해의 KEY

글의 구조

· '~이란~라 한다' 형식으로 (   )의 전개방식이다.

내용

· 세액=과세표준*세율(한계세율),
(   )=세액의 증가분
/과세표준의 증가분
평균 세율=세액/과세표준
실효 세율=세액/과세 이전 총소득

1문단 핵심 요약:

2 다음 예를 통해 세율에 대해 이해해 보자. 소득세의 세율이 과세 표준 금액 1천만 원 이하는 10%, 1천만 원 초과 4천만 원 이하는 20%라 하자. 이처럼 과세 표준을 몇 개의 구간으로 나누는 까닭은 소득에 대응하는 세율을 일일이 획정하는 것이 현실적으로 어렵기 때문이다. 과세 표준 금액이 3천만 원인 사람의 세액은 '1천만 원×0.1(10%)+2천만 원×0.2(20%)=5백만 원'으로 계산된다. 이 경우 평균 세율은 약 16.7%(5백만 원/3천만 원)가 된다. 과세 표준에 세율을 어떻게 적용할 것인지에 따라 세율 구조가 결정된다. 과세 표준이 클수록 높은 세율로 과세하는 것을 누진 세율 구조라고 한다. 그런데 누진 세율 구조가 아니더라도 고소득일수록 세액이 증가할 수 있으므로 세율 구조는 평균 세율의 증가 여부로 판단하는 것이 적절하다. 즉 과세 표준이 증가할 때 평균 세율이 유지되면 비례 세율 구조, 평균 세율이 오히려 감소하면 역진 세율 구조, 함께 증가하면 누진 세율 구조이다.

내용

· 세율 구조를 결정하는 방법은
(   )의 증가 여부로 판단하는 것이 적절,
(   ): 과세 표준이 클수록 높은 세율로 과세하는 것.

2문단 핵심 요약:

3 대다수 국가에서 소득세는 누진 세율 구조를 적용하고 있는데, 그 이유는 경제적 능력에 따라 조세를 부담하는 것이 공평하다고 생각되기 때문이다. 일찍이 공리주의자 밀은 조세 부담이 개인의 소득 감소를 유발하므로 세금 납부에 따른 경제적 희생, 즉 효용의 손실이 균등해야 공평하다고 보았다. 이를 균등 희생 원리라고 하는데, 밀의 이러한 주장은 후대 학자들에 의해 누진 세율 구조를 옹호하는 근거로 활용되었다. 여기서 희생이란 세액 자체가 아니라 납세로 인한 총효용의 감소분이다. 그런데 밀은 균등하다는 것이 구체적으로 어떤 의미인지는 논하지 않았다. 이에 후대 학자들은 균등의 의미를 절대 희생 균등의 원칙, 비례 희생 균등의 원칙, 한계 희생 균등의 원칙으로 구분하여 논의하였다. 이러한 논의는 소득만이 개인의 효용을 결정하고 효용은 측정 가능하며 소득 증가에 따라 한계 효용이 체감한다는 가정에 입각해 있다. 뿐만 아니라 모든 사람의 소득의 한계 효용 곡선이 동일하다고 가정한다.

글의 구조

· 인용과 구분, 그리고 사이사이에 개념 설명을 통해 핵심어인 (　　　　)이라는 단어에 집중시키고 있어.

내용

· (　　　　　　) : 효용의 손실이 균등해야 공평함.

희생: 세액 자체가 아니라 납세로 인한 총효용의 감소분.

균등의 의미에는 절대 희생 균등의 원칙, 비례 희생 균등의 원칙, 한계 희생 균등의 원칙 이렇게 3가지로 나눌 수 있음.

3문단 핵심 요약:

4 균등한 희생과 관련 있는 세 원칙은 <그림>에 나타나 있는 것과 같은 소득의 한계 효용 곡선을 통해 이해할 수 있다. 소득의 한계 효용이란 소득이 1단위 증가했을 때 개인이 얻게 되는 만족의 정도를 의미한다. <그림>에서 원래 소득이 Y_0O였던 사람이 세액 T를 내면 세후 소득이 YtO로 줄어든다.

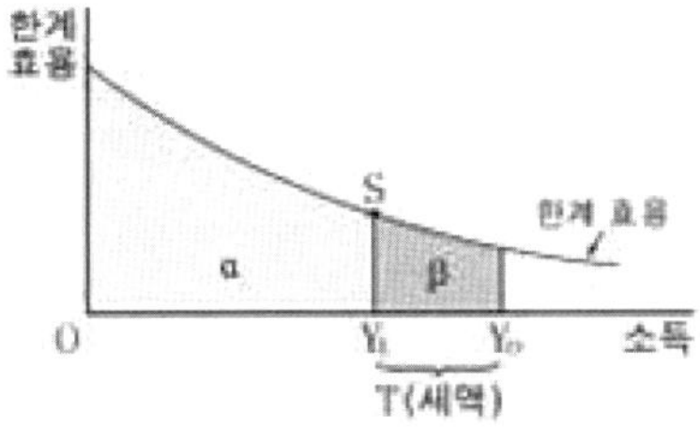

<그림>

이때 희생된 효용의 절대량은 면적 β로 나타낼 수 있다. 절대 희생 균등의 원칙에 따르면 각 개인들이 조세를 부담함으로써 떠안게 되는 희생의 절대적 크기

글의 구조

· 3문단에서 언급한 절대 희생 균등의 법칙을 이해하려면 4문단의 '각 개인들이 조세를 부담함으로써 떠안게 되는 희생의 절대적 크기가 균등해야 한다'라는 핵심 문장 파악이 필요하다.

내용

· (　　　　　) : 소득이 1단위 증가했을 때 개인이 얻게 되는 만족의 정도.

· 절대 희생 균등의 원칙 : 희생의 절대적 크기(면적)는 동일해야 함.

가 균등해야 한다. 그러므로 이 원칙 아래에서는 고소득자의 세액이 저소득자의 세액보다 커야 한다. 그런데 이것만으로는 누진 세율 구조라고 단정하기 어렵다. 절대 희생 균등 원칙 아래에서는 소득이 1% 증가할 때 한계 효용은 1% 이상 감소할 정도로 한계 효용 곡선이 가파른 기울기를 가져야만 누진 세율 구조가 성립될 수 있기 때문이다. 극단적으로 생각했을 때, 한계 효용 곡선이 체감하지 않고 기울기가 0이라면 절대 희생 균등의 원칙 아래에서는 모든 개인이 동일한 세액을 부담해야 한다. 누진 세율 구조를 충족시킬 수 없는 것이다.

4문단 핵심 요약:

5 희생 균등의 원칙에 따르면 과세 이전 총소득으로부터 얻는 총효용에서 납세로 인한 효용의 상실, 즉 희생이 차지하는 비율이 모든 개인에게 동일해야 한다. 이는 <그림>에서 면적 β를 면적 α+β로 나눈 값인 효용의 희생 비율이 모두 똑같아야 한다는 것을 뜻한다. 이 원칙 아래에서 누진 세율 구조는 소득의 한계 효용 곡선이 체감하는 모양이기만 하다면 이루어질 수 있다. 즉 소득의 한계 효용 곡선이 반드시 가파른 기울기를 가질 필요는 없다. 비례 희생 균등의 원칙 아래에서 만약 한계 효용 곡선의 기울기가 0이라면 비례 세율 구조가 될 것이다.

글의 구조

· 3문단에서 언급한 비례 희생 균등의 법칙을 이해하려면 5문단의 '희생이 차지하는 비율이 모든 개인에게 동일해야 한다'라는 핵심 문장 파악이 필요하다.

내용

· 비례 희생 균등의 원칙 : 희생이 차지하는 비율이 동일해야 함.

5문단 핵심 요약:

6 희생 균등의 원칙에 따르면 과세 이후에 얻는 한계 효용의 크기가 모든 개인에게 동일해야만 한다. <그림>에서 조세 부담의 마지막 단위에서 발생하는 한계 효용은 선분 YtS의 길이로 나타낼 수 있는데, 한계 희생 균등의 원칙에 따르면 이 길이가 모든 사람에게 같아지도록 해야 한다. 그 결과 과세 이전의 소득 수준에 관계없이 모든 개인이 동일한 효용의 크기를 가지게 된다. 따라서 한계 희생 균등의 원칙을 적용하면 고소득층일수록 매우 무거운 조세 부담이 요구된다.

글의 구조

· 3문단에서 언급한 한계 희생 균등의 법칙을 이해하려면 6문단의 '~과세 이전의 소득 수준에 관계없이 모든 개인이 동일한 효용이 크기를 가지게 된다.'라는 조건이 필요하다.

내용

· 한계 희생 균등이 원칙 : 고소득일수록 세금을 많이 냄.

6문단 핵심 요약:

구조도

전개방식 한눈에 보기		
1 개념 설명		
2 개념+예시+종류		
3 핵심 개념+종류		
4 종류1	5 종류2	6 종류3

내용 한눈에 보기		
1 조세 관련 용어들의 개념		
2 (　　　)의 예시와 세율 구조의 종류		
3 조세 부담의 (　　　)문제와 그에 따른 원칙의 종류		
4 (　　　) 균등의 원칙	5 (　　　) 균등의 원칙	6 (　　　) 균등의 원칙

알아두면 쓸 데 있는 어휘

ㄱ.부양가족 공제 ·

ㄴ. 과세 표준 ·

ㄷ. 누진세 ·

ㄹ. 공제 ·

ㅁ. 한계 효용 ·

· 1. 과세의 기준이 되는 것. 물건의 수량, 가격, 품질. 소득세에서는 소득액, 주세(酒稅)에서는 주류의 용량 따위를 이른다

· 2. 부양하는 가족에 대하여 미리 정한 비율로 세금을 감면해 주는 일.

· 3. 과세 대상의 수량이나 값이 증가함에 따라 점점 높은 세율을 적용하는 세금.

· 4. 일정한 종류의 재화가 잇따라 소비될 때 최후의 한 단위의 재화로부터 얻어지는 심리적 만족도. 욕망의 정도에 정비례하고 재화의 존재량에 반비례한다.

· 5. 받을 몫에서 일정한 금액이나 수량을 뺌.

* 출처 : 네이버 어학사전

답안

✧ 핵심 소재

(세액, 세율, 과세 표준, 한계 세율, 비례 세율, 역진 세율, 누진 세율)

✧ 독해의 KEY

1문단 :개념, 균등
2문단: 한계세율, 평균세율
3문단: 누진 세율 구조, 균등 희생 원리
4문단: 소득의 한계 효용

✧ 핵심 요약

1문단: 세액과 세율의 의미.

2문단: 세율 구조의 판단

3문단: 희생 균등의 원칙의 종류

4문단: 절대 희생 균등의 원칙

5문단: 비례 희생 균등의 원칙

6문단: 한계 희생 균등의 원칙

✧ 구조도

평균 세율, 공평성, 절대 희생, 비례 희생, 한계 희생

✧ 알아두면 쓸 데 있는 어휘

ㄱ-2, ㄴ-1, ㄷ-3, ㄹ-5, ㅁ-4

그림과 그래프는 오히려 이해의 도구다.
기출 지문 톺아보기

출전: 2020년도 12월 시행 대학수학능력시험

핵심 소재: (　　　　　,　　　　　,　　　　　)

1 최근의 3D 애니메이션은 섬세한 입체 영상을 구현하여 실물을 촬영한 것 같은 느낌을 준다. 실물을 촬영하여 얻은 자연 영상을 그대로 화면에 표시할 때와 달리 3D 합성 영상을 생성, 출력하기 위해서는 모델링과 렌더링을 거쳐야 한다.

독해의 KEY

글의 구조

· '~때와 달리'라는 표지를 보니까 3D 합성 영상의 특성을 강조해서 설명하려고 하나 봐.

내용

· 첫 번째 문단의 내용을 고려하면 이후에 제시될 설명 대상은 무엇일까?

핵심 요약은 나의 말로 문단의 내용을 정리해보는 부분이야. 답이 있는 것이 아니니까 기억에 남는 내용을 1~2문장으로 표현해보자.

1문단 핵심 요약 :

2 모델링은 3차원 가상 공간에서 물체의 모양과 크기, 공간적인 위치, 표면 특성 등과 관련된 고유의 값을 설정하거나 수정하는 단계이다. 모양과 크기를 설정할 때 주로 3개의 정점으로 형성되는 삼각형을 활용한다. 작은 삼각형의 조합으로 이루어진 그물과 같은 형태로 물체 표면을 표현하는 방식이다. 이 방법으로 복잡한 굴곡이 있는 표면도 정밀하게 표현할 수 있다. 이때 삼각형의 꼭짓점들은 물체의 모양과 크기를 결정하는 정점이 되는데, 이 정점들의 개수는 물체가 변형되어도 변하지 않으며, 정점들의 상대적 위치는 물체 고유의 모양이 변하지 않는 한 달라지지 않는다. 물체가 커지거나 작아지는 경우에는 정점 사이의 간격이 넓어지거나 좁아지고, 물체가 회전하거나 이동하는 경우에는 정점들이 간격을 유지

내용

· 모델링이 물체 표면을 표현하기 위해 활용하는 것은?

3개의 정점으로 형성되는 (　　　　)

글의 구조

· '이때'는 앞에 나오는 내용이 특별히 적용되는 예시가 제시되거나 특별히 기억해야할 내용이 뒤에 나올 때 주로 사용해.

내용

· 모델링이 물체의 모양과 크기를 표현하는

하면서 회전축을 중심으로 회전하거나 동일 방향으로 동일 거리만큼 이동한다. 물체 표면을 구성하는 각 삼각형 면에는 고유의 색과 질감 등을 나타내는 표면 특성이 하나씩 지정된다.

방법을 정리해보자.

정점들의 (　　　　)은/는 물체 고유의 모양이 변하지 않는 한 달라지지 않고, 물체가 커지면 정점의 간격이 (　　　　)고 물체가 작아지면 정점의 간격이 (　　　　)다.

2문단 핵심 요약:

3 공간에서의 입체에 대한 정보인 이 데이터를 활용하여, 물체를 어디에서 바라보는가를 나타내는 관찰 시점을 기준으로 2차원의 화면을 생성하는 것이 렌더링이다. 전체 화면을 잘게 나눈 점이 화소인데, 정해진 개수의 화소로 화면을 표시하고 각 화소별로 밝기나 색상 등을 나타내는 화솟값이 부여된다. 렌더링 단계에서는 화면 안에서 동일 물체라도 멀리 있는 경우는 작게, 가까이 있는 경우는 크게 보이는 원리를 활용하여 화솟값을 지정함으로써 물체의 원근감을 구현한다. 표면 특성을 나타내는 값을 바탕으로, 다른 물체에 가려짐이나 조명에 의해 물체 표면에 생기는 명암, 그림자 등을 고려하여 화솟값을 정해 줌으로써 물체의 입체감을 구현한다. 화면을 구성하는 모든 화소의 화솟값이 결정되면 하나의 프레임이 생성된다. 이를 화면 출력장치를 통해 모니터에 표시하면 정지 영상이 완성된다.

내용

· 렌더링의 원리는?

정해진 개수의 (　　　)로 화면을 표시하고 각 화소별로 (　　　)나 (　　　) 등을 부여함.

내용

· 렌더링의 기능은?

화솟값을 화소별로 다르게 지정하여 물체의 (　　　　)을 구현하거나 물체의 (　　　　)을 구현함.

3문단 핵심 요약:

4 모델링과 렌더링을 반복하여 생성된 프레임들을 순서대로 표시하면 동영상이 된다. 프레임을 생성할 때, 모델링과 관련된 계산을 완료한 후 그 결과를 이용하여 렌더링을 위한 계산을 한다. 이때 정점의 개수가 많을수록, 해상도가 높아 출력 화소의 수가 많을수록 연산 양이 많아져 연산 시간이 길어진다. 컴퓨터의 중앙처리장치(CPU)는 데이터 연산을 하나씩 순서대로 수행하기 때문에 과도한 양의 데이터가 집중되면 미처 연산되지 못한 데이터가 차례를 기다리는 병목 현상이 생겨 프레임이 완성되는 데 오랜 시간이 걸린다. CPU의 그래픽 처리 능력을 보완하기

글의 구조

· '이때'가 또 나왔으니까 뒤의 내용을 기억해보자.

정점의 개수가 (　　　　)수록, 해상도가 높아 출력 화소의 수가 (　　　)수록 연산 시간이 길어짐.

위해 개발된 ㉠ 그래픽처리장치(GPU)는 연산을 비롯한 데이터 처리를 독립적으로 수행할 수 있는 장치인 코어를 수백에서 수천 개씩 탑재하고 있다. GPU의 각 코어는 그래픽 연산에 특화된 연산만을 할 수 있고 CPU의 코어에 비해서 저속으로 연산한다. 하지만 GPU는 동일한 연산을 여러 번 수행해야 하는 경우, 고속으로 출력 영상을 생성할 수 있다. 왜냐하면 GPU는 한 번의 연산에 쓰이는 데이터들을 순차적으로 각 코어에 전송한 후, 전체 코어에 하나의 연산 명령어를 전달하면, 각 코어는 모든 데이터를 동시에 연산하여 연산 시간이 짧아지기 때문이다.

내용

· 이 문단에서는 CPU와 GPU를 (   )하고 있어.

글의 구조

· 두 개념을 설명할 때, '하지만'이라는 표지가 나온다면 두 개념의 명확한 (   ) 지점이 나오니까 꼭 확인해야 해.

내용

· CPU와 GPU의 비교
단일 계산 속도: CPU > GPU
계산 방식: CPU(단일, 순차적 연산)/GPU(동시 다발적 연산)
그래픽 처리 계산 속도: CPU < GPU

4문단 핵심 요약:

구조도

전개방식 한눈에 보기	
1 화제 제시	
원리 설명	
2 개념+원리	3 개념+원리
4 특징+( )	

내용 한눈에 보기		
1	3D 합성 영상 생성 및 출력을 위한 개념 제시	
2	모델링: 물체 표현 방식(모양, 크기, 위치, 표면)	
3	렌더링: 관찰 시점으로 프레임 구성 화솟값 부여를 통해 원근, 입체감 형성	
4	동영상 생성을 위한 프레임의 반복 계산	
	중앙처리장치(CPU)	그래픽처리장치(GPU)

알아두면 쓸 데 있는 어휘

ㄱ. 해상도 ·
ㄴ. 프레임 ·
ㄷ. 코어 ·
ㄹ. 연산하다 ·

· 1. 영상이 연속적으로 바뀌면서 변화하는 동영상에서의 한 순간의 완전한 화상.
· 2. 식이 나타낸 일정한 규칙에 따라 계산하다.
· 3. 스마트폰이나 컴퓨터의 두뇌에 해당하는 프로세서 내부의 핵심 연산장치.
· 4. 텔레비전 화면이나 컴퓨터의 디스플레이 따위의 표시의 선명도.

답안

핵심 소재

(3D 합성 영상, 영상 모델링, 영상 렌더링)

독해의 KEY

1문단: 모델링, 렌더링
2문단: 삼각형, 개수, 넓어지, 좁아진
3문단: 화소, 밝기, 색상 / 원근감, 입체감
4문단: 많을, 많을 / 비교 / 비교

핵심 요약

1문단: 3D 애니메이션
2문단: 모델링의 개념과 원리(물체의 모양과 크기, 색과 질감을 표현하는 방식)
3문단: 렌더링의 개념과 원리, 기능
4문단: 프레임 생성을 통한 동영상 제작에서 필요한 계산의 특징과 이때 컴퓨터 처리장치로서 더 적절한 GPU의 특성

구조도

비교

알아두면 쓸 데 있는 어휘

ㄱ-4, ㄴ-1, ㄷ-3, ㄹ-2

출전: 2020년도 5월 시행 모의평가

핵심 소재: (   )

1 경제학에서는 일할 의사와 능력이 모두 있는 사람이 일자리를 갖지 못한 상태를 실업이라고 정의하고, 실업이 증가하면 사회가 생산할 수 있는 재화나 서비스의 수량이 적어지는 등의 경제적 문제가 발생한다고 보았다. 경제학에서는 실업이 발생하는 원인에 따라 실업을 크게 마찰적 실업, 구조적 실업, 경기적 실업 등으로 분류하고 그 해결책을 정부의 역할과 관련하여 제시하고 있다.

독해의 KEY

내용

· 실업이란? 일할 (   )와 (   )이 모두 있는 사람이 일자리를 갖지 못한 상태

· 실업의 종류 3가지는?
(   ), (   ), (   )

1문단 핵심 요약:

2 우선 마찰적 실업이란 일반적인 경제 상황에서 노동자가 개인의 선택으로 직업이나 직장을 바꾸는 과정에서 불가피하게 발생하는 실업이다. 이는 전체 생산량 측면에서 경제적으로 큰 손실을 발생시키지 않기 때문에 정부의 역할은 크게 요구되지 않는다. 다음으로 구조적 실업이란 노동자가 공급하는 기술 수준과 기업에서 요구하는 기술 수준 간의 불합치 때문에 발생하는 실업이다. 구조적 실업은 노동자의 재교육 등과 같은 방법으로 해결할 수 있기 때문에 이와 관련된 정책을 수립하는 정부의 역할이 요구된다. 마지막으로 경기적 실업이란 경기 침체의 영향으로 기업 활동이 ⓐ 위축되고 이로 인해 노동에 대한 수요가 감소하여 고용량이 줄어들어 발생하는 실업이다. 다시 말해 경기적 실업은 노동 시장에서 노동의 수요와 공급이 균형을 이루고 있는 상태라고 가정할 때, 경기가 ⓑ 침체되어 물가가 하락하게 되면 기업은 생산량을 줄이게 되고 이로 인해 노동에 대한 수요가 감소하여 발생한다. 경기적 실업은 다른 종류의 실업에 비해 생산량 측면에서 경제적으로 큰 손실을 발생시킬 수 있기에 경제학자들은 이를 해결하기 위한 정부의 역할에 대해 다양한 의견을 제시한다.

글의 구조

· '우선', '다음으로', '마지막으로'의 표지는 실업의 종류 3가지를 순차적으로 설명하는 표지야.

· '다시 말해'와 같은 표지는 앞선 설명을 부연하는 표지니까 이해를 위한 내용이나 중요하게 기억해야 할 내용이 나올 확률이 커.

· 이 글은 실업의 개념을 제시하고 종류를 (   )하면서 각 종류의 (   )과 특징을 제시하는 구조로 되어 있어.

내용

· 실업의 종류와 정부의 역할

실업	정부 역할
마찰적	크게 요구되지 않음.
구조적	노동자 ( )과 같은 정책 수립
경기적	정부 역할에 대한 ( ) 의견 존재

2문단 핵심 요약:

3 먼저 고전학파에서는 시장에서 임금이나 물가 등의 가격 변수가 완전히 탄력적으로 작용하기 때문에 경기적 실업을 자연스럽게 ⓒ 해소될 수 있는 일시적 현상으로 본다. 이들에 의하면 노동자들이 받는 화폐의 액수를 의미하는 명목임금이 변하지 않은 상태에서, 경기 침체로 인해 물가가 하락하게 되면 ㉠ 명목임금을 물가로 나눈 값, 즉 임금의 실제 가치를 의미하는 ㉡ 실질임금은 상승하게 된다. 예를 들어 물가가 10% 정도 하락하게 되면 명목임금으로 구매할 수 있는 재화의 양이 10% 정도 늘어날 수 있고, 이는 물가가 하락하기 전보다 실질임금이 10% 정도 상승했다는 의미이다. 이렇게 실질임금이 상승하게 되면 경기적 실업으로 인해 실업 상태에 있던 노동자들은 노동 시장에서 일자리를 적극적으로 찾으려고 하고, 이로 인해 노동의 초과공급이 발생하게 된다. 그래서 노동자들은 노동 시장에서 경쟁하게 되고 이러한 경쟁으로 인해 명목임금은 탄력적으로 하락하게 된다. 명목임금의 하락은 실질임금의 하락으로 이어지게 되고 실질임금은 경기가 침체되기 이전과 동일한 수준으로 돌아간다. 결국 기업에서는 명목임금이 하락한 만큼 노동의 수요량을 늘릴 수 있게 되므로 노동의 초과공급은 사라지고 실업이 자연스럽게 해소된다. 따라서 고전학파에서는 인위적 개입을 통해 경기적 실업을 감소시키려는 정부의 역할에 반대한다.

글의 구조

· '결국', '따라서' 뒤에는 고전학파 관점의 핵심적 결과를 제시할거야.

내용

· 고전학파는 노동 시장에서의 가격 변수가 (　　　　)으로 작용해서 경기적 실업이 자연스럽게 해소되는 (　　　)현상으로 본다.

· 고전학파의 실업 해소 과정

경기침체→(　　　)→실질임금 (　　　)→노동초과공급발생→명목임금 (　　　)→노동수요(　　　)→실업해소

3문단 핵심 요약:

4 그러나 케인즈학파에서는 시장에서 임금이나 물가 등의 가격 변수가 완전히 탄력적으로 ⓓ 작용하지는 않기 때문에 경기적 실업은 자연스럽게 해소될 수 없다고 주장한다. 즉 명목임금이 변하지 않은 상태에서 경기 침체로 인한 물가 하락으로 실질임금이 상승하더라도, 고전학파에서 말하는 것처럼 명목임금이 탄력적으로 하락하는 현상은 일어나기 어렵다고 본 것이다. 이에 대해 케인즈학파에서는 여러 가지 이유를 제시하는데 그중 하나가 화폐환상현상이다. 화폐환상현상이란 경기 침체로 인해 물가가 하락하고 이에 영향을 받아 명목임금이 하락하였을 때의 실질임금이, 명목임금의 하락 이전과 동일하다는 것을 노동자가 인식하지 못하는 현상을 의미한다. 그래서 경기 침체에 의해 물가가 하락하더라도 화폐환상현상으로 인해

글의 구조

· '그러나'는 완전한 역접이니까 케인즈학파가 고전학파와 반대되는 입장을 가지고 있는 거라고 예상할 수 있어. 정부 역할에 적극적으로 찬성하지 않을까?

내용

· 케인즈학파는 노동 시장에서의 가격 변수가 (　　　　　)으로 작용하지 않기 때문에 해서 경기적 실업이 자연스럽게 해소될 수 없다고 본다.

노동자들은 명목임금의 하락을 받아들이지 않게 되고, 결국 명목임금은 경기적 실업이 발생하기 이전의 수준과 비슷하게 ⓒ 유지된다. 이는 기업에서 노동의 수요량을 늘리지 못하는 결과로 이어지게 되고 실업은 지속된다. 따라서 케인즈학파에서는 정부가 정책을 통해 노동의 수요를 늘리는 등의 경기적 실업을 감소시킬 수 있는 적극적인 역할을 해야 한다고 주장한다.

· 명목임금이 탄력적으로 하락하지 않는 현상의 대표적 원인:
(　　　　　　) 현상

4문단 핵심 요약:

그래프 이해하기

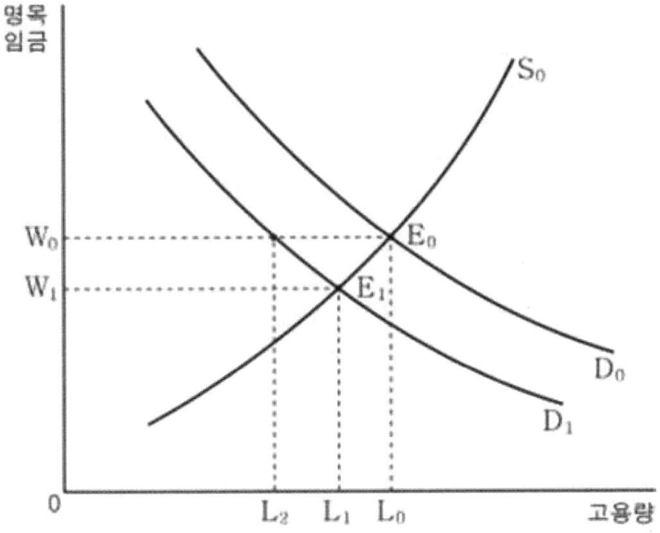

* S0은 노동의 공급곡선, D_0과 D_1은 노동의 수요곡선이다.
* E0은 경기적 실업이 발생하기 전에 형성되어 있던 노동에 대한 수요와 공급의 균형점이다.
* 제시된 상황 이외의 모든 경제적 변수는 고려하지 않는다.

· D_0곡선이 D_1곡선으로 이동하면서 생기는 변화를 정리해 보자.

구조도

전개방식 한눈에 보기	
1 화제 제시	
분류	
2 원인에 따른 실업의 ( ) 및 ( )	
비교/대조	
3 개념+부연	4 개념+부연

내용 한눈에 보기	
1	실업의 정의와 종류
2	마찰적/구조적/경기적 실업의 정의와 정부의 역할
3	경기적 실업과 정부의 역할에 대한 ( )의 관점
4	경기적 실업과 정부의 역할에 대한 ( )의 관점

알아두면 쓸 데 있는 어휘

ㄱ. 재화 ·
ㄴ. 경기 침체 ·
ㄷ. 명목임금 ·
ㄹ. 실질임금 ·
ㅁ. 수요 ·
ㅂ. 공급 ·

· 1. 사람이 바라는 바를 충족시켜 주는 모든 물건.
· 2. 어떤 재화나 용역을 일정한 가격으로 사려고 하는 욕구.
· 3. 매매나 거래 따위가 활발하게 이루어지지 못하고 제자리에 머묾.
· 4. 화폐의 액수로 나타낸 근로자의 임금.
· 5. 임금의 실질적인 가치를 나타내는 금액. 명목 임금을 물가 지수로 나눈 값으로 나타낸다
· 6. 교환하거나 판매하기 위하여 시장에 재화나 용역을 제공하는 일.

답안

✣ 핵심 소재
(경기적 실업)

✣ 독해의 KEY
1문단: 의지, 능력 / 마찰적 실업, 구조적 실업, 경기적 실업
2문단:분류, 정의/재교육, 다양한
3문단: 탄력적, 일시적 / 물가하락, 상승, 하락, 증가
4문단: 탄력적 / 화폐환상현상

그래프 이해하기: 명목임금, 고용량 / 수요곡선, 공급곡선 / 수요곡선: 명목임금이 증가할수록 고용량이 증가함. 공급곡선: 명목임금이 증가할수록 고용량이 감소함. / ①균형점의 이동 ②명목임금의 차이 발생 ③고용량의 차이 발생

✧ **핵심 요약**

1문단: 실업의 정의와 종류

2문단: 마찰적/구조적/경기적 실업의 정의와 정부의 역할

3문단: 경기적 실업과 정부의 역할에 대한 고전학파의 관점

4문단: 경기적 실업과 정부의 역할에 대한 케인즈학파의 관점

✧ **구조도**

분류, 정의, 고전학파, 케인즈학파

✧ **알아두면 쓸 데 있는 어휘**

ㄱ-1, ㄴ-3, ㄷ-4, ㄹ-5, ㅁ-2, ㅂ-6

계산 문제는 계산이 아니다.
기출 지문 톺아보기

출전 : 2020년도 10월 시행 전국연합학력평가

핵심 소재: (　　　　　　　　　　　　　　)

1 알고리즘은 컴퓨터에서 문제 해결 방법을 논리적인 순서로 설명하거나 표현하는 절차이다. 그런데 문제 해결 방법에는 여러 가지가 있을 수 있어 어떤 방법으로 문제를 해결하느냐에 따라 효율성이 달라진다. 알고리즘의 효율성을 분석할 때 흔히 시간 복잡도를 사용하는데, 시간 복잡도는 반복적으로 수행되는 연산의 횟수를 이용하여 나타낸다. 이때 연산에는 산술 연산뿐만 아니라 원소 간의 비교를 나타내는 비교 연산도 포함된다. 알고리즘 분야 중 정렬은 원소들을 오름차순이나 내림차순과 같이 특정한 순서에 따라 배열하는 것으로, 정렬을 통해 특정 원소를 탐색하는 데 소요되는 시간을 줄일 수 있다.

독해의 KEY

내용
- 알고리즘의 개념은?
- 시간 복잡도의 개념은?

1문단 핵심 요약:

2 ㉠<u>삽입 정렬</u>은 정렬된 부분에 정렬할 원소의 위치를 찾아 삽입하는 방식이다. 집합 {564, 527, 89, 72, 34, 6, 3, 0}의 원소를 오름차순으로 정렬하는 경우, 먼저 564를 정렬된 부분으로 가정하고 그다음 원소인 527을 564와 비교하여 527을 564의 앞으로 삽입한다. 그리고 그다음 원소인 89를 정렬된 부분인 {527, 564} 중 564와 비교하여 564의 앞으로 삽입하고, 다시 527과 비교하여 527의 앞으로 삽입한다. 정렬된 부분과 정렬할 원소를 비교하여, 삽입할 필요가 없다면 순서를 그대로 유지한다. 삽입 정렬은 원소들을 비교하여 삽입하는 과정이 반복되므로 비교 연산의 횟수를 구하여 시간 복잡도를 나타낼 수 있다. 이 경우 집합 {564, 527, 89, 72, 34, 6, 3, 0}의 원소를 오름차순으로 정렬하면 시간 복잡도는 28번(1+2+3+4+5+6+7)이 된다.

내용
- 삽입 정렬의 개념은?

내용
- {72, 34, 6, 3}을 오름차순으로 정렬할 때 시간복잡도를 구해보자.

2문단 핵심 요약:

3 ㉡병합 정렬은 정렬하려는 집합을 두 개의 부분 집합으로 반복 분할한 뒤 다시 병합하면서 하나의 정렬된 집합으로 만드는 방식이다. 집합을 이루는 원소의 개수가 적을수록 정렬에 필요한 연산 횟수가 줄어든다. 집합 {564, 527, 89, 72, 34, 6, 3, 0}의 원소를 오름차순으로 정렬할 때 병합 정렬을 사용하는 경우, ㉮<그림>의 Ⓐ와 같이 8개의 부분 집합이 될 때까지 전체 집합을 분할한다.

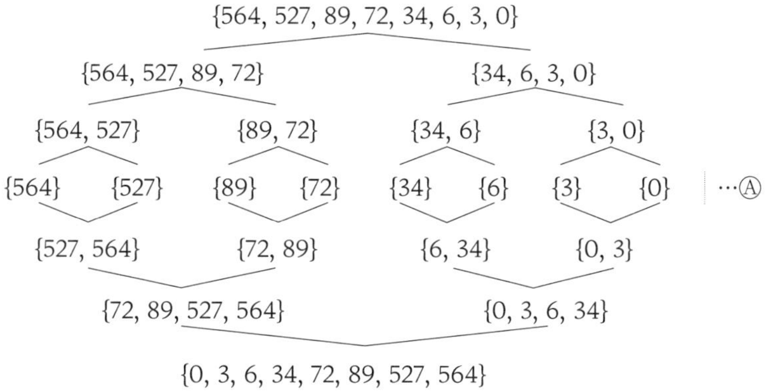

<그림>

내용

· 병합 정렬의 개념은?

· 병합 정렬의 주요 특징: 집합을 이루는 원소의 개수가 (　　　)수록 연산 횟수가 줄어드는구나.

3문단 핵심 요약:

4 그 후 {564}와 {527}을 비교하여 {527, 564}로 병합하고, {89}와 {72}를 비교하여 {72, 89}로 병합한다. {527, 564}를 {72, 89}와 병합할 때에는 527과 72를 비교하고, 527과 89를 비교하여 {72, 89, 527, 564}로 병합한다. 병합 정렬은 원소들을 비교하여 정렬하는 과정이 반복되므로 비교 연산의 횟수를 구하여 시간 복잡도를 나타낼 수 있는데, 이 경우 시간 복잡도는 12번((1+1+1+1)+(2+2)+4)이 되고 삽입 정렬에 비해 시간 복잡도가 감소한다.

내용

· {72, 34, 6, 3}을 병합 정렬로 오름차순 정렬할 때 시간 복잡도를 구해보자.

4문단 핵심 요약:

[A]

5 한편 ㉢기수 정렬은 원소들의 각 자릿수의 숫자를 확인하여 각 자릿수에 해당하는 큐에 넣는 방식이다. 큐는 먼저 넣은 자료를 먼저 내보내는 자료 구조이다. 원소들의 각 자릿수의 숫자를 확인하기 위해서는 나머지를 구하는 모듈로(modulo) 연산을 수행한다. 집합 {564, 527, 89, 72, 34, 6, 3, 0}의 원소를 오름차순으로 정렬할 때 기수 정렬을 사용하는 경우, 먼저 모듈로 연산으로 일의 자릿수의 숫자를 확인하여 564를 큐4에, 527을 큐7에, 89를 큐9에, 72를 큐2에, 34를 큐4에, 6을 큐6에, 3을 큐3에, 0을 큐0에 넣는다. 이렇게 1차 정렬된 원소들을 다시 모듈로 연산으로 십의 자릿수의 숫자를 확인하여 차례대로 해당하는 큐에 넣어 2차 정렬한다. 이때 해당하는 자릿수가 없다면 자릿수의 숫자를 0으로 간주하여 정렬한다. 기수 정렬은 원소들 중 자릿수가 가장 큰 원소의 자릿수만큼 원소들의 자릿수의 숫자를 확인하는 과정이 반복되므로 모듈로 연산의 횟수를 구하여 시간 복잡도를 나타낼 수 있다. 이 경우 집합 {564, 527, 89, 72, 34, 6, 3, 0}의 원소를 오름차순으로 정렬하면 시간 복잡도는 24번(8+8+8)이 된다.

내용

· {72, 34, 6, 3}을 오름차순으로 정렬할 때 시간복잡도를 구해보자.

5문단 핵심 요약:

6 정렬 알고리즘은 원소들의 초기 나열 상태에 따라 효율성이 다를 수 있으므로 실제 컴퓨터에서는 이를 고려하여 여러 정렬 알고리즘을 복합적으로 사용한다.

내용

· 언제 어떤 정렬이 효율적일까?

-삽입 정렬:

-병합 정렬:

-기수 정렬:

6문단 핵심 요약:

구조도

전개방식 한눈에 보기

1 화제 제시

원리 설명

2	3, 4	5
개념+ 원리+ 예시	개념+ 원리+ 예시	개념+ 원리+ 예시

6 정리

내용 한눈에 보기

1	컴퓨터 정렬 알고리즘과 시간 복잡도
2	(　) 정렬의 원리와 예시
3	(　) 정렬의 원리와 예시
4	
5	(　) 정렬의 원리와 예시
6	정렬 알고리즘들의 복합적 사용

알아두면 쓸 데 있는 어휘

ㄱ. 원소 ·

ㄴ. 큐 ·

ㄷ. 모듈로 ·

· 1. 임의로 도착한 입력 메시지가 중앙 처리 장치, 주기억 장치 따위의 부분에서 행렬을 이루어 기다리는 일.

· 2. 집합을 이루고 있는 개개의 대상

· 3. 나눗셈의 나머지를 계산하는 연산

답안

✧ 핵심 소재

(컴퓨터 알고리즘, 정렬)

✧ 독해의 KEY

1문단: 컴퓨터에서 문제 해결 방법을 논리적인 순서로 설명하거나 표현하는 절차/반복적으로 수행되는 연산의 횟수를 이용하여 나타내는 것으로 산술 연산뿐만 아니라 원소 간의 비교를 나타내는 비교 연산도 포함됨

2문단: 정렬된 부분에 정렬할 원소의 위치를 찾아 삽입하는 방식 / (3+2+1) = 6번

3문단: 정렬하려는 집합을 두 개의 부분 집합으로 반복 분할한 뒤 다시 병합하면서 하나의 정렬된 집합으로 만드는 방식 / 적을

4문단 : (1+1)+(2) = 3

5문단: (4+4) = 8
6문단: -삽입 정렬: 원소 배열이 어느 정도 되어 있을 때
-병합 정렬: 원소 개수가 적을 때
-기수 정렬: 원소 자릿수가 적을 때

✧ 핵심 요약

1문단: 알고리즘의 정의와, 시간 복잡성으로 확인하는 알고리즘의 효율성
2문단: 삽입 정렬의 방식과 예시
3문단: 병합 정렬의 개념
4문단: 병합 정렬의 예시 및 시간 복잡도
5문단: 기수 정렬의 개념과 예시
6문단: 원소의 초기 나열 상태를 고려하여 여러 정렬 알고리즘을 복합적으로 사용함

✧ 구조도

삽입, 병합, 기수

✧ 알아두면 쓸 데 있는 어휘

ㄱ-2, ㄴ-1, ㄷ-3

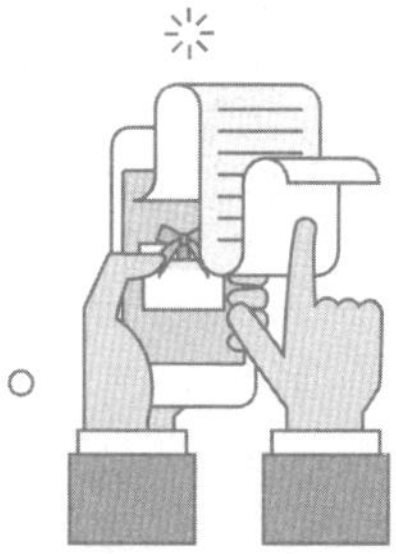

출전 : 2018년도 3월 시행 전국연합학력평가

핵심 소재: (　　　　,　　　　,　　　　,　　　　,　　　　)

1 우리는 초상화보다는 초상 사진이 더 사실적이라고 느낀다. 회화에 비해 사진이 더 사실적이라고 생각하는 이유는 사진이 기계적 장치에 의해 대상을 정확히 재현할 수 있기 때문이다. 하지만 초점이나 노출을 조절하여 대상을 변형시킨 사진도 있다. 이런 경우에도 사진이 사실성을 갖고 있다고 볼 수 있을지에 대해 여러 사진 미학 이론에서 다양한 논의를 펼쳤다. 이런 논의를 이해하기 위해서는 사진기의 주요 장치인 초점 조절 장치, 조리개, 셔터 등의 특성을 이해할 필요가 있다.

독해의 KEY

내용

· 첫 문단을 볼 때, 이 글의 중심 소재는 뭘까?

· 사진과 관련한 미학적 논의를 정리해 보자.

글의 구조

· '~특성을 이해할 필요가 있다'를 봤을 때, 뒤에는 초점 조절 장치, 조리개, 셔터 등의 특성을 제시하겠구나.

1문단 핵심 요약:

2 초점 조절 장치는 렌즈와 필름 사이의 거리를 조절하여 피사체의 상을 필름 면에 맺게 한다. 이 장치에는 렌즈와 관련한 광학 원리가 적용된다. 사진기 렌즈는 중심보다 가장자리가 더 많이 굽은 볼록 렌즈인데, 렌즈 면이 굽을수록 더 많이 굴절되므로 광축*에 평행으로 입사한 빛들은 광축의 한 점에 모인다. 렌즈의 중심부터 빛이 모이는 점까지의 거리를 초점 거리(f)라고 한다. 렌즈의 초점 거리는 렌즈를 제작할 때 결정되므로 렌즈마다 고유한 초점 거리를 갖는다. 하지만 렌즈의 중심과 피사체 사이의 거리인 물체 거리(o)가 달라지면 특별한 경우를 제외하고는 렌즈의 중심과 상이 맺히는 지점 사이의 거리인 상 거리(i)가 달라진다.

-초점 거리란?

-물체 거리란?

-상 거리란?

2문단 핵심 요약:

3 물체 거리(o)와 상 거리(i)가 렌즈의 초점 거리(f)와 어떻게 연결되는지는 $\frac{1}{o}+\frac{1}{i}=\frac{1}{f}$ 로 표현될 수 있는데, 이를 렌즈 공식이라 한다. 렌즈 공식을 활용하면 i를 구할 수 있다. 아래 <그림>처럼 f가 20cm인 렌즈가 있다고 하자.

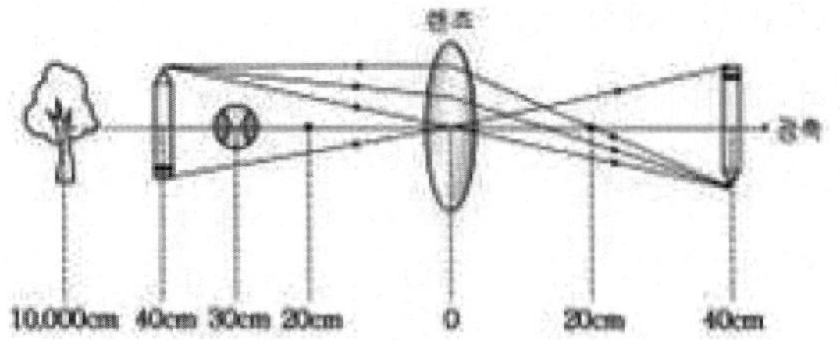

<그림>

피사체인 연필의 o가 40cm인 경우에 연필의 i는 40cm가 된다. o가 10,000cm인 나무의 i는 어떻게 될까? o가 f보다 100배 이상 크면 물체가 무한대의 거리에 있는 것과 마찬가지로 작용한다. 따라서 $\frac{1}{o}$ 이 매우 작아서 무시할 수 있으므로 나무의 i는 f와 거의 같다. 만약 o가 f보다 작으면 피사체의 빛이 퍼져서 모이지 않아 렌즈 뒤에는 상이 맺히지 않는다. 렌즈 공식을 활용하면 상의 크기도 파악할 수 있다. 상의 크기를 피사체의 크기로 나눈 값은 i를 o로 나눈 값과 같다. 그러므로 이 값과 피사체의 크기를 알면 상의 크기도 알 수 있다.

내용

· 렌즈공식 $\frac{1}{o}+\frac{1}{i}=\frac{1}{f}$ 을 통해 알 수 있는 것은?

① 초점 거리(f)는 렌즈별로 (   ) 지 않는다.

② 물체 거리(o)가 길어지면 상 거리(i)는 (   )진다.

③ 물체 거리(o)가 짧아지면 상 거리(i)는 (   )진다.

· 렌즈 공식을 통해 상의 크기를 어떻게 파악할까?

3문단 핵심 요약:

4 조리개와 셔터는 노출을 결정한다. 노출은 필름에 입사되는 빛의 양이다. 노출이 과하면 사진이 허옇게 번져 나오고, 노출이 부족하면 사진이 어둡게 된다. 조리개 값과 셔터 속도로 노출 정도를 결정할 수 있다. 조리개는 렌즈 바로 뒤에 있는 구멍으로, 그 면적을 늘리거나 줄일 수 있도록 만들어져 있다. 조리개 조절 장치에 기록되어 있는 1.4, 2, 2.8, 4, 5.6, 8, 11 등의 수치들은 렌즈의 초점 거리(f)를 조리개의 지름으로 나눈 값인데, 이를 조리개 값이라 한다. 조리개 값을 작은 수로 바꿀 때마다 조리개 지름은 약 1.4배 커져 조리개 면적이 약 2배 넓어진다. 따라서 빛의 양도 약 2배 증가한다. 한편 셔터는 촬영 순간 열렸다 닫혀서 빛의 양을 조절한다. 셔터 속도는 1, 2, 4, … 등으로 표시된다. 이는 셔터가 열려 있는 시간이 1/1초, 1/2초, 1/4초, … 등임을 뜻한다. 셔터 속도가 2배 빨라지면 노출 시간 역시 2배

내용

· 조리개 값은 작은 수로 바꿀 때마다 빛의 양이 (   )하는구나.

· 셔터 속도는 빨라질 때마다 빛의 양이 (   )하는구나.

글의 구조

· 이 문단에서는 카메라의 구성 요소 중 조리개와 셔터가 각각 어떤 (   )을 하는지 설명하고 있어.

짧아지므로 빛의 양이 2배 감소한다. 따라서 사진가는 조리개와 셔터를 활용하여 의도적으로 빛의 양을 조절할 수 있다.

4문단 핵심 요약:

5 조리개와 셔터에는 다른 기능도 있다. 조리개는 사진의 심도에 영향을 미친다. 심도란 상이 필름에서 적절하게 초점이 맞는 물체 거리의 범위라고 할 수 있다. 조리개 지름이 작아지면 광축에 가까운 빛만 입사되어 초점이 맞는 물체 거리의 범위가 넓은데, 이를 심도가 깊다고 표현한다. 반대로 조리개 지름이 커지면 초점이 맞는 물체 거리의 범위는 좁다. 따라서 무엇을 어떻게 찍을 것인지를 결정하는 데 있어 심도는 중요한 요소이다. 셔터 속도는 피사체의 움직임을 어떻게 구현할지 결정하는 기능을 한다. 빠른 셔터 속도는 움직이는 피사체를 정지 동작으로 나타낼 수 있다. 노출 시간이 짧아 피사체의 잔상이 필름 위에 남을 가능성이 적어지기 때문이다. 반면에 느린 셔터 속도를 사용하면 움직임을 암시하는 사진을 얻을 수 있다. 이때 움직이는 피사체는 흘러가듯이 표현된다.

내용
- 조리개 지름이 작아지면 심도가 (　　)
- 조리개 지름이 넓어지면 심도가 (　　)
- 셔터 속도가 빠르면 피사체를 (　　) 동작으로 나타내는 것이 가능하네.
- 셔터 속도가 느리면 피사체의 (　　) 을 암시하는 사진을 찍을 수 있네.

5문단 핵심 요약:

5 이와 같은 사진기 장치들의 특성은 대상을 사진으로 정확하게 재현할 수도, 의도적으로 변형할 수도 있게 한다. 대상을 변형시킨 사진 역시 사실성을 갖고 있다고 볼 것인지에 대해 바쟁은 사진은 기계 장치에 의해 만들어지므로 사실성을 띤다고 본다. 조리개와 셔터 등의 요소에서 인간의 주관이 개입되는 측면을 인정하더라도 기계적 방식으로 대상을 기록한다는 본질은 변하지 않는다는 것이다. 월든은 사진은 우리가 육안으로 직접 보았을 법한 대로 대상을 묘사한다고 보고, 그런 의미에서만 사진이 사실성을 갖는다고 생각한다. 사진이 기계에 의존하여 대상을 정확히 재현한다는 점을 중시한 것이다. 그래서 그림은 그 대상의 가시적 특징을 추가하거나 누락할 수 있지만 사진은 그렇게 하기 어렵기 때문에 그림과 달리 사진이 사실성을 띤다고 주장한다. 최근에는 또 다른 견해도 제시되고 있다. 이에 따르

내용
- 의도적으로 대상이 변형된 사진은 사실성을 가진다고 볼 수 있는가에 대한 의견을 비교해볼까?

①바쟁:

②월든:

③최근 견해:

면 사진은 대상에서 나온 빛 이미지의 자취를 기계 장치로 기록한 것이다. 발자국이 대상의 실재를 함축하듯 사진은 그 대상의 실재를 함축한다. 그런 의미에서 모든 사진은 사실성을 갖는다고 본다. 그렇다면 발자국은 사진과 동일한가? 이 견해에 의하면 사진은 대상 자체의 자취가 아니라 대상에서 나오는 빛 이미지의 자취를 기록한다는 점에서 발자국과 구별된다. 또한 사진의 사실성은 사진이 대상을 정확히 재현하는지 여부와는 무관하다고 본다. 사진 형성 과정에 사진가가 적극 개입한 사진이건 우연히 찍힌 사진이건 빛 이미지의 자취라는 점에서는 모두 사실성을 띤다는 것이다.

*광축:렌즈의 중심과 초점을 연결한 선.

6문단 핵심 요약:

구조도

전개방식 한눈에 보기

1 화제 제시	
2 개념	4 (　　)+원리
3 원리+예시	5 (　　)+원리
6 (　　　　)	

내용 한눈에 보기

1	사진의 (　　　)에 대한 미적 논의와 사진기에 대한 이해의 필요성
2	초점 조절 장치의 개념과 이해
3	초점 조절 장치의 원리와 예시
4	조리개와 셔터의 빛의 양 조절 기능
5	조리개와 셔터의 심도, 움직임 조절 기능
6	사진의 사실성에 대한 다양한 미학적 견해

알아두면 쓸 데 있는 어휘

ㄱ. 회화 ·	· 1. 여러 가지 선이나 색채로 평면상에 형상을 그려 내는 조형 미술.
ㄴ. 광축 ·	· 2. 빛을 비추는 대상이 되는 물체.
ㄷ. 입사 ·	· 3. 깊은 정도.
ㄹ. 피사체 ·	· 4. 사진기에서, 렌즈로 들어오는 빛을 셔터가 열려 있는 시간만큼 필름이나 건판에 비추는 일.
ㅁ. 노출 ·	· 5. 일렬로 배열된 광학계에서, 렌즈의 중심과 초점을 연결한 선.
	· 6. 하나의 매질(媒質) 속을 지나가는 소리나 빛의 파동이 다른 매질의 경계면에 이르는 일.

답안

✧ 핵심 소재

(광학, 미학, 카메라, 사진기, 렌즈)

✧ 독해의 KEY

1문단: 사진, 사진기/대상을 변형시킨 사진을 사실성을 가졌다고 볼 수 있는가

2문단: 렌즈의 중심부터 빛이 모이는 점까지의 거리/렌즈의 중심과 피사체 사이의 거리/렌즈의 중심과 상이 맺히는 지점 사이의 거리

3문단: 변하/짧아/길어/상의 크기를 피사체의 크기로 나눈 값은 i를 o로 나눈 값과 같다.

4문단: 증가/감소, 역할

5문단: 깊다/얕다/정지/움직임

6문단: 사실성을 가진다고 볼 수 있다./사실성을 가진다고 볼 수 없다./사실성을 가진다고 볼 수 있다.

✧ 핵심 요약

1문단: 사진의 사실성에 대한 미학적 논의와사진기 주요장치에 대한 이해의 필요성

2문단: 초점 조절 장치와 렌즈의 광학 원리

3문단: 렌즈 공식에 대한 설명과 예시

4문단: 조리개와 셔터의 기능과 원리(빛의 양 조절)

5문단: 조리개와 셔터의 기능2(심도와 움직임 조절)

6문단: 사진의 사실성에 대한 다양한 견해

✧ 구조도

기능, 기능, 비교, 사실성

✧ 알아두면 쓸 데 있는 어휘

ㄱ-1, ㄴ-5, ㄷ-6, ㄹ-2, ㅁ-4, ㅂ-3

비판적 감상은 항상 의심해야 답이 보인다.

기출 지문 톺아보기

출전: 2019년 시행 6월 대수능모의평가

핵심 소재: (, ,)

1 고대 그리스 시대의 사람들은 신에 의해 우주가 운행된다고 믿는 결정론적 세계관 속에서 신에 대한 두려움이나, 신이 야기한다고 생각되는 자연재해나 천체 현상 등에 대한 두려움을 떨치지 못했다. 에피쿠로스는 당대의 사람들이 이러한 잘못된 믿음에서 벗어나도록 하는 것이 중요하다고 보았고, 이를 위해 인간이 행복에 이를 수 있도록 자연학을 바탕으로 자신의 사상을 전개하였다.

독해의 KEY

글의 구조

· '~두려움을 떨치지 못했다.'와 '에피쿠로스는 당대의~' 사이에 내용이 역접이 됨을 알 수 있고, 여기에 '그러나'가 생략되었어. 역접은 앞보다 뒤가 중요하니 에피쿠로스의 사상이 앞으로 전개됨을 예상할 수 있지.

· (화제/근거) 제시 : 신에 대한 통념을 밝힘.

· '그러나'는 (생략/중복)되었으나, 내용을 보면 앞뒤가 역접 됨을 알 수 있음.

내용

· 에피쿠로스가 당대 사람들이 벗어나야 한다고 보았던 신에 대한 세계관은?
( )

핵심 요약은 나의 말로 문단의 내용을 정리해보는 부분이야. 답이 있는 것이 아니니까 기억에 남는 내용을 1~2문장으로 표현해보자.

1문단 핵심 요약 :

2 에피쿠로스는 신의 존재는 인정하나 신의 존재 방식이 인간이 생각하는 것과는 다르다고 보고, 신은 우주들 사이의 중간 세계에 살며 인간사에 개입하지 않는다는 이신론(理神論)적 관점을 주장한다. 그는 불사하

글의 구조

· '따라서'는 앞의 내용을 요약 및 정리하는 기능이 있어. 그러니 이 문장이 이 문단에서

는 존재인 신은 최고로 행복한 상태이며, 다른 어떤 것에게도 고통을 주지 않고, 모든 고통은 물론 분노와 호의와 같은 것으로부터 자유롭다고 말한다. 따라서 에피쿠로스는 인간의 세계가 신에 의해 결정되지 않으며, 인간의 행복도 자율적 존재인 인간 자신에 의해 완성된다고 본다.

제일 중요해.

· 에피쿠로스의 이신론적 관점을 (비교/정의)하고 있어.

내용(O/X퀴즈)

· 에피쿠로스는 신의 존재를 부정한다. (o, x)

· 인간의 세계는 신에 의해 결정되지 않는다. (o, x)

2문단 핵심 요약:

3 한편 에피쿠로스는 인간의 영혼도 육체와 마찬가지로 미세한 입자로 구성된다고 본다. 영혼은 육체와 함께 생겨나고 육체와 상호작용하며 육체가 상처를 입으면 영혼도 고통을 받는다. 더 나아가 육체가 소멸하면 영혼도 함께 소멸하게 되어 인간은 사후(死後)에 신의 심판을 받지 않으므로, 살아 있는 동안 인간은 사후에 심판이 있다고 생각하여 두려워할 필요가 없게 된다. 이러한 생각은 인간으로 하여금 죽음에 대한 모든 두려움에서 벗어나게 하는 근거가 된다.

글의 구조

· '한편'은 앞 문단과 화제가 바뀌었음을 알려주는 표지야.

· (예시/인과)를 통해 인간이 죽음에 대한 두려움을 벗어나게 설명함.

내용

· 에피쿠로스는 인간의 영혼과 육체는 미세한 입자이므로 사후에는 소멸한다고 봄. 이는 인간의 (　　　　)에 대한 두려움을 벗어나게 만듦.

3문단 핵심 요약:

4 이러한 에피쿠로스의 자연학은 우주와 인간의 세계에 대한 비결정론적인 이해를 가능하게 한다. 이는 원자의 운동에 관한 에피쿠로스의 설명에서도 명확히 드러난다. 그는 원자들이 수직 낙하 운동이라는 법칙에서 벗어나기도 하여 비스듬히 떨어지고 충돌해서 튕겨 나가는 우연적인 운동을 한다고 본다. 그리고 우주는 이러한 원자들에 의해 이루어졌으므로, 우주 역시 우연의 산물이라고 본다. 따라서 우주와 인간의 세계에 신의 관여는 없으며, 인간의 삶에서도 신의 섭리는 찾을 수 없다고 한다. 에피쿠로스는 이

글의 구조

· '따라서'를 통한 이 문단에서 가장 중요한 내용이 우주의 세계에서 신의 관여가 없다는 것임을 알 수 있어.

· 연역법 1
대전제 : 원자는 (우연적/필연적)인 운동을 한다.

러한 생각을 인간이 필연성에 얽매이지 않고 자신의 삶을 주체적으로 살아갈 수 있게 하는 자유 의지의 단초로 삼는다.

소전제 : 우주는 원자로 이뤄졌다.
결론 : 우주는 우연적인 산물이다.

· 연역법 2
대전제 : 우주는 우연적인 산물이다.
소전제 : 인간은 우주 속에서 살고 있다.
결론 : 인간의 (놀이/삶)은 우연적인 산물이다.

내용

· 인간의 삶에 신의 섭리가 없다면 이는 주체적으로 살아가는 (　　　　)의 단초가 된다.

4문단 핵심 요약:

5 에피쿠로스는 이를 토대로 자유로운 삶의 근본을 규명하고 인생의 궁극적 목표인 행복으로 이끄는 윤리학을 펼쳐 나간다. 결국 그는 인간이 신의 개입과 우주의 필연성, 사후 세계에 대한 두려움에서 벗어날 수 있도록 함으로써, 자신의 삶을 자율적이고 주체적으로 살 수 있는 길을 열어 주었다. 그리고 쾌락주의적 윤리학을 바탕으로 영혼이 안정된 상태에서 행복 실현을 추구할 수 있는 방안을 제시하였다.

글의 구조

· '이를 토대로'라는 말은 앞의 내용을 바탕으로라는 뜻이니 앞 문단의 핵심을 기억해야 해. 앞 내용은 '인간의 삶은 우연적인 산물이므로 신에 얽매이지 말라.'는 것이었지.
· '그리고'는 앞과 뒤가 대등한 상태에서 추가적 내용을 덧붙일 때 하는 말이야.
· 앞에서 설명한 내용은 사후 세계에 대한 두려움을 벗어나라는 것, 삶에 대한 신의 개입을 걱정하지 말라는 것을 (요약·정리/부연·상술)함.
· 추가로 쾌락주의적 윤리학을 바탕으로 행복 실현을 추구하라고 강조함.

내용

· 에피쿠로스는 인간이 죽으면 육체와 영혼이 소멸하므로 (　　　　)에 대한 두려움을 갖지 말라고 하였다.
· 에피쿠로스는 인간의 삶은 우연적이므로 (　　)에 얽매이지 말라고 하였다.

5문단 핵심 요약:

구조도

전개방식 한눈에 보기	
1 화제 제시, 대조	
2 정의, 개념 설명	3 인과
비교/대조	4 (　　　　)
5 요약 및 정리	

내용 한눈에 보기	
1 신에 대한 에피쿠로스 사상에 대한 전개 예고	
2 에피쿠로스의 (　　　) 관점에 대한 설명	3 에피쿠로스의 자연학 중 인간 영혼과 육체에 대한 관점
	4 에피쿠로스의 (　　　)을 통한 인간의 삶에 대한 비결정론적 이해
5 에피쿠로스의 생각에 대한 요약 및 정리	

알아두면 쓸 데 있는 어휘

ㄱ. 자연학 ·

ㄴ. 이신론 ·

ㄷ. 불사 ·

ㄹ. 미세하다 ·

ㅁ. 필연성 ·

ㅂ. 주체적 ·

ㅅ. 단초 ·

· 1. 17~18세기 유럽의 계몽주의 시대에 나타난 합리적인 종교관. 신의 존재와 진리의 근거를 인간 이성이 인식할 수 있는 자연적인 것에서 구하는 이론으로, 신을 세계의 창조자로 인정하지만 세상일에 관여하거나 계시나 기적으로 자기를 나타내는 인격적 주재자로서의 신을 부정하였다.

· 2. 그리스 철학에서, 운동 및 정지의 원리를 그 자체 내에 포함한 자연적 존재를 대상으로 다루는 학문. 논리학, 윤리학과 함께 철학의 세 부문을 이루는데, 특히 아리스토텔레스에게는 형이상학, 수학과 함께 이론학의 한 부분이었다.

· 3. 사물의 관련이나 일의 결과가 반드시 그렇게 될 수밖에 없는 요소나 성질.

· 4. 일이나 사건을 풀어나갈 수 있는 첫머리.

· 5. 죽지 아니함.

· 6. 분간하기 어려울 정도로 아주 작다.

· 7. 어떤 일을 실천하는 데 자유롭고 자주적인 성질이 있는 것.

알아두면 쓸 데 있는 배경지식

연역법이 무엇인가요?

· 이미 알려진 일반적인 원리나 법칙에서 구체적이고 개별적인 결론을 이끌어 내어 주장을 내세우는 방법이다.

· 결론의 내용이 전제에 포함되어 있기 때문에 전제가 참이면 결론도 참이고, 전제가 거짓이면 결론도 거짓이다.

예시

대전제 | 모든 사람은 죽는다.(일반적 원리)

소전제 | 소크라테스는 사람이다.(구체적 사실)

결론 | 따라서 소크라테스는 죽는다.(구체적 사실)

에피쿠로스에 대해 추가로 알아볼까요?

삼겹살 구이를 푸짐하게 먹는다 해서 모두가 다 행복하지는 않다. 어떤 이들에게는 이 풍성한 식탁이 오히려 서러움만을 불러일으킨다. '잘나가던 시절', 고급 음식점에서 식사하던 기억이 그들을 괴롭히는 탓이다. 행복이란 그런 것이다. 행복은 무엇을 얻었느냐보다는 무엇을 원했느냐에 더 좌우된다. 아무리 좋은 것을 손에 넣어도 바라던 것이 아니면 실망하고, 보잘것없어도 간절히 원하던 것이면 최고의 만족을 느낀다.

사람들은 누구나 행복하기를 원한다. 그러나 행복을 찾는 방법은 사람마다 다르다. 그 방법은 크게 두 가지로 나눌 수 있다. 하나는 열 번 찍어 안 넘어가는 나무 없다는 식의 방법이다. 이런 방법을 택하는 사람들은 자신이 바라는 대로 세상을 바꾸려고 노력한다. 자신이 원하는 바를 손에 넣겠다는 야망에 불타서 갖은 노력과 수고를 아끼지 않는다.

반면, 오르지 못할 나무는 쳐다보지도 않는 방법도 있다. 이 방법을 따르는 이들은 세상을 바꾸기보다는 자신의 욕구를 바꾸려고 한다. 이들은 쉽사리 얻지 못하는 것이라면 처음부터 마음을 비우는 쪽이 더 낫다고 여긴다. 고급 승용차를 몰려고 절절매며 돈을 모으느니, 평생 버스를 타고 다닐지라도 쓸 것 다 쓰고 사는 쪽이 속 편하다는 식이다.

에피쿠로스(Epikouros, 기원전 341~기원전 270)는 오르지 못할 나무는 쳐다보지도 않는 삶의 자세를 가르쳤다. 나아가 그는 사람들에게 나무에는 올라가 뭐 하냐고 묻기까지 한다. 그는 빵과 물만 있다면 신도 부럽지 않다고 주장한다. 그 이상의 욕심은 쓸데없으며 고통만 안겨 줄 뿐이다. 에피쿠로스는 사람들에게 과연 절실히 원하는 것이 그 때문에 생길 고통과 고생을 감수할 만큼 의미 있는지 생각해 보게 한다. 그는 소비를 억제하는 테크닉을 통해 행복을 좇았던 사람이다.

[네이버 지식백과] 에피쿠로스 - 금욕하는 쾌락의 정원 (처음 읽는 서양 철학사, 2017.02.17., 안광복)

답안

✧ 핵심 소재

(자연학, 결정론적 세계관, 쾌락주의적 윤리학)

✧ 독해의 KEY

1문단: 화제, 생략, 결정론적 세계관

2문단: 정의, x, o

3문단: 인과, 죽음

4문단: 우연적, 삶, 자유 의지

5문단: 요약·정리, 사후 세계, 신

✧ 핵심 요약

1문단: 신에 대한 에피쿠로스 사상에 대한 전개 예고

2문단: 에피쿠로스의 이신론적 관점에 대한 설명

3문단: 에피쿠로스의 자연학 중 인간 영혼과 육체에 대한 관점

4문단: 에피쿠로스의 자연학을 통한 인간의 삶에 대한 비결정론적 이해

5문단: 에피쿠로스의 생각에 대한 요약 및 정리

✧ 구조도

연역법, 이신론적, 자연학

✧ 알아두면 쓸 데 있는 어휘

ㄱ-2, ㄴ-1, ㄷ-5, ㄹ-6, ㅁ-3, ㅂ-7, ㅅ-4

출전 : 2019년 시행 2020학년도 고3 9월 모평(평가원)

핵심 소재: (　　　　　,　　　　　,　　　　　)

1 과거는 지나가 버렸기 때문에 역사가가 과거의 사실과 직접 만나는 것은 불가능하다. 역사가는 사료를 매개로 과거와 만난다. 사료는 과거를 그대로 재현하는 것은 아니기 때문에 불완전하다. 사료의 불완전성은 역사 연구의 범위를 제한하지만, 그 불완전성 때문에 역사학이 학문이 될 수 있으며 역사는 끝없이 다시 서술된다. 매개를 거치지 않은 채 손실되지 않은 과거와 만날 수 있다면 역사학이 설 자리가 없을 것이다. 역사학은 전통적으로 문헌 사료를 주로 활용해 왔다. 그러나 유물, 그림, 구전 등 과거가 남긴 흔적은 모두 사료로 활용될 수 있다. 역사가들은 새로운 사료를 발굴하기 위해 노력한다. 알려지지 않았던 사료를 찾아내기도 하지만, 중요하지 않게 여겨졌던 자료를 새롭게 사료로 활용하거나 기존의 사료를 새로운 방향에서 파악하기도 한다. 평범한 사람들의 삶의 모습을 중점적인 주제로 다루었던 미시사 연구에서 재판 기록, 일기, 편지, 탄원서, 설화집 등의 이른바 '서사적' 자료에 주목한 것도 사료 발굴을 위한 노력의 결과이다.

독해의 KEY

글의 구조

· '불완전성', '전통적', '서사적' 등을 주목하자. 이는 이 문단의 핵심어야. '그러나'는 앞뒤가 역접 됨을 알 수 있으니, 집중하자.

· (근거/화제) 제시 : 역사학에서 사료가 왜 중요한지 밝히고 있음.

· '그러나'를 통해 현재는 문헌 사료뿐 아니라 다양한 사료가 활용됨을 알 수 있음.

내용

· 역사학이 학문이 될 수 있는 이유는 사료의 (　　　　　) 때문이다.

· 역사가는 (　　　　　) 사료를 발굴하기 위해 노력한다.

핵심 요약은 나의 말로 문단의 내용을 정리해보는 부분이야. 답이 있는 것이 아니니까 기억에 남는 내용을 1~2문장으로 표현해보자.

1문단 핵심 요약 :

2 시각 매체의 확장은 사료의 유형을 더욱 다양하게 했다. 이에 따라 역사학에서 영화를 통한 역사 서술에 대한 관심이 일고, 영화를 사료로 파악하는 경향도 나타났다. 역사가들이 주로 사용하는 문헌 사료의 언어는 대개 지시 대상과 물리적·논리적 연관이 없는 추상화된 상징적 기호이다. 반면 영화는 카메라 앞에 놓인 물리적 현실을 이미지화하기 때문에 그 자체로 물질성을 띤다. 즉, 영화의 이미지는 닮은꼴로 사물을 지시하는 도상적 기호가 된다. 광학적 메커니즘에 따라 피사체로부터 비롯된 영화의 이미지는 그 피사체가 있었음을 지시하는 지표적 기호이기도 하다.

글의 구조

· '반면'은 앞뒤 내용을 역접하는 표지이고, '즉'은 앞에서 나온 내용을 요약, 정리하는 표지야. 특히 '즉'은 '따라서', '그래서' 등과 같이 묶어서 생각하면 좋아.

· '반면'을 통해 문헌 사료의 언어와 영화의 이미지의 속성의 (공통점/차이점)을 견주어 본다.

예를 들어 다큐멘터리 영화는 피사체와 밀접한 연관성을 갖기 때문에 피사체의 진정성에 대한 믿음을 고양하여 언어적 서술에 비해 호소력 있는 서술로 비춰지게 된다.

내용

· 영화의 이미지는 추상적 기호인 문헌 사료의 언어와 달리 그 자체가 (   )이다. 이로 인해 언어적 서술보다 더 (   ) 있는 서술이 된다.

2문단 핵심 요약:

3 그렇다면 영화는 역사와 어떻게 관계를 맺고 있을까? 역사에 대한 영화적 독해와 영화에 대한 역사적 독해는 영화와 역사의 관계에 대한 두 축을 이룬다. 역사에 대한 영화적 독해는 영화라는 매체로 역사를 해석하고 평가하는 작업과 연관된다. 영화인은 자기 나름의 시선을 서사와 표현 기법으로 녹여내어 역사를 비평할 수 있다. 역사를 소재로 한 역사 영화는 역사적 고증에 충실한 개연적 역사 서술 방식을 취할 수 있다. 혹은 역사적 사실을 자원으로 삼되 상상력에 의존하여 가공의 인물과 사건을 덧대는 상상적 역사 서술 방식을 취할 수도 있다. 그러나 비단 역사 영화만이 역사를 재현하는 것은 아니다. 모든 영화는 명시적이거나 우회적인 방법으로 역사를 증언한다. 영화에 대한 역사적 독해는 영화에 담겨 있는 역사적 흔적과 맥락을 검토하는 것과 연관된다. 역사가는 영화 속에 나타난 풍속, 생활상 등을 통해 역사의 외연을 확장할 수 있다. 나아가 제작 당시 대중이 공유하던 욕망, 강박, 믿음, 좌절 등의 집단적 무의식과 더불어 이상, 지배적 이데올로기 같은 미처 파악하지 못했던 가려진 역사를 끌어내기도 한다

글의 구조

· 어떤 문단에서 '~있을까?'와 같이 질문이 나온다면, 이는 질문의 답이 문단의 핵심내용이란 뜻이야.

· (과정/문답)을 통해 영화와 역사의 관계를 설명할 것을 예고하고 있음.

· (구분/분류)을(를) 통해 영화와 역사의 관계를 설명하는 두 가지 축을 설명한다.

내용

· 역사에 대한 영화적 독해 : (   ) 제작하여 역사를 재현함.

· 영화에 대한 역사적 독해 : (   ) 영화에 담겨 있는 제작 당시 역사적 흔적과 맥락을 검토함.

3문단 핵심 요약:

4 영화는 주로 허구를 다루기 때문에 역사 서술과는 거리가 있다고 보는 사람도 있다. 왜냐하면 역사가들은 일차적으로 사실을 기록한 자료에 기반해서 연구를 펼치기 때문이다. 또한 역사가는 자료에 기록된 사실이 허구일지도 모른다는 의심을 버리지 않고 이를 확인하고자 한다. 그러나 문헌 기록을 바탕으로 하는 역사 서술에서도 허구가 배격되어야 할 대상만은 아니다.

글의 구조

· '또한'은 '그리고'와 같이 앞뒤가 대등하게 연결되는 순접 관계를 보여주고, '그리고'는 앞뒤의 역접 관계를 보여주지.

· (그러나/그리고)를 통해 역사가에게 허구가 배격할 대상이 아닌 이유를 설명한다.

역사가는 허구의 이야기 속에서 그 안에 반영된 당시 시대적 상황을 발견하여 사료로 삼으려고 노력하기도 한다. 지어낸 이야기는 실제 있었던 사건에 대한 기록이 아니지만 사고방식과 언어, 물질문화, 풍속 등 다양한 측면을 반영하며, 작가의 의도와 상관없이 혹은 작가의 의도 이상으로 동시대의 현실을 전달해 주기도 한다. 어떤 역사가들은 허구의 이야기에 반영된 사실을 확인하는 것에서 더 나아가 사료에 직접적으로 나타나지 않은 과거를 재현하기 위해 허구의 이야기를 활용하여 사료에 기반한 역사적 서술을 보완하기도 한다. 역사가가 허구를 활용하는 것은 실제로 존재했던 과거에 접근하고자 하는 고민의 결과이다.

내용

- 역사가는 기록된 자료도 항상 (　　　) 임을 의심한다. 그러나 (　　　)가 항상 배격돼야 하는 것은 아니다.
- 허구의 이야기 속에서 당시 시대적 상황을 발견해 (　　　)로 삼을 수 있다.
- 사료에 나타나 있지 않은 과거를 재현하기 위해 허구의 이야기를 활용하는 역사가도 있다.

4문단 핵심 요약:

5 영화는 허구적 이야기에 역사적 사실을 담아냄으로써 새로운 사료의 원천이 될 뿐 아니라, 대안적 역사 서술의 가능성까지 지니고 있다. 영화는 공식 제도가 배제했던 역사를 사회에 되돌려 주는 '아래로부터의 역사'의 형성에 기여한다. 평범한 사람들의 회고나 증언, 구전 등의 비공식적 사료를 토대로 영화를 만드는 작업은 빈번하게 이루어지고 있다. 그리하여 영화는 하층 계급, 피정복 민족처럼 역사 속에서 주변화된 집단의 묻혀 있던 목소리를 표현해 낸다. 이렇듯 영화는 공식 역사의 대척점에서 활동하면서 역사적 의식 형성에 참여한다는 점에서 역사 서술의 한 주체가 된다.

글의 구조

- '아래로부터의 역사'와 같이 작은따옴표 안에 있는 말은 핵심어일 가능성이 높음을 기억하자.
- 2~4문단에서 설명한 내용인 영화가 새로운 사료가 될 수 있고 대안적 역사 서술도 할 수 있다는 내용을 (요약·정리/부연·상술)함.
- 추가로 (　　　)로부터의 역사 형성에 기여하는 영화의 가치를 설명한다.

내용

- 영화를 공식 역사에 가려져 주변화된 집단에 묻혀 있던 목소리인 하층 계급, 피정복 계층의 목소리를 발굴하고 표현함으로써 (　　　　　　) 형성에 기여할 수 있다는 점에서 역사 서술의 한 주체가 될 가능성을 지니고 있다.

5문단 핵심 요약:

구조도

전개방식 한눈에 보기		
1 화제 제시, (　　　　)		
2 대조	3 문답, 구분	4 대조
5 요약 및 정리		

내용 한눈에 보기		
1 역사학에서 다양한 사료 발굴의 중요성		
2 시각 매체의 확장으로 (　　　　)로서 주목받는 영화	3 영화와 역사의 관계	4 역사 연구에서 허구의 중요성
5 아래로부터의 역사 형성에 기여할 수 있는 영화의 가치		

알아두면 쓸 데 있는 어휘

ㄱ. 사료 ·
ㄴ. 미시사 ·
ㄷ. 메커니즘 ·
ㄹ. 피사체 ·
ㅁ. 고증 ·
ㅂ. 지표적 ·

· 1. 사물의 작용 원리나 구조.
· 2. 사진을 찍는 대상이 되는 물체.
· 3. 방향이나 목적, 기준 따위를 나타내는 표지와 관련된. 또는 그런 것.
· 4. 역사 연구에 필요한 문헌이나 유물. 문서, 기록, 건축, 조각 따위를 이른다.
· 5. 예전에 있던 사물들의 시대, 가치, 내용 따위를 옛 문헌이나 물건에 기초하여 증거를 세워 이론적으로 밝힘.
· 6. 거시적인 역사적 구조보다는 인간 개인이나 소집단의 삶을 탐색하는, 역사 연구의 방법론. 또는 그렇게 탐색되어 기술된 역사.

답안

✧ 핵심 소재

(사료, 역사, 영화)

✧ 독해의 KEY

1문단 : 화제, 불완전성, 다양한

2문단 : 차이점, 닮은꼴, 호소력

3문단 : 문답, 구분, 역사 영화, 제작된

4문단 : 그러나, 허구, 허구, 사료

5문단 : 요약·정리, 아래, 아래로부터의 역사

✧ 핵심 요약

1문단: 역사학에서 다양한 사료 발굴의 중요성

2문단: 시각 매체의 확장으로 사료로서 주목받는 영화

3문단: 영화와 역사의 관계

4문단: 역사 연구에서 허구의 중요성

5문단: 아래로부터의 역사 형성에 기여할 수 있는 영화의 가치

✧ 구조도

대조, 사료

✧ 알아두면 쓸 데 있는 어휘

ㄱ-4. ㄴ-6, ㄷ-1, ㄹ-2, ㅁ-5, ㅂ-3